全 世 界 无 产 者 , 联 合 起 来 !

马克思主义理论研究和建设工程重点项目

列宁专题文集

论无产阶级政党

中共中央 马克思 恩格斯 著作编译局编
列　宁　斯大林

人民出版社

弗·伊·列宁

（1920年）

编　辑　说　明

　　《列宁专题文集》是马克思主义理论研究和建设工程的重点项目,旨在为广大干部群众提供学习马克思列宁主义基本理论的读本。经中共中央批准,这部文集的编辑工作由中央编译局组织实施。

　　《列宁专题文集》分五个专题,编为五卷:《论马克思主义》、《论辩证唯物主义和历史唯物主义》、《论资本主义》、《论社会主义》、《论无产阶级政党》。文集精选了列宁各个时期的重要著作、文章、报告、笔记和书信,既注重反映列宁毕生坚持和发展马克思主义的主要理论成果以及对无产阶级革命和社会主义建设实践经验的科学总结,又着眼于适应干部群众学习和研究中国特色社会主义理论体系的实际需要。

　　《列宁专题文集》采用文献选编与重要论述摘编相结合的形式。各卷精选了列宁最具代表性的著作,或全文收录,或部分节选,同时从本卷未选收的著作中摘选与本专题有关的重要论述,编成《重要论述摘编》,作为本专题所收文献的补充。这种新的编辑形式既能反映列宁相关思想的完整性和系统性,又能体现收文少而精的原则。

　　《列宁专题文集》各卷著作的编排按各卷的不同特点采取不同方式。《论资本主义》、《论社会主义》、《论无产阶级政党》采用编年原则,《论马克思主义》、《论辩证唯物主义和历史唯物主义》采用以理论逻辑为主和以重点著作为主的编排方式。

《列宁专题文集》采用《列宁全集》中文第二版的译文,其中,马克思和恩格斯的引文选自《马克思恩格斯全集》和《马克思恩格斯选集》中文第一版,本文集未作变动。

《列宁专题文集》各卷均附有注释和人名索引。为了帮助读者把握各篇著作的理论精髓,每篇著作都附有导读性的题注,力求言简意赅地介绍每篇文章的核心内容和理论要点。

《列宁专题文集》沿用《列宁全集》中文第二版的技术规格。每篇文献标题下括号内的写作或发表日期是编者加的,文献本身在开头已注明日期的,标题下不另列日期。1918年2月14日以前俄国通用俄历,此后改用公历。两种历法所标日期,在1900年2月以前相差12天(如俄历为1日,公历为13日),从1900年3月起相差13天。编者加的日期,公历和俄历并用时,俄历在前,公历在后。引文中尖括号〈 〉内的文字和标点是列宁加的。未说明是编者加的脚注为列宁的原注。文中的[……]为编者加的删节号。《人名索引》条目按汉语拼音字母顺序排列,条头括号内用黑体字排的是真姓名。

马克思主义理论研究和建设工程咨询委员会对文集整体方案、各卷文献篇目以及各篇著作的题注进行了认真审议并提出许多宝贵意见,这对提高文集编辑工作的质量起到了重要作用。

本卷收入列宁著作29篇,相关重要论述50条。在这些著作和论述中,列宁从俄国社会主义革命和建设的实际出发,紧密结合党的建设实践,系统地、科学地阐述了无产阶级政党建设的基本原则;通过对第二国际和俄国党内错误思想的分析和批判,阐明了建设新型无产阶级政党必须坚持的根本宗旨、基本理论、组织原则和奋斗目标。

十月革命胜利后，列宁针对无产阶级政党地位的历史性变化，提出了加强自身建设、履行执政职能的一系列新思想、新观点，丰富和发展了马克思主义的党建理论。列宁明确指出，无产阶级政党是无产阶级的先进部队，是无产阶级和劳动群众的领导者和组织者；无论是在民主革命中，还是在社会主义革命和社会主义建设中，都必须毫不动摇地坚持党的领导权。列宁高度重视党的思想理论建设，强调只有以先进理论为指南的党，才能发挥先进战士的作用；无产阶级政党必须坚持以马克思主义理论为指导，用科学理论武装党员的头脑；必须从本国具体情况出发，依据不断发展变化的实际确定自己的路线、政策和策略；必须研究新情况、新问题，总结实践经验，把马克思主义这门科学推向前进。列宁要求无产阶级政党必须在科学理论基础上确立自己的奋斗纲领，必须把实现最终奋斗目标同完成现阶段任务统一起来，在实践中同偏离正确路线的错误倾向作斗争。列宁十分重视发扬党内民主，强调必须尊重党员参与决定党内事务的权利；指出无产阶级政党必须坚持民主集中制，在党委内部实行集体领导，同时要明确规定每个领导成员应负的责任；必须实行严格的纪律，保证党在思想上、政治上、组织上的统一。列宁强调党必须严格掌握入党条件，积极发展先进分子入党，注意防止有害分子混入党内，始终保持党的先进性和纯洁性；党必须坚决反对一切派别活动，党内的意见分歧不仅要靠原则性的争论来解决，更要通过政治生活本身的发展来解决；要妥善处理党内矛盾，以维护和巩固党的团结；党必须密切联系群众，充分相信群众，紧紧依靠群众，虚心向群众学习。列宁指出，党在执政以后必须领导和组织人民群众大力发展生产力，发挥社会主义制度的优越性和广大人民群众的积极性，努力创造出高于资本主义的劳动生产率。列宁高度重视培养和使用人才，告诫广大党员要努力学习科学文化知识,成为精通业务的专家;强调党必须适应不断变化的形势,推进党和国家领导机关的改革,加强对党员的检查和监督,反对形形色色的官僚主义和营私舞弊行为,使党始终保持生机和活力,真正发挥先锋队的作用。

目　　录

插　图

社会民主党纲领草案及其说明[1]

（1895年和1896年）

党 纲 草 案

（1895年12月9日〔21日〕以后）

一、1. 大工厂正在俄国日益迅速地发展起来,使小手工业者和农民相继破产,把他们变成一无所有的工人,把越来越多的人赶进城市、工厂和工业村镇。

2. 资本主义的这种增长意味着一小撮厂主、商人和土地占有者的财富和奢侈程度大大增加,工人的贫困和受压迫的程度更加迅速地增加。大工厂在生产上的革新和采用机器既促进了社会劳动生产率的提高,也加强了资本家对工人的统治,增加了失业人口,从而使工人处于任人宰割的境地。

3. 但是,大工厂在极度加强资本对劳动的压迫时,造成了一个特殊的工人阶级,这个阶级有可能同资本进行斗争,因为它的生活条件本身破坏了它同私有经济的一切联系,并且通过共同劳动把工人

这是列宁为创建俄国无产阶级政党起草的第一个纲领草案及其说明。在这两篇文献中,列宁根据马克思主义基本原理,结合俄国的实际,论述了俄国无产阶级的斗争任务和目标,提出了无产阶级政党的实际要求,并对这些要求作了科学的论证。

联合起来,把他们从一个工厂投进另一个工厂,从而把工人群众团结在一起。工人开始同资本家作斗争,于是在他们中间就出现了联合起来的强烈愿望。工人的零星发动发展成了俄国工人阶级的斗争。

4.工人阶级同资本家阶级的这一斗争,是反对一切靠他人劳动为生的阶级和反对一切剥削的斗争。只有当政权转到工人阶级手中,全部土地、工具、工厂、机器、矿山转交给全社会来组织社会主义生产时,这个斗争才能结束。在社会主义生产制度下,工人生产的一切和一切生产革新都应该有利于劳动者本身。

5.俄国工人阶级运动,就其性质和目的来说,是世界各国工人阶级国际(社会民主主义)运动的一部分。

6.俄国工人阶级在争取自身解放的斗争中的主要阻碍是不受限制的专制政府及其无需承担责任的官吏。这个政府依靠土地占有者与资本家的特权和对他们利益的殷勤效劳,使下层等级处于完全无权地位,从而束缚了工人运动,阻碍了全国人民的进步。因此,俄国工人阶级争取自身解放的斗争,必然引起反对专制政府的无限权力的斗争。

二、1.俄国社会民主党宣布自己的任务是帮助俄国工人阶级进行这一斗争,方法是提高工人的阶级自觉,促使他们组织起来,指出斗争的任务和目的。

2.俄国工人阶级争取自身解放的斗争是政治斗争,其首要任务是争得政治自由。

3.因此,俄国社会民主党不能脱离工人运动,要支持一切反对专制政府的无限权力、反对享有特权的贵族地主阶级、反对一切阻碍竞争自由的农奴制度和等级制度残余的社会运动。

4.另一方面,俄国社会民主工党将要展开斗争,反对一切想靠不受限制的政府及其官吏的保护来为劳动阶级谋福利的企图,反对一切阻止资本主义发展、因而也阻止工人阶级发展的企图。

5. 工人的解放应该是工人自己的事情。

6. 俄国人民需要的不是不受限制的政府及其官吏的帮助,而是从它的压迫下解放出来。

三、根据这些观点,俄国社会民主党首先要求:

1. 召开由全体公民的代表组成的国民代表会议来制定宪法。

2. 凡年满21岁的俄国公民,不分宗教信仰和民族,都有普遍的、直接的选举权。

3. 集会、结社和罢工自由。

4. 出版自由。

5. 消灭等级,全体公民在法律面前完全平等。

6. 宗教信仰自由,所有民族一律平等。出生、结婚和死亡的登记事宜交由不受警察干涉的独立民政官管理。

7. 每个公民有权向法院控告任何官吏,不必事先向上级申诉。

8. 废除身份证,流动和迁徙完全自由。

9. 有从事任何行业和职业的自由,废除行会。

四、俄国社会民主党为工人要求:

1. 在一切工业部门中设立工业法庭,从资本家和工人中选出人数相等的审判员。

2. 以法律限定一昼夜工作时间为8小时。

3. 以法律禁止夜工和夜班,禁止雇用15岁以下的童工。

4. 以法律规定节日休假制度。

5. 把工厂法和工厂视察制推行到全俄一切工业部门和官办工厂,同样也推行到家庭手工业者。

6. 工厂视察员应有独立地位,不受财政部管辖。工业法庭的成员在监督工厂法执行情况方面,享有与工厂视察员同样的权利。

7. 无论何处,绝对不得以商品支付工资。

8. 工人选出的代表监督工资的合理规定、产品的检验、罚款的用途和工厂工人宿舍的状况。

以法律规定,从工人工资中扣除的一切款项,不论扣除的原因如何(罚款、废品等),其总数不得超过每卢布10戈比。

9. 以法律规定,厂主应对工人伤残事故负责,如过失在工人方面,厂主则应对此提出证明。

10. 以法律规定,厂主有供给学校经费、给工人以医疗帮助的义务。

五、俄国社会民主党为农民要求:

1. 废除赎金[2],对已缴赎金的农民给以补偿。把多缴入国库的款额归还农民。

2. 把1861年从农民手中割去的土地归还农民。

3. 农民土地和地主土地担负的赋税完全平等。

4. 废除连环保[3]以及一切限制农民支配自己土地的法令。

党 纲 说 明

(1896年6—7月)

党纲分三个主要部分。第一部分阐述党纲其他部分所依据的一切观点。这一部分指出工人阶级在现代社会中处于什么地位、它同厂主进行的斗争有什么意义和作用以及工人阶级在俄国的政治地位如何。

第二部分阐述了**党的任务**，指出党对俄国其他政治派别所采取的态度。这里谈到党和所有认识到自己阶级利益的工人应该进行什么活动，以及对俄国社会其他阶级的利益和要求应该采取什么态度。

第三部分是党的实际要求。这一部分又分成三节。第一节是关于全国性改革的要求。第二节是工人阶级的要求和纲领。第三节是为农民提出的要求。下面在没有谈到党纲实际部分以前，将对这三节先作一些说明。

一、1. 党纲首先谈到大工厂的迅速发展，因为这是现代俄国的主要现象，它彻底改变了一切旧的生活条件，特别是劳动阶级的生活条件。在旧的条件下，几乎全部财富都是占人口绝大多数的小业主生产的。人们当时定居在乡村，生产的大部分产品不是为了自己消费，就是为了附近村落的小市场，这些小市场与附近其他市场很少联系。为地主做工的也是这些小业主，地主强迫他们生产产品主要是为了自己消费。家庭产品则交给手艺人去加工，手艺人也是住在乡村，或者到附近地区去揽活干。

农民解放以后，人民群众的生活条件起了根本变化：小手工业作坊开始被飞快发展起来的大工厂所代替；这些大工厂排挤了小业主，把他们变成雇佣工人，强迫成千上万的工人在一起做工，生产大量商品在全俄各地出售。

农民的解放打破了人们的定居生活，农民已经不能再依靠自己剩下的小块土地来维持生活了。许多人出外谋生，有的进工厂，有的修铁路，这些铁路把俄国各个角落联接起来并把大工厂的货物运往全国各地。许多人进城谋生,为工厂和商店建造房屋,为工厂运送燃料和准备材料。最后,还有许多人在家里,商人和未能扩大自己工厂的厂主交给他们活计。农业方面也发生了同样的变化:地主开始为出售而生产粮食,农民和商人中间出现了大耕作者,几亿普特的粮食开始向国外销售。进行这种生产需要雇佣工人。于是几十万、几百万农民抛弃了自己的小块份地,去给为出售而生产粮食的新主人当雇农和日工。党纲上也描述了旧的生活条件的这些变化,谈到大工厂使小手工业者和农民日趋破产并把他们变成雇佣工人。小生产到处被大生产所代替。在这种大生产中,大批工人已经成了为挣工资而给资本家做工的普通雇工;资本家则拥有大量资本,他们建立起巨大的工厂,收购大批原料,并把联合起来的工人所进行的这种大规模生产的全部利润装进自己腰包。生产变成了资本主义的生产,它残酷无情地压榨所有的小业主,破坏了他们的乡村定居生活,迫使他们到全国各地去做普通的小工,把自己的劳动出卖给资本。越来越多的人完全脱离了乡村,脱离了农业,聚集到城市,聚集到工厂和工业村镇,形成了一个没有任何私有财产的特殊阶级,即专靠出卖自己劳动力来维持生活的雇佣工人-无产者阶级。

这就是大工厂在国家生活中引起的巨大变化:小生产被大生产所代替,小业主变成了雇佣工人。对全体劳动人民来说,这种变化意味着什么呢?它会引起什么后果呢?党纲接着谈的也就是这一点。

一、2. 随着小生产被大生产所代替而来的,是各个业主手中的少量货币资金被巨额资本所代替,蝇头微利被百万利润所代替。因此资本主义的增长到处都引起奢侈程度和财富的增加。在俄国,大的金融寡头、厂主、铁路主、商人和银行家形成了一个完整的阶级。依靠把货币资本贷给工业家以获得利息收入来过活的人们也形成了一个完整的阶级。大土地占有者发财了,他们从农民那里得到了大量的土地赎金,他们利用农民需要土地这个机会提高了土地租价,他们在自己的田庄上开办了巨大的甜菜制糖厂和酿酒厂。所有这些富人阶级的奢侈浮华达到了空前未有的程度,各大城市的主要街道布满了他们的豪华府邸和华丽大厦。但是工人的状况却随着资本主义的增长而日益恶化。在农民解放以后,即使有的地方的工资有所提高,那也是为数很少、时间很短的,因为大批从乡村流落出来的饥民使工资降低了,然而食品和生活用品却越来越贵,因此工资即使有了提高,但工人得到的生活资料却日益减少,谋生越来越困难了。与富人的华丽大厦并排(或在城郊)的是越来越多的工人的破旧小房。工人们不得不住在地下室,住在拥挤的、潮湿寒冷的房子里,再不就住在新建厂房附近的土屋里。资本越来越雄厚,越来越残酷地压榨工人,把他们变成一无所有的人,强迫他们把自己的全部时间交给工厂,并驱使工人的妻子儿女也去做工。可见,资本主义增长所引起的第一个变化是:大量财富集中在少数资本家的手里,而人民群众变成了一无所有的人。

第二个变化是:小生产被大生产代替以后,生产有了许多改进。首先,分散在每个小作坊、每个小业主那里的个体劳动被联合起来的工人在一个工厂、一个土地占有者、一个承包人那里进行的共同劳动所代替。共同劳动比个体劳动要有成效得多(生产效率高得多),生产商品也容易得多,快得多。但是所有这些改进都被资本家独自享用了,一点也不分给工人,他们白白攫取了工人联合劳动的一切好处。资本家更强大了,工人却更软弱了,因为他已经习惯了某一种工作,他要改行做另一种工作是比较困难的。

另一个更重要得多的生产改进就是资本家采用了**机器**。机器的使用把劳动效率提高了许多倍;但是资本家把所有这些好处用来对付工人:他们利用机器需要的体力劳动较少这种情况,安排妇女和儿童来看管机器,付给他们更少的工资。他们利用机器需要工人极少这种情况,把大批工人赶出工厂,并利用这种失业现象来进一步奴役工人,延长工作日,剥夺工人夜里休息的时间,把工人变成了机器的单纯附属品。机器所造成的和不断扩大的失业现象现在使工人处于完全无以自卫的境地。工人的技术失去了价值,他们很容易被那些很快就习惯了机器、甘愿为更少工资做工的普通小工所代替。一切想要捍卫自己免受资本更大压力的企图都使工人遭到解雇。单个工人在资本面前是完全无能为力的,因为机器会置他于死地。

一、3. 我们在对前一条的说明中已经指出,单个工人在采用了机器的资本家面前是无能为力的,无以自卫的。工人为了自卫无论如何总要寻找一个反击资本家的手段。他们找到**联合**就是这样的手段。单个无能为力的工人一旦和自己的伙伴联合起来,就成为一种力量,就能够同资本家斗争并进行反击。

联合逐渐成了工人必需的东西,因为反对他们的已经是大资本。可是把一大群虽然在一个工厂里做工但是互不相干的人联合起来,是不是可能呢?党纲指出了促使工人联合和培养他们联合的能力和本领的条件。这些条件就是:(1)大工厂的机器生产要求全年不间断地工作,从而完全割断了工人同土地、同私有经济的一切联系,把工人变成了彻底的无产者。而小块土地上的私有经济却使工人分散,使每个工人都有某些不同于自己伙伴的利益的特殊利益,因而妨碍了他们的联合。割断工人同土地的联系也就消除了这种障碍。(2)其次,成百成千工人的共同劳动使工人们习惯于共同讨论自己的需要,采取共同的行动,因为这种劳动鲜明地表明,全体工人群众的地位和利益是相同的。(3)最后,工人经常从一个工厂转到另一个工厂,这使工人们习惯于对照和比较各个工厂的条件和制度,确信所有工厂的剥削是相同的,吸取其他工人同资本家斗争的经验,从而加强工人的互助和团结。就是这样一些条件的总和产生了这样一个结果:大工厂的出现引起了工人的联合。这种联合在俄国工人中间的最经常、最突出的表现形式就是罢工(至于为什么我国工人不能通过工会或基金会的形式联合起来,我们下面再谈)。大工厂发展得越快,工人的罢工就越频繁,越猛烈,越顽强;因此资本主义的压迫越厉害,工人也就越需要共同进行反抗。党纲指出,工人的罢工和零星发动,是目前俄国工厂中最普遍的现象。但是随着资本主义的进一步发展和罢工的日益频繁,罢工和发动就显得不够了。厂主们为了对付罢工和发动采取了共同措施:他们订立同盟,从其他地方招雇工人,呼吁国家政权协助他们镇压工人的反抗。反对工人的已经不是单个工厂的单个厂主,而是**整个资本家阶级**和帮助这个阶级的政府。整个**资本家阶级**投入了反对整个**工人阶级**的斗争;它寻求对付罢工的共同措施,要求政府发布对付工人的法令,把工厂搬到比较偏僻的地方,把活计分到家里去做,并采用了其他各种各样的诡计来对付工人。为了反抗整个资本家阶级,单靠单个工厂工人的联合、甚至单个工业部门工人的联合是不够的,**整个工人阶级**的共同行动就成为绝对必要的了。这样,工人的零星发动就发展成为整个工人阶级的斗争。工人跟厂主的斗争就变成了**阶级斗争**。所有的厂主被一种共同的利益联合起来:使工人处于从属地位,付给他们尽可能低的工资。厂主认识到,要维护自己的事业,只有整个厂主阶级采取共同行动,只有取得对国家政权的影响。工人同样也被一种共同的利益联系起来:不让资本置自己于死地,捍卫自己的生存权利和过人的生活的权利。工人同样也认识到,他们也需要整个阶级(工人阶级)联合起来,采取共同行动,为此就必须争取到对国家政权的影响。

一、4. 我们已经说明,工厂工人同厂主的斗争怎样和为什么成为阶级斗争、成为工人阶级(无产阶级)同资本家阶级(资产阶级)的斗争。试问,这个斗争对全体人民和全体劳动者有什么意义呢?在现代的条件下(这些条件,我们在第一条的说明中已经谈过),利用雇佣工人进行的生产对小经济的排挤越来越厉害。**依靠雇佣劳动过活**的人数在迅速增加,不仅固定的工厂工人的人数在增加,而且为了谋生而不得不寻找这种雇佣劳动的农民的人数增加得更多。目前,雇佣劳动,即为资本家做工,已经成了最普遍的劳动形式。资本不仅统治了从事工业的大批人的劳动,而且统治了从事农业的大批人的劳动。大工厂正是把这种作为现代社会基础的对雇佣劳动的剥削发展到了顶点。各工业部门的所有资本家所采用的、俄国全体工人群众深受其害的种种剥削方式,在这里,在工厂,被汇集一起,变本加厉,成为常规,扩展到工人劳动和生活的各个方面,形成了一套完整的规章,一套完整的资本家榨取工人血汗的制度。现在我们举例来说明:在任何时候和任何地方,每个受雇的人,到了节日,只要附近地方庆祝那个节日,他就可以放下工作去休息。工厂的情况完全不同:工厂可以随心所欲地支配雇来的工人,根本不管他们的习惯、日常生活方式、家庭状况和精神上的需要。工厂认为需要时就赶工人上工,迫使工人的全部生活适应工厂的要求,迫使他们把休息时间分割成零星的片断,如果是轮班劳动,则无论在夜间或节日都要强迫他们干活。在工作时间上,凡是能够想得出来的不正当做法,工厂都用上了,同时它还实行了每个工人都必须遵守的“条例”和“制度”。看来,工厂的制度是特意为了适应这样一个目的制定的:从被雇的工人身上榨取他能付出的全部劳动,并且尽快地榨取,然后把他一脚踢开!再举一个例子。任何受雇的人,当然都必须服从自己的雇主,必须完成雇主吩咐他做的工作。然而,受雇者虽然必须完成临时工作,但是他决没有放弃自己的意志;如果他认为雇主的要求不正当或者过分,他可以走掉不干。而工厂却要求工人完全放弃自己的意志;它规定一种纪律,强迫工人按照铃声上班下班;它享有一种自行处罚工人的权利,如果工人违反了它所制定的规则,它可以罚款或扣款。工人逐渐成了庞大机器的一部分:他不得不像机器本身一样,任人摆布,任人奴役,没有自己的意志。

还有第三个例子。任何受雇的人,往往都不满意自己的雇主,常常向法院或主管当局控告。而当局或法院,在解决纠纷时,总是袒护雇主,总是给雇主撑腰。但是它们这样庇护雇主利益,并不是根据一般的条例或法律,而是根据每个官吏效劳的程度,有时庇护得多些,有时就少些。它们处理案件不公道,袒护雇主,或者是由于同雇主有交情,或者是由于不熟悉工作情况,不了解工人。诸如此类处理不公道的案件决定于工人和雇主的每个具体冲突,决定于每个个别官吏。工厂则集中了这样大量的工人,压榨工人达到这样的程度,以至无法弄清每个具体案件。于是订立了一般条例,制定了所有的人都必须遵守的关于工人对厂主的关系的法令。在这个法令中,对雇主利益的庇护已被国家政权固定了下来。个别官吏的不公道已被法令本身的不公道代替。譬如,有这样的条例:工人不上班不但领不到工资,而且还要缴付罚款,但是雇主使工人不上班时,却什么也不付给工人;雇主因为工人粗暴可以解雇工人,但是工人却不能以同样的理由离开雇主不干;雇主有权擅自向工人勒取罚款、扣款,或者要求工人加班等等。

所有这些例子都向我们表明：工厂是怎样加剧对工人的剥削，怎样使这种剥削普遍化，怎样把这种剥削变成一套完整的"**制度**"。不管工人愿意不愿意，他现在要对付的已经不是单个雇主的意志和迫害，而是整个雇主阶级的专横和迫害。工人认识到：压迫他的不是某一个资本家，而是整个资本家阶级，因为所有工厂的剥削制度都是一样的。单个资本家甚至不能违反这种制度。譬如说，如果他想缩短工作时间，那么他的商品就比附近其他厂主的商品要贵，因为其他厂主付出同样的工资，却强迫工人做更长时间的工作。为了改善自己的处境，工人现在不得不对付以资本剥削劳动为方针的整个社会结构。与工人对立的已经不是个别官吏的个别不公道，而是国家政权本身的不公道，这个政权把整个资本家阶级置于自己庇护之下，并发布对这个阶级有利而大家都必须遵守的法令。这样，工厂工人同厂主的斗争，就必然变成反对整个资本家阶级、反对以资本剥削劳动为基础的整个社会结构的斗争。因此工人的斗争就具有社会意义，成为代表全体劳动人民反对一切靠他人劳动为生的阶级的斗争。因此工人的斗争开辟了俄国历史上的新时代，成了工人解放的曙光。

资本家阶级究竟依靠什么对全体工人群众进行统治呢？它依靠的是，所有工厂、矿山、机器、劳动工具都掌握在资本家手里，归他们私人所有；它依靠的是，大量土地掌握在它们手里（俄国欧洲部分 $\frac{1}{3}$ 以上的土地属于人数不到50万的土地占有者所有）。工人自己没有任何劳动工具和原料，不得不把自己的劳动力出卖给资本家；资本家付给工人的只是工人维持生活所必需的费用，而把劳动创造的全部剩余部分装进自己的腰包。可见，资本家付给报酬的只是工人工作时间的一部分，而其余部分则据为己有。大批工人的联合劳动或生产上的革新而增加的一切财富，都落到资本家阶级的手里，而世世代代辛勤劳动的工人却仍然是一无所有的无产者。因此,要终止资本对劳动的剥削,只有采取一种手段,就是消灭劳动工具的私有制,所有工厂和矿山以及所有大地产等等都归整个社会所有,实行由工人自己进行管理的共同的社会主义生产。那时,共同劳动的产品将由劳动者自己来享用,超出他们生活需要的剩余产品,将用来满足工人自己的各种需要,用来充分发展他们的各种才能,用来平等地享受科学和艺术的一切成果。因此党纲上指出,只有这样,工人阶级同资本家的斗争才能结束。为此,就必须使政权即管理国家的权力,从处在资本家和土地占有者影响下的政府手里,或者说从直接由资本家选出的代表组成的政府手里,转到工人阶级手里。

这就是工人阶级斗争的最终目的,这就是工人阶级获得彻底解放的条件。联合起来的觉悟工人应该向着这个最终目的奋勇前进。但是在我们俄国,他们还面临着巨大的障碍,妨碍他们进行争取自身解放的斗争。

一、5. 目前,同资本家阶级的统治进行斗争的已经是欧洲各国的工人,并且还有美洲和澳洲的工人。工人阶级的联合和团结已经不限于一个国家或一个民族:各个国家的工人政党都大声宣布,全世界工人的利益和目的是完全共同一致的。它们在一起开代表大会,向各国资本家阶级提出共同要求,给整个联合起来争取自身解放的无产阶级规定国际性的节日(5月1日),把各个民族和各个国家的工人阶级团结成一支工人大军。各国工人的这种联合是必然的,因为统治工人的资本家阶级并不限于在一个国家内进行自己的统治。各个国家的贸易关系越来越密切,越来越广泛;资本不断从一个国家流入另一个国家。银行,这些把各地的资本收集起来并贷给资本家的资本大仓库,逐渐从国家银行变成了国际银行,它们把各国资本收集起来,分配给欧洲和美洲的资本家。大股份公司的建立已经不是为了在一个国家内开办资本主义企业,而是为了同时在几个国家内开办资本主义企业。资本家的国际协会出现了。资本的统治是国际性的。因此,工人只有进行反对国际资本的共同斗争,各国工人争取解放的斗争才会取得成就。因此在反对资本家阶级的斗争中,无论是德国工人、波兰工人或法国工人,都是俄国工人的同志,同样,无论是俄国资本家、波兰资本家或法国资本家,也都是他们的敌人。譬如,最近一个时期,外国资本家特别愿意把自己的资本投到俄国来,在俄国建立自己的分厂,设立公司,以便在俄国开办新的企业。他们贪婪地向年轻的国家扑来,因为这个国家的政府比其他任何国家的政府都更加对资本有好感、更加殷勤,因为他们在这个国家可以找到不如西方工人那样团结、那样善于反抗的工人,因为这个国家工人的生活水平低得多,因而他们的工资也低得多,所以外国资本家可以获得在自己本国闻所未闻的巨额利润。国际资本已经把手伸进俄国。俄国工人也把手伸向国际工人运动。

一、6. 我们已经谈过,大工厂怎样把资本对劳动的压迫发展到了顶点,怎样建立起一整套剥削方式;工人起来反对资本时又怎样必然地把全体工人联合起来,怎样必然地引起整个工人阶级的共同斗争。工人在反对资本家阶级的这个斗争中,同庇护资本家及其利益的一般国家法令发生了冲突。

但是,既然工人联合起来能够强迫资本家实行让步,能够反击他们,那么工人联合起来同样也能够影响国家法令,争取修改这些法令。其他各国的工人正是这样做的,但是俄国工人却不能直接影响国家。在俄国,工人的处境是,他们被剥夺了最普通的公民权利。他们既不能集会,也不能共同讨论自己的事情,既不能结社,也不能刊印自己的声明。换句话说,国家法令不仅是为了维护资本家阶级的利益而制定的,它们还直接剥夺了工人影响这些法令和争取修改这些法令的一切可能。这种情况的产生,是由于俄国(所有的欧洲国家中也只有俄国)直到现在还保存着专制政府的无限权力,也就是保存着这样一种国家机构,沙皇一个人能够任意发布全国人民必须遵守的法令,而且只有沙皇任命的官吏才能执行这些法令。公民被剥夺了参与发布法令、讨论法令、提议制定新法令和要求废除旧法令的一切可能。他们被剥夺了要求官吏报告工作、检查官吏的活动和向法院提出控诉的一切权利。公民甚至被剥夺了讨论国家事务的权利:没有这些官吏的许可,他们不能集会结社。可见,官吏是完全为所欲为的。他们好像是一个骑在公民头上的特殊等级。官吏的为所欲为、横行霸道和人民本身的毫无发言权,使这些官吏穷凶极恶地滥用职权和侵犯平民百姓的权利达到了任何一个欧洲国家几乎都不可能有的地步。

因此,在法律上,俄国政府是完全不受限制的,它好像是完全独立于人民的,凌驾于一切等级和阶级之上的。但如果真是这样,那么法令也好,政府也好,为什么在工人同资本家发生的一切冲突当中,总是站到资本家方面去呢?为什么资本家随着自己人数的增加和财富的增多而得到越来越多的支持,而工人却遭到越来越多的反对和限制呢?

实际上,政府并不是凌驾于阶级之上的,而是维护一个阶级来反对另一个阶级,维护有产阶级来反对穷人阶级,维护资本家来反对工人。不受限制的政府如果不给有产阶级种种特权和优待,就不可能管理这样一个大国。

虽然在法律上政府是一个不受限制的、独立的政权机关,但实际上资本家和土地占有者却有千百种手段影响政府和国家事务。他们有法律所承认的自己的等级机关、贵族和商人协会、工商业委员会等组织。他们选出的代表,或者直接充当官吏,参加国家管理(譬如贵族代表),或者被邀担任一切政府机关的委员,譬如厂主按照法律可以选出自己的代表出席工厂事务会议(这是工厂视察机关的上级机关)的会议。但是他们并不限于这种直接参加国家管理。他们还在自己的协会里讨论国家法令,拟定草案,而政府每件事情也往往征求他们的意见,送给他们某种草案,请他们提出意见。

资本家和土地占有者举行全俄代表大会,讨论自己的事情,寻求对本阶级有利的各种措施,代表所有贵族地主、代表"全俄商界"请求发布新法令,修改旧法令。他们可以在报上讨论自己的事情,因为不管政府怎样通过自己的书报检查钳制言论,但是剥夺有产阶级讨论自己事情的权利,那它是连想也不敢想的。他们有各种各样的门路和途径通向国家政权机关的最高代表,可以比较容易地谴责下级官吏的专横行为,可以容易地废除限制特别苛刻的法令和条例。如果说,世界上没有一个国家有这么多的法令和条例,有这样空前未有的政府的警察式的监护来干预一切琐事、使一切活生生的事情失掉固有的特点,那么,世界上也没有一个国家可以仅仅根据高级领导的恩准就这样轻易地违反这些资产阶级的条例和这样轻易地回避这些警察式的法令。而且从来也不拒绝给以这种恩准①。

二、1. 这是党纲中最重要、最主要的一条,因为它指出:维护工人阶级利益的党应该进行哪些活动;一切觉悟的工人应该进行哪些活动。它指出:实现社会主义的愿望、消除长期人剥削人现象的愿望,

---

①原件中由此往下的几个字,抄写人显然没有辨认出来。胶印本中这里印着"[*脱漏I*]",接下去有这样半句话:"不负责任的官员的统治,比社会对政府事务的各种干涉,社会越是乐意把机会给[**脱漏II**]"。——俄文版编者注

应该怎样同大工厂造成的生活条件所产生的人民运动结合起来。

党的活动应该是帮助工人进行阶级斗争。党的任务不是凭空捏造一些帮助工人的时髦手段，而是参加到工人运动中去，阐明这个运动，并在工人自己已经开始进行的这个斗争中帮助他们。党的任务就是维护工人的利益，代表整个工人运动的利益。那么在工人的斗争中对工人的帮助究竟应该表现在什么地方呢？

党纲谈到，这种帮助应该是：第一，提高工人的阶级自觉。至于工人同厂主的斗争怎样逐渐变成了无产阶级同资产阶级的阶级斗争，我们已经讲过了。

从以上所述产生一个问题，应该怎样理解工人的阶级自觉。工人的阶级自觉就是工人认识到，只有同大工厂所造成的资本家、厂主阶级进行斗争，才是改善自己状况和争得自身解放的唯一手段。其次，工人的自觉就是工人认识到，本国所有工人的利益是相同的，一致的，他们全体组成了一个不同于社会上所有其他任何阶级的独立的阶级。最后，工人的阶级自觉就是工人认识到，为了达到自己的目的，工人必须争取对国家事务的影响，就像土地占有者和资本家已经争取到并且在继续争取对国家事务的影响一样。

工人究竟通过什么途径认识到这一切呢？工人经常是通过他们已经开始的反对厂主的斗争、通过这个随着大工厂的发展而日益扩展、日益尖锐、日益吸引更多工人的斗争来认识到这一切的。有过一个时期，工人敌视资本还只表现为憎恨自己的剥削者的模糊情感，表现为对自己受压迫受奴役的模糊认识和向资本家**复仇**的愿望。当时的斗争表现为工人的零星发动，如破坏厂房，捣毁机器，殴打厂长等等。这是工人运动**最初的**、开始的形式，这在当时也是必要的，因为对资本家的憎恨在任何时候和任何地方都是促使工人产生自卫要求的第一个推动力。但是俄国工人运动已经从这种最初形式向前发展了。工人已经不是模糊地憎恨资本家，而是已经开始认识到工人阶级的利益和资本家阶级的利益是截然对立的。他们已经不是模糊地感到自己在受压迫，而是开始分析，资本**究竟通过什么**和**究竟怎样**压榨他们，同时他们起来反对这种或那种压迫形式，限制资本的压榨，保卫自己，反击资本家的贪心。他们现在已经不是向资本家复仇，而是过渡到进行争取让步的斗争。他们开始向资本家阶级提出一个又一个的要求，要求改善自己的工作条件，提高工资，缩短工作日。每次罢工都把工人的全部注意力和全部精力集中到工人阶级所处的这种条件或者那种条件上。每次罢工都引起工人对这些条件的讨论，帮助工人认清这些条件，弄清资本在这些条件下怎样进行压榨，采取什么手段才能同这种压榨进行斗争。每次罢工都丰富了整个工人阶级的经验。罢工胜利了，它会向工人阶级证明工人联合的力量，同时会促使其他工人去利用自己同志的胜利。罢工失败了，它会引起工人讨论失败的原因，并寻找更好的斗争方式。俄国工人取得的巨大进步，就在于各地工人现在都开始转向为解决自己的迫切需要、争取让步、争取改善生活条件、增加工资、缩短工作日而进行不倦的斗争，因此，社会民主党和一切觉悟的工人应该把主要注意力放在这个斗争和促进这个斗争上面。对工人的帮助应该是：指出斗争应该去满足的那些最迫切的需要；分析那些使这些或那些工人的状况特别恶化的原因；解释工厂法和工厂条例，因为工人常常由于违反这些法令和条例（以及受到资本家的蒙骗）而遭到加倍的掠夺。帮助应该是：更明确地表达工人的要求并公开提出这些要求；选择最好的时机进行反抗；选择斗争方式，讨论斗争双方的情况和力量，讨论是否可以找到更好的斗争方式（如果不能直接采取罢工等形式，那就可以根据情况，也许采取致函厂主、向视察员或医生呼吁等办法）。

我们已经说过，俄国工人转向这种斗争是他们的一大进步。这个斗争把工人运动带上了（引上了）康庄大道，它是工人运动进一步获得胜利的可靠保证。工人群众通过这个斗争，第一，可以学习辨别和分析各种各样的资本主义剥削方式，学习把这些方式同法令、自己的生活条件和资本家阶级的利益加以对比。工人在分析个别的剥削方式和情况的时候，学会认识整个剥削的意义和实质，学会认识以资本剥削劳动为基础的社会制度。第二，通过这个斗争，工人可以检阅自己的力量，学习如何联合，学习认识联合的必要性和意义。这个斗争的扩大和冲突的频繁必然导致斗争的扩大和工人（起初是某一地区的工人，后来是全国工人，整个工人阶级）的统一精神即团结一致精神的增强。第三，这个斗争提高了工人的政治觉悟。工人群众的生活条件使他们处于这样的状况：他们没有（也不可能有）空闲时间和可能去考虑任何国家大事。但是工人为解决自身的日常需要同厂主开展的斗争本身，必然使工人接触国家大事，政治问题，即俄国这个国家是怎样管理的，法令和条例是怎样发布的，它们是为谁的利益服务的等等。工厂发生的每次冲突，都必然使工人同法令、同国家政权机关的代表人物发生冲突。工人们在这时第一次听到了"政治演说"。首先听到的就是工厂视察员的演说，他们向工人解释说，厂主借以压榨工人的诡计，是以有关当局批准的、允许厂主任意压榨工人的条例的确切含意为依据的，或者说，厂主的压迫是完全合法的，因为厂主只是运用自己的权利，他们是以国家政权机关批准和维护的某项法令为依据的。除了视察员先生们的政治解释以外，有时还可以听到一位大臣先生的更为有益的"政治解释"，这位大臣先生向工人们提到"基督博爱"的精神，说他们应当感谢厂主的这种博爱精神，因为厂主靠剥夺工人的劳动成了百万富翁。[4]除了国家政权机关代表人物的这些解释和工人们直接认识到这个政权的活动究竟对谁有利以外,后来还出现了社会主义者的传单或其他解释,因此工人通过这样的罢工完全可以受到政治教育。他们不仅学习认识工人阶级的特殊利益,而且学习认识工人阶级在国家中所处的特殊地位。总之,社会民主党对工人的阶级斗争所能给予的**帮助**应该是:在工人争取自己最迫切的需要的斗争中给予帮助,以提高他们的阶级自觉。

第二种**帮助**,正像党纲所说的,应该是协助工人组织起来。我们刚才所描述的这种斗争要求工人必须组织起来。现在,为了更顺利地进行罢工,为了给罢工者募捐,为了建立工人储金会,为了向工人进行宣传,为了在工人中间散发传单、通知、号召书等等,都需要组织。为了保卫自己免受宪警迫害,为了隐蔽工人的各种联系和关系不让宪警发现,为了递送给工人以书籍、小册子和报纸等等,就更需要组织。在所有这些方面进行帮助,——这就是党的第二项任务。

第三种帮助是指出斗争的真正目的,就是说,要向工人解释,什么是资本对劳动的剥削,剥削是依靠什么进行的,土地和劳动工具的私有制怎样使工人群众陷于赤贫境地,怎样迫使他们把自己的劳动出卖给资本家,把工人除了维持自己生活以外的全部剩余劳动产品白白送给资本家,其次要向他们解释,这种剥削怎样必然地引起工人同资本家的阶级斗争,这个斗争的条件及其最终目的又是怎样的,——一句话,解释这个党纲所简略指出的东西。

二、2. 工人阶级的斗争是政治斗争,这是什么意思呢?这就是说,工人阶级不争得对国家事务、国家管理、发布法令的影响,就不可能进行争取自身解放的斗争。俄国资本家早就懂得了这种影响的必要性,我们也已指出,俄国资本家是怎样不顾警察法的百般禁止而找到了千百种手段来影响国家政权的,这个政权又是怎样为资本家阶级的利益服务的。由此自然得出结论:工人阶级不争得对国家政权的影响,就不可能进行自己的斗争,甚至不可能争得自己处境的不断改善。

我们已经说过,工人同资本家的斗争必然导致工人同政府发生冲突,而政府本身也竭尽全力向工人证明,工人只有进行斗争,只有联合起来进行反抗,才能影响国家政权。1885—1886年俄国发生的大罢工,特别清楚地证明了这一点。当时政府立即着手制定工人条例,立即颁布关于工厂制度的新法令,向工人的顽强要求作了让步(譬如施行了限制罚款和合理支付工资的条例)。①现在(1896年)的罢工也同样立即引起了政府的干预,而且政府已经懂得:只是逮捕和流放是不行了,再用颂扬厂主品德高尚的愚蠢训令(见财政大臣维特给工厂视察员的通令。1896年春季。②)来款待工人就太可笑了。政府已经看出,"联合起来的工人是一种不容忽视的力量",于是它就重新审查工厂法,在圣彼得堡召开工厂视察长代表大会,讨论缩短工作日和其他不可避免的向工人让步的问题。

由此我们可以看出,工人阶级同资本家阶级的斗争必然成为政治斗争。这个斗争现在的确已在影响国家政权,获得政治意义。但是工人运动越向前发展,我们前面已经讲过的工人在政治上毫无权利的情况,工人根本不可能公开地、直接地影响国家政权的情况,就越清楚、越明显地表现出来,感觉出来。因此工人最迫切的要求和工人阶级影响国家事务的首要任务,应该是**争得政治自由**,即争得以法律

---

① 见《列宁全集》第2版第2卷第29—33页。——编者注
② 同上书,第95页。——编者注

(宪法)保证全体公民直接参加国家的管理,保证全体公民享有自由集会、自由讨论自己的事情和通过各种团体与报纸影响国家事务的权利。争得政治自由成了**"工人的迫切事情"**,因为没有政治自由,工人对国家事务就没有也不可能有任何影响,从而必然仍旧是一个毫无权利的、受屈辱的、不能发表意见的阶级。如果现在,当工人的斗争和团结还刚刚开始,政府就急于向工人让步,以制止运动的继续发展,那么毫无疑问,当工人在一个政党的领导下团结起来、联合起来的时候,他们就一定会迫使政府投降,一定会为自己、为全体俄国人民争得政治自由!

党纲的前几部分已经指出,工人阶级在现代社会和现代国家中处于什么地位,工人阶级斗争的目的是什么,代表工人利益的党的任务是什么。在俄国政府无限权力的统治下,没有也不可能有公开的政党,但是代表其他阶级的利益、可以影响舆论和政府的政治派别还是有的。因此,为了说明社会民主党的地位,现在必须指出它对俄国社会其他政治派别的态度,以便工人们能够确定,谁可以成为他们的同盟者,在什么限度内是他们的同盟者,以及谁是他们的敌人。党纲的下面两条指出了这一点。

二、3. 党纲宣称,首先,所有反对专制政府无限权力的社会阶层都是工人的同盟者。因为这种无限权力是工人争取自身解放的主要障碍,所以由此自然得出结论,工人的直接利益要求大家去支持一切反对专制制度(专制就是不受限制;专制制度就是政府有无限权力)的社会运动。资本主义越发展,官僚管理机构和有产阶级本身利益即资产阶级利益之间的矛盾就越深刻。所以社会民主党宣称,它将支持资产阶级中间所有反对不受限制的政府的阶层和等级。

资产阶级**直接影响**国家事务,比它现在通过一群卖身求荣、横行霸道的官吏来影响国家事务,对工人说来,是无比有利的。资产阶级**公开地**影响政治,比它现在通过似乎是万能的、"独立的"政府来**隐蔽地**影响政治,对工人说来,也要有利得多,因为这个政府自命为"承受上帝恩典",并把"自己的恩典"赐给受苦受难、爱好劳动的土地占有者和贫困不堪、受尽压迫的厂主。工人必须同资本家阶级进行**公开斗争**,以便让俄国全体无产阶级能够看到工人是为了哪些利益而斗争的,能够学会应该怎样进行斗争;以便让资产阶级的阴谋和企图不能隐藏在大公的外室里、参议员和大臣的客厅里、政府各部门绝对秘密的办公室里;以便让这些阴谋和企图暴露出来,使每个人都看清楚,究竟是谁在影响政府的政策,资本家和土地占有者追求的是什么。因此,必须清除一切掩盖资本家阶级现在的影响的东西。因此,必须支持一切**反对**官吏,**反对**官僚管理机构,**反对**不受限制的政府的资产阶级代表人物!但是社会民主党在宣布自己支持一切反对专制制度的社会运动的同时,承认自己并不脱离工人运动,因为工人阶级有自己的、与其他一切阶级的利益相对立的特殊利益。工人在争取政治自由的斗争中支持一切资产阶级代表人物时,必须记住:有产阶级只能是他们暂时的同盟者,工人的利益和资本家的利益是不可调和的,工人需要消灭政府的无限权力,只是为了公开地、广泛地进行反对资本家阶级的斗争。

其次,社会民主党声明,它将支持所有起来反对享有特权的贵族地主阶级的人们。在俄国,贵族地主被视为国家的第一等级。他们对农民的农奴制统治的残余,直到现在还压迫着广大人民。农民还在为从地主势力下解放出来而缴纳赎金。农民仍然被束缚在土地上,为的是使地主老爷们不致感到缺乏廉价而驯服的雇农。农民直到现在还像一群毫无权利、尚未成年的人一样,受官吏们的任意摆布,这些官吏维护自己的腰包，干预农民的生活，以便使农民能够"按时"向农奴主-地主缴纳赎金和代役租⁵，以便使农民不敢"逃避"给地主做工，不敢(举例来说)迁徙，因为迁徙会使地主不得不到别处去雇没有这样便宜、没有受到这样贫困逼迫的工人。地主老爷们奴役千百万农民，强迫他们给自己做工，使他们继续处于毫无权利的地位，由于这些英勇业绩，地主老爷们享受最高的国家特权。国家的最高职务主要由贵族地主担任(而且按照法律，贵族等级也享有担任国家职务的最大权利)；显贵地主最接近宫廷，他们比任何人都更直接、容易地使政府的政策服从自己的利益。他们利用自己接近政府的地位，掠夺国库，从公款中得到几百万卢布的赠品和恩赐，这些赠品和恩赐有的是作为俸禄的大地产，有的是"让步"。①

选自《列宁全集》第2版第2卷
第69—93页

---

①保存在苏共中央马克思列宁主义研究院的胶印本中，正文到此中断。
——俄文版编者注

俄国社会民主党人的任务[6]

（1897年底）

　　90年代后半期的特点，是在提出和解决俄国革命问题方面呈现异常活跃的气象。新的革命党民权党[7]的出现，社会民主党人的影响和成绩的增长，民意党[8]内部的发展，所有这一切，都在社会主义的知识分子和工人小组中以及秘密宣传中，引起了对纲领问题的热烈讨论。在秘密宣传中值得指出的有："民权党"的《迫切的问题》和《宣言》（1894年），《"民意社"快报》[9]，"俄国社会民主党人联合会"[10]在国外出版的《工作者》[11]，在俄国国内出版主要供工人阅读的革命小册子的紧张活动，圣彼得堡社会民主党人的"工人阶级解放斗争协会"[12]在1896年著名的彼得堡罢工[13]时所进行的鼓动工作等等。

　　在我们看来，现在（1897年底）最迫切的问题，是社会民主党人的**实践**活动问题。我们着重指出社会民主党的**实践**方面，是因为它的理论方面，看来已经度过了最紧张的时期；当时，它根本不为对手们所了解，又有种种势力力图在新派别一出现时就把它压下去，这是一方面；另一方面，社会民主党则热烈捍卫自己的基本原则。现在，社会

　　这是列宁论述俄国无产阶级政党的政治纲领和斗争策略的小册子。列宁根据对俄国社会状况的分析指出：俄国社会民主党必须开展争取民主主义的斗争和争取社会主义的斗争。这两种斗争既有区别又有联系，只有把两者很好地结合起来，无产阶级政党才能完成自己的历史使命。列宁特别强调革命理论对无产阶级解放斗争的重要意义，明确提出了"没有革命的理论，就不会有革命的运动"的著名论点。

民主党人的理论观点,**在其主要的与基本的方面**,已经充分阐明了。而关于社会民主党的**实践**方面,关于它的政治**纲领**,关于它的活动方法,它的策略,却还不能这样说。我们觉得,正是在这些方面,存在着很多误会和隔阂,妨碍着某些革命者与社会民主党充分接近,这些革命者在理论上已经完全离开民意主义,而在实践上,或是由于客观力量所迫,到工人中间进行宣传鼓动,甚至把自己在工人中间的活动放到**阶级斗争**的基础上,或者力图把**民主主义**任务当做全部纲领和全部革命活动的基础。如果我们没有弄错的话,后一评语是适用于目前在俄国与社会民主党人同时活动的两个革命团体,即民意党和民权党的。

因此,我们认为,现在把社会民主党人的**实践**任务解释清楚,把我们下述看法的根据加以说明是特别适时的:我们认为社会民主党人的纲领是现有三个纲领中最合理的纲领,反对意见多半是由于了解不够。

大家知道,社会民主党人在实践活动方面给自己提出的任务是,领导无产阶级的阶级斗争,并把这一斗争的两种具体表现组织起来:一种是社会主义的表现(反对资本家阶级,目标是破坏阶级制度,组织社会主义社会);另一种是民主主义的表现(反对专制制度,目标是在俄国争得政治自由,并使俄国政治制度和社会制度民主化)。我们刚才说**大家知道**。的确,俄国社会民主党人自从作为一个特别的社会革命派别出现时起,就始终十分明确地指出他们这一活动任务,始终强调无产阶级阶级斗争的两种表现与内容,始终坚持他们的社会主义任务与民主主义任务的不可分割的联系,而这一联系在他们所采用的名称上就已清楚地表现出来了。然而直到现在,你们还往往看见,有些社会主义者对于社会民主党人抱着一种极端谬误的观念,责难社会民主党人忽略政治斗争等等。我们现在就来稍微谈谈俄国社会民主党实践活动的这两个方面。

我们从社会主义活动谈起。自从圣彼得堡社会民主党人的"工人阶级解放斗争协会"开始在彼得堡工人中间活动时起,社会民主党在这方面活动的性质,看来应当是十分清楚的。俄国社会民主党人的社会主义工作,就是在工人中间**宣传**科学社会主义学说,使工人正确了解现代社会经济制度及其基础与发展,了解俄国社会各个**阶级**及其相互关系,了解这些阶级相互的斗争,了解工人阶级在这个斗争中的作用,了解工人阶级对于正在没落的阶级和正在发展的阶级、对于资本主义的过去和将来所应采取的态度,了解各国社会民主党和俄国工人阶级的历史任务。同宣传工作紧密相联的,就是在工人中间进行**鼓动工作**,这个鼓动工作在俄国目前的政治条件和工人群众的发展水平下,自然成为首要的工作。在工人中间进行鼓动工作,这就是说社会民主党人要参加工人阶级的一切自发斗争,参加工人为工作日、工资、劳动条件等等问题而和资本家发生的一切冲突。我们的任务,就是要把自己的活动和工人的实际日常生活问题结合起来,帮助工人理解这些问题,使工人注意到各种极严重的舞弊行为,帮助他们把他们向厂主提出的要求表述得更明确、更切实,提高工人对自身团结的认识,提高作为一个统一的工人阶级,作为全世界无产阶级大军的一部分的全体俄国工人对自己共同利益和共同事业的认识。在工人中间成立小组,使它们与社会民主党人中心小组建立经常的秘密联系,印发工人书刊,组织各工人运动中心地点的通信工作,印发鼓动传单和宣言,训练有经验的鼓动员,——俄国社会民主党的社会主义活动方式大致就是这样。

我们的工作首先和主要是针对城市工厂工人的。俄国社会民主党不应当分散自己的力量,而应当集中力量在工业无产阶级中间进行活动,因为工业无产阶级最能接受社会民主主义思想,在智力上和政治上最发展,并且按其数量以及在国内巨大政治中心的集中程度来说,又是最重要的。因此,在城市工厂工人中间建立坚固的革命组织,是社会民主党首要的迫切任务,现在放弃这个任务是极不恰当的。然而,我们虽然认为必须集中自己力量在工厂工人中间进行工作,反对分散力量,但我们丝毫无意说,俄国社会民主党可以忽略俄国无产阶级和工人阶级中的其他阶层。根本不是这样。俄国工厂工人的生活条件本身,使他们往往要同那些散布在城市和乡村的、生活条件更恶劣得多的厂外工业无产阶级即手工业者发生十分密切的关系。俄国工厂工人同农村居民也有直接联系(工厂工人往往有家在农村),所以他们也不能不同农村无产阶级即千百万的雇农和日工,以及那些拘守一小块土地,从事工役和寻求各种偶然"外水",即同样是从事雇佣劳动的破产农民接近。俄国社会民主党人认为,现在**把**自己的力量**派到**手工业者和农业工人中间去工作,是不合时宜的,但他们决不想忽视这些阶层,而要努力教育先进工人了解手工业者和农业工人的日常生活情形,使这些工人在同无产阶级中比较落后的阶层接近时,把阶级斗争、社会主义的思想以及俄国民主派,特别是俄国无产阶级的政治任务也带给这些阶层。当在城市工厂工人中间还有这么多的工作要做的时候,派遣鼓动员到手工业者和农业工人中去是不实际的,但是社会主义的工人既然有很多机会不知不觉地接触这些人,那就应该善于利用这种机会并了解俄国社会民主党的一般任务。因此,那些责难俄国社会民主党狭隘,说他们因为只注重工厂工人而有意忽视广大劳动群众的人,是极端错误的。恰恰相反,在无产阶级的先进阶层中间进行鼓动,是把整个俄国无产阶级唤醒起来

（随着运动的扩大）的最可靠手段。在城市工人中间传播社会主义与阶级斗争的思想，就必然会使这些思想经过比较细小分散的渠道传播开来：为此必须使这些思想在较有锻炼的人们中间扎下较深的根，使俄国工人运动与俄国革命的这个先锋队完全领会。俄国社会民主党运用自己全部力量在工厂工人中间进行活动，同时决定支持俄国那些在实践上把社会主义工作放到无产阶级阶级斗争基地上来的革命者，但他们毫不隐讳，无论与其他革命派别订立什么样的实际联盟，都不能而且不应当在理论上、纲领上、旗帜上实行妥协或让步。俄国社会民主党人深信，现在只有科学社会主义和阶级斗争的学说，才是革命理论，才能作为革命运动的旗帜，他们将用全力来传播这个学说，使它不受曲解，反对任何想把还年轻的俄国工人运动同那些不确定的学说联系起来的行为。理论的判断证明，而社会民主党人的实践活动则表明：俄国一切**社会主义者**都应该成为**社会民主党人**。

现在我们来谈谈社会民主党人的**民主主义**任务和民主主义工作。我们再说一遍：这个工作与社会主义工作有**不可分割**的联系。社会民主党人在工人中间进行**宣传**的时候，**不能**避开政治问题，并且认为，想避开政治问题或者把它们搁置一边的任何做法，都是极大的错误，都是背离全世界社会民主主义的基本原理的。俄国社会民主党人除了宣传科学社会主义以外，同时还要在工人群众中间广泛宣传**民主主义思想**，竭力使工人认识专制制度的一切活动表现，专制制度的阶级内容，推翻专制制度的必要性，如果不争得政治自由并使俄国政治社会制度民主化，就不可能为工人事业进行胜利的斗争。社会民主党人根据当前的**经济**要求在工人中间进行**鼓动**的时候，把这种鼓动与根据工人阶级当前的政治需要、政治困苦和政治要求进行的鼓动密切联系起来，例如进行鼓动反对那种在每次罢工、每次劳资冲突中都出现的警察压迫,反对对工人,作为俄国公民,特别是作为最受压迫最无权的阶级的工人所实施的权利限制,反对每一个与工人直接接触并使工人阶级明显地感觉到自己处于政治奴隶地位的专制制度的重要人物和走狗。在经济方面,没有一个工人生活问题不可以利用来进行经济鼓动,同样,在政治方面,也没有一个问题不可以当做政治鼓动的对象。这两种鼓动在社会民主党人的活动中是互为表里,密切联系的。无论经济鼓动或政治鼓动,都是为发展无产阶级的阶级自觉所必需的;无论经济鼓动或政治鼓动,都是为领导俄国工人的阶级斗争所必需的,因为任何阶级斗争都是政治斗争。无论前一种鼓动或后一种鼓动,都能唤起工人觉悟,组织他们,使他们遵守纪律,教育他们进行一致活动并为社会民主主义理想而斗争,因而也就使工人有可能在解决迫切问题和迫切需要方面试验自己的力量,使工人们有可能从敌人方面争得局部的让步,改善自己的经济状况,使资本家不能不考虑有组织的工人的力量,使政府不能不扩大工人的权利和接受工人的要求,使政府在怀有敌对情绪并由坚强的社会民主党组织所领导的工人群众面前经常胆战心惊。

我们已经指明**社会主义的**与**民主主义的**宣传和鼓动有不可分割的联系,指明革命工作在这两方面是完全并行的。然而这两种活动和斗争也有重大的差别。这个差别就是,在经济斗争中,无产阶级完全是孤立的,要同时反对地主-贵族和资产阶级,至多也只能得到(而且也远远不是时常都能得到)小资产阶级中间那些趋向于无产阶级的分子的帮助。而在民主主义的**政治**斗争中,俄国工人阶级却不是孤立的;所有一切持反政府态度的分子、阶层和阶级,都是与它站在一起的,因为他们也仇视专制制度,并用这种或那种形式进行反对专制制度的斗争。在这里与无产阶级站在**一起的**,还有资产阶级、有教养的阶级、小资产阶级以及受专制制度迫害的民族或宗教和教派等等的持反政府态度的分子。这里自然就发生一个问题:工人阶级对于这些分子应该抱什么态度?其次,工人阶级是否应当与他们联合起来进行反对专制制度的共同斗争?既然一切社会民主党人都认为政治革命在俄国应当先于社会主义革命,那么岂不是应当与一切持反政府态度的分子联合起来进行反专制制度的斗争,而暂时把社会主义搁置起来,这不是为加强反专制制度的斗争所必需的吗?

我们来分析这两个问题。

工人阶级这个反专制制度的战士对其他一切持反政府态度的社会阶级和集团所采取的态度,早已由著名的《共产党宣言》中所叙述的社会民主主义基本原则十分确切地规定出来了。①社会民主党人支持进步的社会阶级去反对反动的社会阶级,支持资产阶级去反对那些特权等级土地占有制的代表人物,反对官吏,支持大资产阶级去反对小资产阶级的反动妄想。这种支持并不打算也不要求同非社会民主主义的纲领和原则作任何妥协,这是支持同盟者去反对**特定的**敌人,而社会民主党人给予这种支持,是为了更快地推翻共同的敌人,但他们并不打算从这些暂时的同盟者那里**为自己**取得什么,也不会让与什么。社会民主党人支持一切反对现存任何社会制度的革命运动,支持一切被压迫的民族、被迫害的宗教、被贱视的等级等等去争取平等权利。

在宣传方面,社会民主党人对一切持反政府态度的分子的**支持**,表现在社会民主党人证明专制制度敌视工人事业时,将指明专制

①参看《马克思恩格斯选集》第1卷人民出版社1972年版第284—286页。——编者注

制度也敌视其他某些社会集团，将指明**在某些问题上，在某些任务上**，工人阶级和这些集团是一致的，等等。在鼓动方面，这种支持表现在社会民主党人将利用专制制度警察压迫的每一表现向工人们指明，这种压迫如何落在**一切**俄国公民头上，尤其是落在特别受压迫的等级、民族、宗教和教派等等的头上，这种压迫如何特别影响到**工人阶级**。最后，在实践方面，这种支持表现在俄国社会民主党人决心同其他派别的革命者结成同盟，以便达到某些局部目的，而这种决心已用事实多次证明过了。

这里我们也就谈到第二个问题。社会民主党人指出某些反政府集团与工人之间的一致时，始终要把工人划分出来，始终要解释这种一致的暂时性与相对性，始终要着重指出无产阶级的阶级独立性，因为它可能在明天就成为今天同盟者的敌人。也许有人会对我们说："指出这点，就会**减弱**现在所有争取政治自由的战士的力量。"我们回答说：指出这点，只会**加强**所有争取政治自由的战士的力量。只有那些立足于**已被认识的一定阶级**的实际利益的战士，才是强而有力的；凡是把这些在现代社会中已经起着主要作用的阶级利益蒙蔽起来，都只会削弱战士的力量。这是第一。第二，在反对专制制度的斗争中，工人阶级应当使自己划分出来，因为**只有**它才是专制制度的彻底的势不两立的敌人，**只有**它才不可能和专制制度妥协，**只有**工人阶级才毫无保留、毫不犹豫、毫不返顾地拥护民主主义。其他一切阶级、集团和阶层，都**不是绝对**敌视专制制度，他们的民主主义始终是向后返顾的。资产阶级不能不意识到专制制度阻碍工业与社会的发展，但它害怕政治和社会制度完全民主化，随时都能与专制制度结成联盟来反对无产阶级。小资产阶级就其本性来说具有两面性：一方面，它趋向无产阶级与民主主义；另一方面，它又趋向反动阶级，企图阻止历史行程,会折服于专制制度的种种试探和诱惑手段(例如亚历山大三世所实行的"人民政策"[14]),**为了**巩固自己**小私有者**的地位而会和统治阶级结成同盟反对无产阶级。有教养的人,整个"知识界",不能不起来反对专制制度摧残思想和知识的野蛮的警察压迫,但是这个知识界的物质利益把它同专制制度和资产阶级联系起来,使它的态度不彻底,使它为求得官家俸禄,或为分得利润或股息而实行妥协,出卖其反政府的和革命的狂热。至于被压迫民族和受迫害宗教中间的民主分子,那么谁都知道,谁都看得见,这几类居民内部的阶级矛盾,要比每一类中的各个阶级共同反对专制制度和争取民主制度的一致性深刻得多,强烈得多。只有无产阶级,才能成为——而且按其阶级地位来说不能不成为——彻底的民主主义者,坚决反对专制制度的战士,而不会作任何让步和妥协。只有无产阶级,才能成为争取政治自由与民主制度的**先进战士**,因为第一,无产阶级受到的政治压迫最厉害,这个阶级的地位不可能有丝毫改变,它既没有接近最高当局的机会,甚至也没有接近官吏的机会,也无法影响社会舆论。第二,只有无产阶级才能**彻底**实现政治社会制度的民主化,因为实行这种民主化,就会使工人成为这个制度的主人。因此,把工人阶级的民主主义活动与其他各个阶级和集团的民主主义**融合起来**,就会**削弱**民主运动的力量,就会**削弱**政治斗争,就会使这一斗争不是那样坚决,不是那样彻底,而是比较容易妥协。反过来,**把**工人阶级作为争取民主制度的先进战士**划分出来**,就会**加强**民主运动,**加强**争取政治自由的斗争,因为工人阶级将**带动**其他一切民主分子和持反政府态度的分子,将推动自由派去与政治激进派接近,将推动激进派去同当前社会整个政治社会制度坚决断绝关系。我们在上面已经说过,俄国一切**社会主义者**,都应当成为**社会民主党人**。我们现在还要补充说:俄国一切真正的和彻底的**民主主义者**,都应当成为**社会民主党人**。

让我们举例来说明我们的意思。我们就拿官僚这个专干行政事务并在人民面前处于特权地位的特殊阶层的机关来说,从专制的、半亚洲式的俄国起,到有文化的、自由的、文明的英国止,我们到处都可以看到这种资产阶级社会不可或缺的官僚机关。与俄国的落后性及其专制制度相适应的,是人民在官吏面前**完全无权**,特权官僚**完全**不受监督。在英国,人民对行政机关实行强有力的监督,然而即使在那里,这种监督也**远不是完全的**,官僚仍然保持着不少特权,他们往往是人民的主人,而不是人民的公仆。即使在英国,我们也看到,有势力的社会集团总是支持官僚特权地位,不让这个机关完全民主化。这是由于什么原因呢?由于这个机关的**完全**民主化仅仅有利于一个无产阶级;于是连资产阶级最先进的阶层,也维护官吏的某些特权,反对一切官吏由选举产生,反对完全废除资格限制,反对官吏对人民直接负责等等,因为他们感觉到,这种彻底的民主化将被无产阶级利用来**反对**资产阶级。俄国的情况也是这样。俄国人民中许多各不相同的阶层,都反对专权独断、不对任何人负责、贪赃受贿、野蛮昏聩、过着寄生生活的俄国官吏,可是,除了无产阶级以外,**没有一个**阶层会容许官吏机构完全民主化,因为其他一切阶层(资产阶级,小资产阶级,整个"知识界")都与官吏有联系,都与俄国官吏有**亲属**关系。谁不知道,在神圣的俄罗斯,激进派的知识分子,社会主义者知识分子很容易变为帝国政府的官吏,他们以在官场范围内有所"裨益"而聊以自慰,他们以这种"裨益"来替自己的政治冷淡态度辩护,来替自己向刑棍和皮鞭的政府献媚辩护。只有**无产阶级**,才绝对敌视专制制度和俄国官吏;只有**无产阶级**,才与贵族资产阶级社会中的这些机关没有任何**联系**;只有无产阶级,才能根本敌视并坚决反对它们。

我们证明在社会民主党领导下进行阶级斗争的无产阶级是俄国民主运动的先进战士的时候，竟遇见一种十分流行而又十分奇怪的意见，似乎俄国社会民主党拖延政治任务和政治斗争。我们知道，这种意见与真实情况截然相反。社会民主党的原则曾多次阐述过，而且早在最初的俄国社会民主主义出版物中，即"劳动解放社"[15]在国外出版的小册子和书籍中就已经阐述过，为什么有人竟如此惊人地不了解呢？我们觉得，这一奇怪事实是由于下面三个原因产生的：

第一，是因为旧的革命理论的代表人物根本不懂得社会民主主义的原则，他们拟定纲领和行动计划，总是根据抽象的观念，而不是根据对各个在国内活动、而其相互关系已由历史决定的现实阶级的估计。正因为人们没有用这种现实主义态度来讨论那些支持俄国民主运动的**利益**，才能发生这种认为俄国社会民主党忽略俄国革命者的民主主义任务的意见。

第二，是因为他们不懂得，把经济问题与政治问题，社会主义活动与民主主义活动结合为一个整体，结合为统一的**无产阶级的阶级斗争**，这不仅不会削弱，反而会加强民主运动和政治斗争，使它接近人民群众的实际利益，把政治问题从"知识界的狭小书房"拿到街上去，拿到工人和劳动阶级中间去，把关于政治压迫的抽象观念，换成最使无产阶级痛苦的那些政治压迫的实际表现，而社会民主党就是根据这些表现来进行鼓动工作的。俄国激进派分子往往觉得，社会民主党人不直接号召先进工人进行政治斗争，而提出了发展工人运动和组织无产阶级阶级斗争的任务，社会民主党人这样就是从自己的民主主义立场往后退，就是拖延政治斗争。可是，如果这里真有所谓**后退**，那就不过是法国俗语所说的那种后退："为要远跳，必须后退！"

第三，误会所以发生，是因为民意党人和民权党人同社会民主党人对于"政治斗争"概念本身的理解,是各不相同的。社会民主党人对于政治斗争有另一种理解,比旧的革命理论代表人物的理解**广泛得多**。1895年12月9日《"民意社"快报》第4期,就具体证明了这个似乎不近情理的说法。我们衷心欢迎这个刊物,因为它表明在现代民意党人中间进行着一种很有成效的深刻的思想工作,但是我们不能不指出,彼·拉·拉甫罗夫的《论纲领问题》一文(第19—22页)显然表明老民意党人对于政治斗争有另一种理解①。彼·拉·拉甫罗夫谈到民意党人的纲领与社会民主党人的纲领的关系时写道:"……这里有一点而且只有一点是重要的:在专制制度下面,离开组织反对专制制度的革命党,是否有可能组织强大的工人党呢?"(第21页第2栏);在稍前一点(第1栏)也同样说:"……在专制制度统治下,组织俄国工人党,而不同时组织反对这个专制制度的革命党。"我们完全不懂彼·拉·拉甫罗夫认为十分重要的这些差别。这是怎么一回事?什么叫做**"除了反对专制制度的革命党之外的工人党"**??难道工人党本身不是革命党么?难道工人党不反对专制制度么?对于这个奇怪议论,彼·拉·拉甫罗夫的论文用下面这段话来解释:"建立俄国工人党的组织,是要在极残酷的专制制度条件下进行的。如果社会民主党人不同时组织政治**密谋**②来反对专制制度及其搞这种**密谋**②的一切条件而能

---

① 在第4期上发表的彼·拉·拉甫罗夫的论文,不过是彼·拉·拉甫罗夫预定在《资料》16上发表的那封长信中的"摘录"而已。我们听说,今年(1897年)夏天,在国外发表了彼·拉·拉甫罗夫这封信的全文以及普列汉诺夫的回答。可是我们无法看到这封信,也无法看到这个回答。《"民意社"快报》编辑部曾答应在第5期上发表编辑部对于彼·拉·拉甫罗夫这封信的评论(见第4期第22页第1栏附注),但我们也不知道该期是否已经出版。

② 黑体是我们用的。

做到这件事情,那么他们的政治纲领当然是俄国社会主义者的适当纲领,因为工人的解放将能用工人自己的力量来实现。然而这是很成问题的,如果不是不可能的话。"(第21页第1栏)原来是这么一回事!民意党人原来认为政治斗争与政治**密谋**是一回事!必须承认,彼·拉·拉甫罗夫的这些话,真是十分明显地指出了民意党人同社会民主党人在政治斗争策略方面的基本区别。在民意党人中间,布朗基主义[17],即密谋主义的传统非常强烈,以致他们只能把政治斗争设想为政治密谋这种形式。社会民主党人却没有这种观点狭隘的毛病;他们不相信密谋,认为密谋的时代早已过去,认为把政治斗争归结为密谋,就是极大地缩小了政治斗争的范围,这是一方面,同时这也意味着选择了最不适宜的斗争手段。谁都明白,彼·拉·拉甫罗夫所说"俄国社会民主党人把西方的活动看成最好的榜样"(第21页第1栏),不过是辩论中的胡言乱语罢了。其实,俄国社会民主党人从来也没有忘记俄国的政治条件,从来也没有梦想在俄国有可能公开建立工人党,从来也没有把争取社会主义的任务与争取政治自由的任务分开。但他们始终认为,这种斗争不应当由密谋家而应当由依靠工人运动的革命党来进行。他们认为反专制制度的斗争不应当是组织密谋,而应当是教育无产阶级,使无产阶级遵守纪律,组织无产阶级,在工人中间进行政治鼓动,痛斥专制制度的一切表现,把警察政府的勇士们统统钉上耻辱柱,迫使这个政府实行让步。难道圣彼得堡"工人阶级解放斗争协会"的活动不正是这样么?难道这个组织不正是依靠工人运动,领导无产阶级阶级斗争即反资本和反专制政府的斗争,而没有组织任何密谋,正是以社会主义斗争和民主主义斗争**结合**成彼得堡无产阶级不可分割的阶级斗争为其力量泉源的那个革命党的萌芽么?难道"协会"的活动——尽管它活动的时间很短——不是已经证明,社会

论无产阶级政党

民主党所领导的无产阶级是政府不得不考虑并急于对它作出让步的巨大政治势力么?1897年6月2日颁布的法令,无论按其匆忙施行或就其本身内容来说,都显然表明这是被迫对无产阶级实行的让步,这是从俄国人民的敌人手中夺得的阵地。虽然这个让步很小,虽然这个阵地不大,可是要知道,争得这个让步的工人阶级组织也并不大,并不坚固,成立不久,没有丰富的经验和经费:大家知道,"斗争协会"只是在1895—1896年间才成立的,它对工人们的号召,只是通过胶印的和石印的传单。如果这样的组织至少包括了俄国工人运动一些最大的中心(圣彼得堡区,莫斯科-弗拉基米尔区,南俄以及各重要城市,如敖德萨,基辅,萨拉托夫等等),拥有革命机关报,在俄国工人中间享有像"斗争协会"在圣彼得堡工人中间所享有的那种威信,那么这个组织就会成为目前俄国最大的政治因素,成为政府在其全部内外政策中不能不考虑的因素,——这难道可以否认么?一个组织,既领导无产阶级的阶级斗争,加强工人的组织和纪律,帮助工人为自己的经济需要而斗争,又接二连三地从资本手里夺得阵地,在政治上教育工人,不断地和勇往直前地攻击专制制度,消灭每一个使无产阶级感觉到警察政府魔爪的沙皇强盗,这样的组织就会是既适合我国条件的工人党组织,又会是反对专制制度的强大的革命党。预先来谈论这个组织为了给专制制度以决定性打击将采用什么手段,例如,它将采取起义,还是群众性的政治罢工,或者其他进攻手段,——预先来谈论这个问题,并且要在现在来解决这个问题,就会是空洞的学理主义[18]了。这就好像将领们尚未调集军队,动员军队去进攻敌军以前,就预先召集军事会议一样。当无产阶级军队在坚强的社会民主党组织领导下,勇往直前争取自身经济和政治解放的时候,这个军队自己就会给将领们指明行动的手段和方法。那个时候,而且只有到那个时候,才能解决对专制制度实行最后打击的问题,因为问题的解决,正是取决于工人运动的状况,工人运动的广度,运动本身所造成的斗争手段,领导运动的革命组织的素质,其他各种社会分子对无产阶级和对专制制度的态度,国外国内的政治条件,——总而言之,取决于千百种条件,而要预先猜测这些条件,是既不可能又无益处的。

因此,彼·拉·拉甫罗夫的下面一段议论,也是十分不正确的:

"如果他们〈社会民主党人〉通过这种或那种方式一定要不仅部署工人力量去反对资本,而且还要团结革命分子和革命团体去反对专制制度,那么不管俄国社会民主党人怎样称呼自己,他们**事实上**是要采纳他们对手即民意党人的纲领。在村社[19]问题、俄国资本主义的命运问题以及经济唯物主义问题上的意见分歧,是对实际事业不太重要的、促进或妨碍在准备主要之点时规定局部任务和局部手段的一些细节而已。"(第21页第1栏)

这种说法,根本就不值一驳,怎么能说在俄国生活和俄国社会发展的各种基本问题上的意见分歧,在理解历史的各种基本问题上的意见分歧,只是牵涉到一些"细节"呢!早已有人说过,没有革命的理论,就不会有革命的运动,而**现在**未必有再来证明这个真理的必要。阶级斗争的理论,按唯物主义观点来了解俄国历史,按唯物主义观点来估计俄国目前的经济和政治情形,承认必须把革命斗争归结为一定阶级的一定利益,并分析这个阶级同其他阶级的关系等,都是十分重大的革命问题,把这些问题叫做"细节",是绝顶荒谬的。从革命**理论**的老手方面听到这种言论,真是出人意料,我们简直要说这是失言。至于上面所引那段话的前半节,它的荒谬无理就更令人惊奇了。报刊上说:俄国社会民主党人只是部署工人力量去反对资本(就是说,只进行经济斗争!),而不同时团结革命分子和革命团体去反对专制制度，——说这种话，或者是不知道，或者是不愿意知道俄国社会民主党人活动的人所共知的事实。或者，也许彼·拉·拉甫罗夫不承认那些在社会民主党人队伍里进行实际工作的人是"革命分子"和"革命团体"吧?!或者(这也许更正确些)他把反专制制度的"斗争"只了解为反专制制度的密谋吧?(参看第21页第2栏:"……问题是要……组织革命**密谋**";黑体是我们用的)。也许彼·拉·拉甫罗夫认为谁不组织政治密谋，谁就是不进行政治斗争吧?我们再说一遍:这种观点完全合乎古老民意主义的古老传统，但它完全不合乎现代的政治斗争概念，也不合乎现代的实际情况。

关于民权党人，我们还要说几句话。在我们看来，彼·拉·拉甫罗夫说得完全对:社会民主党人"把民权党人当做比较直爽的人，并且决心支持他们，但是不与他们融合起来"(第19页第2栏);不过要补充一句:是当做比较直爽的**民主主义者**和**只要**民权党人以彻底的民主主义者的姿态出现。可惜，这个条件与其说是真实的现在，不如说是所希望的将来。民权党人曾经表示愿意使民主主义任务摆脱民粹主义，并且根本摆脱与"俄国社会主义"的陈腐形式的联系，但他们自己还远未摆脱旧的偏见，远不彻底，因为他们竟把自己仅仅主张政治改革的党称呼为"社会〈??!〉革命"党(见他们1894年2月19日发表的《宣言》)。《宣言》里说:"民权这一概念包括组织人民生产"(我们只能凭记忆引证)，这就证明他们又在偷偷地运用那种民粹主义偏见。所以彼·拉·拉甫罗夫称他们为"戴假面具的政治家"(第20页第2栏)，不是完全没有理由的。可是，也许把民权主义看成一种过渡的学说会更正确些，它有不可否认的功劳，就是它以民粹派学说的独特性为耻而与民粹派中最可恶的反动分子公开进行争论，这些分子面对警察式的阶级专制制度竟然说什么人们期望的是经济的改革而不是政治的改革(见"民权"党出版的《迫切的问题》)。如果民权党内除了那些从策略考虑而藏起自己的社会主义旗帜,戴上非社会主义者政治家假面具的(如彼·拉·拉甫罗夫所假设的那样,第20页第2栏)旧时社会主义者而外,确实没有别的人,那么这个党当然是不会有什么前途的。然而,如果在这个党内也有不戴假面具,而是真正的非社会主义者政治家,非社会主义者民主主义者,那么这个党努力去同我国资产阶级中持反政府态度的分子接近,努力唤醒我国小资产阶级,小商人和小手工业者等等这一阶级的政治自觉,它就会带来不少的好处。这个小资产阶级在西欧各处的民主运动中都起过相当的作用,它在我们俄国改革后的时代,已在文化方面以及其他方面取得特别迅速的成就,它不能不感觉到警察政府进行压迫和恬不知耻地援助大工厂主、金融和工业垄断大王的事实。为此,民权党人必须力求和各个居民阶层接近,不要仍然局限于那个"知识界",因为"知识界"由于脱离群众实际利益而软弱无力,这是连《迫切的问题》也承认了的。为此,民权党人就要抛弃那种想把各种社会分子融合起来并借口政治任务来排斥社会主义的企图,就要抛弃那种妨碍他们自己与人民中间资产阶级阶层接近的虚伪羞耻,就是说,不要仅仅谈论非社会主义者政治家的纲领,而且还要按照这个纲领去行动,唤醒并发展那些完全不需要社会主义,但日益感到专制制度的压迫和政治自由的必要性的社会集团和阶级的阶级自觉。

———

俄国社会民主党还很年轻,刚刚在走出那个以理论问题占主要地位的萌芽状态。它才刚刚开始展开实践活动。其他派别的革命者,已经不得不放下对社会民主理论和纲领的批评,而来批评俄国社会民主党人的**实践活动**。必须承认,后面这种批评与理论批评大不相同,有可能造出这样可笑的谣言,说圣彼得堡"斗争协会"不是社会民主党的组织。出现这样的谣言本身,也就证明那种指斥社会民主党人忽视政治斗争的流行责难是不正确的。出现这样的谣言本身,也就证明未被社会民主党人**理论**所说服的许多革命家已经开始被社会民主党人的**实践**说服了。

俄国社会民主党还有许许多多刚刚开始的工作要做。俄国工人阶级的觉醒,它对知识、团结、社会主义、反对剥削者和压迫者的自发追求,表现得日益明显、日益广阔。俄国资本主义在最近时期内达到的巨大进展,保证工人运动将会毫不停顿地扩大和深入。我们现在显然正处在资本主义周期的这样一个时期:工业"繁荣",商业昌盛,工厂全部开工,无数新工厂、新企业、股份公司、铁路建筑等等如雨后春笋般地出现。不是预言家也能预言,不可避免的破产(相当厉害)必定在这种工业"繁荣"以后接踵而来。这种破产将使大批小业主破落,把大批工人抛到失业者的队伍里去,从而在全体工人群众面前尖锐地提出早已摆在每个有觉悟有思想的工人面前的社会主义问题和民主主义问题。俄国社会民主党人应当设法使俄国无产阶级在这个破产到来的时候更有觉悟,更加团结一致,懂得俄国工人阶级的任务,能够回击现在赚得巨额利润而随时都想把亏损转嫁到工人身上的资本家阶级,能够领导俄国民主势力去进行决战,反对那束缚俄国工人和全体俄国人民手脚的警察专制制度。

总之,同志们,干起来吧!不要浪费宝贵的时间!俄国社会民主党人还有很多事情要做:要满足正在觉醒的无产阶级的要求,要组织工人运动,要巩固革命团体及其相互联系,要供给工人们宣传鼓动的书刊,要把散布在俄国各个地方的工人小组与社会民主主义团体统一成为一个**社会民主工党**!

"斗争协会"告彼得堡工人和社会主义者

彼得堡革命者正处在困难的时期。政府确实是动员了它的全部力量来镇压产生不久就显示了很大威力的工人运动。政府进行了大规模的逮捕,监狱已有人满之患。乱抓知识分子,不管他们是男是女;逮捕工人,成批地把他们放逐。几乎每天都可以听到消息,说警察政府疯狂地迫害它的敌人,愈来愈多的人遭到牺牲。政府决心不让俄国革命运动的新潮流发展壮大起来。检察长和宪兵们已经在夸耀,说他们把"斗争协会"摧毁了。

这种夸耀完全是谎话。尽管迫害重重,"斗争协会"还是屹然不动。我们非常满意地指出,大规模的逮捕已经发生了自己的作用,它已成为向工人和社会主义者知识分子进行鼓动的有力工具,一批革命者倒下去,另一批新的人又带着新的力量站到为俄国无产阶级和全体俄国人民而战的战士队伍里。斗争不可能没有牺牲。对于沙皇强盗的野蛮迫害,我们镇静地回答说:革命者牺牲了,——但革命必将胜利!

直到目前为止,加紧迫害只不过使"斗争协会"的某些活动暂时削弱,使代办员和鼓动员的人数暂时有所不足。现在正是感到这种暂时的不足,所以我们向一切觉悟的工人和一切愿意贡献自己的力量为革命事业服务的知识分子发出号召。"斗争协会"需要代办员。一切愿意从事任何一种革命活动,哪怕是极小范围内的活动的小组和个人，请把自己的愿望告诉同"斗争协会"有联系的人。(如果有的小组找不到这样的人，可以通过国外"俄国社会民主党人联合会"代为转达。这种情形可能很少。)需要做各种各样工作的人，革命者在革命活动中的分工愈严格，他们对秘密活动的方法和隐蔽的方式考虑得愈周密，他们愈是忘我地埋头于一种细小的、不显著的和局部性的工作，总的事业就愈可靠，宪兵和奸细就愈难发现革命者。政府预先就撒下了密探网，而且不仅对准真正的反政府分子的基地，连那些有可能的和有嫌疑的地方也不放过。政府豢养一批专事迫害革命者的奴仆，不断扩大和加强他们的活动，并且想出一些新办法，设置一批新的挑拨者，竭力用恫吓、伪造口供、假造签名和假文件等等手段来迫害被捕者。不加强和发展革命的纪律、组织和秘密活动，就不可能同政府进行斗争。而秘密活动首先就要求各个小组和个人实行专业分工，把统一联系工作交给"斗争协会"的为数很少的核心分子。革命工作的分工是十分繁杂的。需要有公开的鼓动员，他们善于向工人宣传，但是又**不致**因此受到法院的审判；他们要善于只说出**甲**的意思，使别的人说出**乙**和**丙**的意思。需要有散发书刊和传单的人。需要有工人小组的组织者。需要有散在各个工厂而能提供厂内各种情况的通讯员。需要有监视奸细和挑拨者的人。需要有设置秘密住所的人。需要有传递书刊、指示和进行各种联络的人。需要有筹集款项的人。需要在知识界和官吏中间有一批同工人、工厂生活和当局(警察、工厂视察机关等等)有接触的代办员。需要有同俄国和国外各城市进行联络的人。需要有能用各种方法翻印各种书刊的人。需要有保管书刊和其他物品的人，等等，等等。各个小组或个人担负的工作愈细小，就愈有可能深思熟虑地处理这些工作，保证工作不致失败，研究各种秘密工作的细节，采取各种办法麻痹宪兵的警惕性，使他们迷茫混乱，这样,工作的成功就愈有希望,警察和宪兵就愈难追踪革命者以及他们同组织的联系,革命政党就比较容易用他人来代替牺牲的代办员和党员,而不致使整个事业遭到损害。我们知道,实行这种分工是非常困难的事情,其所以困难,是因为这要求每个人都要有极大的耐心,有高度的自我牺牲精神,要求把全副精力贡献给一种不显眼的、单调的工作,它要求和同志们断绝来往,要求革命者把全部生活服从枯燥和严格的规定。但是只有这样,俄国革命实际工作的领导者才有可能用多年的时间从事革命事业的全面准备工作,实现极其宏伟的事业。我们深信,社会民主党人的自我牺牲精神决不逊于前辈的革命者。我们也知道,按照我们所提出的这种方式,许多献身革命工作的人都将经历一段非常艰苦的准备时期,在这段时间里,"斗争协会"要收集有关这些愿意效劳的个人或小组的必要材料,考验他们适于执行什么使命。不经过这种预先的考验,就不可能在现代的俄国展开革命活动。

为了把这种活动方式推荐给我们的新同志,我们才把我们在长年经验中得出的一点体会介绍出来。我们深信,采取这种方式就能使革命工作的胜利获得最大的保证。

选自《列宁全集》第2版第2卷
第426—449页

《火星报》编辑部声明

（1900年8月下旬）

编辑部的话

在政治报纸《火星报》[20]出版的时候，我们认为有必要谈一谈我们的意图和我们对自己的任务的理解。

我们正处在俄国工人运动和俄国社会民主党历史上极端重要的时刻。近几年来社会民主主义思想在我国知识界传播之快，是异常惊人的，而与这一社会思潮相呼应的却是工业无产阶级的独立产生的运动。工业无产阶级开始联合起来同自己的压迫者斗争，他们开始如饥似渴地向往社会主义。到处都出现工人小组和知识分子社会民主党人小组，地方性的鼓动小报广为流传，社会民主主义的书报供不应求，政府变本加厉的迫害已阻挡不住这个运动了。监狱中拥挤不堪，流放地也有人满之患，几乎每个月都可以听到俄国各地有人被"抓获"、交通联络站被侦破、书报被没收、印刷所被封闭的消息，但是运动在继续发展，并且席卷了更加广大的地区，它日益深入工人阶

这是列宁为全俄第一个马克思主义革命报纸《火星报》撰写的声明。在这篇声明中，列宁针对俄国社会革命运动中存在的涣散状态、无政府状态以及各种非马克思主义观点，强调必须在马克思主义的统一旗帜下团结起来，全力以赴地建立一个巩固的党。为此，必须按照马克思主义的方针创办坚持原则的革命刊物，必须坚决反对各种非马克思主义观点，用党的纲领来巩固思想的一致。

级，愈来愈引起社会上的注意。俄国经济的整个发展进程、俄国社会思想和俄国革命运动的全部历史，将保证社会民主主义工人运动最终冲破重重障碍而向前发展。

可是，另一方面，最近时期我们的运动特别明显的主要特点，就是运动的分散状态，即运动的所谓手工业性质：地方小组的产生和活动，相互之间并没有联系，甚至（这一点尤其严重）与一直在同一中心活动的小组也没有联系；没有树立传统，没有继承性，地方书报也完全反映出分散状态，反映出同俄国社会民主党已经树立的东西缺乏联系。

这种分散状态是不符合波澜壮阔的运动的要求的，我们认为这种情况使当前成了运动发展的紧要关头。运动本身迫切要求巩固，要求具有一定的形态和组织，然而这种向运动的高级形式过渡的必要性，远非各地做实际工作的社会民主党人所能认识的。相反，在相当广的范围内，存在着思想动摇的情况，倾心于时髦的"对马克思主义的批评"和"伯恩施坦主义"[21]，散布所谓"经济派"[22]的观点，这样就必然力图阻碍运动，使它停留在低级阶段，把建立领导全体人民进行斗争的革命政党的任务推到次要地位。在俄国社会民主党人中间，可以看到这一类思想动摇；狭隘的实际主义不从理论上来阐明整个运动，有把运动引上歧途的危险，**这都是事实**。凡是直接了解我们大部分组织的实际情况的人，对这一点是不会怀疑的。而且有些著作也证明了这一点，只要指出《信条》[23]、《〈工人思想报〉增刊》[24]（1899年9月）或彼得堡"工人阶级自我解放社"[25]的宣言就够了。《信条》已经引起了理所当然的抗议，《〈工人思想报〉增刊》非常露骨地表现了贯穿**整个《工人思想报》**[26]的倾向，彼得堡"工人阶级自我解放社"的宣言也是本着这种"经济主义"的精神拟就的。《工人事业》[27]断言，《信条》

只不过代表极个别人的意见,《工人思想报》的倾向不过是反映了该报编辑部的思想混乱和不通情理,并不是俄国工人运动进程本身的特殊思潮,这种说法是**完全错误**的。

与此同时,有一些著作家一直被读者不无根据地认为是"合法"马克思主义[28]的著名代表,在他们的作品中,向资产阶级辩护论的观点转变的迹象愈来愈明显了。这一切所产生的结果就是涣散状态和无政府状态,因此,伯恩施坦这个原马克思主义者,或者更确切些说,这个原社会党人才能历数自己的成就,才能在书刊上扬言在俄国进行活动的社会民主党人大多是他的信徒而不受驳斥。

我们不想夸大情况的危险性,但是闭眼不看这种危险性,其害处更大;因此我们衷心拥护"劳动解放社"[15]的决定——恢复出版书报的活动,并着手进行有系统的斗争来反对歪曲社会民主主义和把它庸俗化的企图。

由此得出一个具有实际意义的结论:我们俄国社会民主党人应该团结起来,全力以赴地建立一个巩固的党,这个党要在革命的社会民主主义的统一旗帜下进行斗争。这个任务早就由1898年的代表大会[29]确定了,那次代表大会建立了俄国社会民主工党,发表了党的《宣言》。

我们既然是这个党的党员,就完全赞同《宣言》的基本思想,而且认为《宣言》的重要意义在于公开宣布了我们党的目的。因此,对我们党员来说,关于当前迫切任务的问题是:为了把党重新建立在尽可能稳固的基础上,我们应当采取怎样的行动计划?

通常对这个问题的回答是:必须重新选举中央机构并委托它恢复党的机关报。但是,在我们处于涣散状态的时期,这种简单的办法未必合适。

建立和巩固党,也就是建立和巩固全体俄国社会民主党人的统一,而由于上述原因,这种统一不是下一道命令就可以办到的,不是只根据某一次代表会议的决定就可以实现的,必须经过一番努力。首先,必须做到巩固的思想一致,排除意见分歧和思想混乱,——恕我们直言,这种情况目前在俄国社会民主党人当中还普遍存在;必须用党的纲领来巩固思想一致。其次,必须建立一个组织,专门负责各个运动中心的联络工作,完整地和及时地传递有关运动的消息,正常地向俄国各地供应定期报刊。只有建立起这样的组织,建立起俄国的社会主义邮递工作,党才能稳固地存在,党才能成为真正的事实,从而成为强大的政治力量。我们决心要为实现这个任务的前一半,即创办坚持原则的、能够从思想上统一革命的社会民主党的共同的刊物贡献自己的力量,我们认为,这是当前运动的迫切要求,是恢复党的活动的必要的准备步骤。

正如我们已经说过的那样,还必须经过一番努力才能达到俄国社会民主党人在思想上的统一,为此,我们认为必须公开地全面讨论当前"经济派"、伯恩施坦派和"批评派"提出的原则上和策略上的基本问题。在统一以前,并且为了统一,我们首先必须坚决而明确地划清界限。不然,我们的统一就只能是一种假象,它会把现存的涣散状态掩盖起来,妨碍彻底清除这种涣散状态。因此很清楚,我们不打算把我们的机关报变成一个形形色色的观点简单堆砌的场所。相反,我们将严格按照一定的方针办报。一言以蔽之,这个方针就是马克思主义;我们大概也没有必要再补充说,我们主张不断发展马克思和恩格斯的思想,坚决反对爱德·伯恩施坦、彼·司徒卢威和其他许多人首先提出而目前甚为流行的那些似是而非的、暧昧不明的和机会主义的修正。虽然在讨论一切问题时我们持有自己一定的观点,但是,我们决不反对同志之间在我们的机关刊物上进行论战。为了弄清目前各种意见分歧的深度，为了全面讨论争论的问题，为了同革命运动中不同观点的代表、甚至不同地区或不同"职业"的代表不可避免的走极端现象作斗争，在全体俄国社会民主党人和觉悟工人面前公开展开论战是必要的和适当的。正如上面已经指出的，我们甚至认为，对显然分歧的观点不作公开的论战，竭力把涉及重大问题的意见分歧掩盖起来，这正是当前运动中的一个缺陷。

我们不想一一列举已经列入我们机关报的工作规划的那些问题和题目，因为这个规划本身就是从目前形势下即将出版的政治报纸应该是怎样一种报纸这个总概念产生的。

我们将尽量使全体俄国同志把我们的出版物看做自己的机关刊物，在这里，每个小组都来报道一切有关运动的消息，都来介绍自己的经验，发表自己的看法，提出自己对文章的要求，作出自己对社会民主党的出版物的评价，总之，每个小组都来谈谈它对运动的贡献和在运动中的收获。只有在这个条件下，才可能建立真正是全俄社会民主党的机关报。只有这种机关报才能把运动引上政治斗争的康庄大道。帕·波·阿克雪里罗得说："要扩大我们宣传鼓动工作和组织工作的范围，充实它们的内容。"这句话应当成为决定俄国社会民主党人最近的将来活动的口号，因此我们就把这个口号列入我们机关报的工作规划。

我们不仅向社会党人和有觉悟的工人发出号召。我们的号召也是向一切备受现行政治制度压迫和蹂躏的人们发出的，我们为他们提供版面去揭露俄国专制制度的一切丑恶现象。

谁把社会民主党理解为一个只搞无产阶级自发斗争的组织，谁就会满足于只搞地方性的鼓动工作和"纯工人的"书报。我们不是这样理解社会民主党的。我们认为它是一个反对专制制度、同工人运动紧密联系的革命政党。只有组织成这样一个政党的无产阶级,即现代俄国最革命的阶级,才能够完成它所肩负的历史任务:把全国一切民主分子团结在自己的旗帜下,进行顽强的斗争,彻底战胜万恶的制度,完成历代先人的未竟之业。

*　　　　*　　　　*

每号报纸的篇幅约为1—2印张。

鉴于报纸在俄国处于秘密状态,出版日期不能预定。

我们有各方的支持,——外国的一些社会民主党的著名人士答应为我们撰稿,"劳动解放社"(格·瓦·普列汉诺夫、帕·波·阿克雪里罗得、维·伊·查苏利奇)直接参加我们的工作,俄国社会民主工党的若干组织以及一些俄国社会民主党人团体都答应支持我们。

选自《列宁全集》第2版第4卷

第311—318页

怎　么　办?

我们运动中的迫切问题^{30}(节选)

(1901年秋—1902年2月)

一

教条主义和"批评自由"

(一)什么是"批评自由"?

　　"批评自由"——这无疑是目前最时髦的口号,是各国社会主义者和民主主义者在争论中最常用的口号。乍看起来,很难想象还有什么比争论的一方一再郑重其事地引用批评自由更奇怪的了。难道在先进政党中,有人声言反对欧洲大多数国家用来保障科学自由和科学研究自由的宪法条文吗?凡是在街头巷尾一再听到这个时髦的口

　　这是列宁论述建设新型无产阶级政党的重要著作。在节选的部分,列宁批判了俄国经济派贬低社会主义意识的作用、贬低党对工人运动的领导作用的机会主义观点,阐明了马克思主义理论对工人运动和工人阶级政党建设的指导意义,指出没有革命的理论,就不会有革命的运动;只有以先进理论为指南的党,才能实现先进战士的作用。

号而还没有深入了解争论双方意见分歧的实质的局外人，一定会想："这里恐怕有问题吧！""这个口号显然是一种特定用语，像代号一样，用习惯了，几乎成为一种普通名词了。"

其实，谁都知道，现代国际①社会民主党中已经形成了两个派别，这两个派别之间的斗争，有时炽烈起来，火焰腾腾；有时又静息下去，在动人的"休战决议"的灰烬下面阴燃着。对"旧的、教条式的"马克思主义采取"批评"态度的那个"新"派别究竟是怎么一回事，这一点已经相当明确地由伯恩施坦**讲出来了**，由米勒兰**做出样子了**。

社会民主党应当从主张社会革命的政党，变成主张社会改良的民主政党。伯恩施坦提出了一大套颇为严整的"新"论据和"新"理由，来为这个政治要求辩护。他否认有可能科学地论证社会主义和根据唯物主义历史观证明社会主义的必要性和必然性；他否认大众日益贫困、日益无产阶级化以及资本主义矛盾日益尖锐化的事实；他宣称**"最终目的"**这个概念本身就不能成立，并绝对否定无产阶级专政的思想；他否认自由主义和社会主义在原则上的对立；他否认**阶级斗争理论**，认为这个理论好像不适用于按照多数人意志进行管理的严格

———————————

①顺便指出：社会主义运动内部不同派别之间的争执，第一次从一国的现象变成了国际的现象，这在现代社会主义运动史上恐怕是唯一的而且也是非常令人欣慰的现象。从前，拉萨尔派和爱森纳赫派[31]之间，盖得派和可能派[32]之间，费边派和社会民主党人[33]之间，民意党人[8]和社会民主党人之间的争论，始终纯粹是一国内的争论，所反映出来的，纯粹是各国的特征，这些争论可以说是在不同的侧面进行的。而目前（这一点现在已经看得很清楚），英国的费边派，法国的内阁派[34]，德国的伯恩施坦派[21]，俄国的批评派，都成了一家弟兄，他们互相吹捧，彼此学习，一起攻击"教条式的"马克思主义。在这场同社会主义运动内的机会主义进行的第一次真正国际性的搏斗中，国际革命社会民主党也许会大大加强起来，足以结束早已笼罩于欧洲的政治反动局面？

意义上的民主的社会,等等。

可见,要求从革命的社会民主主义坚决转向资产阶级的社会改良主义,就免不了会同样坚决地转向用资产阶级观点来批评马克思主义的一切基本思想。既然很久以来,无论在政治讲台上或在大学讲坛上,无论在大量小册子中或在许多学术论文里,都一直在对马克思主义进行这样的批评,既然几十年来,有教养阶级的一代青年,都经常在受这种批评的熏陶,那么,社会民主党中的"新的批评"派一出世就非常完备,好像密纳发从丘必特脑袋里钻出来一样35,就毫不奇怪了。这种思潮,按其内容来说,并不需要什么发展和形成,因为它是直接从资产阶级的书刊上搬到社会主义的书刊上来的。

其次,如果说伯恩施坦的理论批评和政治欲望还有什么人不明白,那么法国人已经设法为"新方法"作了示范。法国在这一次也没有辜负它历来的名声,即它是"这样一个国家,在那里历史上的阶级斗争,比起其他各国来每一次都达到更加彻底的结局"(恩格斯为马克思的《雾月十八日》一书写的序言)①。法国社会党人并不谈什么理论,而是直接行动起来;法国那种民主制发展程度较高的政治条件,使他们能够立刻转到带来种种后果的"实践的伯恩施坦主义"上去。米勒兰在实行这种实践的伯恩施坦主义方面作出了一个极好的榜样,难怪伯恩施坦和福尔马尔都这么热心地、迫不及待地为米勒兰辩护,对他大加赞赏!的确,既然社会民主党实质上不过是个主张改良的党,并且应当有勇气公开承认这一点,那么社会党人也就不仅有权加入资产阶级内阁,而且甚至应当时时刻刻力求做到这一点。既然民

①见《马克思恩格斯选集》第1卷人民出版社1972年版第601页。——编者注

Что дѣлать?

Наболѣвшіе вопросы нашего движенія

Н. ЛЕНИНА.

... „Партійная борьба придаетъ партіи
силу и жизненность, величайшимъ доказа-
тельствомъ слабости партіи является ея
расплывчатость и притупленіе рѣзко обозна-
ченныхъ границъ, партія укрѣпляется тѣмъ,
что очищаетъ себя"... (Изъ письма Лассаля
къ Марксу отъ 24 іюня 1852 г.).

Цѣна 1 руб.
Preis 2 Mark = 2.50 Francs.

STUTTGART
Verlag von J. H. W. Dietz Nachf. (G. m. b. H.)
1902

1902年列宁《怎么办?》一书封面

(按原版缩小)

主制实质上就是消灭阶级统治,那么社会党人部长为什么不可以用阶级合作的言词来博得整个资产阶级世界的欢心呢?他为什么不可以甚至在宪兵屠杀工人的行为已经千百次地表明了各阶级民主合作的真谛之后,仍然留在内阁中呢?他又为什么不可以亲自参加欢迎那个目前被法国社会党人恰好叫做绞刑专家、鞭笞专家和流放专家(knouteur, pendeur et déportateur)的沙皇呢?而以社会主义在全世界面前这样备受屈辱和自我抹黑为代价,以败坏工人群众的社会主义意识(而社会主义意识则是保障我们获得胜利的唯一基础)为代价,换得的却是一些实行微小改良的冠冕堂皇的**草案**,这种改良微小到了极点,甚至比从资产阶级政府那里争取到的还要少!

只要不是故意闭起眼睛,就不会看不到,社会主义运动中的新的"批评"派无非是**机会主义**的一个新的变种。假使判断人们的时候,不是看他们给自己穿上的漂亮礼服,不是看他们给自己取的动听的名字,而是看他们的行为怎样,看他们在实际上宣传的是什么,那就可以明白:"批评自由"就是机会主义派在社会民主党内的自由,就是把社会民主党变为主张改良的民主政党的自由,就是把资产阶级思想和资产阶级因素灌输到社会主义运动中来的自由。

自由是个伟大的字眼,但正是在工业自由的旗帜下进行过最具有掠夺性的战争,在劳动自由的旗帜下掠夺过劳动者。现在使用"批评自由"一词,同样也包含着这种内在的虚伪性。假如人们真正确信自己把科学向前推进了,那他们就不会要求新观点同旧观点并列的自由,而会要求用新观点代替旧观点。现在这种"批评自由万岁!"的叫嚷太像那个关于空桶的寓言[36]了。

我们紧紧靠在一起,循着艰难险阻的道路紧拉着手前进。我们被敌人四面包围,我们几乎随时都得冒着敌人的炮火前进。我们根据自由通过的决议联合起来,正是为了要同敌人斗争,而不致失足落入旁边的泥潭里。那些呆在泥潭里的人,一开始就责备我们独树一帜,责备我们选定了斗争的道路,而不是调和的道路。现在我们中间有些人竟叫喊起来:我们都到这个泥潭里去吧!当人们开始耻笑他们的时候,他们反驳说:你们这些人多么落后啊!你们怎么好意思否认我们有号召你们走上比较好的道路去的自由!是啊,先生们,你们不仅可以自由地号召,而且可以自由地走到随便什么地方去,哪怕是走到泥潭里去也可以;我们甚至认为你们应有的位置正是在泥潭里,而且我们愿意竭力帮助**你们**搬到那里去。不过,请你们放开我们的手,不要拉住我们,不要玷污自由这个伟大的字眼,因为我们也可以"自由地"走到我们愿意去的地方,我们不但可以自由地同泥潭作斗争,而且还可以自由地同那些转向泥潭里去的人作斗争!

(二)"批评自由"的新拥护者

国外"俄国社会民主党人联合会"[10]的机关刊物《工人事业》[27],最近(第10期)郑重其事地提出的正是这个口号("批评自由"),并且不是把它当做理论原则,而是当做政治要求提出来的,即在回答"能不能把那些在国外活动的社会民主党人组织统一起来"这一问题时提出来的:"要达到牢固的统一,就必须有批评自由。"(第36页)

从这个声明中可以得出两个十分明确的结论:1.《工人事业》维护整个国际社会民主党中的机会主义派;2.《工人事业》要求机会主义在俄国社会民主党内的自由。现在让我们来考察一下这两个结论。

《工人事业》"特别"不高兴的,是《火星报》[20]和《曙光》[37]喜欢预言国际社会民主党中的**山岳派**和**吉伦特派**³⁸必将决裂"①。

> 《工人事业》编辑波·克里切夫斯基写道:"我们觉得,关于社会民主党队伍中有**山岳派**和**吉伦特派**的说法,根本就是一种肤浅的历史类比,它出自马克思主义者的笔下是很奇怪的,因为山岳派和吉伦特派并不是像历史学家-思想家可能认为的那样,代表着不同的气质或思潮,而是代表着不同的阶级或阶层:一方面是中等资产阶级,另一方面是小市民阶层和无产阶级。而现代社会主义运动中却没有阶级利益的冲突,这整个运动,它的**一切**〈黑体是波·克里切夫斯基用的〉派别,包括最明显的伯恩施坦派在内,都是站在维护无产阶级的阶级利益的立场上,站在无产阶级争取政治和经济解放的阶级斗争的立场上的。"(第32—33页)

大胆的断语!波·克里切夫斯基是否听见过早已有人指出的那件事实,即正是由于近年来有"学士"**阶层**广泛参加社会主义运动,伯恩施坦主义才非常迅速地传布开来呢?而主要的是,我们的这位作者究竟根据什么断定说"最明显的伯恩施坦派"也站在无产阶级争取政治和经济解放的阶级斗争的立场上呢?这是不得而知的。他坚决为最明显的伯恩施坦派辩护,却拿不出任何的论据和理由。作者显然以为,他既然是在重复最明显的伯恩施坦派自我表白时所讲的话,那么他的断语也就无须证明了。但是,判断整个派别,竟以该派代表人物自我表白时所讲的话为根据,这难道不是再"肤浅"不过的吗?紧接着

---

① 把革命无产阶级中的两个派别(革命派和机会主义派)比做18世纪革命资产阶级中的两个派别(雅各宾派即"山岳派",和吉伦特派)的提法,见《火星报》第2号(1901年2月)的社论。这篇社论的作者是普列汉诺夫。无论立宪民主党人³⁹、"无题派"⁴⁰或孟什维克,至今都很爱谈俄国社会民主党中的"雅各宾派"。至于普列汉诺夫第一次提出这个概念来反对社会民主党右翼的事实,现在人们却宁愿默不作声或者……把它忘掉。(这是作者为1907年版加的注释。——编者注)

的关于党的发展有两种不同的、甚至绝对相反的类型或道路的"说教"(《工人事业》第34—35页),难道不也是再肤浅不过的吗?你看,德国社会民主党人承认充分的批评自由,法国人却不承认,而正是法国人的例子充分表明那种"偏激行为的害处"。

我们对此回答说,正是波·克里切夫斯基的例子表明,那些简直是"按伊洛瓦伊斯基方式"来研究历史[41]的人,有时也自称为马克思主义者。要解释德国社会党为什么统一和法国社会党为什么涣散,完全不必去考察两国历史的特点,不必把军事的半专制制度和共和的议会制的条件加以对比,不必分析巴黎公社和反社会党人非常法[42]的后果,不必把两国的经济生活和经济发展加以比较,不必回顾在"德国社会民主党空前发展"的同时进行了社会主义运动史上空前努力的斗争,不仅反对理论上的错误(米尔柏格、杜林①、讲坛社会主义者[45]),而且反对策略上的错误(拉萨尔),如此等等。所有这一切都没有必要!法国人所以争吵是因为他们偏激,德国人所以统一是因为他们都是些乖孩子。

你看,用这种无比深奥的议论就"避开了"把维护伯恩施坦派的

---

① 当恩格斯抨击杜林的时候,德国社会民主党中有相当多的人都是倾向杜林的观点的,人们甚至公开在党代表大会上纷纷责备恩格斯,说他偏激,不肯容忍,用非同志式的态度论战等等。莫斯特等同志提议(在1877年的代表大会[43]上)在《前进报》[44]上不再登载恩格斯的论文,认为这些论文"绝大多数读者都不感兴趣";而瓦尔泰希(Vahlteich)则说登载这些论文使党受到了很大的损害,说杜林对社会民主党也是出了力的:"我们应当为党的利益而利用所有的人。假如教授们要争论,那么《前进报》决不是进行这种争论的场所"(1877年6月6日《前进报》第65号)。你们看,这也是维护"批评自由"的例子,我国那些非常喜欢援引德国人的例子的合法的批评派和不合法的机会主义者,不妨考虑一下这个例子!

言论完全推翻的事实。伯恩施坦派是否**站在**无产阶级的阶级斗争的立场上,对于这个问题只有历史经验才能给予最后的彻底的解答。因此,在这一点上有最重要意义的正是法国的例子,因为只有法国一个国家的伯恩施坦派曾经在自己的德国同道们的热烈赞助下(而且有几分是在俄国机会主义者的热烈赞助下——参看《工人事业》第2—3期合刊第83—84页),试图独自**站稳**脚跟。拿法国人“不肯调和”当借口,除了有其“故事性的”(诺兹德列夫式的)[46]意义之外,就不过是企图用气话来掩盖很不愉快的事实罢了。

而且,就连德国人我们也还根本不打算奉送给波·克里切夫斯基及其他许许多多“批评自由”的拥护者。“最明显的伯恩施坦派”所以还能见容于德国党内,只是因为他们**服从**那个坚决摒弃伯恩施坦的种种“修正”的汉诺威决议[47],以及那个尽管措辞婉转、但对伯恩施坦提出了直接警告的吕贝克决议[48]。至于从德国党的利益来看,这种婉转的措辞究竟适当到什么程度,在这种场合下坏的和平是否胜过好的争执,这还是可以争论的,简而言之,在评价用哪种**方法**拒绝伯恩施坦主义才妥当时,可以有不同的意见,但是德国党曾经两次**拒绝**伯恩施坦主义却是不能否认的事实。所以,认为德国人的例子证实了“最明显的伯恩施坦派是站在无产阶级争取经济和政治解放的阶级斗争的立场上的”这一说法,就是完全不了解有目共睹的现实情况。①

---

①必须指出,《工人事业》在谈到德国党中的伯恩施坦主义问题时,始终只限于单纯转述事实,完全“不肯”说出自己对这些事实的评价。例如,在第2—3期合刊第66页上讲到斯图加特代表大会[49]时,竟把一切意见分歧都归结为“策略”,并且只是指出绝大多数忠于原先的革命策略。又如在第4—5期合刊第25页及以下各页上,也只不过是把汉诺威代表大会上的发言转述一遍,并把倍倍尔的决议摘引一下;这里又是(也像在第2—3期合刊上一样)把对于伯恩施坦

不仅如此。正如我们已经讲过的,《工人事业》还向**俄国**社会民主党要求"批评自由",并且为伯恩施坦主义辩护。显然它是认为我们这里有人冤枉了我们的"批评派"和伯恩施坦派。究竟是冤枉了什么人呢?是谁冤枉的?在什么地方?什么时候?究竟冤枉的是什么呢?关于这些问题,《工人事业》始终避而不谈,没有一次提起任何一个俄国的批评派和伯恩施坦派!这里我们只能假定,二者必居其一:**或者**被人冤枉的不是别人,正是《工人事业》自己(可以证明这一点的是,《工人事业》第10期上的两篇文章都只讲《曙光》和《火星报》冤枉了《工人事业》)。如果是这样,那么始终坚决否认自己同伯恩施坦主义有任何一致之处的《工人事业》,不替"最明显的伯恩施坦派"和批评自由讲点好话,就不能为自己辩护,这种怪事应当怎样解释呢?**或者**被人冤枉的是某个第三者。那为什么又不肯说出这第三者究竟是谁呢?

由此可见,《工人事业》还在继续玩那种从它一创立就开始的(这一点我们下面再讲)捉迷藏游戏。其次,请注意这**第一次**实际运用被大肆吹捧的"批评自由"的情况吧。实际上,"批评自由"不仅立刻表现为没有任何批评,而且表现为根本没有独立的见解。正是这个把俄国伯恩施坦主义当做暗疾(照斯塔罗韦尔的中肯的说法[50])隐瞒起来的《工人事业》现在却主张,为了治这种病,只要**简单地照抄**一张专治德国型的这种病的最新德国药方就行了!这不是什么批评自由,而是奴

观点的叙述和批评留待"专文"去谈。可笑的是,在第4—5期合刊第33页上说道:"……倍倍尔所阐述的观点赢得了代表大会绝大多数的赞同",而稍后一点却又说:"……大卫发言拥护伯恩施坦的观点…… 他首先就竭力说明……伯恩施坦和他的朋友们毕竟是〈原文如此!〉站在阶级斗争的立场上的……" 这是1899年12月间写的,到1901年9月的时候,《工人事业》大概已经不再相信倍倍尔正确,而把大卫的观点当做自己的观点来重复了!

隶式的模仿……甚至更坏,是猴子式的模仿!现代国际机会主义的同
一的社会和政治内容,依各国的民族特点而表现为各种不同的形式。
在某一个国家里,一批机会主义者早已独树一帜;在另一个国家里,
机会主义者忽视理论,而在实践中推行激进社会党人的政策:在第三
个国家里,革命政党的一些党员投奔到机会主义营垒中去,他们不是
进行维护原则和维护新的策略的公开斗争,而是采取渐渐地、悄悄
地、可以说是不受惩罚地败坏自己的党的办法,来力求达到自己的目
的;在第四个国家里,同样的倒戈分子,在黑暗的政治奴役之下,在
"合法"活动和"不合法"活动的相互关系非常独特的情况下,运用着
同样的方法等等。说什么批评自由和伯恩施坦主义自由是**俄国**社会
民主党人统一起来的条件,又不分析**俄国**伯恩施坦主义究竟表现在
什么地方和产生了怎样特殊的结果,这就等于是,说话是为了什么也
不说。

那我们就自己来试试,把《工人事业》不愿说出来的(或许是它无
法理解的)东西哪怕是简单地说明一下。

(三)俄国的批评

在我们要考察的这一方面,俄国的基本特点,就是在自发的工
人运动**一开始**产生和先进舆论**一开始**转向马克思主义时,就有各种
显然不同的分子在共同的旗帜下联合起来,反对共同的敌人(陈腐的
社会政治世界观)。我们说的是"合法马克思主义"[28]的蜜月时期。一
般讲来,这是一种非常独特的现象,要是在80年代或90年代初,谁也
不会相信会有发生这种现象的可能。在一个完全没有出版自由的专

制制度国家里,在猖獗的政治反动势力对于稍有一点政治上的不满和反抗的苗头都横加迫害的时代,革命的马克思主义的理论忽然在**受检查的**书刊上打开了一条道路,虽然说明这个理论的语言是伊索式的,但一切"感兴趣的人"都是可以理解的.政府只是习惯于把(革命的)民意主义的理论当做危险的理论,照例没有发觉这一理论的内部演变,而欢迎**一切**对这个理论的批评.等到政府醒悟过来的时候,等到书报检查官和宪兵这支笨重的队伍侦察到新的敌人而猛扑过来的时候,已经过去不少(照我们俄国的尺度来计算)时间了.在这段时间里,马克思主义的书一本又一本地出版,马克思主义的杂志和报纸相继创办起来,大家都纷纷变成了马克思主义者,人们都来奉承马克思主义者,向马克思主义者献殷勤,出版商因为马克思主义书籍的畅销而兴高采烈.于是,在为这种气氛所迷惑的新起的马克思主义者中间,自然也就出现了不止一个"自命不凡的作家"[51]……

现在,可以平心静气地谈论这个已经过去的时期了.谁都知道,马克思主义所以在我国的书刊上盛行了一个短暂的时期,是因为极端分子同十分温和的分子结成了联盟.实质上,这些温和分子是资产阶级民主派,而这个结论(由他们往后的"批评"发展明显地证实了)早在"联盟"还完整的时候,就已经有人意识到了.[①]

既然如此,那么以后出现那种"混乱",是否应当由那些同未来的"批评派"实行过联盟的革命社会民主党人来承担最大的责任呢?从过分死板地观察问题的人那里,有时可以听到这样的问题以及对它的肯定回答.可是这些人是完全不对的.只有那些不信赖自己的人,

---

[①]这是指前面刊印的克·土林的一篇反对司徒卢威的文章,该文是根据题目为《马克思主义在资产阶级著作中的反映》的学术讲演写成的.见序言.[52](这是作者为1907年版加的注释.——编者注)

才会害怕即使是同不可靠的分子结成的暂时联盟,而不结成这样的联盟,无论哪一个政党都是不能存在的。而同合法马克思主义者的联合,是俄国社会民主党初次实行的某种真正的政治联盟。由于结成了这个联盟,我们才极为迅速地战胜了民粹主义并且使马克思主义思想(虽然是在庸俗化的形式下)广泛传播开来。同时,结成这个联盟并不是完全没有任何"条件"的。证据就是1895年被书报检查机关烧掉的马克思主义文集《俄国经济发展问题的资料》。假使同合法马克思主义者在书刊方面的协议可以比做政治联盟,那么这本书也就可以比做政治协定了。

破裂之所以发生,当然不是因为"同盟者"是资产阶级民主派。恰恰相反,这一派正是社会民主党天然的、合适的同盟者,因为这里涉及的是社会民主党的民主任务,而俄国的现状把这方面的任务提到了首要地位。但是这种联盟的必要条件,就是社会党人完全有可能向工人阶级揭示工人阶级利益同资产阶级利益的敌对性。现在大多数合法马克思主义者纷纷倒向的伯恩施坦主义和"批评"派,却要剥夺这种可能性,腐蚀社会主义的意识,把马克思主义庸俗化,宣传社会矛盾缓和论,硬说社会革命和无产阶级专政的思想是荒谬的思想,把工人运动和阶级斗争缩小为狭隘的工联主义运动,缩小为争取细小的、渐进的改良的"现实主义"斗争。这就完全等于资产阶级民主派否认社会主义运动的独立自主权,从而也就否认它的生存权;这在实践上就是想把刚刚开始的工人运动变成自由派的尾巴。

在这种情况下,破裂自然是必不可免的。可是,俄国的"独特"之处就在于,这个破裂不过是使社会民主党人从大家最容易看到的、传布最广的"合法"书刊上消失。在这种书刊上,"前马克思主义者"巩固了自己的地位,树起了"批评的旗帜",几乎取得了"谴责"马克思主义的垄断权。"反对正统"、"批评自由万岁"的口号(现在《工人事业》所不断重复的口号),立刻成了时髦的字眼。这种时髦的东西连书报检查官和宪兵也抵挡不了,这有事实为证,例如有名的(有赫罗斯特拉特名声的[53])伯恩施坦的一本书就有**三种**俄文版本[54],又如祖巴托夫也推荐伯恩施坦和普罗柯波维奇先生等人的著作(《火星报》第10号)[55]。现在社会民主党人担负着一个本来就很困难、又因纯粹外部的阻碍而变得非常艰巨的任务,这就是同新的思潮作斗争的任务。可是,这个思潮不仅表现在书刊上。在人们转向"批评"的时候,社会民主党的实际工作者则倾心于"经济主义"[22]。

合法的批评和不合法的"经济主义"之间的联系和相互依赖关系是怎样产生和发展起来的,这是个很有意思的问题,值得专门写一篇文章。这里我们只要指出无疑存在着这种联系就够了。臭名远扬的《信条》[23]所以博得了那种应有的名声,也正是因为它坦白地表述了这种联系,吐露了"经济主义"的基本政治倾向:让工人去作经济斗争(更确切些说,去作工联主义的斗争,因为工联主义的斗争也包括一种特殊的工人政治),而让马克思主义的知识分子去同自由派结合起来作政治"斗争"。"在人民中"进行的工联主义工作,是执行这个任务的前半部,合法的批评则是执行这个任务的后半部。这种声明成了反对"经济主义"的极好武器,所以,如果没有《信条》,也值得编造出一篇《信条》来。

《信条》并不是编造出来的,但它的公布没有照顾它的作者们的意愿,也许,甚至是违反它的作者们的意愿的。至少参加过把新"纲领"公布于世①的本书作者已经听到一些怨言和责难,说不应该把发

---

① 指反对《信条》的17人抗议书。本书作者参加过起草这个抗议书的工作(1899年底)。1900年春,抗议书曾同《信条》一起在国外刊印出来。现在从库斯

言者概述自己观点的草稿复制散发，冠以《信条》的名称，甚至还同一份抗议书一起刊印出来！我们所以要讲到这段情节，是因为它揭示了我们的"经济主义"的那种耐人寻味的特点：害怕公开。这正是整个"经济主义"的特点，而不只是《信条》的作者们的特点，因为表现出这种特点的，有最坦白最真诚地拥护"经济主义"的《工人思想报》[26]，有《工人事业》（它因"经济主义的"文件在《指南》[57]中发表出来而表示愤慨），有基辅委员会（它在两年以前也不愿意让人把它的《宣言书》[58]连同那篇反驳《宣言书》的论文一起登载出来①），还有许许多多单个的"经济派"分子。

　　拥护批评自由的人有这种害怕批评的表现，不能单单用不老实来解释（虽然毫无疑问，他们有时也非不老实不可，因为把还没有巩固的新派别的萌芽暴露出来让敌人攻击是不合算的！）。不，大多数"经济派"确实打心眼里憎恶（并且按"经济主义"的实质来说，他们也应当这样）一切理论上的争论、派别的分歧、广泛的政治问题、把革命家组织起来的方案等等。"让侨居国外的人去干这些事情吧！"——一个相当彻底的"经济派"有一次这样对我说过，而他这句话是代表一种非常流行的（而且又是纯粹工联主义的）观点的：我们的事情就是管我们这个地方的工人运动、工人组织；至于其余的事情，都是学理主义者[18]虚构出来的，正像《火星报》第12号上发表的那封信的作者们和《工人事业》第10期异口同声地所说的那样，都是"夸大思想体系的作用"。

柯娃女士的文章中（仿佛是登在《往事》[56]上）已经知道：《信条》的作者就是她，而当时在国外的"经济派"中起重要作用的是普罗柯波维奇先生。（这是作者为1907年版加的注释。——编者注）
　　①据我们所知，基辅委员会的成员从那时起发生了变化。

　　试问,既然俄国的"批评"和俄国的伯恩施坦主义有这样的特点,那么凡是在实际上而不是仅仅在口头上愿意反对机会主义的人,应当担负起什么样的任务呢?第一,应当设法恢复在合法马克思主义时代刚刚开始,而现在又落到不合法的活动家肩上的理论工作;如果没有这样的工作,运动就不能顺利发展。第二,必须积极地同严重腐蚀人们意识的合法的"批评"作斗争。第三,应当积极反对实际运动中的混乱和动摇,要揭穿并且驳斥一切自觉或不自觉地降低我们的纲领和我们的策略的行为。

　　无论是第一件事、第二件事或第三件事,《工人事业》都没有做过,这是大家都知道的;下面我们将从各方面来详细地说明这个尽人皆知的真实情况。现在我们只想指出,"批评自由"的要求同我们俄国的批评以及俄国的"经济主义"的特点处于怎样一种极端矛盾的状况。其实,看一看"国外俄国社会民主党人联合会"肯定《工人事业》观点的那个决议就行了:

　　　"为了促进社会民主党今后思想上的发展,我们认为在党的书刊上有批评社会民主主义理论的自由是绝对必要的,只要这种批评不同这个理论的阶级性和革命性相抵触。"(《两个代表大会》第10页)

　　理由就是:决议的"第一部分同吕贝克党代表大会关于伯恩施坦问题的决议是一致的"…… "联合会派"由于头脑简单,竟未觉察到他们这样抄袭多么清楚地证明了他们的思想贫乏(testimonium paupertatis)!……"但是……决议的第二部分却比吕贝克党代表大会更严格地限制了批评自由"。

　　这样,"联合会"的决议就是针对俄国伯恩施坦派的了?否则,提吕贝克党代表大会岂不十分荒谬!然而,要说这个决议"严格地限制了批评自由"，那是不正确的。德国人用自己的汉诺威决议逐条拒绝了的，**正是伯恩施坦所作的那些修正**；而在吕贝克决议中，则对**伯恩施坦本人**指名提出了警告。而我们的"自由的"仿效者，却对俄国的"批评"和俄国的"经济主义"所特有的**任何一种**表现都**只字**不提；既然对这一切闭口不谈，那么空空洞洞地说什么理论的阶级性和革命性，就会给曲解留下更大的余地，特别是"联合会"还不愿把"所谓经济主义"看做机会主义（《两个代表大会》第8页第1条）。但这还只是顺便说说而已。而主要的是，机会主义者和革命社会民主党人的立场，在德国和在俄国是完全相反的。大家知道，在德国，革命社会民主党人主张保存现有的东西，即大家都熟悉的、已经由几十年的经验详细阐明了的原有的纲领和策略。而"批评派"则想加以改变，但由于这个批评派只是一个微不足道的少数，他们的修正主义意图又很怯懦，那就可以理解，为什么多数派只是把"革新主张"干脆否决了事。而在我们俄国，却是批评派和"经济派"主张保存现有的东西。"批评派"希望大家继续把他们看做马克思主义者，并且保证他们所滥用过的"批评自由"（因为他们实际上从来没有承认过任何**党的**联系①，并且我

---

①单是缺少公开的党的联系和党的传统这一事实，就构成了俄国和德国的根本差别，这种差别必定会提醒每一个明智的社会党人不要盲目地模仿他人。从下面这个典型例子可以看出"批评自由"在俄国达到了怎样的地步。俄国的批评派布尔加柯夫先生竟谴责奥地利的批评派赫茨说："赫茨作的结论虽然很有独立精神，但是他在这个问题〈合作社问题〉上，看来毕竟是太受自己党的意见的束缚了，他虽然在细节方面有不同意见，但始终不敢离开总的原则。"（《资本主义和农业》第2卷第287页）一个政治上备受奴役的国家，千分之九百九十九的人口都由于政治上处于奴隶状态和完全不懂党的荣誉和党的联系而堕落到了极点，这样的国家里的臣民，竟傲然地责备一个宪制国家里的公民过

们也没有一个能够"限制"、哪怕是用规劝的方法来"限制"批评自由的为大家公认的党的机关);"经济派"要革命者承认"现时运动的正当性"(《工人事业》第10期第25页),即承认现存的东西的"合理性";要"思想家"不要企图使运动"脱离"那条"由各种物质因素和物质环境的相互作用所决定"的道路(《火星报》第12号上所载的《一封信》);要大家承认只有进行"工人在当前条件下唯一可能进行的"斗争才是适当的,要大家承认只有"工人们目前实际进行的"斗争才是可能的(《〈工人思想报〉增刊》24第14页)。相反,我们革命的社会民主党人对于这种崇拜自发性,即崇拜"目前"现有的东西的态度表示不满;我们要求改变近年来所流行的策略,我们声明说,"在统一以前,并且为了统一,首先必须坚决而明确地划清界限"(《火星报》出版声明)①。总之,德国人坚持现有的东西,拒绝改变,而我们却要求改变现有的东西,反对崇拜这个现有的东西,反对同它调和。

这一个"小小的"区别,我们的"自由地"抄袭德国人决议的专家们就没有觉察到!

(四)恩格斯论理论斗争的意义

"教条主义、学理主义"、"党的僵化(由于强制束缚思想而必然受到的惩罚)",——这就是《工人事业》的那些捍卫"批评自由"的骑士们所拼命攻击的敌人。把这个问题提到日程上来,我们当然极表欢

于"受党的意见的束缚"!那么,我们的不合法组织就只好去拟订关于批评自由的决议了……

① 见《列宁全集》第2版第4卷第316页。——编者注

迎,不过我们还主张再提出一个问题:

可是评判者是些什么人呢?

我们面前有两个书刊出版声明:一个是《俄国社会民主党人联合会的定期机关刊物〈工人事业〉的纲领》(《工人事业》第1期单张),另一个是《关于恢复"劳动解放社"出版物的声明》[59]。两个声明都标明是在1899年发表的,当时"马克思主义的危机"早已显现出来了。而我们看到的又是些什么呢?在第一个声明中,你丝毫没有指出这个现象,也没有确切说明新的机关刊物对这个问题打算采取的立场。关于理论工作及其在目前的迫切任务问题,无论在这个纲领中,或在1901年"联合会"第三次代表大会[60]通过的对这个纲领的补充条文中(《两个代表大会》第15—18页),都只字未提。在这整个时期内,《工人事业》编辑部始终都把理论问题搁在一边,虽然这些问题是全世界一切社会民主党人都很关心的问题。

与此相反,另一个声明首先就指出了近年来人们对理论的兴趣减弱的事实,坚决要求"密切注意无产阶级革命运动的理论方面",并号召大家"无情地批评"我们运动中的"伯恩施坦主义的倾向以及其他反对革命的倾向"。已经出版的几期《曙光》,表明了这个纲领的执行情况。

由此可见,所谓反对思想僵化等等的响亮词句,只不过是用来掩饰人们对理论思想发展的冷淡和无能。俄国社会民主党人的例子非常明显地说明了全欧洲的普遍现象(这是德国马克思主义者也早已指出的现象):臭名远扬的批评自由,并不是用一种理论来代替另一种理论,而是自由地抛弃任何完整的和周密的理论,是折中主义和无原则性。凡是稍微了解我国运动的实际情况的人,都不能不看到,随着马克思主义的广泛传播,理论水平有了某种程度的降低。有不少理论修养很差甚至毫无理论修养的人,由于看见运动有实际意义和实际成效而加入了运动。由此可见,《工人事业》得意扬扬地提出马克思的一句名言——"一步实际运动比一打纲领更重要"①,是多么不合时宜。在理论混乱的时代来重复这句话,就如同在看到人家送葬时高喊"但愿你们拉也拉不完!"61一样。而且上面马克思的这句话,是从他评论哥达纲领62的信里摘引来的,马克思在信里**严厉地斥责了**人们在说明原则时的折中主义态度。马克思写信给党的领袖们说,如果需要联合,那么为了达到运动的具体目标,可以缔结协定,但是决不能拿原则来做交易,决不要作理论上的"让步"。马克思的意思就是这样,而我们这里却有人假借马克思的名义来竭力贬低理论的意义!

没有革命的理论,就不会有革命的运动。在醉心于最狭隘的实际活动的偏向同时髦的机会主义说教结合在一起的情况下,必须始终坚持这种思想。而对俄国社会民主党来说,由于存在三种时常被人忘记的情况,理论的意义就显得更为重要了。这三种情况就是:第一,我们的党还刚刚在形成,刚刚在确定自己的面貌,同革命思想中有使运动离开正确道路危险的其他派别进行的清算还远没有结束。相反,正是在最近时期,非社会民主党的革命派别显得活跃起来了(这是阿克雪里罗得早就对"经济派"说过的63)。在这种条件下,初看起来似乎并"不重要的"错误也可能引起极其可悲的后果;只有目光短浅的人,才会以为进行派别争论和严格区别各派色彩,是一种不适时的或者多余的事情。这种或那种"色彩"的加强,可能决定俄国社会民主党许多许多年的前途。

第二,社会民主主义运动就其本质来说是国际性的运动。这不

①见《马克思恩格斯选集》第3卷人民出版社1972年版第3页。——编者注

仅意味着我们应当反对民族沙文主义。这还意味着在年轻的国家里
开始的运动,只有在运用别国的经验的条件下才能顺利发展。但是,
要运用别国的经验,简单了解这种经验或简单抄袭别国最近的决议
是不够的。为此必须善于用批判的态度来看待这种经验,并且独立地
加以检验。只要想一想现代工人运动已经有了多么巨大的成长和扩
展,就会懂得,为了完成这个任务,需要有多么雄厚的理论力量和多
么丰富的政治经验(以及革命经验)。

　　第三,俄国社会民主党担负的民族任务是世界上任何一个社会
党都不曾有过的。我们在下面还要谈到把全体人民从专制制度压迫
下解放出来这个任务所赋予我们的种种政治责任和组织责任。现在
我们只想指出一点,就是**只有以先进理论为指南的党,才能实现先进
战士的作用**。读者如果想要稍微具体地了解这句话的意思,就请回想
一下俄国社会民主主义运动的先驱者赫尔岑、别林斯基、车尔尼雪夫
斯基以及70年代的那一批杰出的革命家;就请想想俄国文学现在所
获得的世界意义;就请⋯⋯只要想想这些也就足够了!

　　现在让我们引证一下恩格斯1874年谈到理论在社会民主主义
运动中的意义问题时所发表的意见吧。恩格斯认为,社会民主党的伟
大斗争**并不是有两种**形式(政治的和经济的),像在我国通常认为的
那样,**而是有三种**形式,**同这两种斗争并列的还有理论的斗争**。他对
实践上和政治上都已经巩固的德国工人运动所作的指示,从现代各
种问题和争论的观点来看是非常有教益的,因此我们希望读者不要
因为我们从那部早已成了非常罕见的珍本书的《德国农民战争》①的
序言中,摘引很长一段话而埋怨我们:

----

　　①1875年莱比锡合作出版社第3版。

"德国工人同欧洲其他各国工人比较起来,有两大优越之处。第一,他们属于欧洲最有理论修养的民族,他们保持了德国那些所谓'有教养的人'几乎完全丧失了的理论感。如果不是先有德国哲学,特别是黑格尔哲学,那么德国科学社会主义,即过去从来没有过的唯一的科学社会主义,就决不可能创立。如果工人没有理论感,那么这个科学社会主义就决不可能像现在这样深入他们的血肉。这个优越之处无限重大,从以下的事实就可以看出:一方面,英国工人运动虽然把各个行业组织得很好,但是前进得很慢,其主要原因之一就是对于一切理论的漠视;另一方面,法国人和比利时人由于原有形式的蒲鲁东主义⁶⁴的传播而发生混乱和动摇,西班牙人和意大利人则由于按巴枯宁不伦不类的模式传播蒲鲁东主义而发生混乱和动摇。

第二个优越之处,就是德国人参加工人运动,差不多比各国人都迟。德国的理论上的社会主义永远不会忘记,它是依靠圣西门、傅立叶和欧文这三位思想家而确立起来的。虽然这三位思想家的学说含有十分虚幻和空想的性质,但他们终究是属于一切时代最伟大的智士之列的,他们天才地预示了我们现在已经科学地证明了其正确性的无数真理。同理论上的社会主义一样,德国的实践的工人运动也永远不应当忘记,它是依靠英国和法国的运动而发展起来的,它能够直接利用英国和法国的运动用很高的代价换来的经验,而在现在避免它们当时往往无法避免的那些错误。如果没有英国工联运动和法国工人政治斗争的榜样,如果没有特别是巴黎公社所给予的那种巨大的推动,我们现在会处在什么境地呢?

必须承认,德国工人以罕见的理解力利用了自己地位的有利之处,自从有工人运动以来,斗争是第一次在其所有三方面——理论方面、政治方面和经济实践方面(反抗资本家)互相配合,互相联系,有计划地进行着。德国工人运动所以强大有力和不可战胜，也正是由于这种可以说是向心的攻击。

一方面由于德国工人具有这种有利的地位，另一方面由于英国工人运动具有岛国的特点，而法国工人运动又受到暴力的镇压，所以现在德国工人是处于无产阶级斗争的前列。事件究竟能让他们把这种光荣地位占据多久，这是不能预言的。但是，可以相信，只要他们还占据这个地位，他们就能很好地执行这个地位赋予他们的种种责任。要做到这一点，就必须在斗争和鼓动的各个方面都加倍努力。特别是领袖们有责任愈来愈透彻地理解种种理论问题，愈来愈多地摆脱那些属于旧世界观的传统词句的影响，而时刻牢记：社会主义自从成为科学以来，就要求人们把它当做科学看待，就是说，要求人们去研究它。必须以高度的热情把由此获得的日益明确的意识传布到工人群众中去，必须日益加强团结党组织和工会组织……

……假使德国工人将来还是这样前进，那么虽然不能说他们一定会走在运动的前列（只是某一个国家的工人走在运动的前列，这并不符合运动的利益），但是一定会在战士的行列中占据一个光荣的地位；而将来如果有意外严重的考验或者伟大的事变要求他们表现出更大的勇气、更大的决心和毅力的时候，他们一定会有充分的准备。"[①]

恩格斯的话果然有先见之明。几年之后，德国工人遇到了反社会党人非常法这样意外的严重考验。而德国工人确实是有充分准备地迎接了这次考验，并且胜利地通过了这次考验。

俄国无产阶级将要遇到无比严重的考验，将要同凶猛的怪物作

[①]见《马克思恩格斯选集》第2卷人民出版社1972年版第300—302页。——编者注

斗争，宪制国家中的非常法同这个怪物比较起来，真是小巫见大巫。历史现在向我们提出的当前任务，是比其他任何一个国家的无产阶级的一切**当前**任务**都更革命的**任务。实现这个任务，即摧毁这个不仅是欧洲的同时也是(我们现在可以这样说)亚洲的反动势力的最强大的堡垒，就会使俄国无产阶级成为国际革命无产阶级的先锋队。而我们有理由指望，只要我们能够用我们的先驱者即70年代的革命家那种献身的决心和毅力，来鼓舞我们的比当时更广阔和更深刻千百倍的运动，我们就一定能够获得我们的先驱者在当时已经享有的这个光荣称号。

二

群众的自发性和社会民主党的自觉性

我们说，必须用70年代的那种献身的决心和毅力，来鼓舞我们的比当时更广阔和更深刻得多的运动。的确，直到现在，似乎还没有人怀疑过：当前运动的力量在于群众(主要是工业无产阶级)的觉醒，而它的弱点却在于身为领导者的革命家缺乏自觉性和首创精神。

但是，最近有人作出了一个惊人的发现，大有把至今对这个问题的一切流行观点全部推翻之势。作出这个发现的是《工人事业》，它在同《火星报》和《曙光》进行论战的时候，不仅提出局部性的反驳，而且力图把"总的意见分歧"归结到更深的根源上去，即归结为"对自发因素和自觉的'有计划'因素**相比**哪个意义大,有不同的估计"。《工人事业》提出的指责是:"**轻视发展过程中的客观因素或自发因素的意义**"①。对此我们回答说:即使同《火星报》和《曙光》的论战,只是促使《工人事业》想到这个"总的意见分歧",而完全没有产生任何其他的结果,那么单是这个结果也就使我们很满意了,因为这句话的含义很深,它把俄国社会民主党人之间当前在理论上和政治上的意见分歧的全部实质都非常清楚地点明了。

正因为如此,自觉性同自发性的关系问题引起了人们极大的普遍的关注,对这个问题应当十分详细地加以讨论。

(一)自发高潮的开始

我们在前一章中已经指出,90年代中期俄国有教养的青年醉心于马克思主义理论是很**普遍的**。大约同一时期,在有名的1896年彼得堡工业战争13之后,工人罢工也带有同样的普遍性。工人罢工遍及全俄,清楚地证明了重新高涨起来的人民运动的深度;假使要说"自发因素",那么首先当然应当承认,正是这种罢工运动是自发的。但自发性和自发性也有不同。在70年代和60年代(甚至在19世纪上半叶),俄国都发生过罢工,当时还有"自发地"毁坏机器等等的现象。同这些"骚乱"比较起来,90年代的罢工甚至可以称为"自觉的"罢工了,可见工人运动在这个时期的进步是多么巨大。这就向我们表明:"自发因素"实质上无非是自觉性的**萌芽状态**。甚至原始的骚乱本身就已

---

① 1901年9月《工人事业》第10期第17页和第18页。黑体是《工人事业》用的。

表现了自觉性在某种程度上的觉醒,因为工人已经不像历来那样相信压迫他们的那些制度是不可动摇的,而开始……感觉到(我不说是理解到)必须进行集体的反抗,坚决抛弃了奴隶般的顺从长官的态度。但这种行为多半是绝望和报复的表现,还不能说是**斗争**。90年代的罢工所表现出来的自觉色彩就多得多了,这时已经提出明确的要求,事先考虑什么样的时机较为有利,并且讨论别处发生的一些事件和实例,等等。如果说骚乱不过是被压迫人们的一种反抗,那么有计划的罢工本身就已表现出阶级斗争的萌芽,但也只能说是一种萌芽。这些罢工本身是工联主义的斗争,还不是社会民主主义的斗争;这些罢工标志着工人已经感觉到他们同厂主的对抗,但是工人还没有意识到而且也不可能意识到他们的利益同整个现代的政治制度和社会制度的不可调和的对立,也就是说,他们还没有而且也不可能有社会民主主义的意识。从这个意义上讲,尽管90年代的罢工比起"骚乱"来有了很大的进步,但仍然是纯粹自发的运动。

我们说,工人本来**也不可能有**社会民主主义的意识。这种意识只能从外面灌输进去,各国的历史都证明:工人阶级单靠自己本身的力量,只能形成工联主义的意识,即确信必须结成工会,必须同厂主斗争,必须向政府争取颁布对工人是必要的某些法律,如此等等。①而社会主义学说则是从有产阶级的有教养的人即知识分子创造的哲学理论、历史理论和经济理论中发展起来的。现代科学社会主义的创始人马克思和恩格斯本人,按他们的社会地位来说,也是资产阶级知识分子。俄国的情况也是一样,社会民主党的理论学说也是完全不依

---

①工联主义决不像人们有时认为的那样排斥一切"政治"。工联一向都是进行一定的(但不是社会民主主义的)政治鼓动和斗争的。关于工联主义政治和社会民主主义政治之间的区别,我们将在下一章里加以说明。

赖于工人运动的自发增长而产生的,它的产生是革命的社会主义知识分子的思想发展的自然和必然的结果。到我们现在所讲的这个时期,即到90年代中期,这个学说不仅已经成了"劳动解放社"¹⁵十分确定的纲领,而且已经把俄国大多数革命青年争取到自己方面来了。

由此可见,当时既有工人群众的自发的觉醒,趋向自觉生活和自觉斗争的觉醒,又有一些用社会民主主义理论武装起来而竭力去接近工人的革命青年。这里特别要指出那个常常被人忘记的(也是不大有人知道的)事实,就是这个时期的**第一批**社会民主党人,在**热心地从事经济鼓动**(而且在这方面他们充分注意到了当时还是手抄本的小册子《论鼓动》⁶⁵中那些真正有益的指示)的同时,不仅没有把经济鼓动当做自己唯一的任务,而且相反,**一开始**就提出了整个俄国社会民主党的最广泛的历史任务,特别是推翻专制制度的任务。例如,创立了"工人阶级解放斗争协会"¹²的那些彼得堡的社会民主党人,早在1895年底就编好了定名为《工人事业报》的创刊号。但是这个准备好要付印的创刊号,在1895年12月8日夜里突然被宪兵从一个会员阿·亚·瓦涅耶夫^①那里搜走了,于是第一次付排的《工人事业报》就没有能够问世。这张报纸的社论⁶⁶(也许过个30年,会有一家像《俄国旧事》⁶⁷那样的杂志把它从警察司档案中找出来)说明了俄国工人阶级的历史任务,并且把争取政治自由作为首要任务。其次,有一篇《我们的大臣们在想些什么?》的文章^②,是揭露警察摧残识字运动委

---

　　①阿·亚·瓦涅耶夫在拘留所被单独拘禁时得了肺病,于1899年在东西伯利亚去世。所以,我们认为可以把正文中所引证的情况公布出来,对于这些情况的确实性,我们可以担保,因为这些消息是从直接了解并最熟悉阿·亚·瓦涅耶夫的情况的人们那里得来的。

　　②见《列宁全集》第2版第2卷第65—68页。——编者注

员会的；此外，还有许多不仅从彼得堡，并且从俄国其他地方寄来的通讯（如记载雅罗斯拉夫尔省工人流血事件[68]的通讯）。可见，90年代俄国社会民主党人所作的这个所谓"初次尝试"，并不是要办一个狭隘的地方性的报纸，更不是"经济主义"性质的报纸，而是要办一个力求把罢工斗争同反专制制度的革命运动结合起来，并吸引当时一切受反动黑暗政治压迫的人来支持社会民主党的报纸。凡是稍微知道一点当时的运动情况的人都不会怀疑，这样的报纸一定能够既获得首都工人又获得革命知识分子的完全同情，并且会得到极广泛的传播。而这件事没有办成只是证明，当时的社会民主党人由于革命经验和实际修养不够而不能适应形势的迫切要求。《圣彼得堡工人小报》[69]也是如此；《工人报》[70]以及1898年春季成立的俄国社会民主工党所发表的《宣言》[29]更是如此。当然，我们根本没有想到把这种缺乏修养的情况归罪于当时的活动家。但是，为了利用运动的经验，并且从这个经验中吸取实际的教训，我们必须充分认识各种缺点的原因和意义。因此极为重要的是要明确，一部分（也许甚至是大多数）在1895—1898年间活动的社会民主党人认为，在那个时候，即"自发"运动一开始的时候，就可以提出极其广泛的纲领和战斗策略[1]，这是完全正

①"《火星报》对90年代末的社会民主党人的活动持否定态度，而忽略了那个时候除了为微小的要求而斗争外没有条件进行别的工作"——"经济派"在他们《给俄国社会民主党机关刊物的一封信》（《火星报》第12号）中这样说道。正文中所援引的事实证明，所谓"没有条件"的说法**是同真实情况绝对相反的**。不仅在90年代末，即使在90年代中期，除了为微小的要求而斗争外，进行**别的**工作所需要的一切条件也是完全具备了的，当时只是领导者缺乏足够的修养。"经济派"不公开承认我们这些思想家、我们这些领导者缺乏修养的事实，却想把一切都归咎于"没有条件"，归咎于物质环境的影响，而物质环境决定着运动

确的。至于大多数革命家缺乏修养,那是很自然的现象,不应引起什么特别的忧虑。既然任务提得正确,既然有不屈不挠地试图实现这些任务的毅力,那么暂时的失利就不过是一种小小的不幸。革命经验和组织才能,是可以学到的东西。只要有养成这些必要品质的愿望就行!只要能认识到缺点就行,因为在革命事业中,认识到缺点就等于改正了一大半!

可是,当这种认识开始变得模糊的时候(这种认识在上面提到的那些活动家中本来是很明确的),当有一部分人,甚至还有社会民主党的一些机关刊物,竟想把缺点推崇为美德,甚至想**从理论上**论证自己**对自发性的屈从和崇拜**时,这个小小的不幸可就成了真正的大不幸了。对于这个派别,用"经济主义"这一过于狭隘的概念来说明它的内容是很不确切的,现在是作总结的时候了。

(二)对自发性的崇拜。《工人思想报》

我们在讲这种对自发性的崇拜在书刊上的种种表现之前,先要指出下面一个很能说明问题的事实(这是我们从上面所说过的那些人那里知道的),根据这个事实多少可以看出,俄国社会民主党内后来的两派之间的纠纷在彼得堡活动的同志们中是怎样产生和发展起来的。1897年初,阿·亚·瓦涅耶夫和他的几个同志,在流放之前,参加了一次非正式会议[71],到会的有"工人阶级解放斗争协会"中的"老

的道路,任何思想家都不能使运动脱离这条道路。试问,这不是屈从自发性是什么?这不是"思想家"欣赏自己的缺点是什么?

年派"会员和"青年派"会员。当时谈的主要是组织问题,也谈了《工人储金会章程》问题,这个章程的定稿发表在《〈工作者〉小报》[72]第9—10期合刊上(第46页)。在"老年派"(彼得堡的社会民主党人当时开玩笑地把他们叫做"十二月党人")和一部分"青年派"(他们后来积极参加了《工人思想报》的工作)之间,一下子就暴露出了尖锐的意见分歧,发生了激烈的争论。"青年派"拥护的就是后来发表的那个章程的主要原则。"老年派"说,我们首先需要的决不是这个,而是加强"斗争协会",使它成为革命家的组织,并且使各种工人储金会以及在青年学生中进行宣传的那些小组等等都受它的领导。显然,争论的人们完全没有想到这个意见分歧就是分道扬镳的开端,恰恰相反,他们认为这是极个别的和偶然的意见分歧。可是这个事实表明,即使在俄国,"经济主义"的产生和泛滥也并不是没有经过同"老年派"社会民主党人的斗争的(现在的"经济派"往往忘记了这一点)。至于这个斗争多半没有留下"文件的"痕迹,**唯一的**原因是当时进行活动的各个小组的成员变动极其频繁,没有任何继承性,因此意见分歧也就没有用任何文件记载下来。

《工人思想报》的出现把"经济主义"暴露在光天化日之下,但这也不是一下子暴露的。必须具体地设想一下当时俄国许许多多小组的工作条件及其生命的短促(而只有亲身经历过的人,才能具体地想象出这种情况),才能懂得新派别在各个城市里成败的偶然因素是很多的,才能懂得为什么这个"新"派别的拥护者也好,反对者也好,都长时间不能断定,并且简直是根本无法断定,这究竟真是一种特殊的派别呢,或者只是个别人缺乏修养的表现。比如《工人思想报》头几号的胶印版,甚至绝大多数社会民主党人都完全不知道,而我们现在所以能够引用《工人思想报》创刊号上的社论,只是因为在弗·伊—申的文章(《〈工作者〉小报》第9—10期合刊第47页及以下各页)中转引了这篇社论,而弗·伊—申自然没有放过这个机会来热心地——狂热地——夸奖这个同上面我们所说的各种报纸以及准备出版的报纸大不相同的新报纸。[①]而这篇社论却是值得谈一谈的,因为它把《工人思想报》和整个"经济主义"的**全部精神**都极其明显地表现出来了。

社论指出穿蓝色袖口制服的人[73]阻止不了工人运动的发展,接着写道:"……工人运动如此富有生命力,是因为工人终于从领导者手里夺回了自己的命运,由自己来掌握了",并且把这个基本论点进一步作了详细的发挥。其实,领导者(即社会民主党人,"斗争协会"的组织者)可以说是被警察从工人手中夺去的[②],但事情却被说成是工人同这些领导者作过斗争而摆脱了他们的束缚!人们不去号召前进,号召巩固革命组织和扩大政治活动,而去号召**后退**,号召专作工联主义的斗争。说什么"由于力求时刻牢记政治理想而模糊了运动的经济基础",说什么工人运动的座右铭是"为改善经济状况而斗争"(!),或者说得更好一些,是"工人为工人"。说什么罢工储金会"对于运动比一百个其他的组织更有价值"(请把1897年10月说的这段话和1897年初"十二月党人"同"青年派"的争论比较一下吧),如此等等。所谓

---

①这里顺便提一下:弗·伊—申夸奖《工人思想报》是在1898年11月,当时"经济主义",特别是在国外,已经完全形成了,就是这位弗·伊—申,很快就成了《工人事业》的一个编辑。而《工人事业》当时却否认俄国社会民主党内存在两派的事实,而且直到现在还在否认这个事实!

②从下面一个明显的事实中,可以看出这种比拟是恰当的。这个事实就是:在"十二月党人"遭到逮捕之后,施吕瑟尔堡大街的工人中间流传着一个消息,说这次遭到破坏是由一个同"十二月党人"的某个外围团体有密切联系的奸细H. H. 米哈伊洛夫(牙科医生)促成的,于是这些工人非常愤慨,决定要杀死米哈伊洛夫。

我们应当着重注意的不是工人中间的"精华",而是"中等水平的"即普通的工人,以及所谓"政治始终是顺从于经济的"①等等之类的话,已经成为一种时髦的论调,并且对许多被吸引到运动里来的青年产生了极大的影响,而这些青年往往只是从合法书刊上的论述中知道马克思主义的一些片断的。

这表明,自觉性完全被自发性压倒了,而这种自发性出自那些重复瓦·沃·先生的"思想"的"社会民主党人",出自一部分工人,这些工人听信以下的说法:每个卢布工资增加一戈比,要比任何社会主义和任何政治都更加实惠和可贵;工人要进行"斗争,是因为他们知道,斗争不是为了什么未来的后代,而是为了自己本人和自己的儿女"(《工人思想报》创刊号的社论)。这类词句是西欧资产者向来爱用的武器,他们因仇视社会主义而亲自动手(如德国的"社会政治家"希尔施)把英国的工联主义移植到本国土地上来,向工人说,纯粹工会的斗争②就是为了自己本人和自己的儿女,而不是为了什么未来的后代和什么未来的社会主义。而"俄国社会民主党中的瓦·沃·"现在也来重复这些资产阶级的词句了。这里必须指出三种情况,这些情况对往下分析**当前的**意见分歧③是很有用处的。

---

① 这也是从《工人思想报》创刊号的那篇社论中摘录下来的。根据这一点就可以断定,这些"俄国社会民主党中的瓦·沃·"74的理论修养究竟怎样。当马克思主义者正在书刊上同这位早已因**这样**理解政治与经济的相互关系而得到了"干反动勾当的能手"这个雅号的真正的瓦·沃·先生作战的时候,这些"俄国社会民主党中的瓦·沃·"却在重复这种把"经济唯物主义"粗暴地庸俗化的论调!

② 德国人甚至有"Nur-Gewerkschaftler"这样一个专门名词,意思是:主张"纯粹工会"斗争的人。

③ 我们强调**当前的**,是要请这样一些人注意,这些人会伪善地耸耸肩膀说:现在斥责《工人思想报》是很容易的,不过这是早已过去的事了!我们回答

第一，我们上面所指出的那种自觉性被自发性压倒的现象，也是**自发地**发生的。这好像是在玩弄辞藻，但可惜这是一个令人痛心的真实情况！这种现象的发生，并不是由于两种完全相反的观点进行了公开的斗争，一种观点战胜了另一种观点，而是由于"老年派"革命家愈来愈多地被宪兵"夺去"，而"俄国社会民主党中的瓦·沃·""青年派"愈来愈多地登上舞台。不要说亲身参加过**当前**俄国运动的人，就是任何闻到过运动气味的人也十分清楚，事实正是这样。然而，我们所以要特别坚持让读者彻底弄清这个众所周知的事实，我们所以要为了明确起见而引用有关第一次付排的《工人事业报》以及1897年初"老年派"同"青年派"争论的材料，是因为有些以自己的"民主主义"相标榜的人，总是利用广大公众（或者很年轻的青年们）不知道这个事实来投机取巧。关于这个问题，我们下面还要讲到。

第二，根据"经济主义"最初在书刊上的表现，我们就可以看见一种极其独特而且最能使我们了解当前社会民主党人队伍中的各种意见分歧的现象，这就是那些主张"纯粹工人运动"的人，崇拜与无产阶级斗争保持最密切的、最"有机的"（《工人事业》的说法）联系的人，反对任何非工人的知识分子（哪怕是社会主义的知识分子）的人，为了替自己的立场辩护，竟不得不采用**资产阶级**"纯粹工联主义者"的论据。这个事实向我们表明：《工人思想报》一开始就已经着手（不自觉地）实现《信条》这一纲领。这个事实表明（这是《工人事业》始终不能了解的）：对工人运动自发性的**任何**崇拜，对"自觉因素"的作用即社会民主党的作用的任何轻视，**完全不管轻视者自己愿意与否，都是加**

当前这些伪君子说：这里指的就是你，只是改了一下名字。关于这些伪君子完全被《工人思想报》的思想所征服的事实，我们将在下面加以**证明**。

强资产阶级思想体系对工人的影响。所有那些说什么"夸大思想体系的作用"①,夸大自觉因素的作用②等等的人,都以为工人只要能够"从领导者手里夺回自己的命运",纯粹工人运动本身就能够创造出而且一定会创造出一种独立的思想体系。但这是极大的错误。为了补充我们以上所说的话,我们还要引用卡·考茨基谈到奥地利社会民主党的新纲领草案时所说的下面一段十分正确而重要的话③:

> "在我们那些修正主义批评派中,有许多人以为马克思似乎曾经断言经济发展和阶级斗争不仅造成社会主义生产的条件,而且还直接产生认识到社会主义生产是必要的那种**意识**〈黑体是卡·考·用的〉。于是这些批评派就反驳道,资本主义最发达的英国,对这种意识却是最陌生的。根据草案可以想见:被人用上述方式驳倒的这一冒充正统马克思主义的观点,奥地利纲领的起草委员会也是赞成的。草案上写道:'资本主义的发展愈是使无产阶级的人数增加,无产阶级也就愈是不得不进行反对资本主义的斗争,并且也愈有可能来进行这个斗争。无产阶级就会意识到'社会主义的可能性和必要性。这样一来,社会主义意识就成了无产阶级阶级斗争的必然的直接的结果。但这种观点是完全不正确的。当然,社会主义这种学说,也同无产阶级的阶级斗争一样,根源于现代经济关系,也同无产阶级的阶级斗争一样,是从反对资本主义所引起的群众的贫穷和困苦的斗争中产生的,但社会主义和阶级斗争是并列地产生的,而不是一个从另一个中产生出来,它们是在不同的前提下产生的。现代社会主义意识,只有在深刻的科学知识的基础上才能产生出来。其实,现代的经济科学,也像现代的技术(举例来说)一样,是社会主义生产的条件,而无产阶级尽管有极其强烈的愿望,却不能创造出现代的经济科学,也不能创造出现代的技术;这两种东西都是从现代社会发展过程中产生出来的。但科学的代表人物并不是无产阶级,而是**资产阶级知识分子**〈黑体是卡·考·用的〉;现代社会主义也就是从这一阶层的个别人物的头脑中产生的,他们把这个学说传授给才智出众的无产者,后者又在条

---

①《火星报》第12号上发表的"经济派"的来信。

②《工业事业》第10期。

③《新时代》[75]第20年卷(1901—1902)第1册第3期第79页。卡·考茨基谈到的纲领起草委员会的草案,由维也纳代表大会(去年年底)稍加修改后通过[76]。

件许可的地方把它灌输到无产阶级的阶级斗争中去。可见,社会主义意识是一种从外面灌输(von außen Hineingetragenes)到无产阶级的阶级斗争中去的东西,而不是一种从这个斗争中自发地(urwüchsig)产生出来的东西。因此,旧海因菲尔德纲领说得非常正确:社会民主党的任务就是把认清无产阶级的地位及其任务的这种**意识**灌输到无产阶级中去〈直译就是:充实无产阶级〉。假使这种意识会自然而然地从阶级斗争中产生出来,那就没有必要这样做了。新草案接受了旧纲领中的这个原理,而把它勉强附加到上面所引的那个原理上去。但是这样一来,道理就讲不通了……"

　　既然谈不到由工人群众在其运动进程中自己创立的独立的思想体系①,那么问题**只能是这样**:或者是资产阶级的思想体系,或者是社会主义的思想体系。这里中间的东西是没有的(因为人类没有创造过任何"第三种"思想体系,而且在为阶级矛盾所分裂的社会中,任何时候也不可能有非阶级的或超阶级的思想体系)。因此,对社会主义思想体系的**任何**轻视和**任何**脱离,都意味着资产阶级思想体系的加强。人们经常谈论自发性。但工人运动的**自发的**发展,恰恰导致运动受资产阶级思想体系的支配,**恰恰是按照《信条》这一纲领进行的**,因为自发的工人运动就是工联主义的、也就是纯粹工会的运动,而工联

---

　　①这当然不是说工人不参加创立思想体系的工作。但他们不是以工人的身份来参加,而是以社会主义理论家的身份、以蒲鲁东和魏特林一类人的身份来参加的,换句话说,只有当他们能在某种程度上掌握他们那个时代的知识并把它向前推进的时候,他们才能在相应的程度上参加这一工作。为了使工人能**更多地做到这一点**,就必须尽量设法提高全体工人的觉悟水平,就必须使他们不要自己局限于阅读被人为地缩小了的"**工人读物**",而要学习愈来愈多地领会一般读物。更正确些说,不是"自己局限于",而是被局限于,因为工人自己是阅读并且也愿意去阅读那些写给知识分子看的读物的,而只有某些(坏的)知识分子,才认为"对于工人"只要讲讲有关工厂中的情况,反复地咀嚼一些大家早已知道的东西就够了。

85

主义正是意味着工人受资产阶级的思想奴役。因此,我们社会民主党的任务就是要**反对自发性**,就是要**使**工人运动**脱离**这种投到资产阶级羽翼下去的工联主义的自发趋势,而把它吸引到革命的社会民主党的羽翼下来。因此,《火星报》第12号上发表的那封"经济派"的来信的作者们说什么无论最热心的思想家怎样努力,都不能使工人运动脱离那条由物质因素和物质环境的相互作用所决定的道路,就**完全等于抛弃社会主义**;如果这些作者能够把自己所说的话大胆而透彻地通盘思考一番,正如每个从事写作活动和社会活动的人都应当这样来仔细思考自己的见解一样,那他们就只能"把一双没用的手交叉在空虚的胸前",而……而把阵地让给司徒卢威之流和普罗柯波维奇之流的先生们,由他们把工人运动拉到"阻力最小的路线上去",即拉到资产阶级工联主义路线上去,或是把阵地让给祖巴托夫之流的先生们,由他们把工人运动拉到神父加宪兵的"思想体系"的路线上去。

请回忆一下德国的例子吧。拉萨尔对于德国工人运动的历史功绩何在呢?就在于他**使**这个运动**脱离了**它自发地走上(**在舒尔采-德里奇之类的人的盛情参与下**)的那条进步党[77]的工联主义和合作主义的道路。为了执行这个任务,所需要的不是谈论什么轻视自发因素,什么策略-过程,什么因素和环境的相互作用等等,而是与此完全不同的做法。为此需要**同自发性进行殊死的斗争**,也正是由于许多年来进行了这种斗争,比如说,柏林的工人才由进步党的支柱变成了社会民主党的最好的堡垒之一。这种斗争直到现在也远远没有结束(也许那些根据普罗柯波维奇的著述研究德国运动的历史,根据司徒卢威的著述研究德国运动的哲学的人,会认为斗争已经结束了[78])。直到现在,德国工人阶级可以说还分属于几种思想体系:一部分工人组织在天主教的和君主派的工会中,另一部分工人组织在崇拜英国工联主义的资产阶级分子所创立的希尔施—敦克尔工会[79]中,还有一部分工人则组织在社会民主党的工会中。最后一部分工人比其余两部分工人多得多,但社会民主党的思想体系只是由于同所有其他的思想体系进行了不懈的斗争才获得了这个首位,而且也只有继续进行这种不懈的斗争,才能保持这个首位。

但是读者会问:自发的运动,沿着阻力最小的路线进行的运动,为什么就恰恰会受资产阶级思想体系的控制呢?原因很简单:资产阶级思想体系的渊源比社会主义思想体系久远得多,它经过了更加全面的加工,它拥有的传播工具也多得**不能相比**[①]。所以某一个国家中的社会主义运动愈年轻,也就应当愈积极地同一切巩固非社会主义思想体系的企图作斗争,也就应当愈坚决地告诉工人提防那些叫嚷不要"夸大自觉因素"等等的蹩脚的谋士。"经济派"的来信的作者们和《工人事业》异口同声地攻击运动在幼年时期所特有的那种不肯容忍的态度。我们回答说:不错,我们的运动确实还处在幼年状态,而为了赶快成长起来,它正应当采取不肯容忍的态度来对待那些用崇拜自发性阻碍运动发展的人。硬把自己装扮成一个早已经历过斗争中的一切重大变故的老年人,这是再可笑、再有害不过的了!

第三,《工人思想报》创刊号向我们表明,"经济主义"这个名称

[①] 人们常常说:工人阶级**自发地**倾向社会主义。在下述意义上说,这是完全正确的,就是社会主义理论比其他一切理论都更深刻更正确地指明了工人阶级受苦的原因,因此工人也就很容易领会这个理论,**只要**这个理论本身不屈服于自发性,**只要**这个理论使自发性受它的支配。通常这是不言而喻的,可是《工人事业》恰恰忘记和曲解了这个不言而喻的道理。工人阶级自发地倾向社会主义,然而最流行的(而且时刻以各种各样的形式复活起来的)资产阶级思想体系,却自发地而又最猖狂地迫使工人接受它。

(我们自然不想丢开这个名称,因为这个称呼毕竟已经用惯了)并没
有十分确切地表达新派别的实质。《工人思想报》并不完全否认政治
斗争,因为在《工人思想报》创刊号所刊载的那个储金会章程中,就谈
到要同政府作斗争。不过《工人思想报》以为"政治始终是顺从于经济
的"(《工人事业》则用另一种说法来表达这个论点,它在自己的纲领
中说:"在俄国,经济斗争和政治斗争比在其他国家更**是分不开的**")。
假使所谓的政治是指社会民主主义的政治,那么《工人思想报》和《工
人事业》的这种说法就是完全不对的。正如我们看到的,工人的经济
斗争往往是同资产阶级、教权派等等的政治相联系的(尽管不是分不
开的)。假使所谓的政治是指工联主义的政治,即指一切工人普遍地
要求由国家采取某些措施来减轻工人的地位所固有的困苦,但不是
摆脱这种地位即消灭劳动受资本支配的现象,那么《工人事业》的说
法就是对的。这种要求确实是敌视社会主义的英国工联会员以及天
主教工人和"祖巴托夫的"工人等等所共有的。有各种各样的政治。可
见,《工人思想报》对政治斗争的态度,与其说是否定它,不如说是崇
拜它的**自发性**,崇拜它的不觉悟性。《工人思想报》完全承认从工人运
动本身中自发生长出来的政治斗争(正确些说:工人的政治愿望和政
治要求),但完全不肯**独立地研究一下**特殊的**社会民主主义的政治**,
即适合社会主义的一般任务和现代俄国条件的政治。下面我们就要
指出,《工人事业》所犯的错误也是这样。

(三)"自我解放社"[25]和《工人事业》

我们这样详细地分析《工人思想报》创刊号上那篇很少有人

知道而且现在差不多已被遗忘的社论，是因为它最早而且最明显地表现了一个总的潮流，这个潮流后来又涌现出无数细流。弗·伊一称赞《工人思想报》创刊号及其社论，说它写得"很尖锐，很有斗志"（《〈工作者〉小报》第9—10期合刊第49页），这是完全正确的。每一个坚信自己的意见正确、认为自己提出了某种新主张的人，写起文章来总是"很有斗志"，总是很鲜明地表达自己的观点的。只有那些惯于脚踏两只船的人才会毫无"斗志"，只有这样的人，才会昨天称赞《工人思想报》的斗志，今天却攻击该报论敌的"论战的斗志"。

我们现在且不谈《〈工人思想报〉增刊》（下面谈到各种问题时，我们还得引用这篇最彻底地表达了"经济派"思想的作品），而只简单地谈谈《工人自我解放社宣言》（发表于1899年3月，转载于1899年7月伦敦《前夕》[80]第7期）。这篇宣言的作者们说得很公道，"工人的俄国**还刚开始觉醒**，刚在那里举目四望并**本能地抓住最初碰到的**斗争手段"，但是他们也和《工人思想报》一样从这里得出了同一个不正确的结论，忘记了本能性也就是社会主义者应当予以帮助的那种不觉悟性（自发性），忘记了在现代社会里"最初碰到的"斗争手段总会是工联主义的斗争手段，而"最初碰到的"思想体系总会是资产阶级的（工联主义的）思想体系。这些作者也同样不"否认"政治，不过（不过！）他们跟着瓦·沃·先生说，政治是上层建筑，所以"政治鼓动应当是为经济斗争而进行的鼓动的上层建筑，应当在经济斗争的基础上生长起来，并服从于它"。

至于说到《工人事业》，那么它的活动一开始就是为"经济派""辩护"的。《工人事业》竟在它的第1期（第141—142页）上**公然撒谎**，说它"不知道阿克雪里罗得"在他那本有名的小册子①里警告"经济派"时"所说的究竟是哪些年青的同志",但是在同阿克雪里罗得和普列汉诺夫因这种谎话而进行激烈争论的时候,《工人事业》又不得不承认它"是想用迷惑不解的口气来替所有那些比较年青的侨居国外的社会民主党人**辩护**,以反驳这种不公正的责备"(即阿克雪里罗得责备"经济派"眼界狭小)。[81] 其实,这个责备是很公正的,并且《工人事业》清楚地知道这个责备也落到了它的一位编辑弗·伊—申的头上。我想顺便指出,在上述争论中,在解释我的那本小册子《俄国社会民主党人的任务》②时,阿克雪里罗得完全正确,《工人事业》却完全不正确。这本小册子是在1897年,在《工人思想报》还没有出版的时候写的,当时我认为并且有理由认为我上面叙述过的圣彼得堡"斗争协会"**最初的**方向是占统治地位的方向。至少到1898年上半年为止,这个方向确实是占统治地位的。所以,《工人事业》丝毫没有权利援引我这本小册子来否认"经济主义"的存在和危险,我这本小册子上所阐述的观点已于1897—1898年间在圣彼得堡被"经济主义"观点**排挤掉了**。③

---

①《论俄国社会民主党人的当前任务和策略问题》1898年日内瓦版。1897年写给《工人报》的两封信。

②见本书第25—45页。——编者注

③《工人事业》在写了头一段谎话("我们不知道帕·波·阿克雪里罗得所说的究竟是哪些年青的同志")之后,为了替自己辩护,又在《回答》中写出了第二段谎话:"自从我们写了对《任务》一书的书评以来,俄国某些社会民主党人中已经产生或是较为明确地形成了经济主义片面性的倾向,这种倾向同《任务》一书描绘的我国运动的状况相比,就是后退了一步。"(第9页)1900年出版的《回答》是这样说的。但《工人事业》第1期(即登载有书评的那一期)是在1899年

　　但是,《工人事业》不仅为"经济派""辩护",而且自己也时常滑到他们的基本错误上去。所以会滑下去,是因为《工人事业》的纲领中有这样一个模棱两可的论点:"我们认为近年来发生的**群众性工人运动**〈黑体是《工人事业》用的〉是俄国生活中最重要的现象,这个现象基本上**将决定**联合会的书刊工作的**任务**〈黑体是我们用的〉和性质。"说群众性运动是最重要的现象,这是无可争辩的。但是整个问题就在于怎样理解这个群众性运动"决定任务"这句话。对于这句话可以有两种理解:**或者是**理解为崇拜这个运动的自发性,即把社会民主党的作用降低为专替这个工人运动当听差(《工人思想报》、"自我解放社"以及其他的"经济派"就是这样理解的);**或者是**理解为群众性运动向我们提出了理论上、政治上和组织上的**新任务**,这些任务要比群众性运动产生以前可以使我们感到满足的那些任务复杂得多。《工人事业》过去和现在都正是倾向于前一种理解,因为它根本没有明确地讲过任何新任务,而始终都认为,似乎这个"群众性运动"使我们**不必去**清楚地认识和解决运动所提出的种种任务。为了证明这一点,只要指出下面的事实就够了:《工人事业》认为不可能把推翻专制制度当做群众性工人运动的**首要**任务,而把这种任务降低为(为了群众性运动的利益)争取实现最近的政治要求的任务(《回答》第25页)。

　　《工人事业》编辑波·克里切夫斯基发表在第7期上的《俄国运动

4月出版的。难道"经济主义"1899年才产生出来吗?不,1899年**俄国社会民主党人**就初次对"经济主义"提出了抗议(即对《信条》的抗议书)(见《列宁全集》第2版第4卷第144—156页。——编者注)。"经济主义"是在1897年产生的,《工人事业》分明知道这一点,因为**弗·伊**—早在1898年11月(在《〈工作者〉小报》第9—10期合刊上)就称赞过《工人思想报》了。

中的经济斗争与政治斗争》一文，也重复了同样的错误①，我们暂且不谈这篇文章，而直接来谈《工人事业》第10期。我们当然不准备去分析波·克里切夫斯基和马尔丁诺夫对《曙光》和《火星报》提出的各条反驳意见。我们感兴趣的只是《工人事业》在第10期上所持的原则立场。我们也不想去分析，比如说《工人事业》发现下面两种提法是"绝对矛盾"的这种笑话。一种提法是：

"社会民主党不能用某种事先想好的政治斗争的计划或方法来束缚自己的手脚，缩小自己的活动范围。它承认一切斗争手段，只要这些手段同党的现有力量相适应"等等。(《火星报》创刊号)②另一种提法是：

---

①例如，在这篇文章中，政治斗争中的"阶段论"或"小心翼翼地曲折前进"论是这样论述的："政治要求按其性质是全俄共同的，但是在最初的时候〈这是在1900年8月写的！〉应当适合于该工人阶层〈原文如此！〉从经济斗争中所获得的经验。只有〈！〉在这种经验的基础上才能够、才应当去进行政治鼓动"等等(第11页)。在第4页上，作者反驳了那种在他看来是毫无理由的、说他们宣传经济主义邪说的斥责，他慷慨激昂地喊道："试问哪一个社会民主党人不知道，根据马克思和恩格斯的学说，各个阶级的经济利益在历史上起决定作用，**所以**，无产阶级为自己的经济利益而进行的斗争对它的阶级发展和解放斗争也应当有首要的意义呢？"(黑体是我们用的)这"所以"二字是用得完全不恰当的。根据经济利益起决定作用这一点，**决不应当作出**经济斗争(等于工会斗争)具有首要意义的结论，因为总的说来，各阶级最重大的、"决定性的"利益**只有**通过根本的**政治**改造来满足，具体说来，无产阶级的基本经济利益只能通过无产阶级专政代替资产阶级专政的政治革命来满足。波·克里切夫斯基所重复的是"俄国社会民主党中的瓦·沃·"的议论(即政治服从于经济等等)，以及德国社会民主党中的伯恩施坦派的议论(例如沃尔特曼正是用这种议论来证明工人应当首先获得"经济力量"，然后才能考虑政治革命)。

②见《列宁全集》第2版第4卷第337页。——编者注

"没有一个在任何环境和任何时期都善于进行政治斗争的坚强的组织,就谈不到什么系统的、具有坚定原则的和坚持不懈地执行的行动计划,而只有这样的计划才配称为策略。"(《火星报》第4号)①

原则上承认一切斗争手段、一切计划和方法(只要它们是适当的)是一回事,要求**在一定的政治局势下**遵循一个坚持不懈地执行的计划(如果想谈策略的话)是另一回事;把这两者混为一谈,那就等于把医学上承认各种疗法同要求在医治某种病症时采用一定的疗法混为一谈。可是问题也就在于《工人事业》自己得了我们称之为崇拜自发性的病症,却不愿承认医治**这个**病症的任何"疗法"。因此它就有了一个了不起的发现:"策略-计划是同马克思主义的基本精神相矛盾的"(第10期第18页),策略是"**党的任务随着党的发展而增长的过程**"(第11页,黑体是《工人事业》用的)。后面这一句话很有希望成为一句名言,成为《工人事业》这一"派别"的一座不朽的纪念碑。对于**"往何处去?"**这个问题,指导性的机关刊物所作的回答是:运动是运动的起点同它下面一点之间的距离改变的过程。可是,这种无比深奥的议论并不只是一个笑话(如果是这样,那就不值得特别来讲了),而且是**整个派别的纲领**,尔·姆·在《〈工人思想报〉增刊》上把这个纲领表述如下:最合适的斗争就是可能进行的斗争,而可能进行的斗争就是目前正在进行的斗争。这正是消极地迁就自发性的极端机会主义派别。

"策略-计划是同马克思主义的基本精神相矛盾的!"这真是对马克思主义的诬蔑,是把马克思主义变得面目全非,正如民粹派在同我们论战时所做的那样。这就是贬低自觉的活动家的首创精神和毅

---

① 见《列宁全集》第2版第5卷第2页。——编者注

力,而马克思主义却与此相反,它大大推动社会民主党人的首创精神和毅力,给他们开辟最广阔的前景,把"自发地"起来进行斗争的工人阶级千百万人的强大力量交给(假使可以这样说的话)他们指挥!国际社会民主党的全部历史充满着时而由这个政治领袖时而由那个政治领袖提出的种种计划,证实了某个领袖所持的政治观点和组织观点的远见和正确,暴露了另一个领袖的近视和政治错误。当德国遇到建立帝国、成立帝国国会、赐予普选权这种极大的历史转变时,李卜克内西提出了一个关于社会民主党的政策和整个工作的计划,而施韦泽则提出了另一个计划。当德国社会党人遭到非常法的打击时,莫斯特和哈赛尔曼提出了一个计划,打算干脆号召采用暴力和恐怖手段;赫希柏格、施拉姆以及伯恩施坦(部分参与)则提出另一个计划,他们向社会民主党人宣传说,由于社会民主党人自己过分激烈和过分革命才招来了非常法,所以现在应当以模范行为来求得宽恕;当时那些筹备并出版了秘密机关报[82]的人则提出了第三个计划。在选择道路问题引起的斗争已经结束,历史对所选定的道路的正确性已经下了最后的定论以后过了许多年,回顾往事,发表深奥的议论,说什么党的任务随着党的发展而增长,这当然是容易的。但是在目前这个混乱时期①,当俄国的"批评派"和"经济派"把社会民主主义运动降低为工联主义运动,而恐怖派竭力宣扬采取重蹈覆辙的"策略-计划"的时候,局限于发表这种深奥的议论,那就等于"证明"自己"思想贫乏"。目前,当许多俄国社会民主党人恰恰缺少首创精神和毅力,当

①梅林所著《德国社会民主党史》一书中有一章标题为Ein Jahr der Verwirrung(混乱的一年),在这一章内他描写了社会党人在选择适合新环境的"策略-计划"时起先所表现的那种动摇和犹豫。

他们缩小"政治宣传、政治鼓动和政治组织的……范围"①,当他们缺少更广泛地进行革命工作的"计划"的时候,说什么"策略-计划是同马克思主义的基本精神相矛盾的",那就不仅是在理论上把马克思主义庸俗化,而且是在实践上**把党拉向后退**。

> 《工人事业》往下又教训我们说:"社会民主党人革命家的任务,只是要以本身自觉的工作来加速客观发展过程,而不是要取消客观发展过程或者以主观计划来代替它。《火星报》在理论上是知道这一切的。但是,由于《火星报》对策略持有一种学理主义的观点,马克思主义关于自觉的革命工作具有重大意义的正确提法,竟使《火星报》在实践上偏向于**轻视发展过程中的客观因素或自发因素的意义**。"(第18页)

这又是瓦·沃·先生及其伙伴们才会有的一种极大的理论混乱。我们要问问我们的这位哲学家:主观计划的制订者对客观发展过程的"轻视",可能表现在什么地方呢?显然表现在他会忽略这个客观发展过程正在产生或巩固、毁灭或削弱某些阶级、某些阶层、某些集团、某些民族、某些民族集团等等,从而决定国际上各种力量的政治划分以及各个革命政党的立场,等等。如果是这样,那么这些计划制订者的过错就不是轻视自发因素,反而是轻视**自觉**因素,因为他缺乏正确了解客观发展过程的"自觉性"。可见,单是谈论什么对自发性和自觉性"**相比**〈黑体是《工人事业》用的〉哪个意义大的估计",就已经暴露出完全没有"自觉性"。假如说某些"发展过程中的自发因素"一般是人的意识所能觉察到的,那么对这种自发因素的不正确估计,就等于"轻视自觉因素"。假如说这种因素是人的意识所不能觉察到的,那我们就不知道这种因素,也无法加以谈论了。波·克里切夫斯基所讲的

---

① 摘自《火星报》创刊号的社论。(见《列宁全集》第2版第4卷第336页。——编者注)

究竟是什么呢?假使他认为《火星报》的"主观计划"是错误的(而他正是宣布这些计划是错误的),那他就应当指明这些计划究竟忽略了哪些客观事实,就应当因这种忽略而责备《火星报》**缺乏自觉性**,用他的说法,就是"轻视自觉因素"。假使他不满意主观计划,除了援引"轻视自发因素"(!!)之外又没有其他论据,那么他以此只是证明:(1)在理论上,他对马克思主义的理解也和备受别尔托夫讥笑的卡列耶夫之流和米海洛夫斯基之流一样;(2)在实践上,他完全满足于那些把我们的合法马克思主义者引诱到伯恩施坦主义上去,而把我们的社会民主党人引诱到"经济主义"上去的"发展过程中的自发因素";并且他对那些无论如何也要使俄国社会民主党**脱离**"自发"发展道路的人"十分恼火"。

再往下纯粹是些滑稽可笑的话了。"正如人们不管自然科学取得什么成就而还是要用古老的方式繁殖一样,将来新社会制度的出现也会不管社会科学取得什么成就以及自觉的战士如何增加而仍然**多半**是自发地爆发的结果。"(第19页)有一句老话说得妙:要生儿养女,谁没有智慧?——同样,"现代社会党人"(像纳尔苏修斯·土波雷洛夫[83]之类)也有一句话说得妙:要参与新社会制度的自发诞生,谁都有智慧。我们也认为谁都有这种智慧。为了参与,只要在"经济主义"流行时**听从**"经济主义",在恐怖主义出现时**听从**恐怖主义就行了。例如,今年春天,正应当告诫大家不要醉心于恐怖手段的时候,《工人事业》对这个在它看来是"新的"问题感到困惑莫解。现在,过了半年之后,当问题已经不很迫切的时候,它却一方面向我们声明说,"我们认为,社会民主党的任务不能够也不应当是阻止恐怖主义情绪的发展"(《工人事业》第10期第23页),同时又向我们提出代表大会的决议,说"代表大会认为有计划的进攻性的恐怖手段是不合时宜的"(《两个代表大会》第18页)。你看,这话说得多么清楚、多么圆通!
我们不去阻止它,但宣布它不合时宜,而且这样宣布的意思是说,"决
议"并没有把无计划的和防御性的恐怖手段包括在内。应当承认,这
样一个决议很保险,完全可以保证不犯错误,正如一个说话是为了什
么也不说的人可以保证不犯错误一样!为了拟定这样一个决议,只要
善于做运动的**尾巴**就行了。当《火星报》讥笑《工人事业》把恐怖手段
问题说成一个新问题时[①],《工人事业》怒气冲冲地指责《火星报》"把
一群侨居国外的作家在15年以前提出的那种解决策略问题的办法
强加于党的组织,这简直是太狂妄了"(第24页)。的确,预先在理论上
解决问题,然后设法说服组织,说服党和群众相信这个解决办法正
确,——这是多么狂妄和多么夸大自觉因素啊![②]如果只是旧调重
弹,不拿什么"强加于"人,对于每一次向"经济主义"或向恐怖主义的
"转变"都唯命是从,那该多么好呀。《工人事业》甚至对这一伟大的处
世秘诀作了概括,责备《火星报》和《曙光》"把自己的纲领同运动对立
起来,把自己的纲领当做凌驾于混沌状态之上的神灵"(第29页)。难
道社会民主党的作用不正是要成为"神灵",不仅凌驾于自发运动之
上,而且要把这一运动**提高到"自己的纲领"**的水平上去吗?它的作用
当然不是做运动的**尾巴**,因为,如果做运动的尾巴,那么好则对运动
无益,坏则对它极其有害。所谓的《工人事业》不仅追随这种"策略-
过程",而且把它奉为原则,因此,与其把《工人事业》这一派别称为机
会主义,倒不如(根据尾巴这个词)称为**尾巴主义**。而且不能不承认,
下定决心要永远做运动的尾巴跟着运动走的人,是永远和绝对不会

①见《列宁全集》第2版第5卷第2页。——编者注
②同时还不要忘记,"劳动解放社""在理论上"解决恐怖手段问题时,还**总
结了**以前的革命运动的经验。

"轻视发展过程中的自发因素"的。

*　　　　*　　　　*

总之,我们确信,俄国社会民主党内的"新派别"的基本错误就在于崇拜自发性,就在于不了解群众的自发性要求我们社会民主党人表现巨大的自觉性。群众的自发高潮愈增长,运动愈扩大,对于社会民主党在理论工作、政治工作和组织工作方面表现巨大的自觉性的要求也就愈无比迅速地增长起来。

俄国群众的自发高潮来得这样迅速(并且继续在迅速地发展),以致社会民主党的青年们对于完成这些巨大的任务显得缺乏修养。这种缺乏修养的状况是我们大家的不幸,是**全体**俄国社会民主党人的不幸。群众的高潮在连续不断地、前后相承地增长和扩大起来,不仅没有在它开始发生的地方停止,而且席卷了新的地区和新的居民阶层(在工人运动的影响下,青年学生、整个知识界以至农民都掀起了风潮)。但是革命家无论在自己的"理论"或自己的活动中,都**落后于**这个高潮,没有建立起一种连续不断的、前后相承的、能够**领导**全部运动的组织。

在第一章里,我们已经明确指出,《工人事业》贬低我们的理论任务并"自发地"重复"批评自由"这一时髦口号,因为重复这一口号的人,对了解机会主义者"批评派"的立场和革命派的立场在德国和俄国是完全相反的这一点缺乏"自觉性"。

在下面几章中,我们就要来考察一下,在社会民主党的政治任务方面和组织工作中,这种对自发性的崇拜是怎样表现的。

选自《列宁全集》第2版第6卷
第5—51页

进一步，退两步

(我们党内的危机)[84](节选)

(1904年2—5月)

(九)党章第1条

  我们已经列举了在代表大会[85]上引起热烈的有意义的争论的不同条文。这种争论几乎占了两次会议的时间，并且是以**两次记名**投票结束的(如果我没有记错的话，在整个代表大会期间只举行过八次记名投票，这种记名投票花费时间太多，所以只在特别重要的情况下才采用)。当时涉及的问题无疑是原则问题。代表大会对于争论的兴趣是很大的。**所有**代表都参加了表决——这是我们代表大会(正如任何一个大的代表大会一样)少有的现象，这也证明，所有参加争论的人都很关心这个问题。

  试问，所争论的问题的实质究竟是什么呢?我在代表大会上已经说过，后来又不止一次地重复过:"我决不认为我们的意见分歧(关

  这是列宁阐述无产阶级政党组织原则的重要著作。在节选的部分，列宁批判了俄国党内在组织问题上的机会主义，全面阐述了马克思主义政党的组织原则，强调应当建设一个集中统一、组织严密、纪律严明的党，通过组织的统一来保证党的坚强团结和步调一致，指出无产阶级在争取政权的斗争中，除了组织，没有别的武器。

于党章第1条)是决定党的生死存亡的重大分歧。我们还决不至于因为党章有一条不好的条文而灭亡!"(第250页)①这种意见分歧,虽然暴露出原则上的不同色彩,它本身无论如何也不会引起代表大会以后所形成的那种分离(其实,如果老实不客气地说,这是分裂)。但是,任何一种**小的**意见分歧,如果有人坚持它,如果把它提到首位,如果**硬要**去寻找这种分歧的全部来龙去脉,那它就会变成**大的**意见分歧。任何一种**小的**意见分歧,如果成为**转向**某些错误见解的出发点,如果这些错误见解又由于新增加的分歧而同使党分裂的**无政府主义**行动结合起来,那么这种意见分歧就会有**重大的**意义了。

这一次也正是这样。党章第1条引起的比较不大的意见分歧,现在竟有了重大的意义,因为正是这种意见分歧成了少数派(特别是在同盟[86]代表大会上以及后来在新《火星报》[20]上)走向机会主义的深奥思想和无政府主义的空谈的转折点。正是这种意见分歧**奠定了火星派少数派同反火星派以及泥潭派[87]结成联盟的基础**,这个联盟到选举时已经有了确定的形式,不了解这个联盟,就**不能了解**在中央机关人选问题上发生的主要的根本的分歧。马尔托夫和阿克雪里罗得在党章第1条问题上所犯的小错误,原是我们的罐子上的一个小裂缝(正如我在同盟代表大会上所说的那样)。这个罐子本来可以用绳子打个**死结**(而不是用绞索,就像在同盟代表大会期间几乎陷于歇斯底里状态的马尔托夫所听错的那样)把它捆紧。也可以**竭尽全力**扩大裂缝,使它完全破裂。由于热心的马尔托夫分子采取了抵制等等无政府主义的手段,结果出现了后一种情况。关于党章第1条的意见分歧在中央机关选举问题上起了不小的作用,而马尔托夫在这个问

①见《列宁全集》第2版第7卷第269页。——编者注

N. LENIN. Ein Schritt vorwärts, zwei Schritt rückwärts
(Über die Krise in unserer Partei).

Россійская Соціальдемократическая Рабочая Партія

Н. ЛЕНИНЪ.

Шагъ впередъ, два шага назадъ

(Кризисъ въ нашей Партіи).

ЖЕНЕВА
Типографія Партіи. Rue de la Coulouvreniere, 27.
1904

1904年列宁《进一步，退两步》一书封面

（按原版缩小）

题上遭到失败，也就使他走向用粗暴机械的、甚至是无理取闹的（在俄国革命社会民主党人国外同盟代表大会上的发言）手段进行"原则斗争"。

现在，经过这一切事件以后，党章第1条问题就有了**重大的意义**，所以我们应当确切地认识到代表大会在表决这一条时形成的派别划分的性质，同时更重要的是，应当确切地认识到在讨论党章第1条时就已经显现或者开始显现出来的那些**观点的色彩**的真实性质。**现在**，在读者熟悉的各种事件发生以后，问题的**提法**已经是这样，究竟是得到阿克雪里罗得拥护的马尔托夫的条文，像我在党代表大会上所说的那样（第333页），反映了他的（或者他们的）不坚定性、动摇性和政治态度模糊，或像普列汉诺夫在同盟代表大会上所指出的那样（同盟记录第102页及其他各页），反映了他（或者他们）倾向于饶勒斯主义和无政府主义呢，还是得到普列汉诺夫拥护的我的条文，反映了我在集中制问题上有官僚主义的、形式主义的、庞巴杜尔[88]式的、非社会民主主义的错误观点呢？**是机会主义和无政府主义呢，还是官僚主义和形式主义？**——**现在**，当小的分歧变成大的分歧时，问题的**提法**已经是这样了。在**从实质上**讨论那些赞成和反对我的条文的理由时，我们应当**注意**的正是事态的发展强加给我们大家的，甚至可以说（如果不是有点夸张的话）是由历史进程形成的**这种**问题的提法。

让我们从分析代表大会的讨论来开始剖析这些理由吧。第一个发言，即叶戈罗夫同志的发言所以值得注意，只是因为他的态度（不明白，我还不明白，我还不知道真理在哪里）很可以说明当时还难以认清这个确实是新的、相当复杂而细致的问题的许多代表的态度。第二个发言，即阿克雪里罗得的发言，立刻从原则上提出问题。这是阿克雪里罗得同志的第一个原则性的发言,其实这就是他在代表大会上的第一次发言,而且很难说他这个谈到有名的"大学教授"的发言是特别成功的。阿克雪里罗得同志说:"我认为,我们必须分清党和组织这两个概念。而这里有人把这两个概念混淆了。这种混淆是危险的。"这就是用来反对我的条文的第一个理由。请你们仔细看一看这个理由吧。如果我说,党应当是**组织**①**的总和**(并且不是什么简单的算术式的总和,而是一个整体),那么,这是不是说我把党和组织这两个概念"混淆了"呢?当然不是。我只是以此来十分明确地表示自己的愿望,自己的要求,使作为阶级的先进部队的党成为尽量**有组织的**,使党只吸收**至少能接受最低限度组织性**的分子。反之,我的论敌却把有组织的分子和无组织的分子,接受领导的分子和不接受领导的分子,先进的分子和不可救药的落后分子——因为还可救药的落后分子是能够加入组织的——**混淆**在党内。**这样的混淆才真正是危险的。**随后,阿克雪里罗得同志援引"从前那些十分秘密的集中的组织"("土地和自由"社[89]和"民意党"[8])作例子,说这些组织周围"聚集了许多虽然没有加入组织,却以某种方式帮助它,并被认为是党员的

---

①"组织"一词通常有两种含义,即广义的和狭义的。狭义的是指人类集体中的,至少是有最低限度确定形式的人类集体中的单个细胞。广义的是指结合成一个整体的这种细胞的总和。例如,海军、陆军和国家,既是许多组织(从该词的狭义来说)的总和,同时又是一种社会组织(从该词的广义来说)。教育主管机关是一个组织(从该词的广义来说),同时它又是由许多组织(从该词的狭义来说)组成的。同样,党也是一个组织,而且**应当是**一个组织(从该词的广义来说),同时党又应当是由许多不同的组织(从该词的狭义来说)组成的。所以,阿克雪里罗得同志在谈论划分党和组织这两个概念时,第一,他没有注意到组织一词的广义和狭义的这个区别,第二,他没有发现他自己**把**有组织的分子和无组织的分子**混淆起来了。**

人。…… 这个原则应当在社会民主党组织内更严格地实行"。于是我们就接触到一个**关键**问题:"这个原则",即许可那些不加入任何一个党组织而只是"以某种方式帮助它"的人自称为党员的原则,真的是社会民主党的原则吗?普列汉诺夫对这个问题作了唯一可能的回答,他说:"阿克雪里罗得援引70年代的情况作例子是不正确的。当时有组织严密、纪律良好的中央机关,在它周围有它所成立的各种组织,而在这些组织以外是一片混乱和无政府状态。这一混乱状态中的分子虽然也自称为党员,对于事业却并没有好处,反而造成了损失。我们不应当仿效70年代的无政府状态,而要避免这种状态。"可见,阿克雪里罗得同志想要冒充为社会民主党的原则的"这个原则",其实是**无政府主义的原则**。谁要想推翻这个结论,就必须证明在组织以外**有可能**实现监督、领导和纪律,就必须证明**有必要**授予"混乱状态中的分子"以党员称号。拥护马尔托夫同志的条文的人,对于**以上两点**都没有加以证明,而且也无法加以证明。阿克雪里罗得同志拿了"自认为是社会民主党人并声明这一点的大学教授"作例子。要把这个例子所包含的思想贯彻到底,阿克雪里罗得同志就应当进一步说明:有组织的社会民主党人本身是否承认这位大学教授是社会民主党人?阿克雪里罗得同志既然没有提出这个更进一步的问题,那他就是中途抛弃了自己的论据。的确,二者必居其一:或者是有组织的社会民主党人承认我们所谈的这位大学教授是社会民主党人,那么他们为什么又不把他编到某一个社会民主党组织里面呢?只有把他编进去,这位大学教授的"声明"才会同他的行动相符合,才不致成为空话(大学教授们的声明往往是空话);或者是有组织的社会民主党人**不**承认这位大学教授是社会民主党人,那么给这位大学教授以享有光荣而又责任重大的党员称号的权利,就是荒谬的,毫无意义的,而且是**有害的**。所以，归结起来说，问题正在于是彻底实行组织原则，还是崇尚涣散状态和无政府状态。我们究竟是以已经形成的、已经团结起来的**社会民主党人**核心——譬如说，已经召开党代表大会并且将扩大和增设各种党组织的社会民主党人核心——为出发点来建设党呢，还是满足于一切帮助党的人都是党员这种聊以自慰的**空话**？阿克雪里罗得同志接着又说："我们采纳列宁的条文，就会把虽然不能直接吸收到组织中，但终究还是党员的那一部分人抛弃掉。"在这里，阿克雪里罗得同志本人十分明显地犯了他想归罪于我的那种混淆概念的错误：他竟把所有帮助党的人**都是**党员这一点当做既成事实，其实正是这一点引起了争论，而我的论敌还应当来**证明**这种解释是必要的和有益的。所谓"抛弃"这样一个初看起来似乎可怕的词，究竟有什么内容呢？如果说只有被承认为党组织的那些组织中的成员才能称为党员，那么不能"直接"加入任何一个党组织的人，也还是能在靠近党的非党组织中工作的。因此，所谓抛弃，如果是指取消工作机会，取消参加运动的机会，那是根本谈不上的。相反，我们容纳**真正的**社会民主党人的党组织愈坚强，党**内**的动摇性和不坚定性愈少，党对于在它周围的、受它领导的工人**群众**的影响也就会愈加广泛、全面、巨大和有效。把作为工人阶级先进部队的党同整个阶级混淆起来，显然是绝对不行的。阿克雪里罗得同志说："当然我们要建立的首先是党的最积极的分子的组织，革命家的组织，但是我们既然是阶级的党，就应当想法不把那些也许并不十分积极然而却自觉靠近这个党的人抛在党外。"他这样说，正是犯了上述把党同整个阶级混淆起来的错误（这种错误是我们的整个机会主义经济派[22]的特点）。第一，列为社会民主工党积极部分的，决不单是革命家组织，还有**许多**被承认为党组织的工人组织。第二，究竟有什么理由，按照什么逻辑，可以根据我们是阶级的党这一事实,就作出结论说不必把**加入**党的人和**靠近**党的人区分开来呢?恰恰相反:正因为人们的觉悟程度和积极程度有差别,所以必须区别他们同党的关系的密切程度。我们是阶级的党,因此,**几乎整个阶级**(而在战争时期,在国内战争年代,甚至是整个阶级)都应当在我们党的领导下行动,都应当尽量紧密地靠近我们党,但是,如果以为在资本主义制度下,不论在什么时候,几乎整个阶级或者整个阶级都能把自己的觉悟程度和积极程度提高到自己的先进部队即自己的社会民主党的水平,那就是马尼洛夫精神[90]和"尾巴主义"。还没有一个明白事理的社会民主党人怀疑过,在资本主义制度下,连职业的组织(比较原始的、比较容易为落后阶层的觉悟程度接受的组织)也不能包括几乎整个工人阶级或者整个工人阶级。忘记先进部队和倾向于它的所有群众之间的区别,忘记先进部队的经常责任是把愈益广大的阶层**提高**到这个先进的水平,那只是欺骗自己,无视我们的巨大任务,缩小这些任务。抹杀靠近党的分子和加入党的分子之间的区别,抹杀自觉、积极的分子和帮助党的分子之间的区别,正是这种无视和遗忘的表现。

拿我们是阶级的党作借口来为组织界限模糊**辩护**,为把有组织和无组织现象混淆起来的观点**辩护**,就是重复纳杰日丁的错误,因为纳杰日丁"把运动在'深处'的'根子'这一哲学的和社会历史的问题,同……组织技术问题混淆起来了"(《怎么办?》第91页)[1]。阿克雪里罗得同志首创的这种混淆,后来被拥护马尔托夫同志条文的那些发言人重复了几十次。"党员称号散布得愈广泛愈好"——马尔托夫这样说,但是他没有说明这种名不副实的**称号**散布得广泛究竟有什么

---

① 见《列宁全集》第2版第6卷第115页。——编者注

好处。对不加入党组织的党员实行监督不过是一句空话,这能否定得了吗?空话如果广泛散布,那是有害而无益的。"如果每一个罢工者,每一个示威者,在对自己行动负责的情况下,都能宣布自己是党员,那我们只会对此表示高兴。"(第239页)真的吗?**每一个罢工者**都应当有权**宣布自己是党员吗**?马尔托夫同志的这个论点一下子就把他的错误弄到了荒谬的地步,他把社会民主主义**降低**为罢工主义,重蹈阿基莫夫们的覆辙。如果社会民主党能够领导每一次罢工,我们只会对此表示高兴,因为社会民主党的直接的和责无旁贷的义务就是领导无产阶级的一切表现形式的阶级斗争。而罢工就是这种斗争最深刻最强有力的表现形式之一。但是,如果我们把这种初步的、按实质来说不过是工联主义的斗争形式同全面的自觉的社会民主主义的斗争**等同起来**,那么我们就会是尾巴主义者了。如果我们给每一个罢工者以"宣布自己是党员"的权利,那么我们就是以机会主义态度**使一件分明不真实的事情合法化**,因为这样的"宣布"**在大多数场合**都是**不真实的**。如果我们想自欺欺人,硬说那些"没有受过训练的"非熟练工人的极广大阶层在资本主义制度下必然是十分涣散、备受压迫、愚昧无知,在这种情况下,**每一个罢工者**都可以**成为**社会民主主义者和社会民主党党员,那么我们就是沉湎于马尼洛夫的幻想了。正是根据"罢工者"的例子,可以特别明显地看出力求本着社会民主主义精神领导每一次罢工的**革命意向**同宣布**每一个罢工者**为党员的**机会主义词句**之间的区别。我们是阶级的党,这是就我们**在事实上**本着社会民主主义精神领导几乎整个或者甚至整个无产阶级来说的,但是,只有阿基莫夫们才能由此作出结论说,我们**在提法上**应当把党和阶级等同起来。

马尔托夫同志在同一次发言中说,"我不怕密谋组织",但是,他补充说,"在我看来,密谋组织,只有当它由广泛的社会民主工党围绕着的时候,才是有意义的"(第239页)。为了说得确切些,应当说,只有当它由广泛的社会民主主义工人**运动**围绕着的时候,才是有意义的。如果马尔托夫同志的论点是以这种形式表达的,那就不仅是不容争辩,而且是不言自明的定论了。我所以要讲到这一点,只是因为以后发言的人把马尔托夫同志的这个不言自明的定论变成非常**流行和非常庸俗的**论据。说什么列宁想"使党员总数以密谋者人数为限"。当时作出这个只能令人好笑的结论的有波萨多夫斯基同志以及波波夫同志,而当马尔丁诺夫和阿基莫夫发言附和这个结论时,这个结论的真正性质,即机会主义词句的性质,就充分暴露出来了。目前阿克雪里罗得同志在新《火星报》上又发挥了这个论据,想使读者们了解新编辑部的新的组织观点。还在代表大会讨论党章第1条问题的第1次会议上,我就发现我的论敌想要利用这种廉价的武器,所以我在发言中告诫说:"不要以为党的组织只应当由职业革命家组成。我们需要有不同形式、类别和色彩的极其多种多样的组织,从极狭小极秘密的组织直到非常广泛自由的组织(松散的组织)。"(第240页)①这本来是有目共睹、不言自明的真理,所以我当时认为这是不必多谈的。但是,在目前时期,有人在很多很多方面把我们拉向后退,这就使人不得不在这个问题上也"重提旧事"。因此我要从《怎么办?》和《给一位同志的信》中摘录几段话:

"……像阿列克谢耶夫和梅什金、哈尔图林和热里雅鲍夫这样一些卓越的活动家的小组,却是能够胜任最切实最实际的政治任务的。他们所以能够胜任,正是并且只是因为他们的热烈的宣传能够获

---

① 见《列宁全集》第2版第7卷第269页。——编者注

得自发觉醒起来的群众的响应,因为他们的沸腾的毅力能够得到革命阶级的毅力的响应和支持。"①要成为社会民主**党**,就必须得到本**阶级的支持**。不是像马尔托夫同志所想象的那样,党应当去围绕密谋组织,而是革命阶级即无产阶级应当围绕既包括密谋组织又包括非密谋组织的党。

"……为进行经济斗争而建立的工人组织应当是职业的组织。每个工人社会民主党人都应当尽量帮助这种组织并在其中积极工作……　但是要求只有社会民主党人才能成为行业工会会员,那就完全不符合我们的利益了,因为这会缩小我们影响群众的范围。让每一个了解必须联合起来同厂主和政府作斗争的工人,都来参加行业工会吧。行业工会如果不把一切只要懂得这种起码道理的人都联合起来,如果它们不是一种很**广泛的**组织,就不能达到行业工会的目的。这种组织愈广泛,我们对它们的影响也就会愈广泛,但这种影响的发生不仅是由于经济斗争的'自发的'发展,而且是由于参加工会的社会党人对同事给以直接的和自觉的推动。"(第86页)②顺便说一下,对于评价关于党章第1条的争论,工会的例子是特别值得注意的。说工会**应当**在社会民主党组织的"监督和领导下"进行工作,这在社会民主党人中间是不会产生异议的。但是**根据这一点**就给工会全体会员以"宣布自己"为社会民主党党员的权利,那就是十分荒谬的了,而且势必有两个害处:一方面是**缩小**工会运动的规模并且削弱工人在工会运动基础上的团结,另一方面,这会把模糊不清和动摇不定的现象带进社会民主党内。德国社会民主党在发生了有名的汉堡泥

---

① 见《列宁全集》第2版第6卷第101页。——编者注
② 同上书,第108页。——编者注

瓦工做包工活事件⁹¹的具体情况下曾解决过类似的问题。当时社会民主党毫不迟疑地认为工贼行为是社会民主党人所不齿的无耻行为，即认为领导罢工和支援罢工是**自己的**切身事业，但是同时它又十分坚决地否定了把党的利益和行业工会的利益等同起来、**要党**对个别工会所采取的个别步骤**承担责任**的要求。党应当并且将力求把自己的思想灌输到行业工会中去，使工会接受自己的影响，但是，正是为了这种影响，党应当把这些工会中完全是社会民主主义的（加入社会民主党的）人和那些不十分自觉和政治上不十分积极的人区别开来，而不是像阿克雪里罗得同志所希望的那样，把他们混为一谈。

"……革命家组织把最秘密的职能集中起来，这决不会削弱而只会扩大其他许许多多组织的活动范围和内容，这些组织既然要把广大群众包括在内，就应当是一些形式尽量不固定、秘密性尽量少的组织，如工会、工人自学小组、秘密书刊阅读小组、以及其他**一切**居民阶层中的社会主义小组和民主主义小组等等。这样的小组、工会和团体必须**遍布**各地，履行各种不同的职能；但是，如果**把**这些组织同**革命家**的组织**混为一谈**，抹杀这两者之间的界限……那就是荒唐和有害的了。"（第96页）①从这种引证中可以看出，马尔托夫同志是多么不合时宜地对我提醒说，革命家组织应当由广泛的工人组织**围绕起来**。我在《怎么办？》中就已经指出了这一点，而在《给一位同志的信》中更具体地发挥了这个思想。我在这封信中写道，工厂小组"对我们特别重要：运动的全部主要力量就在于各**大**工厂工人的组织性，因为大工厂里集中的那一部分工人，不但数量上在工人阶级中占优势，而且在影响、觉悟程度和斗争能力方面更占优势。每个工厂都应当成为

---

①见《列宁全集》第2版第6卷第120页。——编者注

我们的堡垒……　工厂分委员会应当力求通过各种小组(或代办员)
网掌握整个工厂,吸收尽量多的工人参加工作……　所有的小组和
分委员会等,都应当是委员会的附属机构或分部。其中一些人将直接
申请加入俄国社会民主工党,**一经**委员会**批准**就成为党员,(受委员
会委托或经委员会同意)担负一定的工作,保证服从党机关的指示,
享有党员的权利,可以成为委员会委员的直接候选人,等等。另一些
人将**不加入**俄国社会民主工党,他们是由党员建立的那些小组的成
员,或者是与某个党小组接近的那些小组的成员,等等"(第17—18
页)①。从我加上着重标记的地方可以特别明显地看出,我的第1条
条文的**思想**在《给一位同志的信》中已经充分表明了。那里直接指出
了入党的条件:(1)一定程度的组织性;(2)由党委员会批准。在下一
页,我又大致指出什么样的团体和组织,根据什么理由应当(或者不
应当)吸收入党:"书刊投递员小组成员必须是俄国社会民主工党的
党员,应该认识一定数量的党员和党的负责人。研究职工劳动条件和
拟订职工各种要求的小组,其成员不一定必须是俄国社会民主工党
的党员。大学生自学小组、军官自学小组和职员自学小组都有一
两个党员**参加**,有时甚至根本不该让人知道他们是党员,等等。"(第
18—19页)②

　　请看这又是一种可以说明"光明正大"问题的材料!马尔托夫同
志的草案上的条文甚至完全没有讲到党对于各组织的关系,而我几
乎在代表大会一年以前就已经指出,一些组织应该包括在党内,另一
些组织不应该包括在党内。在《给一位同志的信》里已经很明确地提

---

①见《列宁全集》第2版第7卷第10页和第12—13页。——编者注
②同上书,第13—14页。——编者注

出我在代表大会上所辩护的那个思想。这一点可以具体表述如下。一般按照组织程度，尤其是按照秘密程度来说，各组织大致可以分为以下几种：(1)革命家组织；(2)尽量广泛和多种多样的工人组织(我只说到工人阶级，当然，在一定条件下，这里也包括其他阶级中的某些分子)。这两种组织就构成为党。其次，(3)靠近党的工人组织；(4)不靠近党，但是事实上服从党的监督和领导的工人组织；(5)工人阶级中没有参加组织的分子，其中一部分——至少在阶级斗争的重大事件中——也是服从社会民主党的领导的。按照我的看法，情况大致就是这样。相反，按照马尔托夫同志的看法，党的界限是极不明确的，因为"每一个罢工者"都可以"宣布自己是党员"。试问，这种界限模糊有什么好处呢? 可以使"称号"广泛散布。它的害处就是会产生一种把党和阶级混淆起来的**瓦解组织**的思想。

为了说明我们所提出的一般原理，我们还要粗略地看一看代表大会继续讨论党章第1条的情况。布鲁凯尔同志发言(这一点使马尔托夫同志感到满意)赞成我的条文，但是**他**和我的联盟是跟阿基莫夫同志和马尔托夫的联盟不同的，这只是出于误会。布鲁凯尔同志"不同意整个党章和它的整个精神"(第239页)，而他拥护我的条文，是因为他把我的条文**看成是**《工人事业》[27]的拥护者所希望的那种**民主制的基础**。布鲁凯尔同志当时还没有认识到在政治斗争中有时不得不选择**害处较少**的办法；布鲁凯尔同志没有觉察到，在我们这样的代表大会上为民主制辩护，是徒劳无益的。阿基莫夫同志就比较精明了。他完全正确地提出问题，认为"马尔托夫同志和列宁同志争论的是哪一种〈条文〉更能达到他们的共同目的"(第252页)。他继续说："我和布鲁凯尔，想挑选一个**比较不能达到这个目的**的条文。于是我就挑选了马尔托夫的条文。"阿基莫夫同志又坦率地解释说，他认为

"他们的目的〈即普列汉诺夫、马尔托夫和我三个人的目的——建立一个起领导作用的革命家组织〉是实现不了的,而且是有害的";他像马尔丁诺夫同志①一样,拥护经济派所谓不必有"革命家组织"的思想。他"完全相信,实际生活终究会闯进我们党组织中来,不管你们是用马尔托夫的条文还是用列宁的条文阻挡它的去路"。本来,这种"尾巴主义的""实际生活"观点是不值一提的,如果我们没有在马尔托夫同志那里也看到这种观点的话。马尔托夫同志的第二次发言(第245页)一般讲来是很有意思的,所以值得详细分析一番。

马尔托夫同志的第一个理由是说:党组织对于不加入组织的党员的监督是"可以实现的,因为委员会既然委托某人担负某种职务,就有可能考察它"(第245页)。这个论点非常值得注意,因为它可以说是"道破了"马尔托夫的条文究竟是**谁**需要的,**事实上**是为谁效劳的:是为知识分子个人效劳呢,还是为工人团体和工人群众效劳。原来,马尔托夫的条文有可能作两种解释:(1)凡是在党的某一个组织的领导下经常亲自协助党的人,都有权"**宣布自己**"(这是马尔托夫同志本人的话)是党员;(2)每一个党组织**都有权承认**凡是在它的领导下经常亲自协助党的人是党员。只有第一种解释才真正有可能使"每

①不过,马尔丁诺夫同志想同阿基莫夫同志区别开来,他想证明,密谋似乎不等于秘密,在这两个词的差别的后面掩盖着概念上的差别。究竟是什么差别,无论马尔丁诺夫同志或者现在跟着他走的阿克雪里罗得同志都没有加以说明。马尔丁诺夫同志"装出一副样子",使人感到,似乎我,例如在《怎么办?》中,没有坚决(如在《任务》(见本书第25—45页。——编者注)中那样)反对"把政治斗争**缩小成密谋**"。马尔丁诺夫同志想使听众**忘记**一件事实,就是我当时所反对的那些人**认为不**需要**革命家组织**,正如阿基莫夫同志现在认为不需要这种组织一样。

一个罢工者"自称为党员，所以也**只有这种解释**才立刻得到了李伯尔们、阿基莫夫们以及马尔丁诺夫们的衷心拥护。但是，这种解释显然是一句空话，因为这样就会把整个工人阶级都包括进去，从而抹杀党和阶级之间的区别；所谓监督和领导"每一个罢工者"，那只能是"象征性地"谈一谈。正因为如此，马尔托夫同志在第二次发言时立刻就倒向第二种解释（不过，顺便说一下，**这种解释被代表大会直接否决了**，因为代表大会否决了科斯季奇的决议案[92]，第255页），即认为委员会将委托人们担负各种职务并考察其执行情况。这种专门职务当然从来不会委托给工人**群众**，不会委托给**数以千计的**无产者（即阿克雪里罗得同志和马尔丁诺夫同志所说的那些无产者），而恰恰是常常委托给阿克雪里罗得同志所提起的**大学教授**，委托给李伯尔同志和波波夫同志所关心的**中学生**（第241页），委托给阿克雪里罗得同志在第二次发言中所提到的**革命青年**（第242页）。总之，马尔托夫同志的条文要么是一纸空文和空洞的辞藻，要么就多半是而且几乎完全是有利于那些"**浸透了资产阶级个人主义**"而不愿意加入组织的"**知识分子**"。马尔托夫的条文**在口头上**是维护无产阶级广大阶层的利益的，但是**事实上**却是为那些害怕无产阶级的纪律和组织的**资产阶级知识分子**的利益效劳。谁也不敢否认，**作为现代资本主义社会中特殊阶层的知识分子**，他们的特点，一般和整个说来，**正是个人主义**和不能接受纪律和组织（可以参看一下考茨基论述知识分子的一些著名论文）；这也就是这个社会阶层不如无产阶级的地方；这就是使无产阶级常常感觉到的知识分子意志消沉、动摇不定的一个原因；知识分子的这种特性是同他们通常的生活条件，同他们在很多方面接近于**小资产阶级生存**条件的谋生条件（单独工作或者在很小的集体里工作等等）有密切联系的。最后，拥护马尔托夫同志条文的那些人恰恰必须拿大学教授和中学生作例子,也不是偶然的!在关于党章第1条的争论中并不像马尔丁诺夫和阿克雪里罗得两位同志所想的那样,是坚决主张广泛进行无产阶级斗争的人反对坚决主张搞激进密谋组织的人,而是拥护**资产阶级知识分子个人主义**的人同拥护**无产阶级组织和纪律**的人发生了冲突。

波波夫同志说:"在彼得堡,也像在尼古拉耶夫或敖德萨一样,据这些城市的代表说,到处都有数以十计的散发书刊和进行口头鼓动的工人不能成为组织中的成员。可以把他们编到组织里面,但是不能看做组织中的成员。"(第241页)为什么他们不能成为组织中的成员呢?这始终是波波夫同志的一个秘密。上面我引了《给一位同志的信》中的一段话,正是说明把所有这些工人(是数以百计,而不是数以十计)编到组织里面是可能的而且是必要的,其中有许许多多这样的组织能够而且应当包括在党内。

马尔托夫同志的第二个理由是说:"列宁认为党内除了党组织以外,再也不能有其他什么组织……"完全对啊!……"反之,我却认为这样的组织应当存在。实际生活在十分迅速地建立和繁殖这些组织,以致我们来不及把它们一一纳入我们职业革命家的战斗组织的体系……" 这个说法在两方面都是不正确的:(1)"实际生活"繁殖真正干练的革命家组织,要比我们所需要的,要比工人运动所要求的少得多;(2)我们党应当是一个不仅包括革命家组织而且包括许许多多工人组织在内的体系…… "列宁认为中央委员会只会批准那些在原则方面完全可靠的组织为党的组织。可是,布鲁凯尔同志清楚地了解,实际生活〈原文如此!〉一定会显示自己的力量,中央委员会为了不致把许多组织抛在党外,就会不管它们是不是完全可靠而一概批准;因此,布鲁凯尔同志也就附和了列宁的意见……" 请看,这真是尾巴主义的"实际生活"观点！当然，如果中央委员会**一定要**由一些不是按照自己的意见而是按照别人的意见行事的人（见组委会[93]事件）组成，那"实际生活"就真正会"显示自己的力量"，就是说，党内最落后的分子就会占上风（**现在由于党内存在着由落后分子组成的"少数派"，情况正是如此**）。但是，无论如何也找不到一个**适当的**理由能迫使一个**干练的**中央委员会把那些"不可靠的"分子吸收到党内来。马尔托夫同志拿"实际生活""繁殖"不可靠的分子作借口，正好十分明显地暴露了他的组织计划的机会主义性质！……他继续说："而我认为，如果这样的组织〈不完全可靠的组织〉同意接受党纲，接受党的监督，我们可以把它吸收入党，但并不因此就把它变成党的组织。例如，如果某个'独立派'协会决定接受社会民主党的观点和党纲，并加入党，那我就会认为这是我们党的一个重大胜利，然而这还不是说，我们就把这个协会编入党组织中了……" 请看，马尔托夫的条文竟混乱到什么程度：加入党的非党组织！请看一看**他的**公式吧：党＝（1）革命家组织，＋（2）被承认是党组织的工人组织，＋（3）没有被承认是党组织的工人组织（多半是"独立派"组织），＋（4）执行各种任务的个人，如大学教授、中学生等等，＋（5）"每一个罢工者"。可以同这个出色的计划相媲美的只有李伯尔同志的下面一段话："我们的任务不只是要建立一个组织〈！！〉，我们能够并且应当建立一个党。"（第241页）是的，当然我们能够并且应当做到这一点，但是要做到这一点，需要的并不是什么"建立一些组织"的废话，而是向党员**直接**提出**要求**，要他们切实地从事**建立组织**的工作。说是"建立一个党"，而又拥护用"党"这个词来掩盖一切无组织性和一切涣散状态，那就是说空话。

马尔托夫同志说："我们的条文是表示一种想使革命家组织和群众之间有一系列组织的意图。"恰恰不是这样。马尔托夫的条文恰恰**不是表示**这种真正必要的意图，因为它并**不是促使大家组织起来**，不是要求大家组织起来，不是把有组织的东西和无组织的东西区分开来。它只是给大家一个**称号**①。说到这里，不能不回想起阿克雪里罗得同志说过的一段话："无论用什么命令都不能禁止它们〈革命青年小组等等〉以及个别人自称为社会民主主义者〈十足的真理!〉，甚至自认为是党的一部分……" 这就**大错特错了**!禁止人家自称为社会民主主义者是不可能的，而且也**没有必要**，因为这个词**直接**表示的只是一种信念体系，而不是一定的组织关系。当个别小组和个别人危

---

①马尔托夫同志在同盟代表大会上又提出一个令人好笑的论据来为自己的条文辩护。他说："我们可以指出，列宁的条文按字面意义来了解，是把**中央代办员**置于党外，因为这些代办员并不组成一个组织。"(第59页)这个论据在同盟代表大会上曾受到**嘲笑**，这一点从记录上可以看出来。马尔托夫同志以为他所指出的"困难"，只有中央代办员加入"中央委员会的组织"才能够解决。但是问题不在这里。问题在于马尔托夫同志所引用的例子清楚地表明**他完全不了解党章第1条的思想**，表明那种纯粹咬文嚼字的批评方式确实值得嘲笑。从**形式上说**，只要成立一个"中央代办员组织"，起草一个把这个组织编到党内来的**决议**，那个使马尔托夫同志大伤脑筋的"困难"就会立刻消失。而我提出的党章第1条条文的**思想**是要**促使**大家"组织起来!"，是要**保证实在的**监督和领导。从**实质**上看，中央代办员应不应当包括在党内这个问题本身就是可笑的。因为对他们的**实在的**监督，**由于他们被任命为代办员**，由于他们被留在代办员的职位上，**已经**有了完全的和绝对的保证。所以，这里根本谈不上把有组织的东西和无组织的东西混为一谈(而这正是马尔托夫同志条文的错误的根源)。马尔托夫同志的条文所以要不得，就是因为它使每一个人，使每一个机会主义者，每一个夸夸其谈的人，每一个"大学教授"和每一个"中学生"都可以**宣布自己**是党员。这就是马尔托夫同志条文的**阿基里斯之踵**[94]，而马尔托夫同志却枉费心机地企图**掩饰**这个致命弱点，举了一些根本谈不上什么自封为党员、自行宣布为党员的例子。

害党的事业,败坏和瓦解党的组织时,禁止这些小组和个人"自认为是党的一部分",是可以而且应该的。如果党竟不能"用命令禁止"小组"自认为是"整体的"一部分",那么说**党**是个整体,是个政治单位,就太可笑了!如果这样,那又何必规定开除党籍的手续和条件呢?阿克雪里罗得同志显然已经把马尔托夫同志的基本错误弄到了荒谬的地步;他甚至把这个错误发挥成**机会主义理论**,因为他补充说:"按照列宁的条文,党章第1条是直接同无产阶级社会民主党的实质〈!!〉及其任务根本矛盾的。"(第243页)这恰恰等于说:对党提出的要求高于对阶级的要求,是同无产阶级任务的实质根本矛盾的。怪不得阿基莫夫要竭力拥护这样的**理论**。

必须公正地指出,阿克雪里罗得同志**现在**想把这个显然有机会主义倾向的错误条文变成**新**观点的种子,但是他当时在代表大会上倒是表示愿意"磋商",他说:"但是我发觉,我原来敲的是敞开的大门"(我在新《火星报》上也发觉了这一点),"因为列宁同志及其被认为是党的一部分的外层小组表示赞同我的要求。"(不仅外层小组,而且还有各种各样的工人联合会:参看记录第242页斯特拉霍夫同志的发言,以及上面从《怎么办?》和《给一位同志的信》里摘录的一些话)"剩下的还有个别人。但是在这里也是可以磋商的。"我当时回答阿克雪里罗得同志说,一般说来,我并不反对磋商①,但是我现在应当解释一下,这句话究竟是指什么而言。正是关于个别人,关于所有这些大学教授和中学生等等,我是最不同意作什么让步的。但是,如果引起怀疑的是工人组织问题,那我就会同意(虽然上面我已经证明,这种怀疑是完全没有根据的)给我的第1条条文加上这样一个附

---

① 见《列宁全集》第2版第7卷第269页。——编者注

注："凡是接受俄国社会民主工党党纲和党章的工人组织,应当尽量
列入党组织。"当然,严格说来,党章应当以法律式的定义为限,这种
愿望不适于在党章中规定,而只适于在解释性的注解中、在小册子中
加以说明(我已经指出,还在党章制定之前很久,我就在自己的小册
子中作过这样的解释了);但是,这样的附注至少丝毫不会有什么可
能导致瓦解组织的**错误**思想,丝毫不会有马尔托夫条文中显然包含
的**机会主义的论断**①和"**无政府主义的观念**"。

---

①在企图论证马尔托夫的条文时必然涌现出来的这些论断中,特别值得
提出的是托洛茨基同志的一段话(第248页和第346页),他说:"机会主义是由
一些比党章某一条文更复杂的原因造成的〈或者说:由更深刻的原因决定的〉,
——它是由资产阶级民主运动和无产阶级二者的相对发展水平引起的……"
但是问题不在于党章条文能造成机会主义,而在于要利用党章条文锻造出比
较锐利的武器来反对机会主义。机会主义产生的原因愈深刻,这种武器也就应
当愈锐利。因此,以机会主义有"深刻的原因"作理由来为向机会主义敞开大门
的条文**辩护**,那就是十足的尾巴主义。当托洛茨基同志还在反对李伯尔同志
时,他了解党章是整体对部分、先进部队对落后部队所表示的"有组织的不信
任";而当托洛茨基同志站到李伯尔同志方面时,他却忘记了这一点,甚至用"复
杂的原因"、"无产阶级的发展水平"等等,为**我们**在组织这种不信任(对机会主
义的不信任)方面所表现的**软弱**和动摇辩护了。托洛茨基同志的另一个论据是
说:"已有某种组织的青年知识分子,是更容易**自行列入**〈黑体是我用的〉党员
名单的。"正是这样。所以,有知识分子模糊不清的毛病的,正是那个甚至容许
无组织的分子**自行宣布**为党员的条文,而不是我的**绝对不许**人们"自行列入"
名单的条文。托洛茨基同志说,中央委员会"不承认"机会主义者的组织,只是
因为注意到这些人的性质,但是既然大家都知道这些人的政治面貌,那么他们
就没有什么危险,因为可以用全党抵制的办法把他们驱逐出去。这一点只有在
必须把某人**驱逐出党**的情况下才是对的(而且只是对了一半,因为有组织的党
不是用抵制的办法而是用表决的办法**实行驱逐**的)。这一点在很多日常情况

　　我加了引号的最后一个说法，是巴甫洛维奇同志的。他当时很公正地把承认"**不负责任的**和自行**列名**入党的分子"是党员的主张看做**无政府主义**。巴甫洛维奇同志向李伯尔同志解释我的条文时说，"如果翻译成普通话"，——这个条文就是说："既然你想做一个党员，就应当也承认组织关系，而且不只是抽象地承认。"这种"翻译"虽然很简单，但是它不仅对于那些各种各样可疑的大学教授和中学生，而且对于最真实的党员，对于上层人物，都不是多余的（正如代表大会以后的事件证明的那样）……　巴甫洛维奇同志同样公正地指出，马尔托夫同志的条文是同马尔托夫同志引证得很不恰当的那个不容争辩的科学社会主义原理相抵触的。"我们党是不自觉过程的自觉表现者。"正是如此。并且正因为如此，要"每一个罢工者"都能自称为党员是不正确的，因为假使"每次罢工"都不只是强大的阶级本能和必然引向社会革命的阶级斗争的自发表现，而是这个过程的**自觉表现**，那么……那么，总罢工就不会是无政府主义的空话，那么我们的党就会立刻一下子**包括**整个工人阶级，因而也就会一下子把**整个资产阶级**

下，即在只需要**实行监督**而绝对不能**实行驱逐**时，是完全不正确的。中央委员会为了实行监督，可以**有意**把某一个虽然不完全可靠，但有工作能力的组织在一定条件下接纳到党内来，以便考验它，试图**把它引上正确道路**，用自己的领导来克服它的局部的偏向，等等。**如果根本不允许"自行列入"党员名单，那么**这样的接纳是没有危险的。为了能使人公开地和**负责地**，即在有监督的条件下表达（并讨论）其错误观点和错误策略，这样的接纳往往是有好处的。"但是，如果说法律式的定义应当适合事实上的关系，那么列宁同志的条文就应当被否决。"——托洛茨基同志这样说，但这又是机会主义者的说法。事实上的关系并不是死的，而是有生气的和不断发展的。法律式的定义能适合这些关系的进步发展，但是也能（如果这些定义是坏定义的话）"适合"退化或停滞。后一种情况也就是马尔托夫同志的"情况"。

社会消灭掉。为了**真正**成为自觉的表现者,党应当善于造成一种能**保证有相当的**觉悟**水平**并不断提高这个水平的组织关系。巴甫洛维奇同志说:"按照马尔托夫的道路走去,首先就要删掉关于承认**党纲**的条文,因为要接受党纲,就必须领会和了解这个党纲……承认党纲是要有相当高的政治觉悟水平才能做到的。"我们从来不容许用任何要求(领会、了解等等)来人为地**限制**人们**支持**社会民主党以及**参加**它所领导的斗争,因为单是**参加**斗争这一事实本身就能**提高**觉悟性和组织本能,但是,既然**我们结成一个党**,以便进行有计划的工作,那我们就应当设法保证这种计划性。

巴甫洛维奇同志关于党纲问题的警告看来不是多余的,这在**同一次**会议过程中**就立即**显示出来了。保证马尔托夫同志的条文得以通过①的阿基莫夫同志和李伯尔同志**立刻就**暴露出自己的真正本性,他们要求(第254—255页)对于党纲也只要(为了取得"党员资格")抽象地加以承认,即只承认它的"基本原理"就行了。巴甫洛维奇同志指出:"阿基莫夫同志的提议,从马尔托夫同志的观点看来,是完全合乎逻辑的。"可惜,我们从记录中看不出究竟有**多少**票赞成阿基莫夫的这个提议,——大概不少于七票(五个崩得分子[95],再加上阿基莫夫和布鲁凯尔)。正因为**七个**代表退出了代表大会,所以原先在讨论党章第1条时形成的"紧密的多数派"(反火星派分子、"中派"和

①投票赞成这个条文的有28票,反对的有22票。八个反火星派分子中有七个人赞成马尔托夫,有一个人赞成我。假如没有机会主义者的帮忙,马尔托夫同志就不能使自己的机会主义条文通过。(马尔托夫同志在同盟代表大会上毫无成效地企图驳倒这件不成问题的事实,不知为什么只指出崩得分子的票数,而把阿基莫夫同志和他的朋友们忘记了,确切些说,**只有**在这一点可以作为攻击我的证据——布鲁凯尔同志同意我的条文——时,才想起这些人。)

马尔托夫分子)结果变成了紧密的少数派！正因为**七个**代表退出了代表大会，主张批准旧编辑部的提议才遭到了失败，《火星报》办报的"继承性"才受到这种似乎惊人的破坏！这奇异的**七个人**竟是《火星报》的"继承性"的唯一救星和保证，而这七个人就是崩得分子以及阿基莫夫和布鲁凯尔，也就是说，正是那些对承认《火星报》为中央机关报的**理由**投过反对票的代表，而他们的机会主义立场曾经由代表大会肯定地指出过几十次了，并且是由马尔托夫和普列汉诺夫两人在讨论关于**缓和**第一条有关党纲的提法问题时就肯定地指出过的。反火星派分子捍卫《火星报》的"继承性"！——这就是代表大会以后展开的一出悲喜剧的**开端**。

＊　　　　＊　　　　＊

表决党章第1条条文时形成的派别划分，也跟语言平等事件暴露的情况完全相同：由于火星派多数派方面有四分之一(大概数目)的票数脱离出去，结果就使"中派"所追随的反火星派有可能取得胜利。当然，这里也有个别的票数破坏了画面的完整性，——在像我们代表大会这样一个大规模的会议上，必然有一部分"野"票偶然地有时跑到这方有时跑到那方，尤其是在讨论党章第1条这样的问题时情况是这样，因为在这个问题上发生意见分歧的实质才刚刚显露出来，许多人简直**还来不及把问题弄清楚**(因为这个问题预先没有在书刊上探讨过)。从火星派多数派方面跑出去五票(各有两票表决权的鲁索夫和卡尔斯基以及有一票表决权的连斯基)；同时，又有一个反火星派分子(布鲁凯尔)和三个中派分子(梅德维捷夫、叶戈罗夫和察廖夫)归附到火星派多数派方面；结果多数派共有23票(24－5＋4)，比后来进行选举时最终形成的派别划分少一票。**反火星派分子使马尔托夫取得了多数**，反火星派分子中有七个人赞成马尔托夫，有一个人赞成我（"中派"方面也有七票赞成马尔托夫，三票赞成我）。火星派少数派和反火星派以及"中派"的联盟——即在代表大会快结束时和在代表大会以后组成的紧密的少数派的那个联盟——**开始形成起来**。马尔托夫和阿克雪里罗得在提出党章第1条条文时，特别是在为这个条文辩护时所犯的**无疑是向机会主义和无政府个人主义迈进了一步**的政治错误，由于有代表大会这样一个自由的公开的舞台，立刻和特别明显地暴露出来了，具体表现就是，最不坚定的和最不坚持原则的分子马上发动了他们的全部力量来扩大社会民主党革命派观点中出现的裂缝，或者说缺口。在组织方面公开追求**不同目的**（见阿基莫夫的发言）的人们共同参加代表大会的事实，立刻就推动了**在原则上**反对我们的组织计划和反对我们的章程的人去支持马尔托夫同志和阿克雪里罗得同志的错误。在这个问题上也仍然忠实于社会民主党革命派观点的火星派分子竟成了**少数**。这是一件**有重大意义**的事实，因为谁如果没有弄清楚这件事实，谁就根本无法了解由于争论党章的细节问题而发生的斗争，也无法了解由于争论中央机关报和中央委员会人选问题而发生的斗争。

（十七）新《火星报》。
组织问题上的机会主义

在剖析新《火星报》的原则立场时，无疑应当把阿克雪里罗得同志的两篇小品文①当做基本材料。关于他爱用的那一套字眼的具体意义,我们在上面已经详细地指出来了,因此现在应当竭力撇开这种具体意义,来仔细考察一下迫使"少数派"(根据某种细小的琐碎的论据)得出正是这些而不是什么别的口号的思考过程,探讨一下这些口号的原则意义,而不管它们的来源如何,不管"增补"问题如何。目前我们正处在让步空气浓厚的时候,那就让我们对阿克雪里罗得同志让一下步,"认真地谈谈"他的"理论"吧。

阿克雪里罗得同志的一个基本论点(《火星报》第57号)是,"我们的运动一开始就包含着两种对立的倾向,这两种倾向的互相对抗,不能不随着运动本身的发展而发展,同时又不能不影响这个运动"。这就是说:"在原则上,运动的无产阶级目的〈在俄国〉同西方社会民主党的目的是一样的。"可是,我们这里影响工人群众的却是"对他们说来是异己的社会成分",即激进知识分子。总之,阿克雪里罗得同志认定,我们党内存在着无产阶级倾向和激进知识分子倾向之间的对抗。

阿克雪里罗得同志在这一点上无疑是正确的。这种对抗是确实存在的(并且不仅在俄国社会民主党一个党内)。而且,大家都知道,正是这种对抗在很大程度上说明为什么现代社会民主党已经划分成革命的(或正统的)和机会主义的(修正主义、内阁主义[34]、改良主义的)两派,而这种划分也在我们俄国近十年来的运动中充分地显露了出来。同时大家又知道,社会民主党正统派所代表的正是运动中的无产阶级倾向,社会民主党机会主义派所代表的则是民主知识分子倾向。

---

① 这两篇小品文已收入《〈火星报〉的两年》文集第2册第122页及以下各页(1906年圣彼得堡版)。(这是作者为1907年版加的注释。——编者注)

可是,阿克雪里罗得同志在多少触及这个尽人皆知的事实时,便胆怯地向后退缩了。他**没有作任何尝试**来认真分析一下,上述这种划分一般在俄国社会民主运动史上,尤其是在我们党代表大会上究竟是怎样表现出来的,虽然阿克雪里罗得同志所写的正是有关代表大会的问题!阿克雪里罗得同志也同新《火星报》整个编辑部一样,对这次代表大会的记录**怕得要死**。我们了解前面说过的一切之后不会对此表示惊奇,但是,这对一个仿佛在研究我们运动中各种倾向的"理论家"却是一件**害怕真相**的奇事。阿克雪里罗得同志由于自己的这种特性,避开了关于我们运动中各种倾向的最新最精确的材料,而求救于惬意的幻想。他说:"既然合法马克思主义[28]或半马克思主义给我国自由派提供了一个文坛上的领袖,为什么捉弄人的历史就不能从正统的革命的马克思主义学派中提供一个领袖给革命的资产阶级民主派呢?"[96]关于阿克雪里罗得同志的这种惬意的幻想,我们只能说,如果历史有时是在捉弄人,那么,这并不能替一个分析这种历史的人的**捉弄人的思想**作辩护。当那位半马克思主义的领袖显露出是一个自由派分子时,那些愿意(和善于)探讨他的"倾向"的人所引证的并不是什么可能有的历史捉弄,而是这位领袖数十种甚至数百种心理和逻辑的表现,是他全部著作的面貌特征,这些特征显出了马克思主义在资产阶级著作中的反映[97]。既然阿克雪里罗得同志在分析"我们运动中的一般革命倾向和无产阶级倾向"时,**丝毫——确实是丝毫**——不能证明并指出他所痛恨的党内正统派的某些代表人物的某些倾向,那他只不过是**郑重地证明**自己**思想贫乏**罢了。既然阿克雪里罗得同志只能引证什么可能有的历史捉弄,那么他的事情想必已经是十分不妙了!

阿克雪里罗得同志的另一引证,即关于"雅各宾派"[38]的引证,是更有教益的。阿克雪里罗得同志大概不会不知道，现代社会民主党分成革命派和机会主义派，早已——并且不仅在俄国——使人有了运用"法国大革命时代的历史比拟"的借口。阿克雪里罗得同志大概不会不知道，**现代社会民主党中的吉伦特派**[38]随时随地都在用"雅各宾主义"、"布朗基主义"[17]之类的词来形容自己的对手。我们不会像阿克雪里罗得同志那样害怕真相，且让我们来翻阅一下我们代表大会的记录，看看这些记录究竟有没有什么材料可供我们分析和检查现在我们所考察的这些倾向和我们所剖析的这种比拟。

第一个例子。在党代表大会上关于党纲的争论。阿基莫夫同志（他"完全赞同"马尔丁诺夫同志的意见）声明："关于夺取政权〈即关于无产阶级专政〉的一段条文写得跟所有其他各国社会民主党的纲领不同，这种写法有可能被解释成领导组织的作用一定会把受它领导的阶级推到后面去，并使前者同后者隔离开，而且普列汉诺夫就是这样解释的。因此，我们的政治任务也就表述得完全和'民意党'的一样。"（记录第124页）普列汉诺夫同志和其他火星派分子反驳了阿基莫夫同志，指责他这是一种机会主义观点。阿克雪里罗得同志难道看不出，这次争论向我们表明了（是用事实，而不是用想象的历史捉弄）社会民主党内**现代雅各宾派**和现代**吉伦特派**的对抗吗？阿克雪里罗得同志所以谈起雅各宾派来，不正是因为他（由于他所犯的错误）已经与社会民主党内的**吉伦特派**为伍了吗？

第二个例子。波萨多夫斯基同志认为在"民主原则的绝对价值"这个"基本问题"上存在着"严重的意见分歧"（第169页）。他和普列汉诺夫一起否认民主原则的绝对价值。"中派"或泥潭派首领（叶戈罗夫）和反火星派首领（戈尔德布拉特）坚决反对这种看法，认为普列汉诺夫是在"仿效资产阶级的策略"（第170页），——**这正是阿克雪里**

罗得同志关于正统派同资产阶级倾向的联系的看法，所不同的只是阿克雪里罗得没有把这种看法具体地说出来，而戈尔德布拉特则把它同一定的辩论联系了起来，我们不妨再问一次：阿克雪里罗得同志难道看不出这次争论也向我们**具体地**（在我们党代表大会上）表明了现代社会民主党内有雅各宾派和吉伦特派相对抗吗？阿克雪里罗得同志所以高喊反对雅各宾派，不正是因为他已经与吉伦特派为伍了吗？

第三个例子。关于党章第1条的争论。究竟是谁在捍卫"**我们运动中的无产阶级倾向**"，谁在强调说明工人不怕组织，无产者不同情无政府状态，无产者重视"组织起来！"的号召，谁在提醒人们防范那些浸透机会主义思想的资产阶级知识分子呢？**是社会民主党中的雅各宾派**。究竟是谁在把激进知识分子拉到党里来，谁在念念不忘大学教授和中学生、单干人物和激进青年呢？**是吉伦特派分子阿克雪里罗得伙同吉伦特派分子李伯尔**。

阿克雪里罗得同志为在我们党代表大会上公开散播的那个加给"劳动解放社"[15]多数人的"莫须有的机会主义罪名"进行辩护，可是他辩护得多么笨拙啊！他不过是重弹伯恩施坦派[21]的一些关于雅各宾主义、布朗基主义等等的陈词滥调，从而证实这个罪名有根有据罢了！他高喊什么激进知识分子的危险，无非是为了掩饰他自己在党代表大会上发表的那些念念不忘这种知识分子的言论。

使用雅各宾主义等等这些"吓人的字眼"，只是暴露出自己有**机会主义**思想罢了。同**已经意识到**本阶级利益的无产阶级的**组织**密切联系在一起的雅各宾派分子，就是**革命的社会民主党人**。留恋大学教授和中学生，害怕无产阶级专政，迷恋民主要求的绝对价值的吉伦特派分子，就是**机会主义者**。现在，把政治斗争缩小为密谋活动的思想已经在出版物上被驳斥过几千次了，它早就被实际生活驳倒和排挤掉了，群众性的政治鼓动的根本重要意义已经被阐明和反复地说明了，在这种情况下，只有机会主义者还会认为密谋组织是危险的东西。人们害怕密谋主义即布朗基主义的实际原因，并不是实际运动显露出来的某种特征(像伯恩施坦之流早就枉费心机地力图证明的那样)，而是资产阶级知识分子那种在现代社会民主党人中间常常暴露出来的吉伦特派的怯懦心理。最滑稽不过的就是新《火星报》拼命想说出一种**新意见**(其实这种意见早已有人说过几百次了)，即要人们防范40年代和60年代法国革命密谋家的策略(第62号上的社论)[98]。在即将出版的一号《火星报》上，现代社会民主党中的吉伦特派大概会给我们举出这样一批40年代的法国密谋家，对这些人来说，在工人群众中进行政治鼓动的作用，工人报纸作为党用来影响阶级的基本工具的作用，早已成了背得烂熟的起码常识。

可是，新《火星报》力图在发表新意见的幌子下重提旧事和反复咀嚼起码的常识，这决不是偶然的，而是已经陷到我党机会主义派中去的阿克雪里罗得和马尔托夫所处的地位的必然结果。处于什么样的地位，就得讲什么样的话。所以他们只好重复机会主义词句，只好**向后退**，以便从**遥远的过去**找到一点什么理由来替自己的立场辩护，但从代表大会上的斗争来看，从代表大会上形成的党内各种不同的色彩和派别划分来看，这个立场是无法辩护的。阿克雪里罗得同志除了谈一些阿基莫夫式的关于雅各宾主义和布朗基主义的深奥思想，还发了一些阿基莫夫式的怨言，说不仅"经济派"而且"政治派"也有"片面性"、过分"迷恋"的毛病等等。当你在妄自尊大、自以为比有上述一切片面性和迷恋毛病的人高明的新《火星报》上读到有关这个题目的高谈阔论时，你就会惶惑莫解地自问道：他们在描画什么人的肖像?他们从哪里听过这种对话?⁹⁹谁不知道俄国社会民主党人分成经济派和政治派的时期早已过去了呢?你们看看党代表大会以前一两年的《火星报》就会知道,反对"经济主义"的斗争还在1902年就平息下去了,完全停止了;就会知道,例如,在1903年7月(第43号),人们就认为"经济主义时代""已经完全过去了",经济主义"已经被彻底埋葬了",认为政治派的迷恋是一种明显的返祖现象。《火星报》新编辑部究竟根据什么理由重新提起这个已经被彻底埋葬了的划分呢?难道我们在代表大会上同阿基莫夫们进行斗争,是因为他们两年以前在《工人事业》上犯的那些错误吗?如果是这样,那我们就成了十足的白痴了。可是,谁都知道我们并没有这样做,我们在代表大会上同阿基莫夫们进行斗争,不是因为他们在《工人事业》上所犯的旧的、已经被彻底埋葬了的错误,而是因为他们在代表大会上发言和表决时犯了**新的错误**。我们并不是根据他们在《工人事业》上的立场,而是根据他们在代表大会上的立场来判断究竟哪些错误已经真正消除,哪些错误仍然存在,因而有争论的必要。到举行代表大会时,经济派和政治派这种旧的划分已不存在,但是各种机会主义倾向仍然存在,这些倾向曾经在讨论和表决许多问题时表现了出来,并且终于造成党的"多数派"和"少数派"的新划分。问题的全部实质在于,《火星报》新编辑部由于某些很明显的原因力图掩盖这种新的划分同我们党内**当前**机会主义的联系,因此也就不得不从新的划分退到旧的划分上去。既然不能说明新的划分的政治起源(或者说,为了表明肯于让步而想掩盖①这种起源),那就只好去反复咀嚼早已过时的旧划分。尽人皆知,

———————

① 见《火星报》第53号上普列汉诺夫关于"经济主义"的文章。在这篇文章的副题上,大概印错了几个字。"关于第二次党代表大会的几点公开意见"显然

新划分的根据是**组织**问题上的分歧，这种分歧是由组织原则（党章第1条）的争论开始，而且只有无政府主义者才干得出来的"实践"作为结束。经济派和政治派之间的旧划分的根据主要是**策略**问题上的分歧。

这种从党内生活的真正是当前迫切的更为复杂的问题退回到早已解决而现在又故意翻腾出来的问题上去的行为，新《火星报》正在竭力用一种只能称为尾巴主义的可笑的深奥思想加以辩护。阿克雪里罗得同志首创的那个贯穿在新《火星报》一切言论中的深奥"思想"，就是认为内容比形式重要，纲领和策略比组织重要，认为"组织的生命力同它所灌输给运动的那种内容的范围和意义成正比"，认为集中制不是"独立自在的东西"，不是"万应灵丹"等等等等。这是多么深奥而伟大的真理啊！纲领的确比策略重要，策略比组织重要。识字课本比词法重要，词法比句法重要，——可是，对于那些在考试句法时没有及格而现在居然因留级而骄傲和自夸的人，又能说些什么呢？阿克雪里罗得同志在组织原则问题上的议论像一个机会主义者（党章第1条），而在组织中的行动像一个无政府主义者（在同盟代表大会上）。而现在，他又在加深社会民主主义了——他说：葡萄是酸的！[100]

其实，什么是组织呢？它不过是一种形式罢了；什么是集中制呢？它并

应该是"关于**同盟**代表大会"，也许是"关于**增补**"。虽然在一定条件下可以对个人的要求作些让步，然而决不容许——不是从庸人观点而是从党的观点来看——把党所关心的一些问题混淆起来，不能把已经开始由正统派方面转到机会主义方面去的马尔托夫和阿克雪里罗得所犯的新错误问题，偷换为今天在纲领和策略的许多问题上也许愿意由机会主义方面转到正统派方面来的马尔丁诺夫们和阿基莫夫们所犯的旧错误（即现在只有新《火星报》才会想起的错误）问题。

不是万应灵丹；什么是句法呢？它并不像词法那样重要，它不过是把各个单词联结起来的一种形式罢了……《火星报》新编辑部得意地问道："如果我们说，代表大会制定党纲要比它通过一个无论怎样完善的党章更能促进党的工作的集中化，难道亚历山德罗夫同志会不同意我们的说法？"（第56号的附刊）可以设想，这个经典性的名言将要博得的广泛而持久的历史名声，不会亚于克里切夫斯基同志所说的那句名言：社会民主党也和人类一样，永远只给自己提出可以实现的任务。新《火星报》的这个深奥思想真是与此如出一辙。为什么克里切夫斯基同志的这句话遭到讥笑呢？这是因为他用了一种冒充哲学的庸俗议论来替某一部分社会民主党人在策略问题上的错误辩护，替他们不能正确地提出政治任务辩护。同样，新《火星报》也是用一种所谓党纲比党章重要、党纲问题比组织问题重要的庸俗议论，来替某一部分社会民主党人在组织问题上的错误辩护，替某些同志的那种导致无政府主义空话的知识分子的不坚定性辩护！这难道不是尾巴主义吗？这难道不是因留级而自夸吗？

通过党纲要比通过党章更能促进工作的集中化。这种冒充哲学的庸俗议论散发着多么浓厚的激进知识分子的气味，这种知识分子对资产阶级颓废思想比对社会民主主义要亲近得多！要知道，集中化这个词在这句名言里完全是从**象征**的意义上理解的。如果说这句话的人不善于或者不愿意思索，那么他们至少也应当回忆一下这个简单的事实：我们和崩得分子共同通过党纲，不仅没有使我们共同的工作集中化，而且也没有使我们避免分裂。在党纲问题上和在策略问题上的一致是保证党内团结，保证党的工作集中化的必要条件，但只有这个条件还是不够的（天啊！在今天一切概念都弄得混淆不清的时候，一个多么浅显的道理也要人翻来覆去地讲！）。为了保证党内团结，为了保证党的工作集中化，还需要有组织上的统一，而这种统一在一个已经多少超出了家庭式小组范围的党里面，如果没有正式规定的党章，没有少数服从多数，没有部分服从整体，那是不可想象的。当我们在纲领和策略的基本问题上还没有一致时，我们曾直截了当地说，我们是处在一个涣散状态和小组习气盛行的时代，我们曾直截了当地声明，在统一之前必须划清界限，我们当时还没有说到共同组织的形式，只是谈到在纲领和策略方面同机会主义斗争的那些新问题（这在当时确实是些新问题）。现在我们大家都认为，这个斗争已经保证了表述在党纲和党关于策略的决议中的充分的一致；现在我们必须采取下一个步骤，于是我们就在我们大家的同意下采取了这个步骤：我们制定了把一切小组融为一体的统一组织的**形式**。现在却有人把这些形式破坏了一半，把我们拉向后退，退到无政府主义的行为，退到无政府主义的空话，退到恢复小组来代替党的编辑部，而现在又用什么识字课本比句法更能促使文理通顺来替这种倒退辩护！

　　三年前在策略问题上盛行一时的尾巴主义哲学，现在又在组织问题上复活了。我们不妨看看新编辑部发表的这样一段议论。亚历山德罗夫同志说："战斗的社会民主主义方针，在党内应当不单单通过思想斗争，而且通过一定的组织形式来实行。"编辑部教训我们说："把思想斗争和组织形式这样相提并论，的确不坏。思想斗争是一种过程，而组织形式不过是……形式〈在第56号的附刊第4版第1栏下面确实就是这样说的！〉，这些形式应当包着一种流动的、发展着的内容，即发展着的党的实际工作。"这种说法和那种说铁弹是铁弹，炸弹是炸弹[101]的笑话毫无二致。思想斗争是一种过程，而组织形式不过是包着内容的形式！问题在于我们的思想斗争是由**较高级的**形式，即对大家都有约束力的党组织的形式包着呢，还是由过去的涣散状态和小组习气的形式包着。人们把我们从较高级的形式拉回到较原始的形式上去，并且还为此辩护，说什么思想斗争是一种过程，而形式不过是形式。这和克里切夫斯基同志很久以前把我们从策略-计划拉回到策略-过程上去是一模一样的。

我们不妨看一看新《火星报》为了反对那些似乎只顾形式却忽略了内容的人而说的这些关于"无产阶级的自我教育"的大话（第58号的社论）。难道这不是第二号阿基莫夫主义吗？头号阿基莫夫主义常拿"无产阶级斗争"的更"深刻"内容，拿无产阶级的自我教育，来替社会民主党内某一部分知识分子在策略任务的提法上的落后辩护。第二号阿基莫夫主义，现在也用组织不过是形式而整个实质在于无产阶级的自我教育这种同样深奥的理由，来替社会民主党内某一部分知识分子在组织的理论和实践问题上的落后辩护。替小兄弟操心的先生们，无产阶级是不怕组织和纪律的！无产阶级是不会去操心让那些不愿加入组织的大学教授先生和中学生先生因为在党组织的监督下工作，就被承认为党员的。无产阶级由它的全部生活养成的组织性，要比许多知识分子彻底得多。对我们的纲领和我们的策略已经有所认识的无产阶级，是不会用形式不如内容重要的口实来替组织上的落后辩护的。并不是无产阶级，而是我们党内**某些知识分子**，在组织和纪律方面缺乏**自我教育**，在敌视和鄙视无政府主义空话方面缺乏**自我教育**。正如头号阿基莫夫们从前诬蔑无产阶级，说它还没有成熟到进行政治斗争的地步一样，现在第二号阿基莫夫们也在诬蔑无产阶级，说它还没有成熟到组织起来的地步。已经成为自觉的社会民主主义者并感到自己是党的一员的无产者，也一定会像他从前用十分鄙视的态度斥责策略问题上的尾巴主义那样来斥责组织问题上的尾巴主义。

日内瓦大学图书馆。列宁曾在此写作《进一步，退两步》一书

　　最后，请看一看新《火星报》的那位"实际工作者"的深奥思想吧。他说："建立一个能将革命家的**活动**〈用黑体是为了加深意思〉统一集中起来的'战斗的'集中组织的思想，即使被人正确理解，也只有在**有了**这种活动的时候才会自然实现〈真是既新颖又聪明〉；组织本身作为一种形式〈注意，听着！〉，只能**随着**〈这里以及这段引文里其他各处的黑体，都是原作者用的〉构成其内容的革命工作的开展而成长起来。"（第57号）这岂不又一次使我们想起民间故事里的那个看到人家送葬时高喊"但愿你们拉也拉不完"的人物吗?[61]大概，我们党内没有哪一个实际工作者（不带引号的）不了解：我们活动的形式（即组织）老早就落在内容的后面了，并且落后得太远了；只有党内的伊万努什卡才会向落在后面的人们喊：齐步前进！不要抢先！不妨拿我们党和崩得比较一下。毫无疑义，我们党的工作**内容**[①]要比崩得的工作内容丰富、多样、广泛、深入得多。理论规模更巨大，纲领更成熟，对工人群众（不仅对有组织的手工业者）的影响更广泛更深刻，宣传鼓动工作更多样，在先进分子和普通分子那里的政治工作的脉搏更活跃，在游行示威和总罢工时开展的**人民**运动更壮阔，在非无产者阶层中进行的活动更有力。可是"形式"怎样呢?我们工作的"形式"同崩得工作的形式比起来竟落后到不能容忍的地步，落后得使每一个对自己党内事务不"袖手旁观"的人都感到痛心和羞愧。工作的组织比工作的内容落后，是我们的一个弱点，并且远在召开代表大会以前，远在

---

　　①且不必说，我们党的工作**内容**在代表大会上是按革命社会民主党的精神确定的（在纲领等等中），这只是**用斗争的代价**换来的，是我们同那些反火星派分子以及在"少数派"内占大多数的泥潭派分子斗争的结果。关于"内容"问题，如把旧《火星报》所出版的6号（第46—51号）同新《火星报》所出版的12号（第52—63号）比较一下，那也是很有趣的。但这只好另外有机会再说了。

组委会成立以前，就已经是我们的一个弱点了。由于形式不成熟、不牢固，我们无法采取继续前进的重大步骤来发展内容，因而造成了可耻的停滞，力量的浪费，言行的不一。大家都为这种言行不一而大伤脑筋，可是阿克雪里罗得们和新《火星报》的"实际工作者们"，却在这时来鼓吹他们的深奥思想：形式只应当随着内容自然地成长起来！

请看，如果有人想**加深**谬论并从哲学上替机会主义词句找根据，那么在组织问题（党章第1条）上所犯的小错误就会导致什么样的结果吧。要慢慢地走，要小心翼翼地曲折前进！[102]——从前我们就听见有人在策略问题上唱这个调子；现在我们又听见有人在组织问题上唱这个调子。**组织问题上的尾巴主义**是**无政府个人主义者**的心理的自然的和必然的产物，只要他开始把自己的（起初也许是偶然的）无政府主义倾向上升**为观点的体系**，上升为一种特别的**原则意见分歧**，就会是这种情况。在同盟代表大会上，我们看见了这种无政府主义的开端；在新《火星报》上，我们又看见有人企图把它上升为观点的体系。这种企图十分明显地证实了我们在党代表大会上已经表示过的意见：参加社会民主主义运动的资产阶级知识分子的观点跟意识到本阶级利益的无产者的观点是不同的。例如，新《火星报》的那位"实际工作者"（他的深奥思想我们已经领教过了）揭发我，说我把党想象成一个"大工厂"，厂长就是中央委员会（第57号的附刊）。这位"实际工作者"根本没有料到，他提出来的这个吓人的字眼一下子就暴露出既不了解无产阶级组织的实际工作又不了解无产阶级组织的理论的资产阶级知识分子的心理。工厂在某些人看来不过是一个可怕的怪物，其实工厂是资本主义协作的最高形式，它把无产阶级联合了起来，使它纪律化，教它学会组织，使它成为其余一切被剥削劳动群众的首脑。马克思主义是由资本主义训练出来的无产阶级的思想体系，正是马克思主义一贯教导那些不坚定的知识分子把工厂的剥削作用（建筑在饿死的威胁上面的纪律）和工厂的组织作用（建筑在由技术高度发达的生产条件联合起来的共同劳动上面的纪律）区别开来。正因为无产阶级在这种工厂"学校"里受过训练，所以它特别容易接受资产阶级知识分子难以接受的纪律和组织。对这种学校怕得要死，对这种学校的组织作用一无所知，这正是那些反映小资产阶级生存条件的思想方法的特点，这种思想方法产生了德国社会民主党人叫做Edelanarchismus的无政府主义，即"贵族式的"无政府主义，我说也可以把它称做老爷式的无政府主义。这种老爷式的无政府主义在俄国虚无主义者身上是特别突出的。党的组织在他们看来是可怕的"工厂"；部分服从整体和少数服从多数在他们看来是"农奴制"（见阿克雪里罗得的小品文），他们一听见在中央领导下实行分工，就发出可悲又可笑的号叫，反对把人们变成"小轮子和小螺丝钉"（在这方面他们认为特别可怕的，就是把编辑变成撰稿人），他们一听见别人提起党的组织章程，就做出一副不屑一顾的样子，轻蔑地说（对"形式主义者"），完全不要章程也可以。

这是难以置信的，但这是事实。马尔托夫同志在《火星报》第58号上就是这样教训我的，并且为了更加使人信服，还从《给一位同志的信》里引了我本人的话。举一些涣散时代的例子，小组时代的例子，来替在党性时代保持和赞美小组习气、无政府状态**辩护**，这难道不是"老爷式的无政府主义"，这难道不是尾巴主义吗？

为什么从前我们不需要章程呢？因为当时党是由一些彼此没有任何组织联系的单个小组组成的。当时由这一小组转到另一小组，只是个人"自愿"的事情，并没有任何正式规定的整体意志作为他的行动的准绳。各个小组内部的争论问题不是按照章程，"**而是用斗争和**

退出相威胁”来解决，正如我在《给一位同志的信》①里根据许多小组特别是我们六人编辑小组的经验所说的那样。在小组时代，这种现象是自然的和不可避免的，可是谁都没有想到要赞美它，没有认为它是理想的；大家都埋怨过这种涣散状态，大家都为此感到苦恼，渴望把各个零星小组融为一个正式的党组织。现在，这种融合实现了，却有人把我们拉向后退，用冒充最高组织观点的无政府主义的空话来款待我们！在那些过惯了穿着宽大睡衣、趿拉着拖鞋的奥勃洛摩夫¹⁰³式的家庭式小组生活的人们看来，正式章程是太狭隘、太狭窄、太累赘、太低级了，太官僚主义化、太农奴制度化了，太约束思想斗争的自由“过程”了。老爷式的无政府主义不了解，正式章程所以必要，正是为了用广泛的党的联系来代替狭隘的小组联系。一个小组内部或各个小组之间的联系，在过去是不需要规定的，也是无法规定的，因为这种联系是靠朋友关系或盲目的、没有根据的“信任”来维持的。党的联系不能而且也不应当靠这两种东西来维持。党的联系一定要以**正式的**，即所谓“用官僚主义态度”（在自由散漫的知识分子看来）制定的章程为基础，也只有严格遵守这个章程，才能保证我们摆脱小组的刚愎自用，摆脱小组的任意胡闹，摆脱美其名为思想斗争的自由“过程”的小组争吵。

新《火星报》编辑部打出的一张反对亚历山德罗夫的王牌，就是用教训的口吻指出：“信任是一种微妙的东西，决不能把它钉到人心和脑袋里去。”（第56号的附刊）编辑部不了解，正是提出信任——**单纯的**信任——这一范畴本身，再一次把它那种老爷式的无政府主义和组织上的尾巴主义暴露了出来。当我还只是一个小组——无论《火

---

①见《列宁全集》第2版第7卷第18页。——编者注

星报》六人编辑小组或《火星报》组织——的成员时,譬如我为了说明我不愿意同某某人在一起工作,我有权拿那种盲目的、没有根据的不信任当做唯一的借口。当我成了一个党员时,**我就没有权利**只凭感情来表示不信任了,因为我这样做,便给以前小组习气盛行时代的一切任意胡闹和刚愎自用的现象大开方便之门;**我有责任**用正式的理由,即根据我们的纲领、我们的策略、我们党章中某一项正式规定的原则来说明我为什么"信任"或"不信任";我就不能只限于盲目的"信任"或"不信任",而必须承认我自己的决定以及党内任何一部分的一切决定都要对全党**负责**;我必须遵照**正式规定的**手续来表示自己的"不信任",来实现根据这种不信任所得出的观点和愿望。我们已经从盲目"信任"的**小组**观点,提高到**党**的观点。党的观点要求我们按照受监督的和正式规定的手续,来表示和**检查**信任,可是编辑部却把我们拉向后退,并把自己的尾巴主义叫做新的组织观点!

请看,我们的所谓党的编辑部是怎样议论那些可能要求派代表参加编辑部的著作家小组的。时时处处都藐视纪律的老爷式的无政府主义者教训我们说:"我们不会发怒,我们不会叫起纪律来。"假如提出这种要求的是一个明白事理的集团,我们就同它"达成协议"(原文如此!);不然我们就对它的要求置之一笑。

你看,这该是一种多么高贵的与庸俗的"工厂式的"形式主义针锋相对的态度呀!其实,这只是编辑部赠给党的一套略加修饰的、充满小组习气的辞令,编辑部感到它不是一个党的机关,而是旧时小组的残余。这种立场的内在的虚伪性,必然会产生**无政府主义的**深奥思想,这种深奥思想把涣散状态推崇为社会民主党组织的**原则**,同时在口头上又伪善地把这种涣散状态说成是早已过去了的事情。根本不需要什么由上下各级党机关构成的体系,因为在老爷式的无政府主义看来,这种体系不过是办公室里拟制的司厅科股等等的玩意(见阿克雪里罗得的小品文);根本不需要什么部分服从整体的原则,根本不需要对**党的**"达成协议"或划清界限的办法作出"形式主义和官僚主义的"规定,还是让人们去空谈"真正社会民主主义的"组织方法,崇尚旧时的小组争吵吧。

正是在这方面,受过"工厂"训练的无产者可以而且应当来教训无政府个人主义。觉悟的工人早已脱离了害怕同知识分子打交道的幼稚状态。觉悟的工人善于尊重他在知识分子社会民主党人那里发现的比较丰富的知识、比较广阔的政治视野。可是,随着我们**真正的**政党的形成,觉悟的工人应当学会辨别无产阶级军队的战士的心理和爱说无政府主义空话的资产阶级知识分子的心理,应当学会不仅**要求**普通党员,而且**要求**"上层人物"履行党员的义务,应当学会像他很久以前蔑视策略问题上的尾巴主义那样,来蔑视组织问题上的尾巴主义!

新《火星报》在组织问题上的立场的最后一个特点,是同吉伦特主义[104]和老爷式的无政府主义密切联系在一起的:这就是维护**自治制**,反对集中制。关于官僚主义和专制的号叫,关于"非火星派分子〈在代表大会上维护自治制的非火星派分子〉受到不应有的忽视"的惋惜,关于有人要求别人"唯命是从"的滑稽喊叫,关于"庞巴杜尔作风"的伤心抱怨等等,正是含有这样的原则的意思(如果有的话①)。任何一个党的机会主义派总是维护任何一种落后表现,为它辩护,无论在纲领方面、策略方面或组织方面都是如此。新《火星报》维护组织方面的落后表现(尾巴主义),是同维护**自治制**密切联系着的。诚然,

---

① 这里我也和在本节其他地方一样,把这些号叫的"增补"的意思撇开不谈。

一般说来,经过旧《火星报》三年来的宣传揭露,自治制已经名声很坏了,因此新《火星报》公开维护自治制未免**还**有些害羞;它还硬要我们相信它喜欢集中制,不过它用来证明这一点的,只是集中制这个词用了黑体罢了。其实,只要稍微考察一下新《火星报》的"真正社会民主主义的"(不是无政府主义的吗?)所谓集中制的"原则",处处都会发现自治制的观点。难道现在不是所有的人都清楚看到阿克雪里罗得和马尔托夫在组织问题上已经转到阿基莫夫那里去了吗?难道他们自己不是用所谓"非火星派分子受到不应有的忽视"这句名言郑重地承认了这一点吗?难道阿基莫夫和他的朋友们在我们党的代表大会上所维护的不是自治制吗?

马尔托夫和阿克雪里罗得在同盟代表大会上所维护的正是自治制(如果不是无政府主义的话),当时他们令人可笑地竭力证明:部分不应当服从整体,部分在决定自己对整体的关系时可以有自治权,确定这种关系的国外同盟章程可以在违反党内多数的意志、违反党中央机关的意志的情况下生效。现在马尔托夫同志在新《火星报》(第60号)上说到中央委员会指定地方委员会委员问题时公开维护的也正是自治制[105]。我不来谈马尔托夫同志在同盟代表大会和现在在新《火星报》上用来维护自治制的那些幼稚的诡辩①,我认为这里重要的是,应当指出他有**维护自治制**、**反对集中制**的明显倾向,这种倾向是组织问题上的机会主义所固有的根本特征。

在新《火星报》(第53号)上拿"形式主义和**民主主义的**原则"(黑

---

①马尔托夫同志列举党章各项条文时,恰巧**遗漏**了说明整体对部分的关系的一条:中央委员会"分配全党人力"(第6条)。如果不能把工作人员从一个委员会调到另一个委员会,那还怎么分配人力呢?这样一个浅显的道理还需要加以说明,真叫人感到难为情。

体是原作者用的)和"形式主义和**官僚主义的**原则"相对照,要算是**分析**官僚主义这个概念的唯一尝试了。这种对照(可惜,这种对照也像提到非火星派分子时那样没有加以发挥,没有加以阐明),也多少有些道理。官僚主义对民主主义,这也就是集中制对自治制,也就是革命社会民主党的组织原则对社会民主党机会主义派的组织原则。后者力求自下而上地来行动,因此在凡是可能的地方和凡是可能的程度内,都坚决主张实行自治制,主张实行达到(在那些狂热坚持这点的人们那里)无政府主义地步的"民主主义"。前者力求由上层出发,坚决主张扩大中央对于部分的权利和权限。在涣散状态和小组习气盛行的时代,这种上层机关(革命社会民主党力求在组织上由它出发)必然是一个由于自己的活动和自己的革命彻底性而享有极大威信的小组(在我们这里就是《火星报》组织)。在恢复党的真正统一并在这个统一的基础上解散各个过了时的小组的时代,这种上层机关必然是**党的代表大会**,即党的最高机关;代表大会尽可能把各个积极组织的所有代表团结起来,任命中央机关(它的成分往往使党内的先进分子而不是落后分子比较满意,让党内的革命派而不是机会主义派比较喜欢),使它们成为党的最高机关,直到召开下届代表大会为止。至少在欧洲社会民主党人那里情况是如此,而且这种为无政府主义者所深恶痛绝的惯例在亚洲社会民主党人中间也开始流行起来,虽然流行得很慢,不免要遇到困难,不免要遇到斗争,不免要遇到无谓争吵。

非常值得指出的是,我在上面所谈到的组织问题上的机会主义的这些根本特征(自治制、老爷式的或知识分子的无政府主义、尾巴主义和吉伦特主义),在世界各国社会民主党内,凡是划分为革命派和机会主义派的(试问在什么地方没有这种划分呢?),都可以看到,只是作相应的改变(mutatis mutandis)罢了。这种情形最近在德国社会民主党内暴露得特别明显，因为第20号萨克森选区竞选的失败（所谓格雷事件①）把党的组织**原则**提到日程上来了。由这一事件引起了原则问题，这主要是德国机会主义者推波助澜的结果。格雷(他从前是一个牧师，又是一本不无名气的书《当工厂工人的三个月》的作者，是德累斯顿代表大会上的"主角"之一)本人是一个顽固的机会主义者，于是彻底的德国机会主义者的机关刊物《社会主义月刊》[107]就立刻来为他"鸣不平"。

纲领上的机会主义，自然是同策略上的机会主义和组织问题上的机会主义相联系的。当时出面陈述"新"观点的是沃尔弗冈·海涅同志。为了向读者说明这个参加社会民主党并带来机会主义思想习气的典型知识分子的面目，只要指出沃尔弗冈·海涅同志是一个比德国的阿基莫夫同志小一点而比德国的叶戈罗夫同志大一点的人物就够了。

沃尔弗冈·海涅同志在《社会主义月刊》上，也像阿克雪里罗得同志在新《火星报》上那样大举进攻。单是文章的标题《对格雷事件的几点民主意见》(《社会主义月刊》4月第4期)，就已经很了不起。内容也同样非比寻常。沃·海涅同志反对"侵犯选区自治权"，捍卫"民主原则"，抗议"委任的上司"(即党中央执行委员会)干涉人民自由选举议

---

① 格雷1903年6月16日曾在第15号萨克森选区里被选为国会议员，但他在德累斯顿代表大会[106]以后辞去了议员职务。第20号选区在议员罗森诺死后出现空缺，该区选民又想推举格雷为候选人。党中央执行委员会和萨克森中央鼓动委员会对此表示反对，虽然它们没有权利正式禁止推举格雷为候选人，但是它们终于使格雷放弃了候选人的资格。在这次选举中，社会民主党人遭到了失败。

员。沃·海涅同志教训我们说,问题并不在于一次偶然事件,而在于一种总的倾向,即**"党内的官僚主义和集中制倾向"**,对这种倾向,据说过去人们就有所觉察,但是现在变得特别危险了。必须"在原则上承认:党的地方机关是党的生活的体现者"(这是从马尔托夫同志所写的《又一次处在少数地位》这本小册子中抄来的)。不要"习惯于让一切重要政治决定都出自一个中央机关",党要防备"脱离实际生活的教条政策"(这是从马尔托夫同志在党代表大会上大谈"实际生活一定会显示自己的力量"那篇发言中借用来的)。沃·海涅同志加深自己的论据说:"如果细心观察事物的根源,如果把这次也和任何时候一样起过不小作用的种种个人冲突撇开不谈,那么我们就会看到,这种激烈反对**修正主义者**的斗争〈黑体是原作者用的,大概是暗示"对修正主义的斗争"和"对修正主义者的斗争"这两个概念的区别吧〉,主要是党内的官方人士对**'局外人'**〈沃·海涅显然还没有读过那本论反对戒严状态的小册子,因此只好借用一个英国习惯用语:Outsidertum〉不信任,传统对一切异乎寻常的现象不信任,没有个性的机关对一切有个性的东西不信任〈见阿克雪里罗得在同盟代表大会上提出的关于反对压制个人主动性的决议案〉,一句话,就是我们在前面所说明的那种倾向,即党内的官僚主义和集中制倾向。"

"纪律"这个概念在沃·海涅同志的心里所引起的高尚愤怒,并不亚于阿克雪里罗得同志。他写道:"有人指责修正主义者缺乏纪律,是因为他们给《社会主义月刊》写过文章,有人甚至不愿承认这个刊物是社会民主主义的,因为它不受**党的监督**。单是这种试图缩小'社会民主主义'这一概念的做法,单是这种让人们在应当普遍实行绝对自由的思想生产方面**遵守纪律**的要求〈请回忆一下所谓思想斗争是一个过程,而组织形式不过是形式的说法〉,就足以证明官僚主义和压制个性的倾向了。"接着沃·海涅又滔滔不绝地百般攻击这种创造"**一个包罗万象的、尽量集中化的巨大组织，一个策略，一个理论**"的可恨倾向，攻击"绝对服从"、"盲目服从"的要求，攻击"简单化的集中制"等等，真是一字不差地"模仿阿克雪里罗得"。

沃·海涅所挑起的争论激烈起来了，因为在德国党内这个争论没有掺杂什么由增补问题引起的无谓争吵，因为德国的阿基莫夫们不仅在代表大会上而且经常在专门的机关刊物上暴露自己的面目，所以这次争论很快就变成了对正统思想和修正主义在组织问题上的原则倾向的分析。以革命派（它当然也和我们这里一样被人加上"独裁"和"宗教裁判"等等的可怕罪名）代表之一的资格出面说话的，是卡·考茨基（《新时代》[75]1904年第28期的《选区和党》——《Wahlkreis und Partei》一文）。他说，沃·海涅的论文"表明整个修正主义派的思想进程"。不仅在德国，而且在法国，在意大利，机会主义者都在竭力维护自治制，力图削弱党的纪律，力图把党的纪律化为乌有，他们的倾向到处都在导向**瓦解组织**，导向把"民主原则"歪曲为**无政府主义**。卡·考茨基教训组织问题上的机会主义者说："民主并不是没有权力，民主并不是无政府状态，民主是群众对他们委任的代表的统治，它不同于冒充人民公仆而实际上是人民统治者的其他权力形式。"卡·考茨基在详细考察了各国机会主义的自治制所起的瓦解组织的作用后指出，正是由于"**大批资产阶级分子**"①参加社会民主党，才使机会主义、自治制和违反纪律的倾向严重起来，并且一再提醒说，"组织是无产阶级解放自己的武器"，"组织是无产阶级所特有的阶级斗争的

---

①卡·考茨基把**饶勒斯**拿来作例子。这种人愈是倾向于机会主义，他们也就"必然觉得党的纪律对于他们的自由个性是一种不可容许的约束"。

武器"。

德国的机会主义比法意两国的弱些,所以德国的"自治制倾向,暂时还只表现为唱一些反对独裁者和大宗教裁判者,反对开除教籍①和追究异端的相当动听的高调,表现为无休止的吹毛求疵和无谓争吵,而对这种吹毛求疵和无谓争吵加以分析,又只会引起无休止的口角"。

俄国党内的机会主义比德国的更弱,所以俄国的自治制倾向所产生的东西,其思想成分更少,"动听的高调"和无谓争吵的成分更多,这原是不足为奇的。

难怪考茨基要作出结论说:"也许,世界各国修正主义在任何其他问题上,都不像在组织问题上表现得那样性质一致,虽然其形态各不相同,色彩互有差异。"在谈到正统思想和修正主义在这方面的基本倾向时,卡·考茨基也用了"吓人的字眼":官僚主义对(Versus)民主主义。卡·考茨基写道:据说,给党的执行委员会一种权利,让它对各地方选区选择候选人(国会议员候选人)施加影响,就是"无耻地侵犯民主原则,因为民主原则要求全部政治活动自下而上地由群众独立自主地进行,而不是自上而下地用官僚主义的办法进行…… 但是,如果说有什么真正民主的原则,那它就是多数应比少数占优势,而不是相反……" 任何一个选区选举国会议员都是关系全党的一个重要问题,所以党至少应当经过党所信任的人(Vertrauensmänner)对指定候选人施加影响。"如果谁觉得这太官僚主义化或太集中化,他不妨提出由全体党员(Sämtliche Parteigenossen)来直接表决候选

①德语Bannstrahl(开除教籍)这个词,可以说是俄语的"戒严状态"和"非常法"的同义语。这是德国机会主义者的"吓人的字眼"。

人。既然这办不到，那就不必抱怨说，这项职能也同其他许多有关全党的职能一样由党的一个或几个机关来执行，就是缺乏民主精神。"按照德国党的"习惯法"，从前各个选区也是就提出某某人为候选人的问题同党的执行委员会进行"同志式的商议"的。"可是党现在已经太大了，这个不言而喻的习惯法已经不够了。当人们不再承认习惯法为不言而喻的东西时，当这个习惯法规定的内容以及这个习惯法本身的存在都引起争议时，那它就不成其为法了。因而绝对需要精确地规定这个法，把它明文规定下来……"作更加"精确的章程性的规定(statutarische Festlegung)①，从而加强组织的严格性(größere Straffheit)"。

这样你们就看到：在另一个环境中也有同样的斗争，即党内机会主义派和革命派在组织问题上的斗争，有同样的冲突，即自治制同集中制的冲突，民主主义同"官僚主义"的冲突，削弱组织和纪律严格性的倾向同加强组织和纪律严格性的倾向的冲突，不坚定的知识分子的心理同坚定的无产者的心理的冲突，知识分子的个人主义同无产阶级的团结精神的冲突。试问，**资产阶级民主派**——不是捉弄人的历史仅仅私下里许诺有朝一日会指给阿克雪里罗得同志看的那个资产阶级民主派，而是实实在在的资产阶级民主派，它在德国也有一些聪明敏锐的代表人物[109]先生们，——当时是怎样对待这种冲突的呢？德国的资产阶级民主派马上起来对这个新的争论作出反应，并且也和俄国的资产阶级民主派一样，也和任何

---

①把卡·考茨基这些关于用正式规定的章程性法规代替不言而喻的习惯法的意见，拿来和我们党尤其是编辑部从党代表大会以来所经历的全部"变更"对照一下，是很有教益的。参看维·伊·查苏利奇的发言(在同盟代表大会上，见第66页及以下各页)，她未必能领会现在发生的这种变更的全部意义。[108]

时候任何地方的资产阶级民主派一样,竭力支持社会民主党内的机会主义派。德国交易所资本家的著名的《**法兰克福报**》[110]发表了一篇气势汹汹的社论(1904年4月7日《法兰克福报》第97号晚上版),它表明肆无忌惮地抄袭阿克雪里罗得的言论简直已经成了德国报刊的一种流行病。法兰克福交易所的威风凛凛的民主派分子大肆攻击社会民主党内的"专制"、"党内独裁"、"党内首长的专制统治",攻击打算用来"惩罚整个修正主义"(请回忆一下"莫须有的机会主义罪名"这句话)的"开除教籍"的做法,攻击"盲目服从"、遵守"死板纪律"的要求,攻击"唯命是从"、把党员变成"政治僵尸"(这比讲小螺丝钉和小轮子厉害得多!)的要求。交易所的骑士们看到了社会民主党内的反民主的制度,不禁愤愤不平地说:"请看,任何个人特性,任何个性都要加以取缔,因为它们有产生法国那样的情况,即产生饶勒斯主义和米勒兰主义[34]的危险,辛德曼〈在萨克森社会民主党人代表大会上〉叙述这个问题时就直截了当地这样说过。"

————

总之,如果说新《火星报》关于组织问题的新字眼有什么原则含义,那么毫无疑问,这就是机会主义的含义。证实这个结论的,既有对我们那次分成革命派和机会主义派的党代表大会的全部分析,又有欧洲**各国**社会民主党的实例,在这些社会民主党内,组织问题上的机会主义也是用同样的倾向和同样的责难表现出来的,并且往往用的是同样的字眼。当然,各国党的民族特点和各国政治条件的不同都会发生相当的影响,因而使得德国机会主义完全不同于法国机会主义,法国机会主义完全不同于意大利机会主义,意大利机会主义完全不同于俄国机会主义。但是,虽然有上述种种条件的差别,所有这些党内的革命派和机会主义派之间的基本划分显然是相同的,机会主义在组织问题上的思想过程和倾向显然是相同的。①由于在我国马克思主义者和我国社会民主党人中间有许多激进知识分子的代表人物,所以由这种知识分子心理产生的机会主义不论过去或现在都必然在各个不同的方面用各种不同的形式表现出来。我们曾经在我们世界观的基本问题上,即在纲领问题上,同机会主义进行了斗争,目的方面的根本分歧不可避免地使那些把我国合法马克思主义弄得声名狼藉的自由派同社会民主党人完全分道扬镳。后来我们在策略问题上同机会主义进行了斗争,我们同克里切夫斯基和阿基莫夫两位同志在这个比较次要问题上的分歧自然只是暂时的,并没有弄到各自成立政党的地步。现在我们应当克服马尔托夫和阿克雪里罗得在组织问题上的机会主义,这些问题同纲领问题和策略问题相比当然更少具有根本意义,但是它们在目前却出现在我们党的生活的前台。

谈到同机会主义作斗争,任何时候都不应当忘记整个现代机会主义在各个方面表现出来的特征:模棱两可,含糊不清,不可捉摸。机会主义者按其本性来说总是回避明确地肯定地提出问题,谋求不偏不倚,在两种互相排斥的观点之间像游蛇一样蜿蜒爬行,力图既"同

①现在谁也不会怀疑,俄国社会民主党人过去在策略问题上分成经济派和政治派,同整个国际社会民主党分为机会主义派和革命派是一样的,尽管马尔丁诺夫和阿基莫夫同志同冯·福尔马尔和冯·埃尔姆同志,或同饶勒斯和米勒兰有很大的区别。同样,在组织问题上的基本划分也毫无疑义是相同的,尽管没有政治权利的国家和有政治自由的国家之间的条件大不相同。极其值得注意的是,讲原则的新《火星报》编辑部稍稍涉及了一下考茨基和海涅的争论(第64号),便畏缩地避开了一切机会主义派和一切正统派在组织问题上的原则倾向问题。

意"这一观点,又"同意"另一观点,把自己的不同意见归结为小小的修正、怀疑、天真善良的愿望等等。纲领问题上的机会主义者爱德·伯恩施坦同志是"同意"党的革命纲领的,虽然他本来显然想"根本改良"这个纲领,但是他认为这样做是不合时宜的,是不适当的,还不如阐明"批判"的"一般原则"(主要是用无批判的态度抄袭资产阶级民主派的原则和字眼)来得重要。策略问题上的机会主义者冯·福尔马尔同志也是同意革命社会民主党的老的策略的,也是多半只限于唱唱高调,提出小小的修正,讲几句风凉话,而根本不提出任何明确的"内阁主义的"策略。组织问题上的机会主义者马尔托夫同志和阿克雪里罗得同志,也是直到现在并没有提出什么可以"用章程确定下来的"明确的原则论点,尽管人们一再公开提醒他们这样做;他们本来也愿意,非常愿意"根本改良"我们的组织章程(《火星报》第58号第2版第3栏),但是他们宁愿先来讲"一般组织问题"(因为如果按新《火星报》精神把我们这个不管第1条如何但毕竟是集中制的章程实行一番真正根本的改良,那就必然会导致自治制,可是马尔托夫同志当然甚至在自己面前也不愿意承认自己**在原则上**是倾向自治制的)。因此,他们在组织问题上的"原则"立场,也就来得五花八门:多半是唱一些所谓专制和官僚主义、所谓盲目服从、小螺丝钉和小轮子等等幼稚的动听的高调,——这种高调是如此幼稚,以致使人很难确定其中所包含的哪些真正是原则的意思,哪些真正是增补问题的意思。可是他们愈陷愈深:他们企图对他们所仇恨的"官僚主义"加以分析并下一个确切的定义,就不可避免地要导向自治制;他们企图"加深"和论证自己的观点,就不可避免地要为落后现象辩护,走向尾巴主义,陷入吉伦特主义的空谈。最后,就出现了**无政府主义**原则,它是作为唯一的、真正明确的、因而在实践上表现得特别明显的(实践总是走在理论前面的）原则表现出来的。藐视纪律——自治制——无政府主义，这就是我们那个组织上的机会主义时而爬上时而爬下的梯子，它从一个梯级跳到另一个梯级，巧妙地回避明确说出自己的原则。[①]在纲领和策略上的机会主义那里，也可以看到同样的阶梯：藐视"正统思想"、虔诚信仰、狭隘死板——修正主义的"批评"和内阁主义——资产阶级民主。

在一切现代机会主义者尤其是我国少数派的一切著作中发出的那种绵延不断的**委屈**声调，都是同仇恨纪律的心理有密切联系的。据说，有人在迫害他们，排挤他们，驱逐他们，围困他们，驱策他们。在

---

①现在，回想一下党章第1条的争论，就会清楚地看到，马尔托夫同志和阿克雪里罗得同志在党章第1条问题上的错误的发展和加深，**必然**导向组织上的机会主义。马尔托夫同志的基本思想，即自行列名入党，正是虚伪的"民主主义"，是自下而上建立党的思想。相反，我的思想所以是"官僚主义化的"，就是因为我主张自上而下，由党代表大会到各个党组织来建立党。无论是资产阶级知识分子的心理也好，无论是无政府主义的词句也好，无论是机会主义的、尾巴主义的深奥思想也好，都是在对党章第1条的争论中就显露了出来。马尔托夫同志在《戒严状态》这本小册子（第20页）中说新《火星报》上"开始了思想工作"。这种说法在某种意义上是正确的，因为他和阿克雪里罗得确实是从党章第1条开始把思想按新方向推进的。只是不幸这个新方向是机会主义的方向。他们愈顺着**这个**方向"工作"下去，他们的这种工作愈脱离增补问题的无谓争吵，他们也就愈陷到泥潭里去。普列汉诺夫同志在党代表大会上已经清楚地看出了这一点，并且他在《不该这么办》一文中又再次警告他们说：我甚至情愿把你们增补进来，只是希望你们不要顺着这条只会走到机会主义和无政府主义去的道路走下去。——但马尔托夫和阿克雪里罗得两人并没有接受这个忠告，他们说：怎么？不顺着这条路走？要赞同列宁所说增补不过是一种无谓争吵的意见吗？绝对不行！我们要向他表明我们是些讲原则的人！——果然表明了。他们已经向大家具体地表明了，如果说他们有什么新的原则，那就是机会主义的原则。

这些字眼里流露出来的真实心理和政治真相,大概要比编造被驱策者和驱策者[111]这种诙谐而动听的笑话的人自己所预料的多得多。的确,拿我们党代表大会的记录来看,就可以看到少数派都是一些在某个时候和因为某件事情在革命社会民主党那儿受到委屈的人。这中间有崩得分子和工人事业派[112]分子,我们让他们"委屈"得退出了代表大会;这中间有南方工人派分子,他们因为一切组织尤其是他们自己的组织被取消而受到极大的委屈;这中间有马霍夫同志,他每次发言的时候都受到了委屈(因为他每次总要出丑);最后,这中间还有马尔托夫同志和阿克雪里罗得同志,他们受到的委屈,就是他们因为党章第1条而被加上了"莫须有的机会主义罪名",就是他们在选举中遭到了失败。所有这些令人伤心的委屈,都不像许多庸人至今想象的那样,是由于什么人说了不可容许的挖苦话,作了激烈的攻讦,进行了狂热的论战,由于什么人粗野地甩门,什么人挥舞拳头进行威胁等等偶然引起的结果,而是由于《火星报》整个三年思想工作必然产生的政治结果。既然我们在这三年中不是光耍耍嘴皮子,而是表示了一种应该转变成行动的信念,所以,我们在代表大会上也就不能不对反火星派和"泥潭派"进行斗争。在我们同站在前列勇敢地进行过斗争的马尔托夫同志一起把这样一大堆人再三地委屈过以后,我们只是稍微把阿克雪里罗得同志和马尔托夫同志委屈一下,他们就受不了了。量转变成了质。发生了否定的否定。所有受到委屈的人忘记了相互间的嫌隙,痛哭流涕地彼此拥抱在一起,并扯起了旗帜,举行"反对列宁主义的起义"①。

①这种惊人之语是马尔托夫同志创造的(《戒严状态》第68页)。马尔托夫同志一直想等到他那方面凑够五个人时举行"起义"来反对我一个人。马尔托夫同志所采用的论战手法并不高明,他想用拼命恭维对手的办法来消灭对手。

当先进分子起义反对反动分子时，起义是一件大好事。革命派举行起义反对机会主义派，这是很好的。机会主义派举行起义反对革命派，那就是坏事了。

普列汉诺夫同志只得以可以说是战俘的身份参加到这种坏事中去。他抓住起草支持"多数派"的某些决议的人的个别不恰当的词句，竭力"泄愤出气"，并高声叹息道："穷得可怜的列宁同志啊！他的正统派拥护者们真是太妙了！"（《火星报》第63号的附刊）

可是，普列汉诺夫同志，如果说我穷得可怜，那么，新《火星报》编辑部就应该是十足的叫化子了。无论我怎样穷，我总还没有落到如此绝对贫困的地步，以致只好闭起眼来不看党代表大会，而到某些地方委员会委员的决议中找材料来锻炼自己的机智。无论我怎样穷，我总比某些人富千百倍，他们的拥护者不是偶尔说出一两句不恰当的话，而是在一切问题上，不论在组织问题上也好，在策略问题或纲领问题上也好，都死死抓住同革命社会民主党原则相反的原则不放。无论我怎样穷，我总还没有穷到只好把这样一些拥护者赠给我的颂词**向公众隐瞒起来**的地步。可是新《火星报》编辑部却不得不这样做。

读者们，你们知道俄国社会民主工党沃罗涅日委员会[113]是个什么样的组织吗？如果你们不知道，可以读一读党代表大会的记录。你们从那里可以看出，这个委员会的方向完全由阿基莫夫和布鲁凯尔两同志表现了出来，这两位同志在代表大会上对我们党的革命派进行过全面的斗争，并且多次被大家——从普列汉诺夫同志起到波波夫同志止——列为机会主义者。正是这个沃罗涅日委员会在它的一月份的传单（1904年1月第12号）上声明说：

"去年在我们不断发展的党内，发生了一件对于党有重要意义的大事件：举行了俄国社会民主工党第二次代表大会,即由党的组织的代表参加的大会。召集党代表大会本是一件很复杂的事情,而在君主制的条件下更是一件很冒险很困难的事情,因此难怪召集这次代表大会的工作做得**很不完善**;代表大会本身虽然完全顺利地举行过了,可是并没有满足党对它提出的一切要求。受1902年代表会议委托负责召开代表大会的那些同志被逮捕了,**召开代表大会的工作只是由俄国社会民主党内一个派别——火星派——指派的人担任的。许多**不属于火星派的社会民主党人组织,都没有被吸收参加代表大会的工作。**在某种程度上正是由于这个原因**,代表大会制定**党纲和党章**的任务执行得**极不完善**,连参加代表大会的人自己也承认,党章里含有'可能引起危险的误解'的重大缺陷。在代表大会上,火星派本身分裂了,我们俄国社会民主工党内许多从前似乎完全接受《火星报》的行动纲领的重要人物,也都意识到该报许多**主要由列宁和普列汉诺夫**两人所主张的观点不切合实际。虽然他们两个人在代表大会上也占过上风,可是实际生活的力量,实际工作(一切非火星派分子也参加了的实际工作)的要求,很快就纠正了理论家的错误,并且在代表大会以后就作了重大的修正。**《火星报》大大地改变了,并且答应**细心听取社会民主党一切活动家的要求。这样,虽然**代表大会的工作应当**由下届代表大会**加以审查**,而且这些工作连代表大会参加者也认为显然不能令人满意,**因此也就不能作为不可改变的决议要党接受**,可是代表大会澄清了党内状况,对于党今后的理论工作和组织工作提供了大量的材料,因而对全党的工作来说也是一个大有教益的经验。代表大会通过的决议和制定的党章,将受到一切组织的**注意**,但是**由于**它们具有显而易见的不足之处,许多组织都反对**只以它们为指南**。

沃罗涅日委员会充分理解全党工作的重要性,对有关组织代表大会的一切问题**作出了**积极的**反应**。它充分意识到代表大会上发生的事情的重要性,**欢迎已经成了中央机关报(主要机关报)的《火星报》所发生的转变。虽然党内和中央委员会内的状况还不能令我们满意**,但是我们相信,困难的建党工作经过共同的努力是会日益改进的。鉴于有许多谣传,沃罗涅日委员会特向同志们声明,根本不存在沃罗涅日委员会退党的问题。沃罗涅日委员会十分了解,像沃罗涅日委员会这样一个工人组织退出俄国社会民主工党,会是一个多么危险的先例,**会多么有损于党的声誉**,这对那些可能仿效这种先例的工人组织是多么的不利。我们不应当制造新的分裂,而应当坚决努力使一切觉悟的工人和社会主义者统一成一个党。何况第二次代表大会是一个例行的大会,而不是一个成立大会。开除出党只能根据党的裁决来进行,任何一个组织,甚至连中央委员会也没有权利把某一个社会民主党组织开除出党。况且在第二次代表大会上通过的党章第8条已经规定,任何一个组织都在本地的事务方面享有自治权(自主权),因此**沃罗涅日委员会有充分的权利把自己的组织观点贯彻到实际生活中去,贯彻到党内来。**"

新《火星报》编辑部在第61号上引证这个传单时,转载了上面这一大段文字的后一部分,即用大号字排印的这一部分;至于前一部分,即用小号字排印的那一部分,编辑部**宁愿删去不要**。

大概是有些不好意思吧。

(十八)稍微谈谈辩证法。两个变革

只要大体上看一看我们党内危机的发展经过,我们就不难看出,斗争双方的基本成分,除了小小的例外,始终没有改变。这是我们党内革命派和机会主义派之间的斗争。可是,这个斗争经过了各种不同的阶段,而每个想透彻了解在这方面堆积如山的大量文字材料的人,每个想透彻了解那许许多多片断的例证、孤立的引文、个别的责难等等的人,都必须对每个斗争阶段的特点有一确切的认识。

我们可以把彼此显然不同的一些主要阶段列举如下:(1)关于

党章第1条问题的争论。这是关于基本组织原则问题的纯思想斗争。我和普列汉诺夫处在少数地位。马尔托夫和阿克雪里罗得提出机会主义条文,投到机会主义者怀抱中去。(2)《火星报》组织由于中央委员会候选人名单问题——是佛敏还是瓦西里耶夫参加五人小组,是托洛茨基还是特拉温斯基参加三人小组——发生了分裂。我和普列汉诺夫争得了多数(9票对7票),这在某种程度上正是由于我们在党章第1条的问题上占少数。马尔托夫同机会主义者的联盟,用事实证明了组委会事件使我产生的种种担心。(3)继续就党章细节进行争论。机会主义者又来援救马尔托夫。我们又处于少数地位,并为少数在中央机关内的权利而斗争。(4)七个极端机会主义者退出代表大会。我们成了多数并在选举中战胜了联盟(火星派少数派、"泥潭派"以及反火星派的联盟)。马尔托夫和波波夫拒绝接受我们所提出的两个三人小组中的席位。(5)代表大会闭会以后因增补问题而发生无谓争吵。无政府主义行为和无政府主义词句猖獗。"少数派"中最不彻底和最不坚定的分子占上风。(6)普列汉诺夫为了避免分裂而采取了"用温和的手段杀死"的政策。"少数派"占领中央机关报编辑部和总委员会,并且竭力攻击中央委员会。无谓争吵继续充斥一切。(7)对中央委员会的第一次攻击被打退。无谓争吵似乎开始稍微平息下来,这样便有可能比较心平气和地讨论两个纯系思想性质而又使全党极为关心的问题:(一)我们党在第二次代表大会上分成"多数派"和"少数派"从而代替了一切旧的划分这个事实的政治意义和原因何在? (二)新《火星报》在组织问题上的新立场的原则意义何在?

　　每个阶段都有其完全独特的斗争情势和直接的攻击目标;每个阶段都可以说是一个总的战役中的一次战斗。不研究每次战斗的具体情况,就丝毫不能了解我们的斗争。研究了这一点,我们就会明显地看出,发展确实是按着辩证的道路,矛盾的道路行进的:少数变成多数,多数变成少数;各方时而转守为攻,时而转攻为守;思想斗争的出发点(党章第1条)"被否定",让位给充斥一切的无谓争吵①,但以后就开始"否定的否定",我们在各占一个中央机关的情况下勉强同上帝赐予的妻子"和睦相处",又回到纯思想斗争的出发点上来,但是这个"正题"已由"反题"的一切成果所充实,变成了高一级的合题,这时在党章第1条问题上的孤立的偶然的错误已经发展成为组织问题上的机会主义观点的所谓体系,这时这种现象同我们党的分成革命派和机会主义派这种根本划分的联系已经愈来愈清晰地呈现在大家面前。总而言之,不仅燕麦是按照黑格尔的规律生长的,而且俄国社会民主党人也是按照黑格尔的规律互相斗争的。

可是,无论什么时候都不应当把马克思主义使之用脚立地后接受过来的伟大的黑格尔辩证法,同那种为某些从我党革命派滚向机会主义派的政治活动家的曲折路线进行辩护的庸俗手法混为一谈,不应当把它同那种将各种特定的声明,将同一过程中不同阶段发展的各种特定的因素搅成一团的庸俗态度混为一谈。真正的辩证法并不为个人错误辩护,而是研究不可避免的转变,根据对发展过程的全部具体情况的详尽研究来证明这种转变的不可避免性。辩证法的基本原理是:没有抽象的真理,真理总是具体的……　同时也不应当把这个伟大的黑格尔辩证法同那种可以用"脑袋钻不进,就把尾巴塞进

①如何把无谓争吵和原则分歧区分开来这个难题,现在已经自行解决:凡是涉及增补问题的都是无谓争吵,凡是涉及分析代表大会上的斗争,涉及党章第1条问题以及关于向机会主义和无政府主义转变问题的争论的都是原则分歧。

去"(mettere la coda dove non va il capo)这句意大利谚语来形容的庸俗的处世秘诀混为一谈。

我们党内斗争的辩证发展总起来说可归结为两个变革。党代表大会是一个真正的变革,如马尔托夫同志在他的《又一次处在少数地位》中所正确指出的那样。少数派里爱说俏皮话的人也说得对,他们说:世界是由革命推动的,所以我们就进行了一次革命!他们在代表大会以后确实进行了一次革命;一般来讲,说世界是由革命推动的,这也是正确的。可是,每次具体革命的具体意义,还不能用这句一般的名言来断定,如果把令人难忘的马霍夫同志的令人难忘的说法换个样子,那么可以说:有的革命类似反动。为了断定一次具体的革命究竟是向前还是向后推动了"世界"(我们党),就必须知道实行变革的实际力量究竟是党内的革命派还是机会主义派,就必须知道鼓舞战士的究竟是革命原则还是机会主义原则。

我们的党代表大会在全部俄国革命运动史上是独一无二的,空前未有的。秘密的革命党第一次从黑暗的地下状态走到光天化日之下,向大家表明了我们党内斗争的整个进程和结局,表明了我们党以及它的每个比较重要的部分在纲领、策略和组织问题上的全部面貌。我们第一次摆脱了小组自由散漫和革命庸俗观念的传统,把几十个极不相同的集团结合在一起,这些集团过去往往是彼此极端敌对,彼此只是由思想力量联系起来的,它们准备(在原则上准备)为了我们第一次实际创立起来的伟大整体——**党**而牺牲所有一切集团的特点和集团的独立性。可是,在政治上,牺牲并不是轻易作出的,而是经过战斗作出的。由于取消组织而引起的战斗,不可避免地成了异常残酷的战斗。公开的自由斗争的清风变成了狂风。这阵狂风扫除了——扫除得太好了!——所有一切小组的利益、情感和传统的残余,第一次创立了真正党的领导机构。

　　然而，称呼什么是一回事，而实际上是什么又是一回事。在原则上为了党牺牲小组习气是一回事，而放弃自己的小组又是一回事。清风对那些习惯于腐败的庸俗观念的人，还是太新鲜了。"党没有经得住它自己的第一次代表大会的考验"，像马尔托夫同志在他的《又一次处在少数地位》中正确地（偶然正确地）指出的那样。为组织被取消而感到的委屈实在太大了。狂风使我们党的巨流底下的全部渣滓重新泛起，这些渣滓为过去的失败进行报复。旧的顽固的小组习气压倒了还很年轻的党性。党内被击溃的机会主义派，由于偶然得到阿基莫夫这一猎获物而加强了自己的力量，又对革命派占了——当然是暂时的——优势。

　　结果就产生了新《火星报》，这个新《火星报》不得不发展和加深它的编辑们在党的代表大会上所犯的错误。旧《火星报》曾教人学会革命斗争的真理。新《火星报》却教人去学处世秘诀：忍让与和睦相处。旧《火星报》是战斗的正统派的机关报。新《火星报》却使机会主义死灰复燃——主要是在组织问题上。旧《火星报》光荣地遭到了俄国机会主义者和西欧机会主义者的憎恶。新《火星报》"变聪明了"，它很快就会不再以极端机会主义者对它的赞扬为耻了。旧《火星报》一往直前地朝着自己的目标前进，言行一致。新《火星报》，它的立场的内在的虚伪性，必然产生——甚至不以任何人的意志和意识为转移——政治上的伪善。它大骂小组习气，是为了掩护小组习气对党性的胜利。它假惺惺地斥责分裂，似乎除了少数服从多数，可以设想用什么其他手段来防止一个多少有组织的、多少名副其实的党发生分裂。它声明必须考虑革命舆论，同时却隐瞒阿基莫夫们的赞扬，并制造一些卑鄙的谣言来诬蔑我们党内革命派的委员会①。这是多么可耻啊！他们把我们的旧《火星报》糟蹋到了何等地步啊！

进一步，退两步……在个人的生活中，在民族的历史上，在政党的发展中，都有这种现象。革命的社会民主党的原则，无产阶级的组织和党的纪律，必定获得完全的胜利，怀疑这一点，即使是片刻怀疑，也是一种行同严重犯罪的意志薄弱的表现。我们已经取得了许多成就，我们应当继续努力奋斗，不因遭到挫折而灰心丧气；我们应当坚持斗争，鄙弃那些庸俗的小组争吵的方法，尽一切可能来保卫用极大精力建立起来的全俄一切社会民主党人的统一的党内联系，力求通过顽强而有步骤的工作使全体党员特别是工人充分地自觉地了解党员义务，了解第二次党代表大会上的斗争，了解我们的分歧的一切原因和演变，了解机会主义的严重危害性：机会主义在组织工作方面也像在我们的纲领和我们的策略方面一样无能为力地屈从于资产阶级心理，一样不加批判地接受资产阶级民主派的观点，一样削弱无产阶级的阶级斗争的武器。

无产阶级在争取政权的斗争中，除了组织，没有别的武器。无产阶级被资产阶级世界中居于统治地位的无政府竞争所分散，被那种为资本的强迫劳动所压抑，总是被抛到赤贫、粗野和退化的"底层"，它所以能够成为而且必然会成为不可战胜的力量，就是因为它根据马克思主义原则形成的思想一致是用组织的物质统一来巩固的，这个组织把千百万劳动者团结成一支工人阶级的大军。在这支大军面前，无论是已经衰败的俄国专制政权还是正在衰败的国际资本政权，

---

①为了进行这项可爱的事业，甚至已经制定了一种固定不变的格式：据我们的某某通讯员报告，多数派的某某委员会虐待少数派的某某同志。

都是支持不住的。不管有什么曲折和退步，不管现代社会民主党的吉伦特派讲些什么机会主义的空话，不管人们怎样得意地赞美落后的小组习气，不管他们怎样炫耀和喧嚷**知识分子的**无政府主义，这支大军一定会把自己的队伍日益紧密地团结起来。

选自《列宁全集》第2版第8卷
第247—272、379—415页

社会民主党在民主革命中的
两种策略¹¹⁴（节选）

（1905年6—7月）

序　言

　　在革命时期，人们很难跟上事变的发展，而这些事变为评价各革命政党的策略口号提供了异常丰富的新材料。这本小册子是在敖德萨事变^①发生前写成的。我们已经在《无产者报》¹¹⁶（第9号，《革命教导着人们》）^②上指出，这次事变甚至迫使那些编造出起义-过程论并且不同意宣传临时革命政府的社会民主党人也在事实上转到或开始转向自己的论敌方面。革命无疑是非常迅速、非常深刻地教导着人

　　这是列宁论述布尔什维克在第一次俄国革命中的策略、阐明无产阶级在资产阶级民主革命中必须掌握领导权的重要著作。在节选的部分，列宁指出，无产阶级政党要把革命引导到真正彻底的胜利，一方面需要对政治形势作出正确的估计，提出正确的策略口号，另一方面需要教育和引导工人群众用实际的战斗力量来支持这些策略口号。列宁强调，无产阶级政党应当根据马克思主义的原则和实践经验来制定和完善自己的策略。

---

　　①指"波将金公爵号"装甲舰的起义¹¹⁵。（这是作者为1907年版加的注释。——编者注）

　　②见《列宁全集》第2版第11卷第126—135页。——编者注

们,这在和平的政治发展时期看来是不可思议的。而特别重要的是,革命不仅教导着领导者,而且也教导着群众。

毫无疑义,革命会把社会民主主义教给俄国的工人群众。革命会在事实上证明社会民主党的纲领和策略是正确的,它将揭示出各个社会阶级的真实本性,揭示出我国民主派的资产阶级性质和农民的真正趋向;农民具有资产阶级民主主义的革命性,但潜藏在它内部的,并不是"社会化"的思想,而是农民资产阶级和农村无产阶级间的新的阶级斗争。旧民粹派的旧幻想,例如"社会革命党"117纲领草案在俄国资本主义发展问题上、在我国"社会"的民主主义性质问题上、在农民起义完全胜利的意义问题上十分清楚地显示出来的一切幻想,都将被革命的风暴无情地彻底吹散。革命将第一次使各个阶级受到真正的政治洗礼。通过革命,这些阶级将显示出它们的明确的政治面貌,它们不仅会在自己的思想家的纲领和策略口号中,而且会在群众的公开的政治行动中表现它们自己。

革命将教会我们,将教会人民群众,这是毫无疑问的。但是对一个战斗着的政党来说,现在的问题是我们能不能教会革命一些东西?我们能不能利用我们的社会民主主义学说的正确性,利用我们同无产阶级这个唯一彻底革命的阶级的联系,来给革命刻上无产阶级的标记,把革命引导到真正彻底的胜利,不是口头上的而是事实上的胜利,麻痹民主派资产阶级的不稳定性、不彻底性和叛卖性?

我们应当尽一切努力来争取达到这个目的。但是要达到这个目的,一方面需要我们对政治局面有正确的估计,需要我们有正确的策略口号;另一方面,需要工人群众用实际的战斗力量来支持这些口号。我们党的一切组织和团体每天经常进行的全部工作,即宣传、鼓动和组织工作,都是为了加强和扩大同群众的联系。这种工作任何时候都是必要的,但是在革命时期会显得更加必要。在这种时期,工人阶级本能地要奋起进行公开的革命发动,而我们就必须善于正确提出这种发动的任务,然后尽量广泛地使人们熟悉这些任务,了解这些任务。不要忘记,在我们和群众的联系问题上流行的悲观主义,现在特别经常地掩盖着关于无产阶级在革命中的作用问题上的资产阶级观念。毫无疑问,我们在教育和组织工人阶级方面还有许许多多工作要做,但是现在全部问题却在于这种教育工作和组织工作的主要政治重心应当放在什么地方。是放在工会和合法社团方面呢,还是放在武装起义,放在建立革命的军队和革命的政府方面?这两方面的工作都可以教育和组织工人阶级。当然,这两方面的工作都是必要的。但是在现在,在当前的革命中,全部问题都归结为教育和组织工人阶级的工作重心将放在什么地方,是放在前一方面呢,还是放在后一方面?

革命的结局将取决于工人阶级是成为在攻击专制制度方面强大有力但在政治上软弱无力的资产阶级助手,还是成为人民革命的领导者。资产阶级中的自觉分子非常清楚地觉察到了这一点。因此,《解放》杂志[118]就赞扬阿基莫夫主义,即社会民主党内**现在**把工会和合法社团提到首要地位的"经济主义"[22]。因此,司徒卢威先生就欢迎(《解放》杂志第72期)新火星派中阿基莫夫主义的原则趋向。因此,他就拼命攻击俄国社会民主工党第三次代表大会[119]的决议中所表现的那种可憎的革命狭隘性。

现在,社会民主党的正确的策略口号对领导群众来说具有特别重要的意义。在革命时期贬低原则上坚定的策略口号的意义,是再危险不过了。例如,《火星报》[20]第104号已在事实上转到它在社会民主党内的论敌方面,但它同时又轻视走在实际生活前面的、为

1929—1949年我国出版的列宁《社会民主党在民主革命中的
两种策略》的部分中译本

运动指出前进的(虽然也会遭到一些挫折,犯一些错误等等)道路的那些口号和策略决议的意义。恰恰相反,制定正确的策略决议,这对一个想根据马克思主义的坚定原则来领导无产阶级而不仅是跟在事变后面做尾巴的政党来说,是有巨大意义的。俄国社会民主工党第三次代表大会的决议和党内分裂出去的部分的代表会议①的决议,就最确切、最周到、最完全地表达了那些并非由个别著作家偶然说出,而是由社会民主主义无产阶级的负责代表正式通过的策略观点。我们的党比其他一切政党都先进,它有全党通过的精确的纲领。我们的党就是在严格对待自己的策略决议方面,也应当给其他政党作出榜样,以表明我们完全不同于《解放》杂志所表现的民主派资产阶级的机会主义立场,完全不同于社会革命党人的革命空谈,社会革命党人只是在革命时期才忽然想起要提出自己的纲领"草案",要开始研究他们眼前发生的革命是不是资产阶级革命的问题。

正因为如此,我们才认为革命的社会民主党的最迫切的工作,就是仔细研究俄国社会民主工党第三次代表大会的策略决议和代表会议的策略决议,判明其中偏离马克思主义原则的地方,弄清楚社会民主主义无产阶级在民主革命中的具体任务。这本小册子就是专为这一工作而写的。同时,根据马克思主义的原则和革命的教训来检查我们的策略,这对那些不愿局限于口头的劝说,而想切实造成策略上

①俄国社会民主工党第三次代表大会(1905年5月在伦敦举行)只有布尔什维克参加。"代表会议"(同时在日内瓦举行)只有孟什维克参加[120]。在这本小册子里常常把孟什维克称为"新火星派",因为他们虽然继续出版《火星报》,但他们以自己当时的同道者托洛茨基为代言人宣布过,在旧《火星报》和新《火星报》之间隔着一条鸿沟。(这是作者为1907年版加的注释。——编者注)

的一致，从而为俄国社会民主工党全党将来的完全统一奠定基础的人来说，也是必要的。

尼·列宁

1905年7月

选自《列宁全集》第2版第11卷第1—4页

党的组织和党的出版物

（1905年11月13日〔26日〕）

十月革命[121]以后在俄国造成的社会民主党工作的新条件，使党的出版物问题提到日程上来了。非法报刊和合法报刊的区别，这个农奴制专制俄国时代的可悲的遗迹，正在开始消失。它还没有灭绝。还远远没有灭绝。我们首席大臣的伪善的政府还在胡作非为，以致《工人代表苏维埃消息报》[122]还在"非法地"出版，但是，政府愚蠢地企图"禁止"它所无法阻止的事情，除了给政府带来耻辱、带来道义上新的打击以外，是不会有什么结果的。

当存在着非法报刊和合法报刊的区别的时候，党的报刊和非党报刊的问题解决得非常简单而又非常虚假，很不正常。一切非法的报刊都是党的报刊，它们由各个组织出版，由那些同党的实际工作者团体有某种联系的团体主办。一切合法的报刊都是非党的报刊（因为党派属性是不准许有的），但又都"倾向"于这个或那个政党。畸形的联合、不正常的"同居"和虚假的掩饰是不可避免的；有些人没有成熟到

列宁在本文中阐述了无产阶级政党领导报刊出版事业和文学艺术事业的基本原则，指出党组织和与党有联系的团体的出版物应当成为党的出版物，写作事业应当成为有组织的、有计划的、统一的党的工作的一个组成部分。写作事业不能机械划一，强求一律，少数服从多数，不能同党的事业的其他部分刻板地等同起来，但无论如何必须成为同其他部分紧密联系的党的工作的一部分。党应当加强对写作事业的引导，把一批又一批的新生力量吸引到写作队伍中来，为千千万万劳动人民服务。

具有党的观点，实际上还不是党的人，他们认识肤浅或者思想畏缩，另一些人想表达党的观点，出于无奈而吞吞吐吐，这两种情况混杂在一起了。

伊索式的笔调，写作上的屈从，奴隶的语言，思想上的农奴制——这个该诅咒的时代！无产阶级结束了这种使俄国一切有生气的和新鲜的事物都感到窒息的丑恶现象。但是无产阶级暂时为俄国只争得了一半的自由。

革命还没有完成。沙皇制度**已经没有**力量战胜革命，而革命**也还没有**力量战胜沙皇制度。我们生活在这样的时候，到处都看得到公开的、诚实的、直率的、彻底的党性和秘密的、隐蔽的、"外交式的"、支吾搪塞的"合法性"之间的这种反常的结合。这种反常的结合也反映在我们的报纸上：不管古契柯夫先生如何嘲讽社会民主党的专横，说它禁止刊印自由派资产阶级的温和报纸，但事实终究是事实，俄国社会民主工党中央机关报《无产者报》[116]，仍然被摈斥在警察横行的**专制**俄国的大门之外。

不管怎样，已经完成了一半的革命，迫使我们大家立即着手新的工作安排。出版物现在有十分之九可以成为，甚至可以"合法地"成为党的出版物。出版物应当成为党的出版物。与资产阶级的习气相反，与资产阶级企业主的即商人的报刊相反，与资产阶级写作上的名位主义和个人主义、"老爷式的无政府主义"和唯利是图相反，社会主义无产阶级应当提出**党的出版物**的原则，发展这个原则，并且尽可能以完备和完整的形式实现这个原则。

党的出版物的这个原则是什么呢？这不只是说，对于社会主义无产阶级，写作事业不能是个人或集团的赚钱工具，而且根本不能是与无产阶级总的事业无关的个人事业。无党性的写作者滚开！超人的写作者滚开!写作事业应当成为整个无产阶级事业的**一部分**,成为由整个工人阶级的整个觉悟的先锋队所开动的一部巨大的社会民主主义机器的"齿轮和螺丝钉"。写作事业应当成为社会民主党有组织的、有计划的、统一的党的工作的一个组成部分。

德国俗语说:"任何比喻都是有缺陷的。"我把写作事业比做螺丝钉,把生气勃勃的运动比做机器也是有缺陷的。也许,甚至会有一些歇斯底里的知识分子对这种比喻大叫大嚷,说这样就把自由的思想斗争、批评的自由、创作的自由等等贬低了、僵化了、"官僚主义化了"。实质上,这种叫嚷只能是资产阶级知识分子个人主义的表现。无可争论,写作事业最不能作机械划一,强求一律,少数服从多数。无可争论,在这个事业中,绝对必须保证有个人创造性和个人爱好的广阔天地,有思想和幻想、形式和内容的广阔天地。这一切都是无可争论的,可是这一切只证明,无产阶级的党的事业中写作事业这一部分,不能同无产阶级的党的事业的其他部分刻板地等同起来。这一切决没有推翻那个在资产阶级和资产阶级民主派看来是格格不入的和奇怪的原理,即写作事业无论如何必须成为同其他部分紧密联系着的社会民主党工作的一部分。报纸应当成为各个党组织的机关报。写作者一定要参加到各个党组织中去。出版社和发行所、书店和阅览室、图书馆和各种书报营业所,都应当成为党的机构,向党报告工作情况。有组织的社会主义无产阶级,应当注视这一切工作,监督这一切工作,把生气勃勃的无产阶级事业的生气勃勃的精神,带到这一切工作中去,无一例外,从而使"作家管写,读者管读"这个俄国古老的、半奥勃洛摩夫[103]式的、半商业性的原则完全没有立足之地。

自然,我们不是说,被亚洲式的书报检查制度和欧洲的资产阶级所玷污了的写作事业的这种改造,一下子就能完成。我们决不是宣传某种划一的体制或者宣传用几个决定来完成任务。不,在这个领域里是最来不得公式主义的。问题在于使我们全党,使俄国整个觉悟的社会民主主义无产阶级,都认识到这个新任务,明确地提出这个新任务,到处着手完成这个新任务。摆脱了农奴制的书报检查制度的束缚以后,我们不愿意而且也不会去当写作上的资产阶级买卖关系的俘虏。我们要创办自由的报刊而且我们一定会创办起来,所谓自由的报刊是指它不仅摆脱了警察的压迫,而且摆脱了资本,摆脱了名位主义,甚至也摆脱了资产阶级无政府主义的个人主义。

最后这一句话似乎是奇谈怪论或是对读者的嘲弄。怎么!也许某个热烈拥护自由的知识分子会叫喊起来。怎么!你们想使创作这样精致的个人事业服从于集体!你们想使工人们用多数票来解决科学、哲学、美学的问题!你们否认绝对个人的思想创作的绝对自由!

安静些,先生们!第一,这里说的是党的出版物和它应受党的监督。每个人都有自由写他所愿意写的一切,说他所愿意说的一切,不受任何限制。但是每个自由的团体(包括党在内),同样也有自由赶走利用党的招牌来鼓吹反党观点的人。言论和出版应当有充分的自由。但是结社也应当有充分的自由。为了言论自由,我应该给你完全的权利让你随心所欲地叫喊、扯谎和写作。但是,为了结社的自由,你必须给我权利同那些说这说那的人结成联盟或者分手。党是自愿的联盟,假如它不清洗那些宣传反党观点的党员,它就不可避免地会瓦解,首先在思想上瓦解,然后在物质上瓦解。确定党的观点和反党观点的界限的,是党纲,是党的策略决议和党章,最后是国际社会民主党,各国的无产阶级自愿联盟的全部经验,无产阶级经常把某些不十分彻底的、不完全是纯粹马克思主义的、不十分正确的分子或流派吸收到自己党内来,但也经常地定期"清洗"自己的党。拥护资产阶级"批评自由"的先生们，**在**我们党**内**，也要这样做，因为现在我们的党立即会成为群众性的党，现在我们处在急剧向公开组织转变的时刻，现在必然有许多不彻底的人（从马克思主义观点看来），也许甚至有某些基督教徒，也许甚至有某些神秘主义者会参加我们的党。我们有结实的胃，我们是坚如磐石的马克思主义者。我们将消化这些不彻底的人。党内的思想自由和批评自由永远不会使我们忘记人们有结合成叫做党的自由团体的自由。

第二，资产阶级个人主义者先生们，我们应当告诉你们，你们那些关于绝对自由的言论不过是一种伪善而已。在以金钱势力为基础的社会中，在广大劳动者一贫如洗而一小撮富人过着寄生生活的社会中，不可能有实际的和真正的"自由"。作家先生，你能离开你的资产阶级出版家而自由吗？你能离开那些要求你作诲淫的小说①和图画、用卖淫来"补充""神圣"舞台艺术的资产阶级公众而自由吗？要知道这种绝对自由是资产阶级的或者说是无政府主义的空话（因为无政府主义作为世界观是改头换面的资产阶级思想）。生活在社会中却要离开社会而自由，这是不可能的。资产阶级的作家、画家和女演员的自由，不过是他们依赖钱袋、依赖收买和依赖豢养的一种假面具（或一种伪装）罢了。

我们社会主义者揭露这种伪善行为，摘掉这种假招牌，不是为了要有非阶级的文学和艺术（这只有在社会主义的没有阶级的社会中才有可能），而是为了要用真正自由的、**公开**同无产阶级相联系的写作，去对抗伪装自由的、事实上同资产阶级相联系的写作。

---

①《新生活报》上显然误印为"в рамках"，按意思应为"в романах"。——俄文版编者注

　　这将是自由的写作，因为把一批又一批新生力量吸引到写作队伍中来的，不是私利贪欲，也不是名誉地位，而是社会主义思想和对劳动人民的同情。这将是自由的写作，因为它不是为饱食终日的贵妇人服务，不是为百无聊赖、胖得发愁的"一万个上层分子"服务，而是为千千万万劳动人民，为这些国家的精华、国家的力量、国家的未来服务。这将是自由的写作，它要用社会主义无产阶级的经验和生气勃勃的工作去丰富人类革命思想的最新成就，它要使过去的经验(从原始空想的社会主义发展而成的科学社会主义)和现在的经验(工人同志们当前的斗争)之间经常发生相互作用。

　　动手干吧，同志们！我们面前摆着一个困难的然而是伟大的和容易收到成效的新任务：组织同社会民主主义工人运动紧密而不可分割地联系着的、广大的、多方面的、多种多样的写作事业。全部社会民主主义出版物都应当成为党的出版物。一切报纸、杂志、出版社等等都应当立即着手改组工作，以便造成这样的局面，使它们都能以这种或那种方式完全参加到这些或那些党组织中去。只有这样，"社会民主主义的"出版物才会名副其实。只有这样，它才能尽到自己的职责。只有这样，它即使在资产阶级社会范围内也能摆脱资产阶级的奴役，同真正先进的、彻底革命的阶级的运动汇合起来。

选自《列宁全集》第2版第12卷
第92—97页

论工人政党对宗教的态度

（1909年5月13日〔26日〕）

    苏尔科夫代表在国家杜马讨论正教院[123]预算案时的发言，以及下面刊登的我们杜马党团讨论这篇发言稿的材料，提出了一个恰巧在目前是非常重要的和特别迫切的问题[124]。凡是同宗教有关的一切，目前无疑已经引起"社会"各界人士的注意，使接近工人运动的知识分子、甚至某些工人群众感到兴趣。社会民主党当然应该表明自己对于宗教的态度。

    社会民主党的整个世界观是以科学社会主义即马克思主义为基础的。马克思和恩格斯曾多次声明，马克思主义的哲学基础是辩证唯物主义，它完全继承了法国18世纪和德国19世纪上半叶费尔巴哈的唯物主义历史传统，即绝对无神论的、坚决反对一切宗教的唯物主义的历史传统。我们要指出，恩格斯的《反杜林论》（马克思看过该书的手稿），通篇都是揭露唯物主义者和无神论者杜林没有坚持唯物主义，给宗教和宗教哲学留下了后路。必须指出，恩格斯在论路德维希·费尔巴哈的著作中责备费尔巴哈，说他反对宗教不是为了消灭宗教而是为了革新宗教，为了创造出一种新的、"高尚的"宗教等等。宗教

    列宁在本文中运用唯物辩证法和唯物史观阐明了宗教产生的社会根源和思想根源，全面论述了工人阶级政党在争取社会主义的斗争中对待宗教的基本立场和方针政策。

是人民的鸦片①，——马克思的这一句名言是马克思主义在宗教问题上的全部世界观的基石。马克思主义始终认为现代所有的宗教和教会、各式各样的宗教团体，都是资产阶级反动派用来捍卫剥削制度、麻醉工人阶级的机构。

但是，恩格斯同时也多次谴责那些想比社会民主党人"更左"或"更革命"的人，谴责他们企图在工人政党的纲领里规定直接承认无神论，即向宗教宣战。1874年，恩格斯谈到当时侨居伦敦的公社布朗基派[17]流亡者发表的著名宣言时，认为他们大声疾呼向宗教宣战是一种愚蠢的举动，指出这样宣战是提高人们对宗教的兴趣、妨碍宗教真正消亡的最好手段。恩格斯斥责布朗基派不了解只有工人群众的阶级斗争从各方面吸引了最广大的无产阶级群众参加自觉的革命的社会**实践**，才能真正把被压迫的群众从宗教的压迫下解放出来，因此宣布工人政党的政治任务是同宗教作战，不过是无政府主义的空谈而已。②1877年恩格斯在《反杜林论》一书中无情地斥责哲学家杜林对唯心主义和宗教所作的让步，即使是些微的让步，但也同样严厉地斥责杜林提出的在社会主义社会中禁止宗教存在这一似乎是革命的主张。恩格斯说，这样向宗教宣战，就是"比俾斯麦本人还要俾斯麦"，即重蹈俾斯麦反教权派斗争这一蠢举的覆辙（臭名远扬的"文化斗争"，Kulturkampf，就是俾斯麦在19世纪70年代用警察手段迫害天主教，反对德国天主教的党，即反对"中央"党[125]的斗争）。俾斯麦的这场斗争，只是**巩固**了天主教徒的好战的教权主义，只是危害了真正的文化事业，因为他不是把政治上的分野提到首位，而是把宗教上的分

---

①见《马克思恩格斯选集》第1卷人民出版社1972年版第2页。——编者注
②参看《马克思恩格斯选集》第2卷人民出版社1972年版第587—595页。——编者注

野提到首位,使工人阶级和民主派的某些阶层忽视革命的阶级斗争的迫切任务而去重视最表面的、资产阶级虚伪的反教权主义运动。恩格斯痛斥了妄想做超革命家的杜林,说他想用另一种方式来重复俾斯麦的蠢举,同时恩格斯要求工人政党耐心地去组织和教育无产阶级,使宗教渐渐消亡,而不要冒险地在政治上对宗教作战。[①]这个观点已经被德国社会民主党人完全接受,例如德国社会民主党主张给耶稣会士以自由,主张允许他们进入德国国境,主张取消对付这种或那种宗教的任何警察手段。"宣布宗教为私人的事情"——这是爱尔福特纲领(1891年)[126]的一个著名论点,它确定了社会民主党的上述政治策略。

这个策略现在竟然成为陈规,竟然产生了一种对马克思主义的新的歪曲,使它走向反面,成了机会主义。有人把爱尔福特纲领的这一论点说成这样,似乎我们社会民主党人,我们的党,**认为**宗教是私人的事情,对于我们社会民主党人来说,对于我们党来说,宗教是私人的事情。在19世纪90年代,恩格斯没有同这种机会主义观点进行直接的论战,但是他认为必须坚决反对这种观点,不过不是用论战的方式而是采用正面叙述的方式。就是说,当时恩格斯有意地着重声明,社会民主党认为宗教**对于国家来说**是私人的事情,但是对于社会民主党本身、对于马克思主义、对于工人政党来说决不是私人的事情。[②]

从外表上看来,马克思和恩格斯对宗教问题表示意见的经过就是如此。那些轻率看待马克思主义的人,那些不善于或不愿意动脑筋

---

① 参看《马克思恩格斯选集》第3卷人民出版社1972年版第354—356页。——编者注

② 参看《马克思恩格斯选集》第2卷人民出版社1972年版第331页。——编者注

的人，觉得这种经过只是表明马克思主义荒谬地自相矛盾和摇摆不定：一方面主张"彻底的"无神论，另一方面又"宽容"宗教，这是多么混乱的思想；一方面主张同上帝进行最最革命的战争，另一方面怯懦地想"迁就"信教的工人，怕把他们吓跑等等，这是多么"没有原则"的动摇。在无政府主义空谈家的著作中，这种攻击马克思主义的说法是可以找到不少的。

可是，只要稍微能认真一些看待马克思主义，考虑马克思主义的哲学原理和国际社会民主党的经验，就能很容易地看出，马克思主义对待宗教的策略是十分严谨的，是经过马克思和恩格斯周密考虑的；在迂腐或无知的人看来是动摇的表现，其实都是从辩证唯物主义中得出来的直接的和必然的结论。如果认为马克思主义对宗教采取似乎是"温和"的态度是出于所谓"策略上的"考虑，是为了"不要把人吓跑"等等，那就大错特错了。相反，马克思主义在这个问题上的政治路线，也是同它的哲学原理有密切关系的。

马克思主义是唯物主义。正因为如此，它同18世纪百科全书派[127]的唯物主义或费尔巴哈的唯物主义一样，也毫不留情地反对宗教。这是没有疑问的。但是，马克思和恩格斯的辩证唯物主义比百科全书派和费尔巴哈更进一步，它把唯物主义哲学应用到历史领域，应用到社会科学领域。我们应当同宗教作斗争。这是**整个**唯物主义的起码原则，因而也是马克思主义的起码原则。但是，马克思主义不是停留在起码原则上的唯物主义。马克思主义更前进了一步。它认为必须**善于**同宗教作斗争，为此应当**用唯物主义观点**来说明群众中的信仰和宗教的根源。同宗教作斗争不应该局限于抽象的思想宣传，不能把它归结为这样的宣传；而应该把这一斗争同目的在于消灭产生宗教的社会根源的阶级运动的具体实践联系起来。为什么宗教在城市无产阶级的落后阶层中,在广大的半无产阶级阶层中,以及在农民群众中能够保持它的影响呢?资产阶级进步派、激进派或资产阶级唯物主义者回答说,这是由于人民的愚昧无知。由此得出结论说:打倒宗教,无神论万岁,传播无神论观点是我们的主要任务。马克思主义者说:这话不对。这是一种肤浅的、资产阶级狭隘的文化主义观点。这种观点不够深刻,不是用唯物主义的观点而是用唯心主义的观点来说明宗教的根源。在现代资本主义国家里,这种根源主要是**社会的**根源。劳动群众受到社会的压制,面对时时刻刻给普通劳动人民带来最可怕的灾难、最残酷的折磨的资本主义(比战争、地震等任何非常事件带来的灾难和折磨多一千倍)捉摸不定的力量,他们觉得似乎毫无办法,——这就是目前宗教最深刻的根源。"恐惧创造神"。[128]现代宗教的根源就是对资本的捉摸不定的力量的恐惧,而这种力量确实是捉摸不定的,因为人民群众不能预见到它,它使无产者和小业主在生活中随时随地都可能遭到,而且正在遭到"突如其来的"、"出人意料的"、"偶然发生的"破产和毁灭,使他们变成乞丐,变成穷光蛋,变成娼妓,甚至活活饿死。凡是不愿一直留在预备班的唯物主义者,都应当首先而且特别注意这种**根源**。只要受资本主义苦役制度压迫、受资本主义的捉摸不定的破坏势力摆布的群众自己还没有学会团结一致地、有组织地、有计划地、自觉地反对宗教的这种**根源**,反对任何形式的**资本统治**,那么无论什么启蒙书籍都不能使这些群众不信仰宗教。

由此是否可以说,反宗教的启蒙书籍是有害的或多余的呢?不是的。决不能得出这样的结论。应当说,社会民主党宣传无神论,必须**服从**社会民主党的基本任务:发展被剥削**群众**反对剥削者的阶级斗争。

一个对辩证唯物主义的原理即马克思和恩格斯哲学的原理没

有深入思考过的人，也许不能理解（至少是不能一下子理解）这条原则。怎么会这样呢？为什么进行思想宣传，宣扬某种思想，同维持了数千年之久的这一文化和进步的敌人（即宗教）作斗争，要服从阶级斗争，即服从在经济政治方面实现一定的实际目标的斗争呢？

这种反对意见也是一种流行的反对马克思主义的意见，这证明反驳者完全不懂得马克思的辩证法。使这种反驳者感到不安的矛盾，是实际生活中的实际矛盾，即辩证的矛盾，而不是字面上的、臆造出来的矛盾。谁认为在理论上宣传无神论，即破除某些无产阶级群众的宗教信仰，同这些群众阶级斗争的成效、进程和条件之间有一种绝对的、不可逾越的界限，那他就不是辩证地看问题，就是把可以移动的、相对的界限看做绝对的界限，就是硬把活的现实中的不可分割的东西加以分割。举个例子来说吧。假定某个地方和某个工业部门的无产阶级分为两部分，一部分是先进的，是相当觉悟的社会民主党人，他们当然是无神论者，另一部分则是相当落后的，他们同农村和农民还保持着联系，他们信仰上帝，常到教堂里去，甚至直接受本地某一个建立基督教工会的司祭的影响。再假定这个地方的经济斗争引起了罢工。马克思主义者应该首先考虑使罢工运动得到成功，应当坚决反对在这场斗争中把工人分成无神论者和基督教徒，应当坚决反对这样的划分。在这种情况下，宣传无神论就是多余的和有害的，这倒并不是出于不要把落后群众吓跑，不要在选举时落选等庸俗考虑，而是从实际推进阶级斗争这一点出发的，因为在现代资本主义社会环境中，阶级斗争能把信基督教的工人吸引到社会民主党和无神论这方面来，而且比枯燥地宣传无神论还要有效一百倍。在这样的时候和这样的环境中，宣传无神论，就只能**有利于**神父，因为他们恰恰最愿意用信不信上帝这一标准来划分工人，以代替是否参加罢工这一标准。

无政府主义者鼓吹在任何情况下都要对上帝开战,实际上是帮助了神父和资产阶级(正如无政府主义者**实际上**始终在帮助资产阶级一样)。马克思主义者应当是唯物主义者,即宗教的敌人,但是他们应当是辩证唯物主义者,就是说,他们不应当抽象地对待反宗教斗争问题,他们进行这一斗争不应当立足于抽象的、纯粹理论的、始终不变的宣传,而应当具体地、立足于当前**实际上**所进行的、对广大群众教育最大最有效的阶级斗争。马克思主义者应该善于估计整个具体情况,随时看清无政府主义同机会主义的界限(这个界限是相对的,是可以移动、可以改变的,但它确实是存在的),既不陷入无政府主义者那种抽象的、口头上的、其实是空洞的"革命主义",也不陷入小资产者或自由派知识分子那种庸俗观念和机会主义,不要像他们那样害怕同宗教作斗争,忘记自己的这种任务,容忍对上帝的信仰,不从阶级斗争的利益出发,而是打小算盘:不得罪人,不排斥人,不吓唬人,遵循聪明绝顶的处世之道:"你活,也让别人活",如此等等。

凡是同社会民主党对宗教的态度有关的具体问题,都应该根据上述观点来解决。例如,经常有人提出这样的问题:司祭能不能成为社会民主党党员。人们通常根据欧洲各社会民主党的经验对这一问题作无条件的、肯定的回答。但是这种经验并不仅仅是把马克思主义学说应用于工人运动的结果,而且也是由西欧特殊的历史条件决定的;这种条件在俄国并不存在(关于这种条件,我们到下面再谈),所以在这个问题上无条件的肯定的回答在我国是不正确的。不能一成不变地在任何情况下都宣布说司祭不能成为社会民主党党员,但是也不能一成不变地提出相反的规定。如果有一个司祭愿意到我们这里来共同进行政治工作,真心诚意地完成党的工作,不反对党纲,那我们就可以吸收他加入社会民主党,因为在这样的条件下,我们党纲的精神和基本原则同这个司祭的宗教信念的矛盾,也许只是关系到他一个人的矛盾,只是他个人的矛盾,而一个政治组织要用考试的方法来检验自己成员所持的观点是否同党纲矛盾,那是办不到的。当然,这种情况即使在欧洲也是极其少有的,在俄国则更是难以想象了。如果这位司祭加入社会民主党之后,竟在党内积极宣传宗教观点,以此作为他主要的甚至是唯一的工作,那么党当然应该把他开除出自己的队伍。我们不仅应当容许,而且应当特别注意吸收所有信仰上帝的工人加入社会民主党,我们当然反对任何侮辱他们宗教信念的行为,但是我们吸收他们是要用我们党纲的精神来教育他们,而不是要他们来积极反对党纲。我们容许党**内**自由发表意见,但是以自由结合原则所容许的一定范围为限,因为我们没有义务同积极宣传被党内多数人摒弃的观点的人携手并进。

再举一个例子:假定有的社会民主党党员声明"社会主义是我的宗教",并且宣传与此相应的观点,对这种党员能不能在任何情况下都一概加以申斥呢?不能这样做。这种声明确实背离了马克思主义(因而也就背离了社会主义),但是这种背离的意义和所谓的比重在不同环境下可能是不相同的。如果一个鼓动员或一个在对工人群众讲话的人,为了说得明白一点,为了给自己的解释开一个头,为了用不开展的群众最熟悉的字眼更具体地说明自己的观点,而说了这样一句话,这是一回事。如果一个著作家开始宣扬"造神说"[129]或造神社会主义(就像我们的卢那察尔斯基及其同伙那样),那是另一回事。在前一种情况下,提出申斥就是吹毛求疵,甚至是过分地限制鼓动员的自由,限制他运用"教育手段"来施加影响的自由,而在后一种情况下,党的申斥却是必需而且应该的。"社会主义是宗教"这一论点,对某些人来说,是从宗教转到社会主义的一种方式,而对另一些人来说,则是**离开**社会主义而转到宗教的一种方式。

现在来谈谈哪些条件使"宣布宗教为私人的事情"这一论点在西欧遭到了机会主义者的歪曲。当然,这里是有产生机会主义的一般原因的影响,如为了眼前的利益而牺牲工人运动根本的利益。无产阶级政党要求**国家**把宗教宣布为私人的事情,但决不认为同人民的鸦片作斗争,同宗教迷信等等作斗争的问题是"私人的事情"。机会主义者把情况歪曲成似乎**社会民主**党**认为**宗教是私人的事情!

但是除了常见的机会主义歪曲(对于这种歪曲,我们的杜马党团在讨论有关宗教问题的发言时完全没有加以说明)而外,还有一些特殊的历史条件使欧洲的社会民主党人对宗教问题采取了目前这种可以说是过分冷漠的态度。这些条件分两种:第一,反宗教的斗争是革命资产阶级的历史任务,在西欧,资产阶级民主派在他们**自己的**革命时代,或者说在他们自己冲击封建制度和中世纪制度的时代已经在相当大的程度上完成了(或着手完成)这个任务。无论在法国或德国都有资产阶级反宗教斗争的传统,这个斗争在社会主义运动以前很久就开始了(百科全书派、费尔巴哈)。在俄国,由于我国资产阶级民主革命的条件,这个任务几乎完全落到了工人阶级的肩上。同欧洲比较起来,我国小资产阶级的(民粹主义的)民主派在这方面做的事情并不是(像《路标》[130]中的那些新出现的黑帮立宪民主党人[39]或立宪民主党人黑帮所想的那样)太多了,而是**太少了**。

另一方面,资产阶级反宗教斗争的传统在欧洲已造成了无政府主义对于这一斗争所作的纯粹资产阶级的**歪曲**,而无政府主义者,正如马克思主义者早已屡次说明的,虽然非常"猛烈地"攻击资产阶级,但是他们还是站在资产阶级世界观的立场上。罗曼语各国[131]的无政府主义者和布朗基主义者,德国的莫斯特(附带说一句,他曾经是杜林的门生)之流,奥地利80年代的无政府主义者,在反宗教斗争中使革命的空谈达到登峰造极的地步。难怪现在欧洲社会民主党人要**矫枉过正**,把无政府主义者弄弯了的棍子弄直。这是可以理解的,在某种程度上说是理所当然的,但是我们俄国社会民主党人要是忘记西欧的特殊历史条件,那是不行的。

第二,在西欧,**自从**民族资产阶级革命结束**以后**,**自从**实现了比较完全的信教自由**以后**,反宗教的民主斗争问题在历史上已被资产阶级民主派反社会主义的斗争排挤到次要的地位,所以资产阶级政府往往**故意**对教权主义举行假自由主义的"讨伐",转移群众对社会主义的注意力。德国的文化斗争以及法国资产阶级共和派的反教权主义斗争,都带有这种性质。资产阶级的反教权主义运动,是转移工人群众对社会主义的注意力的手段,——这就是目前西欧社会民主党人对反宗教斗争普遍采取"冷漠"态度的根源。这同样是可以理解的,也是理所当然的,因为社会民主党人的确应该使反宗教斗争**服从**争取社会主义的斗争,以对抗资产阶级和俾斯麦分子的反教权主义运动。

俄国的情况就完全不同了。无产阶级是我国资产阶级民主革命的领袖。无产阶级政党应当成为反对一切中世纪制度的斗争的思想领袖,这一斗争还包括反对陈腐的、官方的宗教,反对任何革新宗教、重新建立或用另一种方式建立宗教的尝试等等。因此,如果说当德国社会民主党人把工人政党要求**国家**宣布宗教为私人的事情的主张偷换成**宣布**宗教对社会民主党人和社会民主党本身来说也是私人的事情时,恩格斯纠正这种机会主义的方式还比较温和,那么俄国机会主义者仿效德国人的这种歪曲,就应该受到恩格斯严厉**一百倍**的斥责。

我们的党团在杜马讲坛上声明宗教是人民的鸦片,这样做是完全正确的,这就开创了一个先例,俄国社会民主党人每次对宗教问题发表意见时都应当以此为基点。是不是还应该更进一步,把无神论的结论发挥得更详细呢?我们认为不必。这样做会使无产阶级政党有夸大反宗教斗争意义的危险;这样做会抹杀资产阶级反宗教斗争同社会党人反宗教斗争之间的界限。社会民主党党团在黑帮杜马中应该完成的第一件事情,已经光荣地完成了。

第二件事情,也许是社会民主党人最重要的事情,就是说明教会和僧侣支持黑帮政府、支持资产阶级反对工人阶级的阶级作用,这一任务也光荣地完成了。当然,关于这个问题还可以说得很多,今后社会民主党人谈这个问题还会对苏尔科夫同志的发言作补充,但是这篇发言毕竟是很出色的,我们党的直接任务就是要各级党组织广泛宣传这篇发言。

第三件事情,就是要十分详尽地说明经常被德国机会主义者歪曲的"宣布宗教为私人的事情"这一原理的**正确**含义。遗憾的是苏尔科夫同志没有这样做。尤其令人遗憾的是,在党团过去的活动中,别洛乌索夫同志在这个问题上犯过错误(已被**《无产者报》**[132]及时指出)[133]。党团内的讨论情况表明,党团争论无神论问题,却没有正确说明宣布宗教为私人的事情这一著名的要求。我们不会把整个党团所犯的这个错误都推在苏尔科夫同志一个人身上。不仅如此。我们公开承认这是全党的过错,因为我们党对这个问题解释不够,没有让社会民主党人充分认识到恩格斯批评德国机会主义者的意思。党团内的讨论情况证明,这正是由于对问题了解得不清楚,而决不是不愿意考虑马克思的学说,所以我们深信,党团在以后发言时一定会纠正这一错误。

我们再说一遍,总的说来,苏尔科夫同志的发言是很出色的,各级党组织应当广泛加以宣传。党团对这篇发言的讨论,证明党团在兢兢业业地履行它的社会民主党的职责。不过我们希望报道党团内部讨论情况的通讯能更经常地在党的报刊上发表,使党团同党的关系更加密切,使党能了解党团所进行的艰巨的工作,使党和党团的活动在思想上趋于一致。

选自《列宁全集》第2版第17卷
第388—401页

致俄共中央[134]

（1918年5月4日）

我请求把审判贪污案件(1918年5月2日)的党员开除出党的问题列入议程,因为他们对案情属实、本人供认不讳的受贿者只判了半年监禁。

不枪毙这样的受贿者,而判以轻得令人发笑的刑罚,这对共产党员和革命者来说是**可耻的**行为。这样的同志应该受到舆论的**谴责**,并且应该**开除出党**,因为他们应该是与克伦斯基之流和马尔托夫之流为伍,而不能跻身于革命的共产党人之列。

列　宁

1918年5月4日

选自《列宁全集》第2版第34卷
第263页

这是列宁针对莫斯科革命法庭对四名被控受贿和敲诈勒索的国家工作人员予以轻判的错误写给党中央的信。这封短信体现了列宁从严治党的思想和严惩腐败的决心。

致弗·德·邦契-布鲁耶维奇

1918年5月23日

人民委员会办公厅主任

弗拉基米尔·德米特里耶维奇·邦契-布鲁耶维奇

鉴于您不执行我的坚决要求,不向我说明为什么从1918年3月1日起把我的薪金由每月500卢布提高到800卢布,鉴于您直接破坏人民委员会1917年11月23日的法令[135],在取得人民委员会秘书尼古拉·彼得罗维奇·哥尔布诺夫同意后擅自提高我的薪金这一公然违法行为,我宣布给您以严重警告处分。

人民委员会主席

弗·乌里扬诺夫（列宁）

选自《列宁全集》第2版第48卷
第155—156页

这封短信表现了列宁奉公守法、严格自律的崇高风范。

列宁在克里姆林宫院内同人民委员会办公厅主任弗·邦契-布鲁耶维奇
交谈(1918年10月16日)

俄共(布)纲领草案[136]（节选）

（1919年2月）

1

俄共纲领草案初稿

纲要：党纲由下列部分组成：

1. 引言。无产阶级革命在俄国已经开始并在各地迅速发展。要了解这个革命，必须了解资本主义的本质及其向无产阶级专政发展的不可避免性。2. 资本主义和无产阶级专政。这部分重申普列汉诺夫起草的党纲即我们那个旧的马克思主义的党纲[137]的主要部分，以便附带阐明我们的世界观的"历史渊源"。3. 帝国主义。根据1917年5月的党纲草案。4. 国际工人运动中的三个派别和新国际。根据1917年5月的草案改写。5. 俄国无产阶级专政的基本任务。根据1917年12月至1918年1月的草案①。6. 这些任务在政治方面的具体化（新加的

本纲领草案是列宁为制定俄共(布)第二个纲领而起草的一些文稿。这里节选了第一篇。纲领草案的理论部分保留了1903年第一个党纲对资本主义的本质的论述，并增加了对帝国主义和帝国主义战争性质的分析；实践部分规定了党在从资本主义向社会主义过渡时期的各项基本任务。在经济方面，列宁强调党必须领导和组织人民群众大力发展社会生产力，提高劳动生产率。

① 见《列宁全集》第2版第29卷第474—478页和第34卷第65—71页。——编者注

内容)。7. 在民族、宗教、教育方面的具体化(新加的内容)。8. 在经济方面的具体化(新加的内容)。9. 在土地问题方面的具体化(新加的内容)。10. 在劳动保护方面的具体化(施米特正在写)。11. 和12. 对其他方面的补充(还没有写)。

这个初稿有许多地方还写得不完善,特别是在文字方面,因此有些地方暂时用了解释性的表述而没有用纲领的表述方式。

(1)1917年10月25日(11月7日)的革命在俄国实现了无产阶级专政,无产阶级在贫苦农民即半无产阶级的支持下开始建立共产主义社会。各先进国家无产阶级革命运动的高涨,这一运动的苏维埃形式即旨在直接实现无产阶级专政的形式在各地的出现和发展,特别是奥匈帝国和德国的革命的开始和发展进程,都清楚地表明,世界无产阶级共产主义革命的纪元已经开始。

(2)要正确地了解这个革命的原因、意义和目的,就首先需要弄清资本主义和资产阶级社会的本质即基本性质,弄清它们向共产主义发展的不可避免性,其次需要弄清帝国主义的性质和加速资本主义崩溃并把无产阶级革命提到日程上来的帝国主义战争的性质。

*　　　　*　　　　*

(3)对于在大多数文明国家里还占统治地位的、其发展必然引起并且已经引起世界无产阶级共产主义革命的资本主义和资产阶级社会的本质,我们那个旧的马克思主义的党纲曾用如下的表述作了说明:

(4)"这个社会的主要特点是以资本主义生产关系为基础的商品生产,在资本主义生产关系下,最重要的和很大部分的生产资料和商品流通手段归一个人数不多的阶级所有,绝大多数居民却是无产者和半无产者,他们由于自己的经济地位不得不一直出卖或定期出卖自己的劳动力,即受雇于资本家,并以自己的劳动为社会的上层阶级创造收入。

(5)资本主义生产关系的统治范围随着下列情况而日益扩大:技术的不断改进提高大企业的经济作用,同时使独立的小生产者受到排挤,一部分变成无产者,其余部分在社会经济生活中的作用日益缩小,某些地方还使他们在或大或小的程度上陷入完全地、明显地、深深地依附于资本的地位。

(6)此外,上述的技术进步又使企业主能够在商品的生产和流通过程中愈来愈多地使用妇女和儿童的劳动。另一方面,既然这种技术进步使企业主对工人的活劳动的需要相对减少,劳动力也就必然供过于求,因此雇佣劳动愈来愈依附资本,雇佣劳动受剥削的程度不断提高。

(7)各资产阶级国家内部的这种状况和它们在世界市场上日趋尖锐的相互竞争,使产量不断增加的商品愈来愈难找到销路。在相当尖锐的工业危机(接着危机而来的是相当长的工业停滞时期)中表现出来的生产过剩,是资产阶级社会中生产力发展的必然后果。危机和工业停滞时期又使小生产者更加陷于破产,使雇佣劳动更加依附资本,并更加迅速地引起工人阶级状况的相对恶化,而且有时是绝对恶化。

(8)这样一来,意味着劳动生产率提高和社会财富增加的技术改进,在资产阶级社会却使社会不平等加剧,使有产者和无产者贫富更加悬殊,使愈来愈多的劳动群众的生活更无保障,失业和各种困难加剧。

(9)但是,随着资产阶级社会所固有的这一切矛盾的增长和发展,被剥削劳动群众对现状的不满也在增长,无产者的人数在增加,他们的团结在增强,他们同剥削者的斗争日益尖锐。同时,技术改进既使生产资料和流通手段集中起来,使资本主义企业中的劳动过程社会化,于是日益迅速地造成以共产主义生产关系代替资本主义生产关系即进行社会革命的物质条件,这种革命是无产阶级阶级运动的自觉体现者国际共产党的全部活动的最终目的。

(10)无产阶级的社会革命以生产资料和流通手段的公有制代替私有制,有计划地组织社会生产过程来保证社会全体成员的福利和全面发展,将消灭社会的阶级划分,从而解放全体被压迫的人类,因为它将消灭社会上一部分人对另一部分人的一切形式的剥削。

(11)这个社会革命的必要条件就是无产阶级专政,即由无产阶级夺取可以用来镇压剥削者的一切反抗的政权。国际共产党以使无产阶级能够完成其伟大历史使命为己任,把无产阶级组织成一个同一切资产阶级政党相对立的独立的政党,领导无产阶级各种形式的阶级斗争,向无产阶级揭示剥削者的利益同被剥削者的利益之间的不可调和的对立,并向他们阐明行将到来的社会革命的历史意义和必要条件。同时,国际共产党还向其余一切被剥削劳动群众指出,他们在资本主义社会中的处境是毫无希望的,必须进行社会革命才能摆脱资本的压迫。工人阶级政党,即共产党,号召一切被剥削劳动者阶层参加自己的队伍,因为他们正在站到无产阶级的立场上来。"

*　　　　*　　　　*

(12)世界资本主义现在(约从20世纪初开始)已发展到帝国主义阶段。帝国主义,或金融资本时代,是高度发达的资本主义经济。这时资本家的垄断同盟——辛迪加、卡特尔、托拉斯已具有决定的意义,大量集中的银行资本已和工业资本融合起来,资本向外国的输出已发展到极大的规模,最富裕的国家已把全世界的领土瓜分完毕,国际托拉斯已开始从经济上瓜分世界。

（13）在这种情况下，帝国主义战争，即争夺世界霸权、争夺银行资本的市场和扼杀各弱小民族的战争是不可避免的。1914—1918年的第一次帝国主义大战就是这样的战争。

（14）整个世界资本主义的发展达到了非常高的程度；垄断资本主义代替了自由竞争；银行以及资本家的同盟准备了一个对产品的生产和分配过程实行社会调节的机构；资本主义垄断组织的发展引起了物价的高涨和辛迪加对工人阶级压迫的加重，工人阶级的经济斗争和政治斗争遭到巨大困难；帝国主义战争造成惨祸、灾难、破产和粗野，——这一切就使目前所达到的资本主义发展阶段成为无产阶级社会主义革命的时代。

这个时代已经开始。

（15）只有无产阶级社会主义革命才能把人类从帝国主义和帝国主义战争所造成的绝境中解救出来。不论革命有什么样的困难，可能遭到什么样的暂时失利，不论反革命掀起什么浪潮，无产阶级的最终胜利是不可避免的。

＊　　　　＊　　　　＊

（16）无产阶级革命的胜利要求一切先进国家的工人阶级彼此充分信任，结成最紧密的兄弟联盟，采取尽可能一致的革命行动。要实现这些条件，必须同在大多数正式的"社会民主"党和"社会"党的上层占上风的、对社会主义进行资产阶级歪曲的派别毫不犹豫地彻底决裂，并与之进行无情的斗争。

（17）一方面，进行这种歪曲的是机会主义和社会沙文主义（口头上的社会主义，实际上的沙文主义）派别；这个派别总是利用、而在1914—1918年帝国主义战争时期更是利用"保卫祖国"的口号作掩饰,保卫"本"国资产阶级掠夺者的利益。这个派别的形成,是由于几乎一切先进国家都掠夺殖民地民族和弱小民族,这样资产阶级便能够拿出一小部分这样得来的超额利润收买无产阶级的上层分子,保证这些上层分子能在平时过上小康的市民生活,并让这个阶层的首领来为自己服务。机会主义者和社会沙文主义者作为资产阶级的奴仆,是无产阶级的直接的阶级敌人。

(18)另一方面,对社会主义进行资产阶级歪曲的是"中"派,这一派相当广泛而具有国际性,它动摇于社会沙文主义者和共产党人之间,坚持与前者保持统一,试图复活已经破产和腐朽的第二国际。只有新成立的第三国际即共产国际[138]才是真正无产阶级的和革命的国际,由于在许多国家特别是在德国原社会党内组成了共产党,这个国际实际上已经建立,它日益获得各国无产阶级群众的同情。

*   *   *

俄国无产阶级专政的基本任务

俄国无产阶级专政现时的基本任务是彻底完成已经开始的对地主和资产阶级的剥夺,把一切工厂、铁路、银行、船队以及其他生产资料和流通手段转归苏维埃共和国所有;

利用城市工人同贫苦农民的联盟,逐步而坚定地过渡到共耕制和大规模的社会主义农业,这个联盟已使土地私有制废除,已使关于由小农经济进到社会主义的过渡形式(已站在无产者方面的现代农民思想家把这种形式称为土地社会化)的法令[139]得以颁布;

进一步巩固和发展苏维埃联邦共和国,这种共和国是比资产阶级议会制高得多和进步得多的民主形式,而根据1871年巴黎公社的经验以及1905年和1917—1918年俄国革命的经验,又是唯一适合于从资本主义到社会主义的过渡时期即无产阶级专政时期的国家类型;

全面地和充分地利用已在俄国燃起的世界社会主义革命的火炬,以便制止帝国主义资产阶级国家企图干涉俄国内政或联合起来公开反对和进攻社会主义苏维埃共和国,使革命蔓延到比较先进的国家以至所有的国家中去;

用一系列逐步而坚定的措施彻底消灭私人贸易,组织起统一的经济整体(苏维埃共和国应当成为这样一个整体)中各生产公社和消费公社之间的正确的和有计划的产品交换。

俄共为了更具体地阐明苏维埃政权的一般任务,现将这些任务规定如下:

在政治方面

在无产阶级夺得政权以前,为了从政治上教育和组织工人群众,利用资产阶级民主制特别是议会制曾经是(必需的)必要的,而现在,当无产阶级夺得政权以后,在苏维埃共和国实现了更高类型的民主制的情况下,任何退到资产阶级议会制和资产阶级民主制的步骤都是为剥削者即为地主和资本家的利益效劳的绝对反动的行为。那些似乎是全民的、全民族的、普遍的、超阶级的民主而实际上是资产阶级的民主的口号,不过是为剥削者的利益服务,只要土地和其他生产资料的私有制仍然存在,最民主的共和国都必然是资产阶级专政,是一小撮资本家镇压占大多数的劳动者的机器。

　　苏维埃共和国——向完全消灭国家过渡的新型国家——所肩负的历史任务如下:

　　(1)建立和发展受资本主义压迫的阶级即无产阶级和半无产阶级在各方面的群众性的组织。资产阶级民主共和国容许被剥削群众组织起来,至多只是宣布结社自由,实际上总是对他们的组织设置无数的实际障碍,而这些障碍是由生产资料私有制必然造成的。苏维埃政权在历史上第一次不仅从各方面为受资本主义压迫的群众的组织提供方便,而且使这种组织成为自下而上、由地方到中央的整个国家机构的持久的和不可缺少的基础。只有这样,才能真正实现大多数人享受的民主制度,使大多数人即劳动者实际参加国家的管理,而不像在最民主的资产阶级共和国里那样,实际管理国家的主要是资产阶级的代表。

　　(2)苏维埃国家组织使那一部分最集中、最团结、最觉醒、在社会主义以前的资本主义整个发展阶段的斗争中经受锻炼最多的劳动群众,即城市工业无产阶级,具有某种实际的优越地位。应当始终不渝地利用这种优越地位来消除资本主义为了把工人分裂成互相竞争的集团而在他们中间培养起来的那种狭隘行会利益和狭隘职业利益,使最落后最散漫的农村无产者和半无产者群众同先进工人更紧密地联合起来,使他们摆脱农村富农和农村资产阶级的影响,组织和教育他们进行共产主义建设。

　　(3)资产阶级民主制冠冕堂皇地宣布一切公民平等,而实际上却伪善地掩盖剥削者资本家的统治,用剥削者和被剥削者似乎能够真正平等的思想欺骗群众。苏维埃国家组织戳穿了这种欺骗和伪善,实现了真正的民主制度,即一切劳动者的真正平等,把剥削者排除出享有充分权利的社会成员之外。全部世界史的经验、被压迫阶级反抗压迫者的一切起义的经验告诉我们,剥削者必然要进行拼命的和长期的反抗来保持他们的特权。苏维埃国家组织适合于镇压这种反抗,否则就谈不上胜利的共产主义革命。

(4)劳动群众能对国家制度和国家管理施加更直接的影响,即民主制的更高的形式的实现,在苏维埃这种类型的国家,同样是靠下述两方面达到的:第一,选举的程序和经常进行选举的机会,以及改选和罢免代表的条件,对于城乡的工人来说,比在资产阶级民主的最好形式下都容易和方便得多。

(5)第二,在苏维埃政权下,基层选举单位和国家建设的基本单位不是按地域划分,而是按经济和生产单位(工厂)划分。国家机构同被资本主义联合起来的先进无产者群众的这种更为紧密的联系,除了建立起更高的民主制外,也为实现深刻的社会主义改造提供了可能性。

(6)苏维埃组织使我们建立了一支同被剥削劳动群众空前紧密地联系在一起的工农武装力量。没有这一点,社会主义胜利的基本条件之一,即武装工人和解除资产阶级的武装,就不可能实现。

(7)苏维埃组织无比深入地和广泛地发展了标志着资产阶级民主制比中世纪有伟大历史进步性的那一面,即居民参加对公职人员的选举。在任何一个最民主的资产阶级国家中,劳动群众从来也没有像在苏维埃政权之下那样广泛、那样经常、那样普遍、那样简便地行使选举权,因为资产阶级在形式上给了他们这种权利,而实际上又加以限制。同时苏维埃组织还摒弃了资产阶级民主制消极的一面,即立法权和行政权分立的议会制,这一制度巴黎公社已开始废除,其狭隘性和局限性马克思主义早已指出。苏维埃把两种权力合而为一,使国家机构接近劳动群众而拆除了资产阶级议会这道围墙,因为资产阶级议会以假招牌欺骗群众,掩饰议会投机家的金融勾当和交易所勾当,保障资产阶级的国家管理机构的不可侵犯性。

(8)只有依靠苏维埃国家组织,无产阶级革命才能一下子打碎和彻底摧毁旧的资产阶级国家机构,不然就不可能着手社会主义建设。不论在君主国或在最民主的资产阶级共和国,官僚主义是随时随地把国家权力同地主和资本家的利益连在一起的,而目前在俄国却已完全摧毁了官僚主义这座堡垒。但反官僚主义的斗争在我国远未结束。官僚们一方面利用居民群众文化水平不够高,另一方面利用城市工人中最觉悟的阶层忙于几乎超过人力所及的极度紧张的军事工作,企图夺回一部分他们已经失去的阵地。因此,要使今后的社会主义建设获得成就,继续进行反官僚主义的斗争是绝对迫切需要的。

(9)这方面的工作同实现苏维埃政权的主要历史任务,即向完全消灭国家过渡这一任务,有不可分割的联系,这个工作应当是:第一,使每一个苏维埃委员必须担任一定的国家管理工作;第二,不断变换这些工作,以便能接触与国家管理有联系的全部事务和一切部门;第三,采取一系列逐步的、经过慎重选择而又坚决实行的措施,以吸引全体劳动居民独立参加国家的管理工作。

(10)总的说来,资产阶级的民主制和议会制同苏维埃的或无产阶级的民主制之间的差别在于:前者是把重心放在冠冕堂皇地宣布各种自由和权利上,实际上却不让大多数居民即工人和农民稍微充分地享受这些自由和权利,相反地,无产阶级的或苏维埃的民主则不是把重心放在宣布全体人民的权利和自由上,而是着重于实际保证那些曾受资本压迫和剥削的劳动群众能实际参与国家管理,实际使用最好的集会场所、最好的印刷所和最大的纸库(储备)来教育那些被资本主义弄得愚昧无知的人们,实际保证这些群众有真正的(实际的)可能来逐渐摆脱宗教偏见等等的束缚。在实际上使被剥削的劳动者能够真正享受文化、文明和民主的福利,这正是苏维埃政权一项最重要的工作,而且今后应当坚定不移地把这项工作继续下去。

在民族问题上,与资产阶级民主制宣布民族平等(这在帝国主义条件下是不能实现的)不同,俄共的政策是坚定不移地使各民族的无产者和劳动群众在他们推翻资产阶级的革命斗争中相互接近和打成一片。沙皇和资产阶级的大俄罗斯帝国主义时代遗留下来的对大俄罗斯人的不信任,在先前加入俄罗斯帝国的各民族的劳动群众中正在迅速消失,正在随着对苏维埃俄国的了解而消失,但这种不信任并不是在所有民族和所有劳动阶层中都已完全消失。因此,必须特别慎重地对待民族感情,认真地实行各民族的真正的平等和分离的自由,以便消除这种不信任的基础,而使各民族的苏维埃共和国结成一个自愿的最紧密的联盟。必须加紧帮助落后的弱小民族:协助每个民族的工人和农民独立地组织起来,启发他们去反对中世纪制度和资产阶级的压迫,并且协助那些在此以前受压迫的或不平等的民族发展语言和图书报刊。

在宗教政策方面,无产阶级专政(俄共)的任务是不满足于已经颁布了教会同国家分离、学校同教会分离的法令,即不满足于资产阶级民主制许诺过、但由于资本同宗教宣传有多种多样的实际联系而在世界任何地方也没有彻底实行过的那些措施。无产阶级专政应当把剥削阶级(地主和资本家)和助长群众愚昧的宗教宣传的组织之间的联系彻底摧毁。无产阶级专政应当坚持不懈地使劳动群众真正从宗教偏见中解放出来,为此就要进行宣传和提高群众的觉悟,同时注意避免对信教者的感情有丝毫伤害,避免加剧宗教狂。

在国民教育方面,俄共给自己提出的任务是:把1917年十月革命时开始的事业进行到底,即把学校由资产阶级的阶级统治工具变为摧毁这种统治和完全消灭社会阶级划分的工具。

在无产阶级专政时期,即为使共产主义的完全实现成为可能而准备条件的时期,学校不仅应当传播一般共产主义原则,而且应当对劳动群众中的半无产者和非无产者阶层传播无产阶级在思想、组织、教育等方面的影响,以培养能够最终实现共产主义的一代人。

现时这方面最迫切的任务是:

(1)对未满16岁的男女儿童一律实行免费的义务的普通教育和综合技术教育(从理论上和实践上熟悉各主要生产部门)。

(2)把教育和社会生产劳动紧密结合起来。

(3)由国家供给全体学生膳食、服装、教材和教具。

(4)加强对教师的鼓动和宣传工作。

(5)培养具有共产主义思想的新的教师骨干。

(6)吸引劳动居民积极参加教育事业(发展国民教育委员会,动员识字的人等等)。

(7)苏维埃政权从各方面帮助工人和劳动农民自学自修(建立图书馆、成人学校、人民大学、讲习所、电影院、艺术工作室等等)。

(8)开展最广泛的共产主义思想的宣传工作。

俄共为了更具体地阐明苏维埃政权的一般任务,现将这些任务规定如下:

在经济方面

苏维埃政权当前的任务如下:

(1)坚持不懈地把已经开始并已在主要方面基本上完成的对资

产阶级的剥夺,把变生产资料和流通手段为苏维埃共和国的财产即全体劳动者的公共财产的工作继续下去并进行到底。

(2)特别注意加强和巩固劳动者的同志纪律并从各方面提高他们的主动性和责任心。这是彻底战胜资本主义、战胜生产资料私有制的统治所造成的习惯的最主要的办法,甚至是唯一的办法。要达到这一目的,就需要坚持不懈地耐心地重新教育群众。现在,当群众看到地主、资本家和商人确被消灭的时候,这种教育不仅是可能的,实际上也在用千百种办法通过工人和农民切身的实际经验而进行着。在这方面具有非常重要意义的是发展劳动者的工会组织,这种组织在任何时候、在世界上任何地方都没有像在苏维埃政权之下得到这样迅速的发展,但它应当做到把所有劳动者无例外地都联合到严整的、集中的、有纪律的产业工会中来。我们在工会运动中决不能墨守成规。一方面应当用实际试验的结果来检查每一步骤,有系统地把工会变为管理整个国民经济的机关;工会应该密切同最高国民经济委员会、劳动人民委员部和所有其他国家管理部门的联系,并且巩固这种联系。另一方面,工会应当更加成为对全体劳动群众进行劳动教育和社会主义教育的机关,以便在工人先锋队的监督下把参加管理的实际经验普及到比较落后的工人中去。

(3)提高劳动生产率是根本任务之一,因为不这样就不可能最终地过渡到共产主义。要达到这一目的,除了进行长期的工作来教育群众和提高他们的文化水平,还要立即广泛地和全面地利用资本主义遗留给我们的、在通常情况下必然浸透了资产阶级的世界观和习惯的科学技术专家。党应当与工会组织紧密结合,执行自己原有的路线:一方面,对这个资产阶级阶层不作丝毫的政治让步,无情地镇压他们的各种反革命阴谋;另一方面,也要无情地反对那种貌似激进实则是不学无术的自负,好像劳动者不向资产阶级专家学习,不利用他们,不经过同他们共事的长期锻炼,也能战胜资本主义和资产阶级制度。

我们力求使任何劳动的报酬一律平等,力求实现完全的共产主义,但在目前只是采取最初步骤从资本主义向共产主义过渡的时候,我们决不能给自己提出立刻实现这种平等的任务。因此,在一定的时间内仍要给专家们较高的报酬,使他们工作得比以前不是坏些而是好些,为了同一目的,也不能取消鼓励成绩优良的工作特别是组织工作的奖励制度;在完全的共产主义制度下奖金是不允许的,但在从资本主义到共产主义的过渡时期,如理论推断和苏维埃政权一年来的经验所证实的,没有奖金是不行的。

同时,要不断努力造成一种环境,使资产阶级专家同觉悟的共产党员所领导的普通工人群众手携手地同志般地共同劳动;而且不要一看到个别不可避免的失利就无所措手足,要耐心地启发有科学素养的人,使他们意识到把科学用于个人发财和人剥削人是极其卑鄙的,意识到使科学为全体劳动群众所了解则是更为崇高的任务。

(4)要实现共产主义,绝对需要在全国范围内把劳动最高度地最严格地集中起来,这就要首先克服工人在职业上和地区上的散漫性和分散性,因为这种散漫性和分散性是使资本有力量而劳动没有力量的根源之一。反对行会的狭隘性和局限性、反对行会的利己主义的斗争是与消灭城乡对立的斗争紧密联系着的,进行这一斗争有很大的困难,如果不预先大力提高国民劳动的生产率,要广泛地开展这一斗争是不可能的。尽管如此,还是应该立即着手进行这一工作,开始时不妨在地方上小范围试办,以便把各行业各地区要采取的各种不同的措施的效果加以比较。苏维埃政权应当在工会的参加下,远比以前更广泛更有步骤地动员所有一切有劳动能力的居民都来担负一定的社会工作。

（5）在分配方面,苏维埃政权现时的任务是坚定不移地继续在全国范围内用有计划有组织的产品分配来代替贸易。目的是把全体居民组织到生产消费公社中,这种公社能把整个分配机构严格地集中起来,最迅速、最有计划、最节省、用最少的劳动来分配一切必需品。合作社就是达到这一目的的过渡手段。利用合作社和利用资产阶级专家是同类的任务,因为领导资本主义留给我们的合作社机构的是一些具有资产阶级头脑和经营作风的人。俄共应当有步骤地继续贯彻自己的政策:责成全体党员在合作社内工作,同时在工会的帮助下,以共产主义的精神指导合作社,发挥参加合作社的劳动居民的主动性和纪律性,力争使全体居民都加入合作社,并使这些合作社合并为一个自上而下全国统一的合作社;最后,也是最主要的,是要始终保证无产阶级对其他劳动阶层的影响占有优势,并在各地试行种种办法,以促进和实现从旧的资本主义类型的小资产阶级合作社向无产者和半无产者所领导的生产消费公社的过渡。

（6）在从资本主义向共产主义过渡的初期,立即消灭货币是不可能的。因此,居民中的资产阶级分子能够继续利用仍是私有财产的纸币,利用这些使剥削者有权得到社会财富的凭证,来投机、发财和掠夺劳动者。单靠银行国有化这一项措施来同资产阶级掠夺的这种残余作斗争是不够的。俄共将力求尽量迅速地实行最激进的措施,为消灭货币作好准备,首先是以存折、支票和短期领物证等等来代替货币,规定货币必须存入银行等等。准备和实行这些以及诸如此类的措施所取得的实际经验将表明哪些措施是最适当的。

（7）在财政方面,俄共将在一切可能的情况下实行累进所得税和财产税。但在废除了土地私有制以及大多数工厂和其他企业的私有制以后,这种情况不会很多。在无产阶级专政和最重要的生产资料归国家所有的时代,国家的财政应当依靠把各种国家垄断组织一定部分的收入直接用于国家需要。只有正确进行商品交换,收支平衡才能实现,为此就要组织生产消费公社和恢复运输业,后者是苏维埃政权当前的主要目的之一。

在土地问题方面

在废除了土地私有制、[几乎]完全剥夺了地主和实施了承认大规模地共同经营土地的优越性的土地社会化法令以后,苏维埃政权的主要任务是在这方面寻找和试行各种最合理最实际的过渡措施。

在这种情况下,俄共在土地问题上的政策的基本路线和指导原则仍旧是力求依靠农村中的无产阶级和半无产阶级分子。首先应该把他们组织成为独立的力量,使他们接近城市无产阶级,摆脱农村资产阶级和小私有者利益的影响。组织贫苦农民委员会[140]是这方面的步骤之一,建立农村党支部,改选工人、农民和红军代表苏维埃以清除富农分子,建立农村无产者和半无产者的特殊类型的工会,——这些以及诸如此类的措施应当严格地予以执行。

俄共对富农即对农村资产阶级的政策是坚决反对他们的剥削意图,镇压他们对苏维埃政策即社会主义政策的反抗。

俄共对中农的政策是采取谨慎的态度;必须把他们同富农分开,决不能把镇压手段扩大到他们身上;中农就其阶级地位来说,在向社会主义过渡时,可以成为无产阶级政权的同盟者,或者至少是中立者。因此,尽管有不可避免的局部的失利,尽管中农动摇,但必须坚定不移地力求同他们妥协,关心他们的一切愿望,在确定社会主义改造的方式方面向他们让步。在这方面，首要的任务之一，就是在工会帮助下或采取其他办法建立起更严格的监督，反对那些打着共产党员招牌、实际上执行的不是共产主义政策而是官僚主义命令主义政策的苏维埃政权代表的违法乱纪行为，毫不留情地把他们驱除出去。

至于向共产主义的农业过渡的办法，俄共将通过实践来检验在实际生活中创造出来的三个主要措施，即国营农场、农业公社[141]和共耕社[142]（以及协作社），注意更广泛更正确地运用它们，特别是注意发动农民自愿参加这些新式共耕组织的方式，组织劳动农民实行自下而上的监督和同志纪律。

在粮食政策方面，俄共坚持要巩固和发展国家垄断，同时也不拒绝在苏维埃政权进行监督的条件下，为了把工作组织得很好而利用合作社和私商或商业职员，并实行奖励制度。有时不得不采取的部分让步纯粹是出于万不得已，而且国家决不会因为这种让步而放弃实行垄断的坚定意向。在一个小农经济的国家中，实行国家垄断是很困难的，需要进行长期的工作和一系列过渡措施的试验，目的是通过各种不同的途径普遍地组织生产消费公社并正确地发挥它们的作用，把一切余粮交给国家。

选自《列宁全集》第2版第36卷
第76—93页

关于党纲的报告

（1919年3月19日）

（鼓掌）同志们，根据我和布哈林同志谈好的分工，我的责任是说明委员会对于一系列具体的、争论最多的或当前全党最注意的条文是怎么看的。

我首先简单地谈谈布哈林同志在他报告结尾时说到的、我们在委员会内部争论过的那几点。第一点就是纲领总纲部分应该怎样写。关于委员会大多数为什么不同意删掉党纲谈及旧资本主义的全部内容这一点，在我看来，布哈林同志叙述得不完全正确。布哈林同志是这样说的，照他说来，人们有时以为委员会的大多数怕别人非难，怕别人责备他们不够尊重旧东西。毫无疑问，照他那样说来，委员会大多数人的立场是太可笑了。但这与事实相去很远。委员会大多数不同意这样做，是因为这种做法不正确，不合乎实际情况。没有资本主义这一主要基础的纯粹帝国主义从来没有过，任何地方都没有，将来也决不会有。把金融资本主义描写成似乎没有任何旧资本主义的基础，这是把涉及辛迪加、卡特尔、托拉斯、金融资本主义的一切论述作了不正确的概括。

这是不正确的。这对于帝国主义战争时代和帝国主义战争以后的

本文是《俄共（布）第八次代表大会文献》之三。列宁在报告中指出，无产阶级政党制定自己的纲领，必须从确凿无疑的事实出发，科学地判断时代特征，准确地把握党所处的历史环境，依据实际情况来确定党的各项政策和任务，只有这样的党纲才是马克思主义的党纲。

时代是特别不正确的。恩格斯在一次谈到未来战争的时候就曾说过，未来战争引起的破坏要比三十年战争[143]厉害得多，人类将大大野蛮化，我们在商业和工业方面的人造机构将遭到破产[①]。战争开始时，社会主义叛徒和机会主义者曾吹嘘资本主义的生命力，嘲笑我们是"狂热者或半无政府主义者"。他们说："看，这种预言并没有实现。事变证明，这仅仅对于很少几个国家、对于很短时期才是正确的！"现在，不仅在俄国，不仅在德国，而且在各战胜国这种现代资本主义也开始遭到大破坏，其结果往往是取消这类人造机构，恢复旧资本主义。

布哈林同志在委员会里说，可以试把资本主义和帝国主义的破坏作一完整的描写，那时我们反驳过他，在这里我还要予以反驳：您去试一试，您就知道是不会成功的。布哈林同志在委员会里曾作过一次这样的尝试，结果他自己也只好把它放弃了。我完全相信，假如有人能做到这点，那么最合适的是布哈林同志，因为他对这个问题作过很多的很详细的研究。我敢断言，这样的尝试不会成功，因为课题出的就不对。我们俄国现时处于帝国主义战争破坏之后和无产阶级专政开始的时期。同时在比以往更加彼此隔绝的俄国许多地区内，资本主义往往正在复活，初级阶段的资本主义正在发展。要想跳出这种状况是不可能的。假若照布哈林同志所想的那样来写党纲，这个党纲便会不符合实际。它至多是把关于金融资本主义和帝国主义的最好的描写重述一遍，但决不是现实的再现，因为在我们的现实中恰恰没有这种完整性。由不同的部分凑成的党纲是不完美（这当然并不重要），可是另一种党纲会完全不符合实际。不管这种庞杂性、这种由不同材

---

①参看《马克思恩格斯选集》第4卷人民出版社1972年版第267页。——编者注

料组成的结构如何不顺眼,如何不够严谨,但我们在很长时期内还跳不出这种状况。当我们跳出这种状况的时候,我们会制定出另一个党纲。可是那时我们已经生活在社会主义社会中了。硬要那时也像现在一样,那是可笑的。

我们现时的情况是资本主义的许多最基本的现象已经复活。就拿运输瘫痪来说吧,这是我们很好地,或者确切些说,很痛苦地感觉到的事情。这是其他国家甚至战胜国也有的现象。而在帝国主义制度下,运输瘫痪是什么意思呢?这就是退回到最原始的商品生产形式。我们很清楚什么是私贩粮食者。这个词外国人以前大概是不懂得的。而现在呢?你们同出席第三国际代表大会[144]的同志们谈谈吧。原来在德国和瑞士也开始有这类的词了。可是你们不能把这个范畴归到任何无产阶级专政中去,而一定要归到资本主义社会和商品生产的低级阶段上去。

用制定漂亮完整的党纲的办法来跳出这个可悲的现实,就等于跳到九霄云外,制定出不符合实际的党纲。决不是像布哈林同志所委婉地暗示的那样,由于尊重旧东西,我们才把旧党纲中的一些条文写进来。在他看来,1903年在列宁的参加下写成的党纲[137],无疑是不好的党纲,不过因为老年人最爱回忆过去,为了尊重旧东西,就在新时代制定的新党纲中重复了旧东西。如果真是这样的话,这样的怪人倒是可以拿来讥笑一番。我敢断言,事情并不是这样。1903年所描写的那个资本主义,正好由于帝国主义的瓦解和破产,还继续存在于1919年的苏维埃无产阶级共和国。例如在离莫斯科不很远的萨马拉省和维亚特卡省就可找到这样的资本主义。当国内战争把国家弄成四分五裂的时候,我们不能很快摆脱这种状况,不能很快摆脱这种私贩粮食的现象。因此把党纲写成另一个样子是不正确的。应当说出实际情况,党纲应当包括绝对不可反驳的和确凿无疑的东西。只有这样的党纲才是马克思主义的党纲。

布哈林同志在理论上完全了解这一点,他说,党纲应该具体。但了解是一回事,实际来做又是一回事。布哈林同志所谓的具体,就是对金融资本主义作书本式的叙述。在现实中我们看到各种不同的现象。在每个农业省份内,我们都看到自由竞争与垄断的工业同时并存。在世界上任何一个地方,不与许多部门内的自由竞争同时并存的垄断资本主义从未有过,将来也不会有。写出这样的制度,就是写出脱离实际生活的不真实的制度。既然马克思说,工场手工业是普遍的小生产的上层建筑①,那么帝国主义和金融资本主义便是旧资本主义的上层建筑。这个上层一破坏,旧资本主义就会暴露出来。认为存在着不包含旧资本主义的完整的帝国主义,那就是把愿望当做现实。

这是很容易犯的一种很自然的错误。假如在我们面前真的有把资本主义彻头彻尾改造过的完整的帝国主义,那我们的任务就会容易千百万倍了。那就会造成这样一种制度:一切都服从于一个金融资本。那时只要把顶部拆掉,把其余一切交给无产阶级就行了。这倒是非常痛快的事情,可惜这是现实中所没有的。现实的发展情况要求完全不同的做法。**帝国主义是资本主义的上层建筑**。当帝国主义遭到破坏的时候,就会看到顶部破坏,根基则暴露出来。因此,我们的党纲要想成为正确的党纲,就应该说出实际情况。存在着旧资本主义,它在许多部门中成长到了帝国主义。它的趋势只能是帝国主义的。各种根本问题只能从帝国主义存在的观点来考察。没有一个对内对外政策的重大问题可以不顾这种趋势而得到解决。现在党纲说的不是这一

---

① 参看《马克思恩格斯全集》第1版第23卷第407页。——编者注

点。在现实中,还存在着旧资本主义这一极深厚的基础。帝国主义这个上层建筑是有的,它引起了战争,而这次战争的一个结果就是无产阶级专政的开始。要想跳出这个阶段是办不到的。这个事实说明全世界的无产阶级革命将以何种速度发展,并且这个事实在许多年内仍将是事实。

西欧革命也许会顺利一些,可是为了改造全世界,为了改造大多数国家,毕竟还需要很多很多年。这就是说,在我们现时所处的过渡时期中,我们无法跳出这种纷繁复杂的现实。这个由各种不同部分组成的现实决不能抛弃,不管它如何不漂亮,也丝毫不能抛弃。用另一种方式制定的党纲将不符合实际。

我们说我们取得了专政,可是应当知道我们是**怎样**取得的。旧事物千头万绪地拖住我们,缠住我们,不让我们前进一步,或者迫使我们不能很好地前进,正像我们现在这样。所以我们说,为了懂得我们现在处于什么境地,就必须说出我们是怎样走过来的,是什么东西把我们引到社会主义革命的。引我们来的是帝国主义,引我们来的是原始商品经济形式的资本主义。必须认清这一切,因为只有估计到现实,我们才能解决诸如对中农的态度这类问题。的确,在纯粹帝国主义的资本主义时代怎么能有中农呢?要知道甚至在普通的资本主义国家里都是没有中农的。如果我们单单根据帝国主义和无产阶级专政的存在来解决我们对这个几乎是中世纪现象(即对中农)的态度问题,那我们根本不能自圆其说,并且还会碰很多钉子。如果我们要改变对中农的态度,那就请在理论部分说清楚,中农是从哪里来的,什么是中农。中农是小商品生产者。这是关于资本主义的初步常识,是必须指出的,因为我们终究还没有越出这个初步常识。如果把这一点置之不理,还说"我们已经研究了金融资本主义,为什么还要来研究这种初步常识!"——那是极不严肃的。

对于**民族问题**我也要这样说。布哈林同志在这个问题上也是把愿望当做现实。他说,不能承认民族自决权。民族就是资产阶级和无产阶级混在一起。我们无产者竟要承认某个卑鄙的资产阶级的自决权!真是岂有此理!不对,请原谅,这是切合实际的。如果您把这一条删掉,那您就是沉溺于幻想。您提到民族内部发生的分化过程,即无产阶级同资产阶级的分离过程。但是,我们还要看看这种分化究竟怎么样。

拿先进资本主义国家的标本德国来说,它在资本主义、金融资本主义的组织程度方面超过了美国。在许多方面,即在技术和生产方面,在政治方面,它不如美国,可是在金融资本主义的组织程度方面,在变垄断资本主义为国家垄断资本主义方面,它超过了美国。看来这是一个标本。但是那里的情形怎样呢?德国无产阶级是否同资产阶级分开了呢?没有!根据报道,只有几个大城市的多数工人是反对谢德曼分子的。但这是怎样造成的呢?这是由于斯巴达克派[145]同德国可恶到极点的孟什维克独立党人[146]结成联盟,这些独立党人把一切东西搅成一团,竟想使苏维埃制度和立宪会议成亲!请看,这就是德国的情形!而德国还是个先进国家哩。

布哈林同志说:"我们干吗要民族自决权!"他在1917年夏季提议取消最低纲领而只留下最高纲领时,我曾驳斥过他,现在我应当把驳斥他的话再说一遍。我当时回答说:"上战场别吹牛,下战场再夸口。"只要我们夺得政权,再稍微等等,我们就要这样做的。① 果然我们夺得了政权,也稍微等了一些时候,现在我同意这样做了。我们已

---

① 见《列宁全集》第2版第32卷第363—367页。——编者注

经完全投身于社会主义建设,已经打退了威胁我们的第一次进攻,现在这样做就适当了。关于民族自决权也是如此。布哈林同志说:"我只愿意承认各劳动阶级的自决权。"这就是说,你所愿意承认的是除了俄国以外实际上任何国家都没有达到的东西。这是很可笑的。

看看芬兰吧。芬兰是个民主国家,是比我们发达、比我们文明的国家。那里正在发生无产阶级分离出来、分化出来的过程,这一过程很特殊,比在我国痛苦得多。芬兰人受过德国专政的压迫,现在又受着协约国[147]专政的压迫。可是,由于我们承认了民族自决权,那里的分化过程就容易些了。我在斯莫尔尼宫把正式文件交给起过刽子手作用的芬兰资产阶级代表斯温胡武德(译成俄文,就是"猪头"的意思)时的情景[148],到现在还记得很清楚。他很殷勤地握了我的手,我们彼此客套了几句。这是多么不好啊!但这是必须做的事情,因为当时芬兰资产阶级欺骗人民,欺骗劳动群众,说莫斯卡里[149]、沙文主义者、大俄罗斯人要消灭芬兰人。这是必须做的事情。

昨天我们对于巴什基尔共和国不也是这样做的吗[150]?当布哈林同志说"对于某些民族可以承认这种权利"的时候,我甚至记下来了,他所开的名单中有霍屯督人、布西门人、印度人。听他这样列举时,我就想:布哈林同志怎么忘记了一件小小的事情,忘记了巴什基尔人呢?布西门人在俄国是没有的,关于霍屯督人,我也没有听说他们想要成立自治共和国,但是在我国有巴什基尔人、吉尔吉斯人及其他许多民族,对于这些民族我们是不能拒绝承认的。我们对于任何一个居住在前俄罗斯帝国境内的民族都不能拒绝这一点。就假定巴什基尔人推翻了剥削者,而且是我们帮助他们这样做的。但这只是在变革已经完全成熟的时候才有可能。并且要做得很谨慎,以免我们的干预会阻碍我们所应当促进的无产阶级分化出来的过程。我们对于那些至今还处在毛拉[151]影响下的吉尔吉斯人、乌兹别克人、塔吉克人、土库曼人能做些什么呢?在我们俄国,居民有过和神父打交道的长期经验,所以他们帮助我们把这些神父打倒了。但你们知道,关于非宗教婚姻的法令[152]至今还执行得很差。我们是否可以到这些民族那里去说"我们要打倒你们的剥削者"呢?我们不能这样做,因为他们完全受自己的毛拉的控制。这里必须等待这个民族的发展,等待无产阶级同资产阶级分子的分离,这种发展必然会来到。

布哈林同志不愿意等待。他忍耐不住:"干吗要等待!既然我们自己推翻了资产阶级,宣告成立了苏维埃政权和无产阶级专政,干吗我们还要这样做!"这是带鼓舞性的号召,其中指出了我们的道路,但如果我们在党纲中只宣布这样一点,结果那就不是党纲而是传单了。我们可以宣告成立苏维埃政权和无产阶级专政,宣布完全鄙视那些该受万分鄙视的资产阶级,可是在党纲中应当绝对确切地写出真实情况。只有这样,我们的党纲才是无可争辩的党纲。

我们采取严格的阶级观点。我们写在党纲上的东西,是肯定自我们规定一般民族自决那时以来所实际发生的事情。当时还没有无产阶级共和国。当这种共和国出现之后,而且只有按它们出现的程度,我们才能写出像我们现在写在纲领中的条文:"按照**苏维埃类型**组织起来的各个国家实行联邦制的联合"①。苏维埃类型还不等于俄国存在的那种苏维埃,但是苏维埃类型正在成为各民族共同的类型。我们只能说到这种程度。再往前去,哪怕是再进一步,再进一分,就会不正确了,所以就不宜写在党纲里。

我们说:必须考虑到该民族是处于从中世纪制度进到资产阶级

---

① 见《列宁全集》第2版第36卷第409页。——编者注

論無產階級政黨

的民主或從資產階級的民主進到無產階級的民主的道路上的哪個階段。①這是絕對正確的。一切民族都有自決權,大可不必把霍屯督人和布西門人專門提出來說。這個論斷對於地球上絕大多數居民,對於十分之九也許百分之九十五的居民都適用,因為所有國家都是處於從中世紀制度進到資產階級的民主或從資產階級的民主進到無產階級的民主的道路上。這是必由之路。再多說一點也不行,因為再多說就會不正確,不合乎實際情況。勾去民族自決而寫上勞動者自決是完全不正確的,因為這樣的提法沒有考慮到各民族內部的分化是如何困難,如何曲折。在德國,分化的情形和我國不同。在某些方面快些,而在某些方面則慢些,並且要經過流血的道路。在我國,把蘇維埃和立憲會議153結合起來的這種怪思想是任何一個政黨也沒有接受過的。要知道我們還得和這些民族毗鄰居住。現在謝德曼分子已經在說我們想征服德國。這當然是很可笑的無稽之談。但是資產階級有自己的利益和自己的報刊,這些發行千百萬份的報刊,向全世界叫喊這一點,而威爾遜為了自己的利益也予以支持。他們說,布爾什維克擁有龐大的軍隊,想用征服的手段在德國培植布爾什維主義。德國的優秀人物——斯巴達克派——告訴我們,有人挑撥德國工人反對共產黨員說:你們看,布爾什維克那裏的情形多麼糟!而我們也不能說我們這裏的情況就很好。於是我們的敵人在德國就用這樣的理由去影響群眾,說什麼在德國進行無產階級革命就會造成和俄國一樣的混亂狀態。我們的混亂狀態是我們長期的病症。我們是在同極大的困難作鬥爭中在我們國家建立無產階級專政的。只要資產階級,或小資產階級,甚至一部分德國工人,還受到"布爾什維克想用強迫手段建立自

① 見《列寧全集》第2版第36卷第409頁。——編者注

210

己的制度"这种恐吓的影响,"劳动者自决"的公式就不会使情况好转。我们应当做到,使德国社会主义叛徒们无法说布尔什维克强迫人家接受自己的万能制度,似乎这种制度可以靠红军的刺刀推行到柏林去。如果我们否认民族自决原则,人家就会作出这样的结论。

我们的党纲不应当说劳动者自决,因为这是不正确的。我们的党纲应当说现在的实际情况。既然各个民族还处于从中世纪制度进到资产阶级的民主或从资产阶级的民主进到无产阶级的民主的道路上的不同阶段,那么我们党纲中的这个原则便是绝对正确的。在这条道路上我们有过许许多多的曲折,每个民族都应当获得自决权,而这会促进劳动者的自决。在芬兰,无产阶级同资产阶级分离的过程是非常明显、突出和深刻的。那里的一切绝不会和我国相同。如果我们说不承认什么芬兰民族,而只承认劳动群众,那就是空洞到极点的废话。不承认实际情况是不行的,因为它会强迫你承认它。在不同的国家中,无产阶级循着各自不同的道路和资产阶级划清界限。在这方面我们应当极端谨慎。尤其是对于各个民族要特别谨慎,因为没有比对一个民族不信任更坏的事情了。在波兰,无产阶级正在自决。根据最近的数字,华沙工人代表苏维埃[154]中有波兰社会主义叛徒333人,共产党员297人。这就表明,照我们的革命日历来看,那里已离十月不远了。这已经是1917年的8月或9月。但是,第一,还没有颁布一个法令,要一切国家都用布尔什维克的革命日历,即使颁布了这样的法令,也是不会执行的。第二,现在的情形是,比我国工人先进的、文化程度较高的波兰工人,大多数都持有社会护国主义和社会爱国主义的观点。必须等待。这里决不能说劳动群众自决。我们应当宣传这种分化。这点我们已经在做,但毫无疑义,现在不能不承认波兰民族自决。这是很明显的。波兰无产阶级运动和我国一样是向着无产阶级专政前进的，可是前进的方式却不相同。在那里，人们恐吓工人说：向来压迫波兰人的莫斯卡里、大俄罗斯人，想在共产主义招牌的掩盖下，把他们的大俄罗斯沙文主义移植到波兰来。共产主义是不能用暴力来灌输的。我向一个优秀的波兰共产党员同志说，"你们要用另一种方式去做"；他回答我说，"不，我们要做同样的事情，不过要比你们做得好些"。对于这种说法，我根本无法反驳。应当让他们有可能实现这个谦虚的愿望：把苏维埃政权建立得比我们的好些。不能不估计到那里所走的道路的一些特殊性，决不能说："打倒民族自决权！我们只让劳动群众有权自决。"这种自决过程是很复杂很困难的。现在除了俄国，任何地方都没有这种自决，必须预计到其他国家发展的一切阶段，决不要从莫斯科发号施令。所以这个提议在原则上是不能接受的。

根据我们拟订的计划，现在我来谈谈我应当说明的以下几点。我把**小私有者和中农**问题放在第一位。关于这一点，党纲第47条说：

"俄共对中农的政策是逐步地有计划地吸引他们参加社会主义建设工作。党的任务是把他们同富农分开，关心他们的需要，把他们吸引到工人阶级方面来，用思想影响的办法而决不用镇压的办法来克服他们的落后性，在一切触及他们切身利益的问题上力求同他们妥协，在确定社会主义改造的方式方面向他们让步。"

我觉得，我们这里所写的，就是社会主义创始人对中农问题多次说过的。这一条文的缺点只是不够具体。在党纲中，我们未必能写得更具体些。但是在代表大会上应当提出的不仅仅是纲领性的问题，所以对于中农问题要给予加倍的注意。我们掌握的材料表明，某些地方发生的暴动显然是有一个**总计划**的，而且这个计划显然是和白卫分子决定在3月举行总进攻并组织一连串的暴动的军事计划有联系的。大会主席团拟订了一个就要向你们提出的代表大会告各级党组织书[155]的草案。这些暴动再明显不过地向我们表明,左派社会革命党人[156]和一部分孟什维克(孟什维克曾在布良斯克组织暴动)是白卫分子的直接代理人。白卫分子总进攻,农村暴动,铁路交通断绝,——难道这样还不能把布尔什维克推翻吗?这里,中农所起的作用特别明显,特别重大。在代表大会上,我们不仅应当特别强调我们对中农让步的态度,而且要想出许多尽量具体的、能使中农直接得到一些好处的办法。为了自卫,为了反对我们的一切敌人,这些办法是迫切需要的,这些敌人知道中农动摇于我们和他们之间,因而竭力诱使中农离开我们。就我们的现状看来,我们拥有巨大的后备力量。我们知道,波兰和匈牙利的革命都在发展,并且发展得很快。这些革命会给我们以无产阶级后备力量,会减轻我们的困难而大大巩固我国目前还很薄弱的无产阶级基地。这可能在最近几个月内发生,但我们还不知道究竟会在哪一天发生。你们知道,现在到了非常紧要的关头,因此,中农问题现在具有极大的实际意义。

其次,我想谈谈**合作社**问题。这就是我们党纲第48条。这一条已经有些陈旧。我们在委员会写这一条时,我国只有合作社而没有消费公社,但几天之后便通过了把各种形式的合作社合并为统一的消费公社的法令[157]。我不知道这个法令是否已经公布,到会的大多数人是否已经看到。如果没有,这个法令明后天会要公布的。这一条在这一方面已经陈旧,但我仍然觉得它是需要的,因为我们大家都很清楚,从法令颁布到执行是有相当一段距离的。从1918年4月起我们就忙着解决合作社的问题,虽然我们已经取得很大成绩,但这还不是具有决定意义的成绩。在吸收居民参加合作社方面,我们有时达到了这样的规模:许多县份已有百分之九十八的农村居民参加了。但这些在资本主义社会里就已存在的合作社,完全习惯于资产阶级社会那一套,而领导它们的又是孟什维克和社会革命党人[117],是资产阶级专家。我们还无法使这些合作社服从我们,在这方面,我们的任务仍然没有解决。我们的法令,在建立消费公社的意义上说,是前进了一步,法令中指出,全国的各种合作社必须实行合并。但是这个法令,即使我们全部执行,也会在将来的消费公社中保留工人合作社这个自主的部分,因为实际熟悉情况的工人合作社代表向我们证明说,工人合作社这种较为发展的组织应当保留,因为它的活动是需要的。我们党内在合作社问题上有过不少分歧和争论,合作社里的布尔什维克和苏维埃里的布尔什维克之间发生过摩擦。我觉得,在原则上,这个问题无疑地应当这样来解决:这个由资本主义在群众中准备好的唯一机构,在处于原始资本主义阶段的农村群众中进行活动的唯一机构,无论如何要保留,要发展,而决不能加以抛弃。在这里,任务是困难的,因为充当合作社领导者的大半是资产阶级专家,而且往往是真正的白卫分子。由此就产生了对他们的仇恨,正当的仇恨,由此就产生了反对他们的斗争。当然,这个斗争应该进行得很巧妙:**要制止合作社工作者中的反革命阴谋,但这不应当成为反对合作社机构的斗争。**我们一面要排除这些反革命分子,同时应当使机构本身服从我们。这里的任务同对待资产阶级专家是一样的。对待资产阶级专家的问题是我要谈的另一个问题。

　　资产阶级专家的问题引起不少的摩擦和分歧。几天前我在彼得格勒苏维埃作报告时,递给我的条子中有几个是关于工资的。有人问我:难道在社会主义共和国里,工资可以高到3 000卢布吗?实际上我们已经把这个问题写进了党纲,因为这方面的不满已经很厉害了。在军队中,在工业中,在合作社中,到处都存在着资产阶级专家的问题。

这是从资本主义到共产主义的过渡时期内一个很重要的问题。我们只有利用资产阶级的科学和技术手段使共产主义变成群众更容易接受的东西,才能建成共产主义。想用另一种方法建成共产主义社会是不行的。而要这样来建成共产主义,就必须把工作人员从资产阶级手里夺过来,必须吸收所有这些专家参加工作。我们在党纲中有意把这个问题阐述得很详细,以便得到彻底解决。我们深深知道,俄国文化不发达是什么意思,它对苏维埃政权有什么影响;苏维埃政权在原则上实行了高得无比的无产阶级民主,对全世界作出实行这种民主的榜样,可是这种文化上的落后却限制了苏维埃政权的作用并使官僚制度复活。说起来苏维埃机构是全体劳动者都可以参加的,做起来却远不是人人都能参加,这是我们大家都知道的。这决不是因为法律造成了障碍,如在资产阶级时代那样;恰恰相反,我们的法律有助于这样做。但只有法律是不够的。必须有大量的教育工作、组织工作和文化工作,这不能用法律迅速办到,这需要进行长期的巨大的努力。本届代表大会应当对资产阶级专家问题作出极明确的决定。这样的决定会使那些无疑是倾听这次代表大会意见的同志们有可能依靠代表大会的威信进行工作,并知道我们遇到怎样的困难。这样的决定会帮助那些处处碰到这个问题的同志们至少来参加这方面的宣传工作。

斯巴达克派的代表同志们在莫斯科的代表大会上告诉我们说,在工业最发达、斯巴达克派在工人中的影响最大的德国西部,虽然斯巴达克派还没有获得胜利,可是许多最大的企业的工程师和经理已经来向斯巴达克派说:“我们跟你们走。”我们这里没有这种情形。显然是那里的工人的文化水平较高,技术人员较无产阶级化,也许还有许多我们不知道的其他原因,造成了这种与我国有些不同的关系。

无论如何这是我们继续前进的主要障碍之一。现在我们应当不等待其他国家的援助立刻提高生产力。要做到这点，没有资产阶级专家是不行的。这应当斩钉截铁地说清楚。当然，这些专家大多数是浸透了资产阶级世界观的。必须用同志合作的气氛、工人政治委员和共产党支部来包围他们，使他们无法挣脱，但应当使他们有比资本主义制度下更好的工作条件，因为不如此，这个由资产阶级培养出来的阶层就不去工作。想用棍棒强迫整个阶层工作是不行的，这一点我们已深有体会。可以迫使他们不积极地参加反革命，可以吓唬他们，使他们不敢伸手去拿白卫分子的宣言。在这一方面，我们布尔什维克是很坚决的。这是可以做到的，而我们也做得很够了。我们大家都学会了这一点。但是，要用这种办法来强迫整个阶层工作是不可能的。这些人习惯于文化工作，他们在资产阶级制度范围内推进了文化工作，就是说，他们使资产阶级获得了巨大的物质财富，使无产阶级的所得微不足道。但他们毕竟推进了文化，这是他们的职业。当他们看到工人阶级中的有组织的先进阶层不仅重视文化，而且帮助在群众中普及文化时，他们就会改变对我们的态度。当医生看到无产阶级发动劳动者主动进行防疫工作时，他就完全会用另一种态度对待我们。我国这个由资产阶级的医生、工程师、农艺师、合作社工作者所组成的阶层是很广大的，当他们实际看到无产阶级吸引愈来愈多的群众参加这种事业的时候，他们就会**在精神上**完全折服，而不仅在政治上和资产阶级割断关系。那时我们的任务就会容易些了。那时他们就会自然而然地被吸收到我们机构中来，成为它的一部分。为了这点，必须作些牺牲。为了这点，哪怕付出20亿卢布也算不了什么。害怕这种牺牲就是幼稚，因为这就是不懂得摆在我们面前的任务。

运输业的解体，工业和农业的解体，直接威胁到苏维埃共和国的生存。我们在这里应当采取最有效的办法，把全国的一切力量充分调动起来。对于专家，我们不应当采取吹毛求疵的政策。这些专家不是剥削者的仆役，而是有文化的工作者。他们在资产阶级社会里为资产阶级服务，全世界的社会主义者都说过，这些人在无产阶级社会里是会为**我们**服务的。在这个过渡时期内，我们应当尽可能地使他们有较好的生活条件。这将是顶好的政策，这将是最经济的办法。不然的话，我们节省了几个亿，却可能造成用几十个亿也不能补偿的损失。

当我们同劳动人民委员施米特同志谈论工资问题时，他举出了以下的事实。他说，为了把工资拉平些，我们所做的工作是任何资产阶级国家在任何地方也没有做过而且用几十年时间也不能做到的。例如战前的工资：粗工每天1卢布，每月25卢布，而专家每月是500卢布（不算那些拿几十万卢布的人）。专家领的工资是工人工资的20倍。我们现在的工资幅度是从600卢布到3 000卢布，相差只有5倍。为了把工资拉平些，我们已做了很多工作。当然，我们现在给专家的工资是过高的，但为了向他们请教，多给一点不仅值得，而且是应当的，从理论上看也是必要的。我认为这个问题在党纲上规定得十分详细。必须特别强调这个问题。在这里，不仅要在原则上解决这个问题，而且要使代表大会的全体代表回到各地后，在向自己组织作报告时，在进行自己的全部活动时，都能贯彻这一点。

我们已经在动摇的知识分子中促成了巨大的转变。如果说我们昨天谈小资产阶级政党的合法化，今天就逮捕孟什维克和社会革命党人，那么，在这种变动中，我们执行的完全是既定方针。这种变动贯彻着一条最坚决的路线：**反革命要清除，资产阶级文化机构必须利用**。孟什维克是社会主义的最坏的敌人，因为他们披着无产阶级的外皮，而实际上是非无产阶级阶层。在这个阶层中只有极少数的上层分子是无产阶级出身，而这个阶层本身是由小知识分子组成的。这个阶层在靠近我们。我们要把整个阶层争取过来。每当他们靠近我们时,我们总是说"请来吧"。每动摇一次,这个阶层都有一部分人走到我们这方面来。孟什维克和新生活派[158]是这样,社会革命党人是这样,所有这些动摇分子都会是这样,他们还会长久地左右摇摆,怨天尤人,从一个阵营跑到另一个阵营。对他们是没有什么办法的。但是通过这一切动摇,我们会得到有文化的知识分子阶层来参加苏维埃工作人员的队伍,而排除那些继续拥护白卫军的分子。

按照分工我应当说明的下一个问题,就是**关于官僚主义和吸引广大群众参加苏维埃工作的问题**。早就有人埋怨官僚主义,这种埋怨无疑是有根据的。我们在反官僚主义的斗争中,做到了世界上任何一个国家都没有做到的事情。那种彻头彻尾是官僚的和资产阶级压迫者的机构(甚至在最自由的资产阶级共和国中都仍然是这样的机构)已被我们彻底摧毁。单就法院来说吧。的确,这里的任务比较容易,不需要建立新的机构,因为根据劳动阶级的革命法律意识来裁判是谁都会的。我们在这方面还远没有把任务贯彻到底,可是在许多方面已把法院照应有的那样建立起来了。我们建立了这样的机关,从而不仅使男子而且连妇女即最落后最不活跃的分子也人人都能参加工作。

其他管理部门中的职员是更加守旧的官僚。在这里,任务比较困难。没有这样一批人是不行的,一切管理部门都需要这样一批人。在这里,我们苦于俄国资本主义的不够发达。在德国,大概这种痛苦要轻一些,因为德国的官僚机构受过充分的训练,它把官僚们弄得精疲力竭但是在迫使他们做事情,而不像我国办公室里的一些人那样,坐在安乐椅上安闲度日。我们已经把这种旧官僚主义分子赶走,加以清查,然后再把他们安插到新的位置。沙皇时代的官僚渐渐转入苏维埃机关,实行官僚主义,装成共产主义者,并且为了更便于往上爬而设法取得俄国共产党的党证。结果,把他们赶出门外,他们又从窗口飞进来。这里主要是由于有文化的人才不够。这些官僚可以遣散,但决不能一下子把他们改造过来。在这里,摆在我们面前的首先是组织任务、文化任务和教育任务。

只有当全体居民都参加管理工作时,才能把反官僚主义的斗争进行到底,直到取得完全的胜利。这在资产阶级共和国里不仅不可能,**而且法律本身也妨碍这样去做**。最好的资产阶级共和国,不管它怎样民主,也有无数法律上的障碍阻挠劳动者参加管理。我们已彻底扫除这些障碍,但是直到今天我们还没有达到使劳动群众能够参加管理的地步,因为除了法律,还要有文化水平,而你是不能使它服从任何法律的。由于文化水平这样低,苏维埃虽然按党纲规定是**通过劳动者**来实行管理的机关,而实际上却是通过无产阶级先进阶层来**为劳动者**实行管理而不是通过劳动群众来实行管理的机关。

在这里,摆在我们面前的任务只有通过长期的教育才能解决。目前这个任务对于我们是极端困难的,我已经屡次指出,这是因为担任管理的工人还非常**少**,少得令人难以置信。我们应当取得后援,就各种征象来看,国内的这种后备力量正在增长。劳动群众的强烈的求知欲和往往是通过社会教育达到的莫大教育成绩,是丝毫不容怀疑的。这种成绩虽然不是任何学校教育的成绩,但是非常巨大。一切征象表明,在最近的将来,我们一定会获得巨大的后备力量,用以代替人数不多的无产阶级先进阶层中那些劳累过度的人,然而无论如何,目前我们在这一方面的情况是非常困难的。官僚已被打倒。剥削者已被铲除。但是文化水平还没有提高,因此官僚们还占据原有的位置。要排挤他们,只有用比以前大得多的规模把无产阶级和农民组织起来，同时真正实行吸收工人参加管理的种种办法。每个人民委员部实行的这类办法，你们都知道，我就不详细谈了。

我要讲的最后一点是**无产阶级的领导作用和剥夺选举权的问题**。我们的宪法承认无产阶级比农民占有优越地位，并剥夺剥削者的选举权。西欧纯粹民主派攻击我们最厉害的就是这一点。我们过去和现在都是这样回答他们：你们忘记了马克思主义最基本的原理，忘记了你们谈的是资产阶级民主，而我们却已经实行了**无产阶级**民主。在吸收工人和贫苦农民参加国家管理方面，苏维埃共和国过去几个月所做的事情，是世界上任何一个国家连十分之一也没有做到的。这是绝对真理。谁也不会否认：我们在实行真正的而不是纸上的民主方面、在吸收工农参加管理方面所做的事情，是世界上最好的民主共和国在几百年内没有做到而且不可能做到的。这就决定了苏维埃的意义，由于这一点，苏维埃就成了全世界无产阶级的口号。

但这丝毫不能使我们摆脱由于群众文化程度不够而碰到的困难。对于剥夺资产阶级选举权的问题，我们决没有从绝对的观点来看，因为在理论上完全可以假设：无产阶级专政将处处镇压资产阶级，而又不剥夺资产阶级的选举权。在理论上完全可以这样设想，所以我们不把我们的宪法提出来作为其他国家学习的榜样。我们只是说，谁认为不必镇压资产阶级就可以过渡到社会主义，谁就不是社会主义者。把资产阶级作为一个阶级来镇压是必要的，但剥夺它的选举权和平等权利则不是必要的。我们不愿意给资产阶级以自由，我们不承认剥削者和被剥削者平等，但我们在党纲中对这个问题是这样看的：像工人和农民不平等之类的办法，根本不是宪法所规定的。宪法是**在**这些办法实施**之后**才把它们记载下来的。苏维埃宪法甚至不是布尔什维克拟订的，而是孟什维克和社会革命党人在布尔什维克革命以前就拟订的,其实是反对他们自己的。他们按照实际生活所造成的情况拟订了这个宪法。组织无产阶级比组织农民快得多,这就使工人成了革命的支柱,使工人实际上获得了优越地位。往后的任务就是从这种优越地位逐渐过渡到工农平等。在十月革命以前和以后,谁也没有把资产阶级赶出苏维埃。**资产阶级自己离开了苏维埃。**

资产阶级选举权的问题就是这样。我们的任务在于十分明确地提出问题。我们根本不是为我们的行动表示歉意,而是如实地摆出事实。我们的宪法,正如我们所指出的,不得不把这种不平等放进去,这是因为文化水平低,因为我们的组织工作差。但是我们不把这点变成理想,恰恰相反,按照党纲,我们党一定要进行有系统的工作来消灭较有组织的无产阶级和农民之间的这种不平等。一旦我们提高了文化水平,我们就要取消这种不平等。那时我们就不需要这种限制了。在革命后过了17个月的现在,这种限制的意义实际上已经很小了。

同志们,这就是我认为在讨论党纲时必须谈到以供大家今后讨论的主要几点。(鼓掌)

选自《列宁全集》第2版第36卷
第137—157页

工人国家和征收党员周

（1919年10月11日）

  莫斯科征收党员周[159]是在苏维埃政权困难的时刻举行的。由于邓尼金的胜利，地主资本家和他们的朋友们拼命加紧阴谋活动，资产阶级竭力扰乱人心，千方百计想动摇苏维埃政权的决心。犹豫动摇的不自觉的庸人以及同他们在一起的知识分子，社会革命党人[117]和孟什维克，照例都更加动摇起来，而且最先被资本家吓倒了。

  但是，我认为，莫斯科在困难时刻举行征收党员周对我们更有利，因为这对事情更有益处。我们举行征收党员周并不是为了炫耀一番。徒有其名的党员，就是白给，我们也不要。世界上只有我们这样的执政党，即革命工人阶级的党，才不追求党员数量的增加，而注意党员质量的提高和清洗"混进党里来的人"。我们曾不止一次地重新登记党员，以便把这种"混进党里来的人"驱除出去，只让有觉悟的真正忠于共产主义的人留在党内[160]。我们还用动员人们上前线和参加星期六义务劳动的办法，来清洗党内那些一心想从执政党党员的地位

  列宁在本文中阐述了执政的无产阶级政党保持党员队伍先进性、加强自身组织建设的原则。他指出：徒有其名的党员，就是白给，我们也不要。世界上只有我们这样的执政党，即革命工人阶级的党，才不追求党员数量的增加，而注意党员质量的提高。要清洗党内那些一心想从执政党党员的地位"捞到"好处的人。列宁强调党取得政权后，要多吸收真心拥护共产主义的正直的劳动者入党，要特别重视从工人阶级和劳动农民中间发掘新人才，大胆使用新人才，发挥他们的组织才能和管理才能，以适应社会主义建设事业的需要。

"捞到"好处而不愿肩负为共产主义忘我工作的重担的人。

目前正当加紧动员人们上前线的时候,举行征收党员周的好处是,不致对那些想混进党里来的人有什么诱惑力。我们只是号召大批普通工人和贫苦农民即劳动农民入党,**而不是**号召投机农民入党。我们不向这些普通党员许愿,说入党有什么好处,也不给他们什么好处。相反地,现在党员要担负比平常更艰苦更危险的工作。

这样更好。入党的将都是一些真心拥护共产主义的人,真正忠于工人国家的人,正直的劳动者,在资本主义下受过压迫的群众的真正代表。

只有这样的党员才是我们需要的。

我们需要新党员不是为了作广告,而是为了进行严肃的工作。我们号召他们加入党。我们向劳动者敞开党的大门。

苏维埃政权是为彻底推翻资本压迫而斗争的劳动者的政权。首先起来进行这种斗争的,是各城市和工业中心的工人阶级。它取得了第一次胜利,夺得了国家政权。

工人阶级把大多数农民团结到自己方面来。因为倾向于资本、倾向于资产阶级的,只是经商的农民,投机农民,而不是劳动农民。

最开展最觉悟的彼得格勒工人为管理俄国输送了最多的力量。可是我们知道,在普通工人和农民中,忠于劳动群众利益、能够做领导工作的人是很多很多的。在这些人当中,有很多是有组织才能和管理才能的,资本主义不让这些人发展,我们却尽力帮助他们,而且应当帮助他们涌现出来,让他们担负起社会主义建设的工作。发现这些质朴的不知名的新人才是不容易的。吸收那些长期受地主资本家压迫和恐吓的普通工农来参加国家工作是不容易的。

但是,我们应该进行而且必须进行这种不容易的工作,以便更深入地从工人阶级和劳动农民中间发掘新人才。

非党的工人和劳动农民同志们,加入党吧!我们不向你们许愿,说入党有什么好处,我们号召你们来进行困难的工作,进行建设国家的工作。如果你们真心拥护共产主义,你们就应该大胆地担负起这种工作,不要怕工作生疏和困难,不要被那种陈腐偏见弄得惶惑不安,以为只有受过正规教育的人才能胜任这种工作。这是不对的。能够而且应当有愈来愈多的普通工人和劳动农民来领导社会主义建设的工作。

劳动群众拥护我们。我们的力量就在这里。全世界共产主义运动不可战胜的根源就在这里。多吸收群众中新的工作者入党,使他们独立参加建设新生活的工作,这就是我们克服一切困难的手段,这就是我们走向胜利的道路。

1919年10月11日

选自《列宁全集》第2版第37卷
第215—217页

莫斯科征收党员周的
总结和我们的任务

（1919年10月21日）

在莫斯科征收党员周[159]期间入党的有13 600人。

这是一个巨大的完全没有料到的成绩。整个资产阶级，特别是城市小资产阶级，包括那些为自己丧失"老爷的"特权地位而伤心的专家、官吏、职员在内，——所有这伙人恰巧在最近，恰巧在莫斯科征收党员周期间，拼命扰乱人心，预言苏维埃政权即将灭亡，邓尼金即将胜利。

这伙"知识分子"是多么善于巧妙地运用扰乱人心这个武器啊！要知道这已经成了资产阶级在反对无产阶级的阶级斗争中的真正武器。在我们所处的这种时候，小资产阶级总是要同资产阶级结成"反动的一帮"并且"死命地"抓住这个武器的。

莫斯科本来是商人势力特别大的地方，是剥削者、地主、资本家、食利者最集中的地方，是资本主义的发展把大量资产阶级知识分子集合到了一起的地方，是驻着中央政权机关因而官员特别密集的地

列宁在本文中总结了莫斯科征收党员周的成绩和经验，阐述了无产阶级执政党面临的一项新的重要任务，就是高度重视人才的培养，充分发挥党内新生力量的作用。他指出，各级党组织的职责就是要善于在基层发现人才、正确使用人才，应该打破常规，大胆地把各种各样的国家工作托付给他们，同时在实践中考验他们，给他们在广阔的工作领域中施展才能和一显身手的机会。

方，——正是这个莫斯科是资产阶级造谣、诽谤、扰乱人心最方便的场所。邓尼金和尤登尼奇进攻得手的"时机"非常有利于资产阶级这种手段取得"成功"。

无产阶级群众看到了邓尼金的"成功"，并且知道在现在做一个共产党员会遭到多大的艰难困苦和危险，但是他们中间却有成千上万的人挺身而出，起来支援共产党，承担异常艰巨的国家管理工作的重担。

苏维埃政权的成就、我们党的成就简直是了不起的！

这个成就向首都居民，并且也向整个共和国和全世界证明并清楚地指出，正是在无产阶级中间，正是在劳动群众的真正代表中间蕴藏着苏维埃政权强大和稳固的最可靠的源泉。在最困难最危险的时刻人们志愿申请入党，从这个成就可以看到，无产阶级专政已实际地显示了为劳动解放事业的敌人深恶痛绝而为劳动解放事业的真正朋友最为珍视的**那一方面**，即无产阶级（掌握着国家政权的）**从道义上**（从这个词的最好意义上讲）影响群众的特殊力量，无产阶级施加这种影响的**方法**。

掌握着国家政权的无产阶级先进阶层以身作则，在整整两年期间（在我国政治发展极快的情形下，这是一个很长的时期）给劳动群众树立了这样的**榜样**：他们对劳动者的利益十分忠诚，他们同劳动者的敌人（剥削者，特别是"私有者"和投机者）斗争时十分坚决，他们在艰苦的时刻十分坚定，他们在反击世界帝国主义强盗时奋不顾身，这都说明**只有**工人和农民对自己先锋队的**同情**所产生的力量才能够**创造奇迹**。

这是奇迹，因为被饥饿、寒冷、破坏、破产折磨得无比痛苦的工人，不仅保持着蓬勃的朝气、对苏维埃政权的无限忠诚、高度的自我牺牲精神和英雄主义热情,而且不顾没有素养并缺乏经验,承担了驾驶国家航船的重担!而且这是在暴风雨最猛烈的时刻……

我国无产阶级革命的历史充满了这样的奇迹。不论个别的考验多么严重,这样的奇迹将会导致而且一定会导致世界苏维埃共和国的完全胜利。

我们现在应该关心怎样**正确地**使用新党员。这个任务应该受到特别的重视,因为这不是一个轻松的任务,这是一个新的任务,靠老一套办法是解决不了的。

资本主义扼杀、压制、摧残了工人和劳动农民中的大批人才。这些人才在贫穷困苦、人格遭到侮辱的压迫之下毁灭了。现在我们的职责就是要善于发现这些人才,让他们担任工作。在征收党员周期间入党的新党员,大多数没有经验,不熟悉国家管理工作,这是毫无疑问的。但他们是被资本主义人为地压在**下面**、变成"底"层、没有抬头机会的那些社会阶层当中最忠实、最真诚、最有才能的人,这也是毫无疑问的。他们比别的人**更有力量**,**更富朝气**,**更耿直**,**更坚强**,**更真诚**。

因此,一切党组织都应当对怎样使用这些新党员的问题作专门的研究。应该**更大胆地**把各种各样的国家工作托付给他们,应该更迅速地在实践中考验他们。

当然,所谓大胆,并不是**马上**就把重要的职务交给新手担任,因为担任重要职务所需要的知识,新手还没有掌握。要大胆,是说要大胆地同官僚主义作斗争,我们的党纲非常明确地提出为什么官僚主义会在某种程度上复活以及怎样防止的问题并不是没有原因的。要大胆,首先是说要大胆地让那些熟悉人民群众的生活状况及其疾苦和要求的新党员对职员、官吏和专家实行**监督**。要大胆,是说要**立即**给这些新手在**广阔的**工作领域中施展才能和一显身手的机会。要大胆,是说要大胆地打破常规(在我们这里,也有人——可惜还不少呢!——非常怕冒犯已经规定的苏维埃的陈规陋矩,虽然这些东西有时不是由自觉的共产党员而是由旧官吏和旧职员"规定"的);要大胆,是说要决心以革命的速度为新党员改变工作方式,以便更快地考验他们,更快地给他们找到适当的工作岗位。

在很多场合可以为新党员安排这样的工作,即让这些党员一方面监督旧官吏是否认真地完成自己的任务,另一方面很快能学会业务,并能独立地担当工作。在其他场合可以安排他们来更新、加强工农群众同国家机构的直接联系。在我们工业的"总管理局、中央管理局"里,在我们的"国营农场"里,还有很多很多的怠工者、潜藏的地主和资本家在千方百计地破坏苏维埃政权。中央和地方有经验的党的工作者的本领应该在加紧利用党的新生力量来同这种祸害作坚决的斗争方面表现出来。

苏维埃共和国应当成为一个统一的军营,它应该尽量发挥一切力量,尽量节省这些力量,尽量减少拖拉现象和繁文缛节,尽量精简机构,尽量使这个机构不仅知道群众的疾苦,而且能为群众所了解,能使群众独立参加这个机构的工作。

目前正在加紧动员老党员参加军事工作。这一工作无论如何不应削弱,而是应该不断加强。但是,为了争取战争的胜利,同时应该改善、精简、更新我们的非军事管理机构。

谁的后备多,谁的兵源足,谁的群众基础厚,谁更能持久,谁就能在战争中取得胜利。

在所有这些方面,我们都超过白卫分子,超过"世界上最强大的"英法帝国主义这个泥足巨人。我们超过他们,是因为我们能够从过去受资本主义压迫、不论在哪里都占人口绝大多数的那些阶级中,也就是从工人和劳动农民中吸收力量，而且今后还要长期地愈来愈深入地从他们当中吸收力量。我们能够从这个大储备库中吸收力量，因为它能在建设社会主义的事业中向我们提供最忠诚、受苦难生活锻炼最多、最接近工农的工农领袖。

我们的敌人，不论是俄国资产阶级还是世界资产阶级，都根本没有稍许与这个储备库近似的东西，他们的根基愈来愈动摇，工人农民中拥护过他们的人愈来愈离开他们了。

这就是全世界的苏维埃政权最终肯定胜利和必然胜利的原因。

1919年10月21日

选自《列宁全集》第2版第37卷
第228—232页

在全俄东部各民族共产党组织
第二次代表大会上的报告¹⁶¹（节选）

（1919年11月22日）

最后，请允许我谈谈东部各民族目前的情况。你们是东部各民族共产党组织的代表和共产党的代表。我要指出，如果说俄国布尔什维克能够在旧帝国主义中打开一个缺口，担负起异常艰难但又异常崇高的开辟革命新道路的任务，那么，你们这些东部劳动群众的代表今后要担负的就将是更伟大更新的任务。十分明显，全世界行将爆发的社会主义革命，决不限于每一国无产阶级战胜本国资产阶级。如果各国革命进行得很顺利，很迅速，这也许是可能的。我们知道，帝国主义者是不会让我们这样做的，世界各国都已武装起来对付本国的布尔什维主义，一心在想怎样战胜自己家里的布尔什维主义。因此，每一个国家都酝酿着国内战争，而老社会党人妥协分子是站在资产阶级一边参加这个战争的。由此可见，社会主义革命不会仅仅是或主要是每一个国家的革命无产者反对本国资产阶级的斗争。不会的，这个革命将是受帝国主义压迫的一切殖民地和国家、一切附属国反对国

_____

列宁在报告中指出，共产党人必须以共产主义的一般理论和实践为依据，从自己面临的实际情况和特殊条件出发，确定自己的斗争任务，同时，必须用人民群众听得懂的语言进行广泛的宣传教育。列宁认为，我们无论在哪一本共产主义著作里都不可能找到解决实际问题的现成答案，而只能通过实践来积累经验。

际帝国主义的斗争。在我们党今年3月通过的纲领里面，我们在说明世界社会革命日益接近的时候说，各先进国家的劳动人民反对帝国主义者和剥削者的国内战争正开始同反对国际帝国主义的民族战争结合起来。这一点正由革命进程所证实，并且今后会得到更多的证实。东方的情形也会是如此。

我们知道，东方的人民群众将作为独立的斗争参加者和新生活的创造者起来奋斗，因为东方亿万人民都是一些不独立的、没有充分权利的民族，至今仍是帝国主义国际政治的客体，它们的存在只是为了给资本主义文化和文明当肥料。我们非常了解，所谓分配殖民地的统治权，就是分配掠夺和抢劫权，就是分配地球上一小撮人对大多数人的剥削权。地球上的大多数人过去完全处于历史的进步之外，因为当时他们不能成为独立的革命力量，但是在20世纪初，他们已不再扮演这种消极的角色了。我们知道，1905年以后，土耳其、波斯、中国相继发生了革命，印度也展开了革命运动。帝国主义战争也促进了革命运动的发展，因为由殖民地人民组成的整团整团的军队被卷入了欧洲帝国主义者之间的斗争。帝国主义战争也唤醒了东方，把东方各族人民卷入了国际政治生活。英国和法国武装了殖民地人民，帮助他们熟悉了军事技术装备和革新的机械。他们将利用学到的本事去反对帝国主义老爷们。继东方觉醒时期之后，在当代革命中，东方各民族为了不再仅仅充当别人发财的对象而参与决定世界命运的时期到来了。东方各民族正在纷纷觉醒，采取实际行动，使每一个民族都参与决定全人类命运的问题。

所以我认为，今后在世界革命发展史中（从这个革命开始时的情况看来，它还要继续很多年，需要人们做很多工作），在革命斗争中，在革命运动中，你们将要发挥重大的作用，将要把你们的斗争和我们反对国际帝国主义的斗争汇合起来。你们参加国际革命,就要担负起一个艰巨复杂的任务,解决了这个任务就会为总的胜利打下基础,因为在这里,人口中的多数是第一次进行独立的运动,他们将成为推翻国际帝国主义的斗争的积极因素。

东方大多数民族的处境比欧洲最落后的国家俄国还要坏。我们已经在反对封建主义残余和反对资本主义的斗争中把俄国农民和工人联合起来了,我们的斗争所以进行得很顺利,正是因为工人和农民是联合起来反对资本和封建主义的。在这方面,同东部各族人民的联系特别重要,因为东部人民大多数是典型的劳动群众,他们不是受过资本主义工厂锻炼的工人,而是典型的被剥削劳动农民群众,即遭受中世纪制度压迫的劳动农民群众。俄国革命已经表明,战胜了资本主义的无产阶级把千百万涣散的劳动农民群众团结起来以后,就胜利地进行了反对中世纪制度压迫的斗争。现在,我们苏维埃共和国要把觉醒的东部各族人民团结在自己周围,共同去进行反对国际帝国主义的斗争。

你们面临着全世界共产党人所没有遇到过的一个任务,就是你们必须以共产主义的一般理论和实践为依据,适应欧洲各国所没有的特殊条件,善于把这种理论和实践运用于主要群众是农民、需要解决的斗争任务不是反对资本而是反对中世纪残余这样的条件。这是一个困难而特殊的任务,但又是一个能收到卓著成效的任务,因为一些还没有参加过斗争的群众正被卷到斗争中来,另一方面,由于东部组织了共产党支部,你们就能够同第三国际[138]保持最紧密的联系。你们必须找到特殊的形式,把全世界先进无产者同东部那些往往处在中世纪生活条件下的被剥削劳动群众联合起来。我们在小范围内即在我们国家内实现了的任务,你们将在大范围内即在一些大的国家内予以实现。这第二个任务,我希望你们能够胜利完成。由于东部已经有了共产党组织——你们就是这些组织的代表——你们就与先进的革命无产阶级有了联系。你们当前的任务,就是要继续关心怎样在每一个国家内用人民懂得的语言进行共产主义宣传。

不言而喻,能够获得最终胜利的,只有全世界先进国家的无产阶级。我们俄国人开创的事业,将由英国、法国或德国的无产阶级来巩固;但是我们看到,没有各被压迫殖民地民族的劳动群众的援助,首先是东方各民族的劳动群众的援助,他们是不能取得胜利的。我们应当懂得,单靠一支先锋队还不能实现向共产主义的过渡。必须激发劳动群众从事独立活动和把自己组织起来的革命积极性(不管他们的水平如何);把指导较先进国家的共产党人的真正的共产主义学说译成各民族的文字;实现那些必须立刻实现的实际任务,同其他国家的无产者联合起来共同斗争。

任务就是这些,它们的解决方法无论在哪一部共产主义书本里都是找不到的,但是在俄国所开始的共同斗争中却能够找到。你们应当提出这种任务,并根据自己的经验来解决这种任务。对你们会有帮助的,一方面是同其他国家的全体劳动人民的先锋队结成紧密的联盟,另一方面是善于正确对待你们在这里所代表的东部各民族。你们不得不立足于正在这些民族中间产生出来并且必然要产生出来的资产阶级民族主义。这种民族主义的产生是有其历史根据的。同时你们应当去联系每一个国家的被剥削劳动群众,用他们懂得的语言告诉他们,获得解放的唯一希望是国际革命的胜利,国际无产阶级是东方各民族亿万被剥削劳动群众的唯一同盟者。

这就是摆在你们面前的极其巨大的任务。由于革命时代的来临和革命运动的发展(这是不容置疑的),东部各共产党组织只要能共同努力,就一定会成功地解决这个任务,并彻底战胜国际帝国主义。

选自《列宁全集》第2版第37卷
第321—325页

中央委员会的政治报告（节选）

（1919年12月2日）

现在我非常简短地谈一下党的任务。我们党在革命进程中已经面临一项极重大的任务。一方面，坏分子在攀附我们的党，这是很自然的，因为这是一个执政的党。另一方面，工人阶级已经疲惫不堪，它的力量自然因国家遭受破坏而被削弱。但是只有工人阶级的先进部分，只有工人阶级的先锋队，才能领导自己的国家。为了实现这项全国范围的建设任务，我们实行了星期六义务劳动，作为建设的一种方法。我们提出的口号是：让最先应征上前线的人加入我们的党；不能作战的人要入党，则应在原岗位上证明他懂得什么是工人政党，应表明他是在实践共产主义的原则。所谓共产主义，严格说来就是无报酬地为社会工作，不考虑个人的差别，丝毫没有世俗偏见，没有守旧心理，没有旧的习气，消除各个工作部门的差别，劳动报酬上的差别等等。这是我们能够使工人阶级和劳动人民不仅投入军事斗争而且投入和平建设的最大保证之一。共产主义星期六义务劳动的进一步发展必然会成为一所学校。我们应当在贯彻每一个措施的过程中把工人和其他阶级中最可靠的人吸收到党内来。我们通过重新登记来做

本文是《俄共(布)第八次全国代表会议文献》之二。列宁在报告中论述了处于执政地位的无产阶级政党如何加强组织建设的问题。他强调指出，只有工人阶级的先进部分，只有工人阶级的先锋队，才能领导国家。在党取得执政地位以后，会有一些有害分子混进来捞取好处，因此必须严把党的大门，应当把工人和其他阶级中最可靠的人吸收到党内来，保证党组织的纯洁性和战斗力。

到这一点。我们并不害怕把不十分可靠的人开除出去。我们能够做到这一点，还因为我们信任在困难时刻加入到我们党里来的党员。正如中央委员会今天的报告所指出的，成千上万的党员是在尤登尼奇离彼得格勒只有几俄里、邓尼金已到了奥廖尔北面、整个资产阶级已经欣喜若狂的时候加入到我们党里来的，他们是值得我们信任的。我们珍视党的这种扩大。

在党这样扩大以后，我们应当关一下门，应当特别小心。我们应当说：在目前党取得胜利的时候，我们不需要新党员。我们非常清楚，在日益瓦解的资本主义社会中，一定会有许多有害的分子混到党里来。我们必须建立一个工人的政党，一个不让混入的分子有立足之地的政党，但是，我们必须吸收党外群众来参加工作。怎样做到这一点呢？办法就是举行非党工农代表会议。不久以前，《真理报》162登载了一篇关于非党代表会议的文章。拉斯托普钦同志的这篇文章值得特别注意163。我不知道还有什么其他办法能够解决这一具有深刻历史意义的重大任务。党不能敞开大门，因为在资本主义瓦解时期，党把坏分子吸收进来是绝对难免的。对于非工人阶级出身的分子，党的大门只容其中能够经受极严格考验的人进来。

但是，在一个拥有亿万人口的国家里，我们只有几十万党员。这样的政党怎么能管理国家呢？首先，包括几百万人的工会是它的助手，而且应当是它的助手；其次，非党代表会议也是它的助手。在这些非党代表会议上，我们必须善于正确地对待非无产阶级群众，必须克服偏见和小资产阶级的动摇，这是最根本和最重要的任务之一。

在估计我们党组织的成绩时，不仅要看这项或那项工作中有多少党员在干，不仅要看重新登记的工作进行得是否顺利，而且还要看非党工农代表会议开得是否按期，是否经常，就是说，要看我们是否善于正确地对待目前还不能入党但应当吸收来参加工作的群众。

我们所以能够战胜协约国[147]，也许是因为我们取得了工人阶级的同情，取得了非党群众的同情。我们终于战胜了高尔察克，也许正是因为高尔察克失去了从劳动群众这一力量源泉中进一步汲取力量的可能。而我们有这样的后备力量。除工人阶级的政府外，世界上任何一个政府都没有而且也不可能有这样的力量源泉，因为只有工人阶级的政府才能满怀胜利的信心大胆地从最受压迫和最落后的劳动人民中汲取力量。我们能够而且应当从非党工农队伍中汲取力量，因为他们是我们最可靠的朋友。为了解决粮食、燃料的供应问题，为了战胜斑疹伤寒，我们只能从这些受资本家地主压迫最深的群众中汲取力量。这些群众一定会支持我们。我们将日益深入地从这些群众中汲取力量；我们可以说：我们最后一定会战胜一切敌人。在战胜邓尼金以后，我们就要真正展开和平建设工作，我们在这方面一定会比两年来在军事方面创造的奇迹多得多。

选自《列宁全集》第2版第37卷
第349—351页

俄共(布)第九次代表大会闭幕词¹⁶⁴

（1920年4月5日）

同志们，我们在给这次代表大会的工作作简短的总结时，我认为首先应当谈谈我们党的任务。代表大会就组织工作问题通过了一个详细的决议，正如大家所预期的那样，在这个决议中占着极其重要的地位的，是关于对我们党员的培养、训练和组织上使用的问题。据代表资格审查委员会报告，这次代表大会代表的党员超过60万。我们都很清楚：在过去这些战斗的日子里，党遭到了多大的艰难困苦，我们的党是执政党，因而自然也就是公开的党，是加入之后就有可能掌权的党，我们在这个时期不得不进行斗争，防止坏分子，防止那些旧资本主义的渣滓钻进和混入执政党里来。斗争的方法之一就是举行征收党员周¹⁵⁹。只有在党和运动处境特别困难的时候，在邓尼金占领了奥廖尔以北地区、尤登尼奇离彼得格勒只有50俄里的时候，只有在这种情况下，参加党的才可能都是真正忠于劳动者解放事业的人。

这种情况在目前、至少在最近的将来是不会再发生了。所以必

本文是《俄共(布)第九次代表大会文献》之六。列宁在这篇闭幕词中论述了无产阶级执政党在思想上、组织上保持纯洁性的重大意义。他指出，我们的党是执政党，是加入之后就有可能掌权的党。在这种情况下必须实行和保持严格的纪律，防止各种有害的渣滓钻进和混入执政党里来。党作为工人阶级先锋队，没有铁的纪律是不行的。列宁强调指出，我们的任务与其说是扩大党的规模，不如说是提高党员质量，使无产阶级先锋队能胜任它所担当的任务。

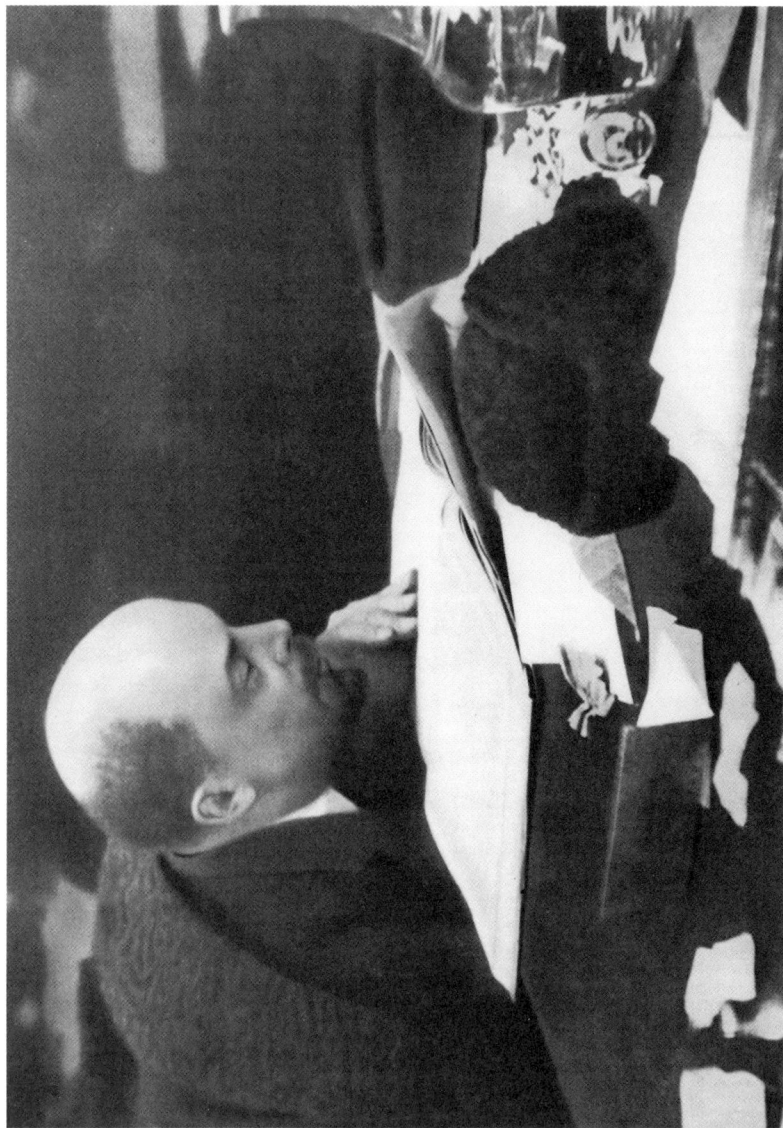

列宁在俄共（布）第九次代表大会主席团上（1920年4月）

须指出,我们党员现在达到的巨大数字(同前几次代表大会相比),使人有些担心,而且这里存在着很现实的危险:我们党在迅速发展,而我们教育这些党员去完成党的当前任务这项工作却不能随时跟上。我们必须经常注意到,这支拥有60万人的大军应当是工人阶级的先锋队,如果没有铁的纪律,要在两年内完成自己的任务恐怕是不可能的。党员的忠诚是我们实行和保持我们最严格的纪律的基本条件,因为过去实行纪律所凭借和依靠的一切东西都被破坏了,我们只能以十分周密的思考和高度的自觉性作为我们活动的基础。这就使我们有可能实行一种比其他国家的纪律更高的、立足于另一种基础之上的纪律,它与资本主义社会里的那种纪律毫无共同之处,如果说资本主义社会的纪律还能维持的话,那也只是勉强维持着。因此,我们应当记住,在我们取得了辉煌战绩之后的下一年中,我们的任务与其说是扩大党,不如说是加强内部工作,即提高我们全党。所以说,我们关于组织工作问题的决议对这一点给予极大的重视不是没有道理的。

无论如何应当使这一支无产阶级先锋队,使这一支拥有60万党员的大军能胜任它所担当的任务,而它所担当的国际国内任务是极其重要的!说到国际任务,目前我国所处的国际形势比以往任何时候都好。尽管从国外传来的关于各国工人生活情况的消息很少,但是每当你收到一两封信或几份欧美社会主义工人报纸时,就感到无上的欣慰,因为从这里可以看到,在每一个国家里,在地球上任何一个角落里,其中好多地方我们都不知道,那里完全没有受过宣传影响的群众或者在可怜的机会主义即纯粹的议会制社会主义影响下混日子的群众,都日益关心苏维埃政权,关心新的问题,革命运动到处都在日益深入,风潮迭起,革命问题被提了出来。

我昨天看了一份英国社会主义工人政党的报纸。英国工人拥有知识分子的领袖,这些领袖几十年来一直以轻视理论著称,但是现在英国工人十分明确地表明,并且他们的报纸也证明:现在英国工人关心革命问题,开始关心并日益关心对修正主义、机会主义、议会制社会主义的斗争,对这些为我们所熟知的背叛社会主义的行为的斗争。这个斗争已被提到日程上来了!美国的P.同志出版了一厚本书,发表了托洛茨基和我的许多文章,从而介绍了俄国革命的历史,我们可以肯定地说,他这样做是完全正确的。这位同志指出,法国革命从世界历史范围来说是一次胜利的革命,它之所以被直接镇压了下去,那是因为它四周的欧洲大陆各国当时都比较落后,在这些国家里不能立即掀起效法、同情和支援法国革命的运动。由于沙皇政府的压迫和许多其他条件(1905年曾进行过革命,等等)而先于其他国家爆发的俄国革命却不同,它四周都是资本主义发展程度较高的国家,这些国家走向革命虽然较慢,但是较扎实、较稳固、较坚定!我们看到,每年甚至每月,苏维埃共和国在每个资本主义国家里的拥护者和朋友的数目都在十倍、百倍、千倍地增加,而且应当指出,我们的朋友和同盟者比我们所知道的要多!

全世界帝国主义想用武力压垮我们的尝试已经完全失败了!现在国际形势给了我们一个比我们革命初期更持久更稳定的喘息时机。但是应当记住,这终究不过是个喘息时机。应当记住,整个资本主义世界已经从头到脚武装起来,它正在选择有利的战略条件,研究进攻的方法,等待着时机。千万不能忘记,现在经济力量和军事力量都还在它们那一方面!在世界范围内我们的力量还很薄弱,我们现在正在迅速成长壮大,正在把敌人手中的武器一件一件地夺过来,但敌人时刻都在苏维埃共和国旁边窥伺着机会!现在国际资本正拿定主意,周密策划,想在撤销封锁的时候把国际的粮食投机活动、国际自由贸易同我们国内的粮食投机活动联合起来,融合起来,结合起来,并准备从这种粮食投机活动方面对我们发动新的战争,设置下许多新的圈套和陷阱。

这里我们来谈谈作为这次代表大会主要问题、主要注意中心的基本任务。这就是建设任务。在这方面代表大会做了很多工作,一致通过了关于经济建设和运输这一主要问题的决议。我们现在靠着党的教育,一定能使参加工会的300万工人同心协力地来执行这项决议。我们一定要利用这项决议来把我们的全部力量、纪律性和干劲都用于恢复我国的经济,首先是恢复运输,其次是改善粮食供应状况。

我们现在有许多问题要宣传。在这方面,从国外传来的每一条消息和新吸收的每十个党员都能给我们提供新的宣传材料。宣传应该按部就班地进行,不要浪费和分散力量。我们在军事上之所以取得了胜利,创造了奇迹,就是由于我们总是集中力量来解决主要的、基本的问题,我们使用资本主义社会根本不会使用的方法来解决问题。这一点我们必须牢记!原来,资本主义社会对于公民所特别关心的事情——他们生存的经济条件、战争与和平——都是背着社会决定的;最重要的问题,如战争、和平、外交等,都是由一小撮资本家来决定的,他们不仅欺骗群众,甚至常常欺骗议会。世界上从来没有哪一个国家的议会曾经在战争与和平的问题上发表过一点有分量的意见!在资本主义社会里,劳动者经济生活中的主要问题,他们是饿肚子还是能维持好的生活,都由资本家这位老爷、这个上帝来决定!在所有的资本主义国家里,在民主共和国里,卖身投靠的资产阶级报刊在这种时候总是转移人民的注意力,在言论自由的名义下编造种种谎言,采取种种手段来欺骗和蒙蔽群众!与此相反,在我们这里,整个国家政权机关和每个觉悟工人都把注意力完全集中在当前主要的、有决定意义的事情上,集中在主要的任务上!在军事上我们这一点做得很出色,我们现在应当把这一经验运用到经济方面来。

我们正在向社会主义过渡,最重要的问题——粮食问题、劳动问题——不是个人的问题,不是企业主的私事,而是整个社会的问题,每一个稍有头脑的农民都应该明确地认识到和理解到,如果国家在所有的报刊上,在每一篇文章里,在每一号报纸上都提出运输问题,那么,这便是大家的事情!这一建设对农民来说是摆脱曾使他们遭受奴役的那种愚昧无知,进而享有真正的自由,那时劳动者就会了解他们面前的种种困难,因此要把社会团体的全部力量、国家机关的全部力量、宣传鼓动的全部力量都用于最平凡最重大的事情上,不要像任何资产阶级国家的报纸鼓动家那样花言巧语,舞文弄墨,玩弄各种决议和美妙的诺言!应当把全部力量和全部注意力集中在最平常的经济任务上,这些任务是每个农民都理解的,任何一个较正直的中农、甚至富裕农民都不会反对这些任务,我们在任何会议上提出这些任务都是绝对正确的。最不觉悟的工农群众都会肯定,主要的是立即恢复经济,不让它再受剥削者操纵,不让那些握有余粮的人有机可乘,趁国家闹饥荒而利用手中余粮来发财致富,逼得穷人饿肚子。即使最愚昧、最没有觉悟的人,也不会不认为用余粮投机倒把是不正当的,也不会不意识到——虽然是隐隐约约地意识到——拥护苏维埃政权的人所举出的理由是完全符合劳动者的利益的。

在大资本主义社会里,这些平常的任务被置于末位,被认为是企业主的私事,而我们却要把60万党员大军的全部注意力集中在这些问题上,我们不应当容许其中任何一个党员不执行自己的任务,为此就要使全体工人以最大的自我牺牲精神和忠诚完全投向我们这一边!这是很难组织的,但是这样做我们就会有很高的威望和巨大的说服力,因为从劳动者的角度来看这样做是正确的!可以相信,由于代表大会所作的努力,我们现在一定能像完成军事任务那样把这项任务完成得很出色,虽然我们会像完成军事任务那样遭受许多失败,犯许多错误。我们有这样的把握说,现在欧美各国的工人都看着我们,期待着我们,看我们能不能完成我们所担负的这个更困难的任务,因为完成这个任务要比夺取军事胜利更困难!这个任务单凭热忱、自我牺牲精神和英勇精神是不能完成的!在这种我们俄国人做起来比谁都差的组织工作中,在这种培养自我纪律的工作中,在这种需要善于抓住主要东西而抛弃次要东西的工作中,图快是什么也做不成的;在收集粮食、整顿运输、恢复经济方面,只能一步步地前进;这方面正在打基础,做出的成就虽少,然而是扎实的。在这一工作上,各国工人都看着我们,期望我们取得新的胜利!我相信,依靠我们代表大会的各项决定,60万党员同心协力,同经济机关和工会机关建立起更密切的联系,我们一定能像完成军事任务那样胜利地完成这个任务,并迅速而坚定地向世界社会主义苏维埃共和国的胜利迈进!(鼓掌)

选自《列宁全集》第2版第38卷
第311—316页

共产主义运动中的
"左派"幼稚病[165]（节选）

（1920年4—5月）

二

布尔什维克成功的基本条件之一

大概，现在差不多每个人都能看出，如果我们党没有极严格的真正铁的纪律，如果我们党没有得到整个工人阶级全心全意的拥护，就是说，没有得到工人阶级中所有一切善于思考、正直、有自我牺牲精神、有威信并且能带领或吸引落后阶层的人的全心全意的拥护，那么布尔什维克别说把政权保持两年半，就是两个半月也保持不住。

无产阶级专政是新阶级对**更强大的**敌人，对资产阶级进行的最奋勇和最无情的战争。资产阶级的反抗，由于资产阶级被推翻（哪怕是在一个国家内）而**凶猛十倍**；资产阶级的强大不仅在于国际资本的

这是列宁论述无产阶级政党的战略策略问题的重要著作。在节选的部分，列宁批判了第二国际机会主义和所谓"左派"共产党人的错误观点，论述了无产阶级专政的性质和任务，指出无产阶级及其政党实行严格的纪律，是战胜资产阶级的基本条件之一。列宁运用唯物史观和马克思主义政党学说，精辟地阐明了领袖、政党、阶级和群众的关系，论述了各国无产阶级政党必须根据本国国情来确定方针政策的重要原则。

力量,在于它的各种国际联系牢固有力,而且还在于**习惯的力量,小生产**的力量。这是因为世界上可惜还有很多很多小生产,而小生产是经常地、每日每时地、自发地和大批地**产生着**资本主义和资产阶级的。由于这一切原因,无产阶级专政是必要的,不进行长期的、顽强的、拼命的、殊死的战争,不进行需要坚持不懈、纪律严明、坚定不移、百折不挠和意志统一的战争,便不能战胜资产阶级。

再说一遍,俄国无产阶级专政取得胜利的经验向那些不善于思索或不曾思索过这一问题的人清楚地表明,无产阶级实现无条件的集中和极严格的纪律,是战胜资产阶级的基本条件之一。

人们时常议论这个问题。但是这到底是什么意思呢?这在什么情况下才是可能的呢?关于这些,他们却考虑得远远不够。在对苏维埃政权和布尔什维克欢呼的同时,是不是应该对布尔什维克**为什么**能够建立革命无产阶级所必需的纪律的原因**多作些极其认真的分析**呢?

布尔什维主义作为一种政治思潮,作为一个政党而存在,是从1903年开始的。只有布尔什维主义存在的**整个**时期的历史,才能令人满意地说明,为什么它能够建立为无产阶级胜利所必需的铁的纪律并能在最困难的条件下坚持住这种纪律。

这里首先发生这样一个问题:无产阶级革命政党的纪律是靠什么来维持的?是靠什么来检验的?是靠什么来加强的?第一,是靠无产阶级先锋队的觉悟和它对革命的忠诚,是靠它的坚韧不拔、自我牺牲和英雄气概。第二,是靠它善于同最广大的劳动群众,首先是同无产阶级劳动群众,**但同样也同非无产阶级**劳动群众联系、接近,甚至可以说在某种程度上同他们打成一片。第三,是靠这个先锋队所实行的政治领导正确,靠它的政治战略和策略正确,而最广大的群众根据**切**

身经验也确信其正确。一个革命政党，要真正能够成为必将推翻资产阶级并改造整个社会的先进阶级的政党，没有上述条件，就不可能建立起纪律。没有这些条件，建立纪律的企图，就必然会成为空谈，成为漂亮话，成为装模作样。可是另一方面，这些条件又不能一下子就产生。只有经过长期的努力和艰苦的实践才能造成这些条件；正确的革命理论——而理论并不是教条——会使这些条件容易造成，但只有同真正群众性的和真正革命的运动的实践密切地联系起来，这些条件才能最终形成。

布尔什维主义所以能够建立并且在1917—1920年异常艰难的条件下顺利地实现极严格的集中和铁的纪律，其原因仅仅在于俄国有若干历史特点。

一方面，布尔什维主义是1903年在最坚固的马克思主义理论基础上产生的。而这个——也只有这个——革命理论的正确性，不仅为整个19世纪全世界的经验所证实，尤其为俄国革命思想界的徘徊和动摇、错误和失望的经验所证实。在将近半个世纪里，大约从上一世纪40年代至90年代，俄国进步的思想界在空前野蛮和反动的沙皇制度的压迫之下，曾如饥如渴地寻求正确的革命理论，专心致志地、密切地注视着欧美在这方面的每一种"最新成就"。俄国在半个世纪里，经受了闻所未闻的痛苦和牺牲，表现了空前未有的革命英雄气概，以难以置信的毅力和舍身忘我的精神去探索、学习和实验，经受了失望，进行了验证，参照了欧洲的经验，真是**饱经苦难才找到了**马克思主义这个唯一正确的革命理论。由于人们在沙皇政府的迫害下侨居国外，俄国的革命者在19世纪下半叶同国际的联系相当广泛，对世界各国革命运动的形式和理论十分熟悉，这是世界上任何一国所不及的。

毛泽东读过的列宁著作

另一方面,在这个坚如磐石的理论基础上产生的布尔什维主义,有了15年(1903—1917年)实践的历史,这段历史的经验之丰富是举世无比的。这是因为任何一个国家在这15年内,在革命经验方面,在各种运动形式——合法的和不合法的、和平的和激烈的、地下的和公开的、小组的和群众的、议会的和恐怖主义的形式——更替的迅速和多样性方面,都没有哪怕类似这样丰富的经历。任何一个国家都没有在这样一个短短的时期内,集中了现代社会**一切**阶级进行斗争的如此丰富的形式、特色和方法,而且由于俄国的落后和沙皇制度的残酷压迫,这个斗争成熟得特别迅速,它如饥如渴又卓有成效地吸取了欧美政治经验方面相宜的"最新成就"。

五
德国"左派"共产党人。
领袖、政党、阶级、群众间的相互关系

我们现在所要讲的那些德国共产党人,他们不是把自己叫做"左派",而是叫做——如果我没有记错的话——"原则上的反对派"166。但是他们却完全具有"左派幼稚病"的症候,这从下面的阐述中可以清楚地看出。

有一本持这个反对派观点的小册子,叫做《德国共产党(斯巴达克联盟)的分裂》,是由"美因河畔法兰克福地方组织"出版的;这本小册子把这一反对派的观点的实质，叙述得极其鲜明、确切、清楚、扼要。我们只要从中引证几段，就足以使读者了解这一实质了。

> "共产党是进行最坚决的阶级斗争的政党……"
>
> "……从政治方面来看，这个过渡时期〈在资本主义和社会主义之间〉就是无产阶级专政时期……"
>
> "……现在发生这样一个问题：谁应当是专政的执行者，**是共产党**，**还是无产阶级**?……　**原则上**应该力求实现的是共产党的专政，还是无产阶级的专政?……"

（引文内的着重标记全录自原文。）

往下小册子的作者责难德国共产党"中央"，说这个"中央"在寻求和**德国独立社会民主党**[146]**结成联盟**的途径，说这个"中央"提出"**原则上承认**"斗争的"**一切政治手段**"（包括参加议会活动）"**的问题**"，只是为了掩饰它想同独立党人结成联盟这一真正的和主要的意图。小册子接着说道：

> "反对派选择了另一条道路。它认为共产党的统治和党的专政问题只是一个策略问题。不管怎样，共产党的统治是一切政党统治的最后形式。**原则上**应该力求实现无产阶级的专政。党的一切措施、党的组织、党的斗争形式、党的战略和策略，都应该适应这一目的。因此，凡是同其他政党妥协，凡是回头再去采用在历史上和政治上已经过时的议会制斗争形式，凡是实行机动和通融的政策，都应当十分坚决地拒绝。""无产阶级所特有的革命斗争方法应该大力加以强调。为了把那些应当参加共产党领导的革命斗争的无产阶级各行业各阶层的最广大群众吸收进来，就必须在最广泛的基础上和最广大的范围内建立新的组织形式。这种汇集一切革命分子的场所，便是以工厂组织为基础而建立起来的**工人联合会**。凡是响应'退出工会！'这一口号的工人，都应当联合在这里。在这里，正在斗争的无产阶级组成最广大的战斗队伍。凡承认阶级斗争、苏维埃制度和专政的人，都可以加入。至于进一步对正在斗争的群众进行政治教育和在斗争中进行政治指导，则是站在工人联合会之外的共产党的任务……"
>
> "……于是，现在有两个共产党彼此对立着：
>
> **一个是领袖的党**，它力图**从上面**来组织和指挥革命斗争，不惜实行妥协和

参加议会活动,以便造成一种形势,使他们可以参加掌握专政大权的联合政府。

另一个是群众的党,它等待革命斗争**从下面**高涨起来,为了进行这一斗争,它只知道并且只采用一个明确地引向目的的方法,而排斥任何议会方法和机会主义方法;这个唯一的方法就是无条件地**推翻资产阶级**,以便随后建立无产阶级的阶级专政来实现社会主义……"

"……那里是领袖专政,这里是群众专政!这便是我们的口号。"

这就是表明德国共产党内反对派观点的最重要的论点。

凡是自觉参加过或仔细观察过1903年以来布尔什维主义发展过程的布尔什维克,读了这些议论,一定会立刻说:"这是多么熟悉的陈词滥调!这是多么'左的'孩子气!"

不过,我们还是来进一步考察一下这些议论吧。

"是党专政**还是**阶级专政?是领袖专政(领袖的党)**还是**群众专政(群众的党)?"——单是问题的这种提法就已经证明思想混乱到了不可思议的无可救药的地步。这些人竭力要**标新立异**,结果却弄巧成拙。谁都知道,群众是划分为阶级的;只有把不按照生产的社会结构中的地位区分的大多数同在生产的社会结构中占有特殊地位的集团对立时,才可以把群众和阶级对立起来;在通常情况下,在多数场合,至少在现代的文明国家内,阶级是由政党来领导的;政党通常是由最有威信、最有影响、最有经验、被选出担任最重要职务而称为领袖的人们所组成的比较稳定的集团来主持的。这都是起码的常识。这都是简单明了的道理。何必再另来一套胡说八道,另造一套新奇的沃拉皮尤克[167]呢?一方面,大概是由于党的合法状态和不合法状态的迅速更替破坏了领袖、政党和阶级之间那种通常的、正常的和简单的关系,人们面对这种难于理解的情况,思想便发生了混乱。在德国,也像在欧洲其他国家那样,人们过分习惯于合法状态,习惯于由政党定期举行的代表大会自由地正常地选举"领袖",习惯于通过议会选举、群众大会、报章杂志,通过工会和其他团体的情绪变化等方便办法来检验各政党的阶级成分。但是,由于革命的急剧发展和内战的展开,不得不放弃这种通常的办法,而迅速转为交替使用合法的和不合法的方式,结合使用这两种方式,采用"不方便的"和"非民主的"方法来推选或组成或保留"领导集团",在这个时候,人们不知所措,开始臆想出一些荒谬绝伦的东西。大概荷兰共产党某些党员由于不幸生在一个具有特别优越和特别稳定的合法状态的传统和条件的小国,根本没有见过合法状态和不合法状态的相互更替,因此思想上发生了混乱而不知所措,助长了这种荒谬的臆想。

另一方面,很明显,这不过是未经很好考虑就胡乱使用"群众"和"领袖"这类当今"时髦"的字眼而已。这些人时常听到并切实学会了怎样攻击"领袖",怎样把"领袖"同"群众"对立起来;但是他们却不能想一想究竟是怎么回事,不能把事情弄清楚。

在帝国主义战争末期和战后时期,在一切国家里,"领袖"和"群众"的分离表现得特别明显而突出。产生这种现象的基本原因,马克思和恩格斯在1852—1892年间曾以英国为例作过多次说明。①英国的垄断地位使"群众"分化出一部分半市侩的机会主义的"工人贵族"。这种工人贵族的领袖们总是投靠资产阶级,直接间接地受资产阶级豢养。马克思所以光荣地被这班坏蛋痛恨,就是因为他公开地斥责他们是叛徒。现代(20世纪的)帝国主义造成了某些先进国家的垄断特权地位,正是在这个基础上,第二国际中纷纷出现了叛徒领袖、机会主义者、社会沙文主义者这样一种人,他们只顾自己这个行

①参看《马克思恩格斯全集》第1版第18卷第724页;第22卷第320—325页;第28卷146页;第33卷第521、526、637页;第35卷第18、353页;《马克思恩格斯选集》第4卷人民出版社1972年版第280—286、338、467—468页。——编者注

会的利益,只顾自己这个工人贵族阶层的利益。于是机会主义的政党就脱离了"群众",即脱离了最广大的劳动阶层,脱离了大多数劳动者,脱离了工资最低的工人。不同这种祸害作斗争,不揭露这些机会主义的、背叛社会主义的领袖,使他们大丢其丑,并且把他们驱逐出去,革命无产阶级就不可能取得胜利;第三国际[138]所实行的正是这样的政策。

为此竟把群众专政和领袖专政**根本**对立起来,实在是荒唐和愚蠢得可笑。尤其可笑的是,人们在"打倒领袖"这一口号掩饰下,实际上竟把一些胡说八道、满口谬论的**新领袖**拉出来代替那些对普通事物还能持常人见解的老领袖。德国的劳芬贝格、沃尔弗海姆、霍纳、卡尔·施勒德尔、弗里德里希·文德尔、卡尔·埃勒,就是这样的新领袖。①埃勒企图使问题"深入一步",他宣称政党是根本不需要的,是"资产阶级性"的,这真是荒谬绝顶,简直使人啼笑皆非。如果坚持错误,深入一步地来为错误辩护,把错误"坚持到底",那就往往真要把小错铸成骇人听闻的大错了。

否定政党和党的纪律,——这就是反对派**得到的结果**。而这就等

---

①《共产主义工人报》[168](1920年2月7日汉堡出版的该报第32号所载卡尔·埃勒《论解散政党》一文)上说:"工人阶级不消灭资产阶级民主,就不能摧毁资产阶级国家,而不摧毁政党,它就不能消灭资产阶级民主。"

罗曼语国家[131]的工团主义者和无政府主义者中间头脑最糊涂的人物可以"心满意足"了,因为那些显然以马克思主义者自居的庄重的德国人(卡·埃勒和克·霍纳通过在上述报纸上发表的文章特别庄重地证明,他们认为自己是庄重的马克思主义者,可是同时他们又极其可笑地说出一些荒谬绝伦的话,暴露出他们连马克思主义的起码知识都没有),竟也发表出这种极不恰当的议论。只承认马克思主义还不能保证不犯错误。这一点俄国人特别清楚,因为马克思主义在我国曾特别经常地成为"时髦的东西"。

于完全解除无产阶级的武装而**有利于资产阶级**。这也恰恰就是小资产阶级的散漫、动摇、不能坚持、不能团结、不能步调一致，而这些一旦得到纵容，就必然断送无产阶级的任何革命运动。从共产主义的观点看来，否定政党就意味着从资本主义崩溃的前夜（在德国）跳到共产主义的最高阶段而不是进到它的低级阶段和中级阶段。我们在俄国（推翻资产阶级后的第三年）还刚处在从资本主义向社会主义即向共产主义低级阶段过渡的最初阶段。阶级还存在，而且在任何地方，**在无产阶级夺取政权之后都还要存在好多年**。也许，在没有农民（但仍然有小业主！）的英国，这个时期可能会短一些。消灭阶级不仅意味着要驱逐地主和资本家，——这个我们已经比较容易地做到了——而且意味着要**消灭小商品生产者**，可是这种人**不能驱逐**，不能镇压，**必须**同他们**和睦相处**；可以（而且必须）改造他们，重新教育他们，这只有通过很长期、很缓慢、很谨慎的组织工作才能做到。他们用小资产阶级的自发势力从各方面来包围无产阶级，浸染无产阶级，腐蚀无产阶级，经常使小资产阶级的懦弱性、涣散性、个人主义以及由狂热转为灰心等旧病在无产阶级内部复发起来。要抵制这一切，要使无产阶级能够正确地、有效地、胜利地发挥自己的**组织**作用（而这正是它的**主要**作用），无产阶级政党的内部就必须实行极严格的集中和极严格的纪律。无产阶级专政是对旧社会的势力和传统进行的顽强斗争，流血的和不流血的，暴力的和和平的，军事的和经济的，教育的和行政的斗争。千百万人的习惯势力是最可怕的势力。没有铁一般的在斗争中锻炼出来的党，没有为本阶级一切正直的人们所信赖的党，没有善于考察群众情绪和影响群众情绪的党，要顺利地进行这种斗争是不可能的。战胜集中的大资产阶级，要比"战胜"千百万小业主容易千百倍；而这些小业主用他们日常的、琐碎的、看不见摸不着的腐蚀活动制造着资产阶级所需要的,使资产阶级得以**复辟**的**那种**恶果。谁哪怕是把无产阶级政党的铁的纪律稍微削弱一点(特别是在无产阶级专政时期),那他事实上就是在帮助资产阶级来反对无产阶级。

除了领袖、政党、阶级、群众间的相互关系问题外,还必须提出"反动"工会的问题。但是先让我根据我们党的经验讲几句话来结束前一问题。在我们党内,对于"领袖专政"的攻击**是一直都有的**。我记得这样的攻击最早是在1895年,那时党还没有正式成立,但是彼得堡的中心小组[169]已经开始形成,并且就要负起领导该城各区小组的责任。在我们党的第九次代表大会[164](1920年4月)上,有一个小小的反对派,也声言反对"领袖专政",反对"寡头政治"等等。所以德国"左派共产党人"的"幼稚病"是毫不足怪的,既没有什么新东西,也没有什么可怕的地方。这种病没有什么危险,一经治愈,机体甚至会更加强壮。另一方面,合法工作和不合法工作的迅速更替,正是要求我们特别要把总指挥部,把领袖们"藏起来",隐蔽起来,这有时就使我们党内产生十分危险的现象。最糟糕的就是1912年奸细马林诺夫斯基混进了布尔什维克中央委员会。他断送了几十个上百个极优秀极忠实的同志,使他们去服苦役,并使其中许多人过早去世。他所以没有能够造成更大的祸害,是因为我们的合法工作和不合法工作配合得正确。为了取得我们的信任,马林诺夫斯基作为党中央委员和杜马代表,曾不得不帮助我们创办合法的日报,这些日报即使在沙皇制度下也能进行反对孟什维克机会主义的斗争,并且能采用适当的隐蔽方式宣传布尔什维主义的原理。马林诺夫斯基一只手把几十个上百个极优秀的布尔什维克活动家送去服苦役,使他们丧生,另一只手又不得不通过合法报刊来帮助培养成千上万个新的布尔什维克。对于这个事实,那些必须学会在反动工会里进行革命工作的德国同志(以及英国、美国、法国、意大利的同志），不妨好好地考虑一下。①

　　在许多国家里，包括最先进的国家在内，资产阶级无疑正在派遣而且今后还会派遣奸细到共产党里来。对付这种危险，办法之一就是把不合法的工作同合法的工作巧妙地结合起来。

十
几 点 结 论

　　1905年的俄国资产阶级革命显示了世界历史上的一个异常独特的转变：在一个最落后的资本主义国家里，罢工运动范围之广和力量之大在世界上第一次达到了空前未有的程度。**单单1905年头一个月**的罢工人数就等于以往十年（1895—1904年）平均**每年**罢工人数的十倍，而且从1905年1月到10月，罢工还在不断和急剧地发展。由于许多完全特殊的历史条件，落后的俄国第一个向世界不仅表明了被压迫群众在革命时的主动精神的飞跃增长（在一切大革命中都是

---

　　①马林诺夫斯基后来在德国被俘。他在布尔什维克掌握政权时回到俄国，立即被送交法庭审判，由我们的工人枪决了。孟什维克特别恶毒地攻击我们竟让一个奸细混进了我们党中央的这个错误。可是当我们在克伦斯基执政时期要求逮捕杜马主席罗将柯并且将他提交法庭审判（因为他在战前就知道马林诺夫斯基的奸细活动，却**没有把这事告知**杜马中的劳动派[170]和工人）时，同克伦斯基一起执政的孟什维克和社会革命党人[117]都没有支持我们的要求，因此罗将柯得以逍遥法外，自由自在地投奔邓尼金去了。

如此),而且表明无产阶级的作用大大超过了它在人口中所占的比例,表明经济罢工怎样和政治罢工结合,而政治罢工又怎样变成武装起义,表明受资本主义压迫的各阶级怎样创造出了苏维埃这种群众斗争和群众组织的新形式。

1917年的二月革命和十月革命使苏维埃在全国范围内得到了全面的发展,后来又使它在无产阶级社会主义革命中获得了胜利。不到两年工夫就显示出:苏维埃具有国际性质,这种斗争形式和组织形式已经扩展到全世界的工人运动,苏维埃的历史使命是充当资产阶级议会制以及整个资产阶级民主制的掘墓人、后继人和接替人。

不仅如此,工人运动的历史现在表明:在一切国家中,工人运动都必然(而且已经开始)经历一种斗争,即正在成长、壮大和走向胜利的共产主义运动首先而且主要是同**各自的**(对每个国家来说)"孟什维主义",也就是同机会主义和社会沙文主义的斗争;其次是同"左倾"共产主义的斗争(这可以说是一种补充的斗争)。第一种斗争看来已经毫无例外地在一切国家内展开了,这就是第二国际(目前事实上它已被击溃)和第三国际之间的斗争。第二种斗争则存在于德国、英国、意大利、美国(至少"世界产业工人联合会"[171]和无政府工团主义各派还有相当**一部分人**在坚持左倾共产主义的错误,虽然他们几乎普遍地、几乎绝对地承认苏维埃制度)和法国(如一部分过去的工团主义者对于政党及议会活动采取不正确态度,虽然他们也承认苏维埃制度),也就是说,毫无疑义,这种斗争不仅在国际这个组织范围内存在,而且在全世界范围内都存在。

然而,每个国家的工人运动在取得对资产阶级的胜利之前虽然都要预先经过本质上相同的锻炼,但这一发展过程又是**按各自的方式**来完成的。在这条道路上,先进的资本主义大国走得比布尔什维主义**快得多**；布尔什维主义在历史上用了15年时间才使它这个有组织的政治派别作好夺取胜利的准备。第三国际在短短一年的时间里就取得了决定性的胜利，击溃了黄色的社会沙文主义的第二国际；而第二国际仅仅在几个月以前，还远比第三国际强大，还显得坚强有力，还得到全世界资产阶级各方面的，即直接和间接的、物质上(部长的肥缺、护照、报刊)和思想上的帮助。

现在全部问题就是要使每个国家的共产党人十分自觉地既考虑到同机会主义以及"左倾"学理主义[18]进行斗争这个主要的基本任务，又考虑到这种斗争由于各国经济、政治、文化、民族构成情况(例如爱尔兰等)、所属殖民地以及不同宗教信仰等方面的特征而具有的并且必然具有的**具体特点**。现在到处都可以感到对第二国际的不满，这种不满正在蔓延和增长，这既是由于它推行机会主义，又是由于它不善于或没有能力建立一个真正集中的、真正能进行指导的中心，一个能在革命无产阶级为建立世界苏维埃共和国而进行的斗争中指导无产阶级的国际策略的中心。必须清楚地认识到，这样的领导中心无论如何不能建立在斗争策略准则的千篇一律、死板划一、彼此雷同之上。只要各个民族之间、各个国家之间的民族差别和国家差别还存在(这些差别就是无产阶级专政在全世界范围内实现以后，也还要保持很久很久)，各国共产主义工人运动国际策略的统一，就不是要求消除多样性，消灭民族差别(这在目前是荒唐的幻想)，而是要求运用共产党人的**基本**原则(苏维埃政权和无产阶级专政)时，把这些原则**在某些细节上正确地加以改变**，使之正确地适应于民族的和民族国家的差别，针对这些差别正确地加以运用。在每个国家通过**具体的**途径来完成**统一的**国际任务，战胜工人运动内部的机会主义和左倾学理主义，推翻资产阶级，建立苏维埃共和国和无产阶级专政的时候，都

1927—1949年我国出版的列宁《共产主义运动中的"左派"幼稚病》的
部分中译本

必须查明、弄清、找到、揣摩出和把握住民族的特点和特征,这就是一切先进国家(而且不仅是先进国家)在目前历史时期的主要任务。争取工人阶级的先锋队,使它转向苏维埃政权而反对议会制度,转向无产阶级专政而反对资产阶级民主,在这方面主要的(当然这还远远不是一切,然而是主要的)事情已经做到了。现在要把一切力量、一切注意力都集中在**下一个**步骤上,也就是说,要找到**转向**或**走向**无产阶级革命的形式;这个步骤看来似乎比较次要,并且从某种观点上说,也的确比较次要,但是在实践上却更接近于实际完成任务。

无产阶级的先锋队在思想上已经被争取过来了。这是主要的。没有这一点,那就连走向胜利的第一步都迈不出去。可是,这离胜利还相当远。单靠先锋队是不能胜利的。当整个阶级,当广大群众还没有采取直接支持先锋队的立场,或者还没有对先锋队采取至少是善意的中立并且完全不会去支持先锋队的敌人时,叫先锋队独自去进行决战,那就不仅是愚蠢,而且是犯罪。要真正使整个阶级,真正使受资本压迫的广大劳动群众都站到这种立场上来,单靠宣传和鼓动是不够的。要做到这一点,还需要这些群众自身的政治经验。这是一切大革命的一条基本规律,现在这条规律不仅在俄国,而且在德国都得到了十分有力而鲜明的证实。不仅没有文化、大都不识字的俄国群众,而且文化程度高、个个识字的德国群众,都必须亲身体验到第二国际骑士们的政府怎样懦弱无能、毫无气节、一筹莫展、对资产阶级奴颜婢膝、卑鄙无耻,亲身体验到,不是无产阶级专政,就必然是极端反动分子(俄国的科尔尼洛夫[172]、德国的卡普[173]之流)的专政,然后才能坚决转到共产主义运动方面来。

国际工人运动中觉悟的先锋队,即各个共产主义政党、小组和派别的当前任务就是要善于**引导**广大的(现在大半还是沉睡、消沉、因循守旧、尚未觉醒的)群众采取这种新的立场,确切一点说,就是**不仅**要善于领导自己的党,而且要善于在这些群众走向和转向新立场的过程中领导他们。如果说从前不在思想上和政治上彻底战胜机会主义和社会沙文主义,就不能完成第一个历史任务(把觉悟的无产阶级先锋队争取到苏维埃政权和工人阶级专政方面来),那么,现在不肃清左倾学理主义,不彻底克服和摆脱左倾学理主义的错误,也就不能完成已经提到日程上来的第二个任务,即善于引导**群众**采取能够保证先锋队取得革命胜利的新立场。

以前的问题是(而现在在很大程度上也还是)把无产阶级先锋队争取到共产主义运动方面来,因而宣传工作就提到了第一位;这时候甚至那些带有小组习气种种弱点的小组,也是有益的,也能做出成绩来。但是现在是群众实际行动的时候了,是部署(假使可以这样说的话)百万大军,配置当今社会的**一切**阶级力量,进行**最后的斗争**的时候了,这时候单凭宣传的本领,单靠重复"纯粹"共产主义的真理,是无济于事的。这时候已不能像还没有领导过群众的小组的宣传员实际上所做的那样,以千来计算群众;这时候要以百万、千万来计算了。这时候我们不仅要问自己,我们是不是已经把革命阶级的先锋队说服了,而且要问,当今社会**一切**阶级(必须是一切阶级,一无例外)的起历史作用的力量是不是已经部署就绪,以至决战时机已经完全成熟,也就是说:(1)一切与我们敌对的阶级力量已经陷入困境,它们彼此进行混战,而力不胜任的斗争已经使它们疲惫不堪;(2)一切犹豫动摇、不坚定的中间分子,即和资产阶级不同的小资产阶级、小资产阶级民主派,已经在人民面前充分暴露了自己,由于在实践中遭到破产而丑态毕露;(3)在无产阶级中,群众支持采取最坚决、最奋勇的革命行动来反对资产阶级,这种情绪已经开始产生并且大大高涨起来。那时候，革命就成熟了；那时候，如果我们正确地估计到上面所指出的、所粗略勾画的一切条件，并且正确地选定了时机，我们的胜利就有保证了。

邱吉尔之流和劳合-乔治之流（这种政治类型的人**各**国都有，只是依国家不同而稍有差别）的分歧以及韩德逊之流和劳合-乔治之流的另一种分歧，从纯粹共产主义，即抽象共产主义，也就是从还没有成熟到采取实际的、群众性的政治行动的共产主义的观点来看，完全是无关紧要、无足轻重的。但是从群众这种实际行动的观点来看，这些分歧却是极其极其重要的。一个共产党人如果不仅想做一个觉悟的、信仰坚定的、思想先进的宣传家，而且想在革命中做一个**群众**的实际领导者，那他的全部工作、全部任务就是要估计到这些分歧，确定这些"朋友"之间不可避免的、**使所有这些"朋友"一齐**削弱的冲突完全成熟的时机。应当把对共产主义思想的无限忠诚同善于进行一切必要的实际的妥协、机动、通融、迂回、退却等等的才干结合起来，以加速韩德逊之流（如果不指名道姓的话，那就是第二国际的英雄们，即自称为社会党人的小资产阶级民主派的代表们）的政权的建立和倒台；加速他们在实践中的不可避免的破产，从而启发群众接受我们的观点，转到共产主义运动方面来；加速韩德逊之流、劳合-乔治之流、邱吉尔之流相互之间（即孟什维克和社会革命党人、立宪民主党人[39]、君主派之间，谢德曼之流、资产阶级、卡普派之间，等等）不可避免的摩擦、争吵、冲突和彻底分裂；并且正确地选择这些"神圣私有制的支柱"分崩离析的时机，来发起无产阶级坚决的进攻，把它们全部打垮，把政权夺过来。

全部历史，特别是历次革命的历史，总是比最优秀的政党、最先进阶级的最觉悟的先锋队所想象的更富有内容，更形式多样，更范围广阔,更生动活泼,"更难以捉摸"。这是不言而喻的,因为最优秀的先锋队也只能体现几万人的意识、意志、热情和想象;而革命却是在人的一切才能高度和集中地调动起来的时刻,由千百万被最尖锐的阶级斗争所激发的人们的意识、意志、热情和想象来实现的。由此可以得出两个很重要的实际结论:第一,革命阶级为了实现自己的任务,必须善于毫无例外地掌握社会活动的**一切**形式或方面(在夺取政权以后,有时还要冒着巨大的风险和危险去做它在夺取政权以前没有做完的工作);第二,革命阶级必须准备最迅速最突然地用一种形式来代替另一种形式。

一支军队不准备掌握敌人已经拥有或可能拥有的一切斗争武器、一切斗争手段和方法,谁都会认为这是愚蠢的甚至是犯罪的。但是,这一点对于政治比对于军事更为重要。在政治上更难预先知道,将来在这种或那种条件下,究竟哪一种斗争手段对于我们是适用的和有利的。倘若我们不掌握一切斗争手段,当其他阶级的状况发生了不以我们的意志为转移的变化,从而把我们特别没有把握的一种活动形式提到日程上来的时候,我们就会遭到巨大的有时甚至是决定性的失败。如果我们掌握了一切斗争手段,哪怕当时情况不容许我们使用对敌人威胁最大、能最迅速地给予致命打击的武器,我们也一定能够胜利,因为我们代表着真正先进、真正革命的阶级的利益。由于资产阶级经常(尤其是在"平静"时期,非革命时期)用合法斗争手段欺骗和愚弄工人,没有经验的革命者往往就以为合法斗争手段是机会主义的,而不合法斗争手段才是革命的。然而,这是不对的。至于1914—1918年那样的帝国主义战争时期,当时最自由民主的国家的资产阶级采取闻所未闻的蛮横无耻的手段欺骗工人、禁止人们说这场战争具有掠夺性这一真理,有些政党和领袖却不善于或不愿意(不要说"我不能",还是说"我不想"吧)采用不合法斗争手段,在这种情况下说他们是机会主义者,是工人阶级的叛徒,那是对的。但是那些不善于把不合法斗争形式和**一切**合法斗争形式结合起来的革命家,是极糟糕的革命家。在革命已经爆发、已经热火朝天的时候,什么人都来参加革命,有的是由于单纯的狂热,有的是为了赶时髦,有的甚至是为了个人飞黄腾达,在这种时候做一个革命家是不难的。而在这以后,在胜利以后,无产阶级要"摆脱"这种糟透了的革命家却要费极大气力,可以说要历尽千辛万苦。要在**还没有**条件进行直接的、公开的、真正群众性的、真正革命的斗争的时候,善于做一个革命家,要在非革命的、有时简直是反动的机构中,在非革命的环境里,在不能立刻了解必须采取革命的行动方法的群众中,善于捍卫革命的利益(通过宣传、鼓动和组织),那就困难得多,因而也可贵得多。善于找到、善于探索到和正确判定能够**引导**群众去作真正的、决定性的、最后的伟大革命斗争的具体道路或事变的特殊转变关头——这就是西欧和美国目前共产主义运动的主要任务。

拿英国来说吧。我们无法知道,而且任何人也无法预先断定,什么时候那里将要爆发真正的无产阶级革命,**什么缘由**最能唤醒、激起和推动目前还在沉睡的非常广大的群众去进行斗争。所以我们必须做好我们的全部准备工作,把四只脚都钉上马掌(正如已故的普列汉诺夫在他还是马克思主义者和革命家的时候所爱说的那样)。能"冲开缺口"、"打破坚冰"的也许是议会危机,也许是由极端错综复杂、日益恶化和日益尖锐的殖民地的矛盾和帝国主义的矛盾所引起的危机,也许是什么别的,等等。我们谈的不是哪一种斗争将**决定**英国无产阶级革命命运的问题(这个问题,任何一个共产主义者都不会发生疑问,这个问题对于我们大家来说,已经解决了,并且彻底解决了),

我们谈的是什么**缘由**将唤起目前还在沉睡的无产阶级群众行动起来，并且把他们一直引向革命的问题。我们不要忘记，譬如资产阶级的法兰西共和国，当时无论从国际或国内环境来说，革命形势都不及现在的百分之一，但是，只要有反动军阀千万次无耻行径中的一次（德雷福斯案件[174]），只要有这样一个"意外的"、"小小的"缘由，就足以把人民径直引向国内战争！

在英国，共产主义者必须坚持不断、始终不渝地利用议会选举，利用不列颠政府的爱尔兰政策、殖民地政策和全球性的帝国主义政策所遇到的波折，利用社会生活中其他一切领域、一切部门和一切方面，并且要在所有这些方面，用新的方式，用共产主义的方式，照第三国际那样而不是照第二国际那样来进行工作。在这里，我没有时间也没有篇幅来叙述"俄国式的"、"布尔什维克式的"参加议会选举和议会斗争的方法，但是我可以肯定地告诉外国的共产党人说，这和通常的西欧议会活动是完全不同的。人们往往由此得出结论说："是啊，那是在你们俄国，我们这里，议会活动却是另一个样子。"这个结论是不正确的。世界上所以要有共产党人，第三国际在各国的拥护者，正是要在各个系统，在生活的各个领域里，把旧的、社会党的、工联主义的、工团主义的议会工作，**改造成新的**、共产主义的议会工作。过去在我国的选举中，机会主义的和纯粹资产阶级的、专讲实利的、资本主义招摇撞骗的情况也是屡见不鲜的。西欧和美国的共产主义者必须学会创造一种新的、不寻常的、非机会主义的、不贪图禄位的议会活动，使共产党能够提出自己的口号，使真正的无产者能在没有组织的、备受压抑的贫民的帮助下传送和散发传单，走访工人住所，走访农村无产者和穷乡僻壤（好在欧洲大陆的穷乡僻壤比俄国要少得多，英国就更少）农民的茅舍，走进最下层的平民酒馆，进入真正的平民会社、团体，参加他们的临时集会，不用学者口吻（也不要太带议会腔）跟人民说话，丝毫也不追求议会的"肥缺"，而是到处启发思想，发动群众，抓住资产阶级说过的话，利用资产阶级设立的机构，利用它规定的选举以及它向全体人民发出的号召，并使人民了解布尔什维主义，而在资产阶级统治下，除了选举期间，是从来没有这种机会的（大罢工当然例外，因为在大罢工时期，**这样的**全民鼓动机构在我国曾经更紧张地工作过）。在西欧和美国，要做这些事情是很困难的，是万分困难的，但这是可以做到而且应该做到的，因为共产主义运动的一切任务不花气力都是无法完成的，而气力必须花在完成日益多样化的、日益涉及社会生活各部门的、**从资产阶级手中**逐一**夺取**各个部门、各个领域的**实际**任务上。

在英国，还应当在军队中，在"**本**"国被压迫的、没有平等权利的民族（如爱尔兰和各殖民地）中，按新的方式（不是按社会党的方式，而是按共产主义的方式，不是用改良办法，而是用革命办法）来进行宣传、鼓动和组织工作。要知道，在整个帝国主义时代，尤其是在战后的今天，当各国人民受尽战争的煎熬而迅速地擦亮眼睛，认清了真相（真相就是：几千万人死亡和残废只是为了解决应由英国强盗还是德国强盗掠夺更多的国家这样一个问题）的时候，社会生活的所有这些领域都布满了易燃物，可以触发冲突和危机、激发阶级斗争的机会也特别多。目前在世界性经济危机和政治危机的影响下，在一切国家中都有无数火星从各方面迸发出来，我们不知道而且也无法知道，哪点星星之火能燃起熊熊之焰，就是说，能够彻底唤醒群众，因此我们必须本着我们新的、共产主义的原则，去"耕耘"一切园地，甚至包括最陈腐的、臭气熏人的、看来毫无指望的园地，不然我们就将肩负不起自己的任务，不能照顾到各个方面，不能掌握一切种类的武器，既不能准备好去战胜资产阶级(资产阶级过去按自己的方式安排了各方面的社会生活,现在又按它自己的方式把它们破坏了),也不能准备好在战胜资产阶级之后按共产主义的方式去改造全部生活。

俄国无产阶级革命之后,这个革命在国际范围内取得了出乎资产阶级和庸人们意料的若干胜利之后,全世界现在已经变了样,各处的资产阶级也都变了样。资产阶级被"布尔什维主义"吓坏了,对它恨得咬牙切齿,正因为如此,资产阶级一方面在加速事态的发展,另一方面把注意力集中在用暴力镇压布尔什维主义上,因而削弱了自己在其他许多方面的阵地。一切先进国家的共产党人在自己的策略中应当估计到这两种情况。

俄国立宪民主党人和克伦斯基在对布尔什维克发动疯狂攻击(特别是从1917年4月起,而到6月和7月就更加猖狂)的时候,做得"太过火了"。发行数百万份的资产阶级报纸用各种腔调痛骂布尔什维克,这就帮助了群众来认识布尔什维主义;正是由于资产阶级的"热心",不但是报纸,而且整个社会生活都充满了就布尔什维主义进行的争论。现在各国百万富豪在国际范围内的所作所为,使我们不能不对他们衷心感谢。他们正同过去克伦斯基之流一样,全力恶毒攻击布尔什维主义;他们同克伦斯基一样,在这方面也做得"太过火了",同样也**帮助**了我们。法国资产阶级把布尔什维主义当做竞选鼓动的中心问题,责骂比较温和的或动摇不定的社会党人,说他们倾向布尔什维主义;美国资产阶级则完全丧失了理智,以涉嫌布尔什维主义为理由把成千成万的人抓起来,并到处散布关于布尔什维克阴谋的消息,造成人心惶惶的气氛;世界上"最老练的"英国资产阶级,尽管它很有头脑,很有经验,却也干着难以置信的蠢事,建立各种经费充足的"反布尔什维主义协会",出版专门抨击布尔什维主义的书报,增雇很多学者、鼓动家、神父来同布尔什维主义作斗争，——为此我们应该对这些资本家先生鞠躬致谢。他们在为我们效劳。他们在帮助我们使群众对布尔什维主义的实质和意义问题发生兴趣。他们现在也不可能有别的做法，因为要用"缄默"来扼杀布尔什维主义他们**已经**办不到了。

　　但是同时，资产阶级看到的几乎只是布尔什维主义的一个方面：起义、暴力、恐怖；因此资产阶级特别在**这一**方面极力准备进行反击和抵抗。在个别场合，在个别国家，在某些短时期内，资产阶级也许能够得逞，我们必须估计到这种可能性；然而，即使它能得逞，对我们来说也决没有什么可怕的。共产主义确实正在从社会生活的各个方面"生长出来"，它的幼芽确实到处可见，"传染病"（这是资产阶级及其警察很喜欢用的最"得意的"比喻）已经深深侵入机体并且感染了整个机体。即使煞费苦心，"堵住"一处，"传染病"也会从另一处，有时甚至是最意外的一处冒出来。生活总是会给自己开辟出道路的。就让资产阶级疯狂挣扎，暴跳如雷，肆意横行，干出许多蠢事来吧！让它对布尔什维克杀一儆百，错杀（在印度、匈牙利、德国等国）几百、几千以至几十万个明天的或昨天的布尔什维克吧！资产阶级这样做，正和历史上一切注定要灭亡的阶级所做的一样。共产党人应当知道，未来终究是属于他们的，因此我们可以（而且应当）把进行伟大革命斗争的最大的热情同对资产阶级的疯狂挣扎的最冷静最清醒的估计结合起来。1905年，俄国革命被残酷地镇压下去了；1917年7月，俄国布尔什维克也遭到过镇压[175]；谢德曼和诺斯克伙同资产阶级和君主派将军们用巧妙的挑拨手段和狡诈的阴谋诡计杀害了15 000多个德国共产党人[176]；芬兰和匈牙利的白色恐怖十分猖獗。然而无论在什么情况下，在所有的国家里，共产主义运动都在经受锻炼和日益发展；它已经如此根深蒂固，种种迫害削弱不了它，损害不了它，反而加强了它。我们要更有信心、更坚定地向胜利前进，现在只缺一点，这就是一切国家的一切共产党人要普遍而彻底地认识到必须使自己的策略具有最大的**灵活性**。特别是先进国家中蓬勃发展着的共产主义运动，目前缺少的就是这种认识，就是在实践中运用这种认识的本领。

考茨基、奥托·鲍威尔等等这样通晓马克思主义和曾经忠于社会主义的第二国际领袖们的经历可以（而且应当）作为有益的教训。他们完全认识到必须采取灵活的策略，他们自己学习过并向别人传授过马克思的辩证法（他们在这方面的著作，有许多东西永远是社会主义文献中有价值的成果），但是他们在**运用**这种辩证法的时候，竟犯了这样的错误，或者说，他们在实践中竟成为这样的**非辩证论者**，竟成为这样不会估计形式的迅速变化和旧形式迅速注入了新内容的人，以致他们的下场比海德门、盖得和普列汉诺夫好不了多少。他们破产的根本原因就在于他们只是"死盯着"工人运动和社会主义运动发展的某一形式，而忘记了这个形式的片面性，他们不敢正视由于客观条件的改变而必然发生的急剧变化，而继续重复那种简单的、背熟了的、初看起来是不容争辩的真理：三大于二。然而政治与其说像算术，不如说像代数，与其说像初等数学，不如说更像高等数学。实际上，社会主义运动的一切旧形式中都已注入了新内容，因此在数字前面出现了一个新符号即"负号"，可是我们那些圣哲仍然（现在还在）固执地要自己和别人相信："负三"大于"负二"。

应该设法使共产党人不再犯"左派"共产党人所犯的同样的、不过是从另一方面犯的错误，确切一点说，要较早地纠正，较快地、使机体较少受损害地消除这一**同样的**、不过是从另一方面犯的**错误**。不仅右倾学理主义是一种错误，左倾学理主义也是一种错误。当然，目前共产主义运动中左倾学理主义错误同右倾学理主义(即社会沙文主义和考茨基主义)错误比较起来,其危害性和严重性不及后者的千分之一,然而这只不过是由于左倾共产主义是一种刚刚产生的还很年轻的思潮。只是因为这个缘故,这种病症在一定条件下容易治好,但是必须用最大的努力去医治。

旧形式破裂了,因为旧形式里面的新内容,即反无产阶级的反动的内容有了过度的发展。现在我们工作的内容(争取苏维埃政权、争取无产阶级专政),从国际共产主义运动的发展看来,是这样扎实,这样有力,这样宏大,它能够**而且应该**在任何形式中,不论新的或旧的形式中表现出来,能够而且应该改造、战胜和驾驭一切形式,不仅是新的,而且是旧的形式,——这并不是为了同旧形式调和,而是为了能够把一切新旧形式都变成使共产主义运动取得完全的、最终的、确定无疑和不可逆转的胜利的手段。

共产党人要竭尽全力来指导工人运动以及整个社会发展沿着最直最快的道路走向苏维埃政权在全世界的胜利,走向无产阶级专政。这是无可争辩的真理。然而,只要再多走一小步,看来像是朝同一方向多走了一小步,真理就会变成错误。只要像德国和英国的左派共产主义者那样,说我们只承认一条道路,一条笔直的道路,说我们不容许机动、通融和妥协,这就犯了错误,这种错误会使共产主义运动受到最严重的危害,而且共产主义运动部分地已经受到或正在受到这种危害。右倾学理主义固执地只承认旧形式,而不顾新内容,结果彻底破产了。左倾学理主义则固执地绝对否定某些旧形式,看不见新内容正在通过各种各样的形式为自己开辟道路,不知道我们共产党人的责任,就是要掌握一切形式,学会以最快的速度用一种形式去补充另一种形式,用一种形式去代替另一种形式,使我们的策略适应并非由我们的阶级或我们的努力所引起的任何一种形式的更替。

　　惨绝人寰、卑鄙龌龊的帝国主义世界战争和它所造成的绝境，极其有力地推动和加速了世界革命，这场革命向广度和深度的发展如此迅猛，更替的形式如此丰富，在实践上对一切学理主义的驳斥如此富有教益，使人有充分的理由指望能够迅速而彻底地把国际共产主义运动中的"左派"共产主义者的幼稚病医治好。

1920年4月27日

选自《列宁全集》第2版第39卷
第3—6、19—26、69—83页

加入共产国际的条件

（不晚于1920年7月18日）

共产国际第一次代表大会（成立大会）¹³⁸没有制定各个党加入第三国际的确切条件。召开第一次代表大会时，多数国家只有一些共产主义的**派别**和**小组**。

共产国际第二次世界代表大会¹⁷⁷召开时的情况就不同了。现在多数国家不仅已经有了共产主义的流派和派别，而且有了共产主义的**政党**和**组织**。

现在申请加入共产国际的政党和小组愈来愈多，它们不久以前还属于第二国际，现在都希望加入第三国际了，不过它们还没有真正成为共产主义的政党和小组。第二国际已被彻底粉碎。中间政党和"中派"集团看到第二国际已经毫无希望，就想倒向日益壮大的共产国际，但是，它们还希望保留一种"自主权"，以便推行它们原来的机会主义的或"中派主义的"政策。共产国际在某种程度上已经成了时髦的东西。

现在"中派"的某些领导集团希望加入第三国际，这就间接证明，共产国际得到了全世界大多数觉悟工人的拥护，并且成为一天比一

本文是《为共产国际第二次代表大会准备的文件》之五，写于1920年7月18日之前。列宁在这一文件中阐述了建立新型无产阶级政党的组织原则，提出了防止和肃清机会主义和"左"倾思潮影响的有力措施。列宁特别指出，共产党的名称问题不只是一个形式问题，而且是具有重大意义的政治问题，是马克思主义政党区别于那些背叛工人阶级的旧的社会民主党或社会党的显著标志。

天强大的力量。

在一定的情况下,共产国际有被那些还没有摆脱第二国际思想体系的、不坚定和不彻底的集团溶蚀的危险。

此外,在多数人抱有共产主义观点的某些大党(意大利、瑞典)里,至今还存在势力相当大的改良主义的和社会和平主义的派别,它们一直在等待时机,以便东山再起,积极展开暗中破坏无产阶级革命的活动,来帮助资产阶级和第二国际。

任何一个共产主义者都不应该忘记匈牙利苏维埃共和国的教训。匈牙利共产党人同改良主义者的联合,使匈牙利无产阶级付出了昂贵的代价。

因此,第二次世界代表大会认为,必须制定十分确切的接纳新党的条件,并向那些已经加入共产国际的政党指出它们应当承担的义务。

共产国际第二次代表大会决定,加入共产国际的条件如下:

        *   *   *

1. 日常的宣传和鼓动必须具有真正的共产主义性质。党掌握的各种机关报刊,都必须由已经证明是忠于无产阶级革命事业的可靠的共产党人来主持编辑工作。无产阶级专政不应该只当做背得烂熟的流行公式来谈论,而应该很好地进行宣传,使每一个普通的工人、士兵、农民都能通过我们报刊上每天不断报道的活生生的事实,认识到无产阶级专政的必要性。在报纸上,在群众集会上,在工会、合作社中,总之,在第三国际拥护者所能利用的一切场合,不仅要不断地、无情地斥责资产阶级,而且还要斥责资产阶级的帮手即各式各样的改良主义者。

2. 凡是愿意加入共产国际的组织,都必须有计划有步骤地**撤销**

改良主义者和"中派"分子在工人运动中(在党组织、编辑部、工会、议会党团、合作社、地方自治机关等等中)所担负的比较重要的职务,用可靠的共产党人来代替他们,不必顾虑最初有时不得不用普通工人来接替"有经验的"活动家。

3. 在所有由于实行戒严或者非常法而使共产党人不能合法地进行工作的国家里,绝对必须把合法工作和不合法工作结合起来。几乎在欧美所有的国家里,阶级斗争都正在进入国内战争阶段。在这种情况下,共产党人不能信赖资产阶级法制。他们必须**在各个地方**建立平行的不合法机构,以便在决定关头能够帮助党执行自己的革命职责。

4. 必须坚持不懈地有步骤地在军队中进行宣传鼓动工作,并在每个部队中成立共产党支部。共产党人多半要不合法地进行这项工作,如果放弃这项工作,就等于背叛革命职责,这同第三国际成员的称号是不相称的。

5. 必须有步骤有计划地在农村中进行鼓动工作。如果工人阶级不能得到哪怕是一部分雇农和贫苦农民的拥护,不能用自己的政策使一部分其他农村居民保持中立,那就不能巩固自己的胜利。在目前这个时期,共产党在农村中的工作具有头等重要的意义。这项工作主要应当通过同农村有联系的革命的**工人**共产党员去进行。放弃这项工作,或者把它交给不可靠的半改良主义者,就等于放弃无产阶级革命。

6. 凡是愿意加入第三国际的党,不仅要揭露赤裸裸的社会爱国主义,而且要揭露社会和平主义的虚伪实质,要不断地向工人证明,除用革命推翻资本主义之外,任何国际仲裁法庭、任何关于裁减军备的议论、任何对国际联盟[178]的"民主"改组,都不能使人类摆脱新的帝国主义战争。

7. 凡是愿意加入共产国际的党,都要承认必须同改良主义和"中派"政策完全彻底地决裂,并在最广大的党员群众中宣传这一点。否则,就不可能执行彻底的共产主义政策。

共产国际无条件地、断然地要求在最短期间内实行这种决裂。共产国际决不能容许像屠拉梯、莫迪利扬尼之流的著名改良主义者有权成为第三国际的成员。这样会使第三国际在很大程度上和已经死亡的第二国际相类似了。

8. 在资产阶级占有殖民地并压迫其他民族的国家里,党在殖民地和被压迫民族的问题上必须采取特别明确的路线。凡是愿意加入第三国际的党,都必须无情地揭露"本国的"帝国主义者在殖民地所干的勾当,不是在口头上而是在行动上支持殖民地的一切解放运动,要求把本国的帝国主义者赶出这些殖民地,教育本国工人真心实意地以兄弟般的态度来对待殖民地和被压迫民族的劳动人民,不断地鼓动本国军队反对对殖民地人民的任何压迫。

9. 凡是愿意加入共产国际的党,都必须在工会、合作社以及其他群众性的工人组织中不断地坚持不懈地进行共产主义的工作。必须在这些组织内部建立共产党支部,这些支部应该通过长期的顽强的工作,争取工会为共产主义事业服务。这些支部必须在日常工作中时时刻刻揭露社会爱国主义者的背叛行为和"中派"的动摇表现。这些共产党支部应该完全服从整个党的领导。

10. 加入共产国际的党,必须同阿姆斯特丹黄色工会"国际"[179]进行坚决斗争。它应当在参加工会组织的工人中间坚持不懈地宣传同阿姆斯特丹黄色国际决裂的必要性。它应该竭力支持正在形成的属于共产国际的红色工会国际联合组织[180]。

11. 愿意加入第三国际的党，必须重新审查其议会党团的成员，清除不可靠的分子，使议会党团不是在口头上而是在行动上服从党中央委员会，并要求每个共产党员议员都使自己的全部工作服从于真正革命的宣传鼓动工作的利益。

12. 同样，不管整个党目前是合法的或是不合法的，一切定期和不定期的报刊、一切出版机构都应该完全服从党中央委员会；出版机构不得滥用自主权，实行不完全符合党的要求的政策。

13. 加入共产国际的党，应该是按照民主**集中制**的原则建立起来的。在目前激烈的国内战争时代，共产党只有按照高度集中的方式组织起来，在党内实行近似军事纪律那样的铁的纪律，党的中央机关成为拥有广泛的权力、得到党员普遍信任的权威性机构，只有这样，党才能履行自己的职责。

14. 在共产党员可以合法进行工作的国家里，共产党应该定期清洗（重新登记）党组织的成员，以便不断清除那些难免混入党内的小资产阶级分子。

15. 凡是愿意加入共产国际的党，都必须全力支持每一个苏维埃共和国同反革命势力进行的斗争。各国共产党应该坚持不懈地进行宣传，使工人拒绝把军事装备运送给苏维埃共和国的敌人。应该在派去扼杀工人共和国的军队中进行合法的或者不合法的宣传工作，等等。

16. 凡是到目前为止还保留着旧的社会民主主义纲领的党，必须在最短期间内重新审查这些纲领，并根据本国的特殊情况制定出新的合乎共产国际决定精神的共产主义纲领。按照规定，每个加入共产国际的党的纲领，都应该由例行的共产国际代表大会或共产国际执行委员会批准。如果某党的纲领没有得到共产国际执行委员会的批准,该党有权向共产国际代表大会提出申诉。

17. 共产国际代表大会及其执行委员会的一切决定,所有加入共产国际的党都必须执行。共产国际是在非常激烈的国内战争的情况下进行活动的,它应当比第二国际组织得更加集中。同时共产国际及其执行委员会在一切工作中,当然必须考虑各党斗争和活动的种种不同的条件,因此,作出全体必须执行的决定的仅限于此类决定可行的问题。

18. 鉴于上述种种,一切愿意加入共产国际的党,都应当更改自己的名称。凡是愿意加入共产国际的党都应该称为:某国**共产**党(第三国际即共产国际支部)。名称问题不只是一个形式问题,而且是具有重大意义的政治问题。共产国际已经宣布要同整个资产阶级世界和一切黄色社会民主党进行坚决斗争。必须使每一个普通的劳动者都十分清楚共产党同那些背叛了工人阶级旗帜的旧的正式的"社会民主"党或"社会"党之间的区别。

19. 共产国际第二次世界代表大会闭幕后,凡是想加入共产国际的党,都应该在最短期间内召集一次党的紧急代表大会,以便以全党的名义正式确认上述各项义务。

选自《列宁全集》第2版第39卷
第198—203页

关于党的建设的
当前任务的决议草案

（1920年9月24日）

　　本材料不是用来代替中央委员会的信和莫斯科委员会的决议的,而是作为补充意见:

　　苏维埃共和国在成立之初的几年里处境极为困难,破坏极其严重,军事方面存在着极大的危险,所以必然要确定若干"重点的"(因而实际上是拥有特权的)部门和工作人员。这是必然的,因为不把人力和物力集中于这些部门和工作人员,就不能拯救遭到破坏的国家;不加强这些部门和工作人员,全世界的帝国主义者无疑就会扼杀我们,根本不让我们苏维埃共和国着手进行经济建设。

　　但是,由于过去遗留下来的难以克服的资本主义的和私有制的习惯和情绪,上述情况就使我们必须一再提醒全党注意争取实现……①

　　……必须作出切实认真的保证,使党在上述原则问题上一致通过的决定不致变成一纸空文。因此,代表会议提请中央委员会对下列措施立即作出决定,付诸实施,并建议即将召开的党的代表大会予以

　　本文是《俄共(布)第九次全国代表会议文献》之三。在这篇文献中,列宁提出了发扬党内民主、改进党的各级机关工作的具体措施,包括经常召开党员大会,办好党的刊物,制定规章制度,成立党的监察委员会等。

---

　　①此处有一页手稿没有保存下来。——俄文版编者注

确认：

(1)为发挥党员的主动精神,除其他措施外,还绝对必须更经常、更广泛地召开党员大会;

(2)创办报刊(争论专页[181]等)来更经常、更广泛地批评党的错误和开展党内各种批评;

(3)制定完全切实有效的规章制度,以消除"专家"、负责工作人员同群众之间(在生活条件、工资数额等方面)的不平等现象;这种不平等是违反民主制的,并且是瓦解党和降低党员威信的根源;

(4)认为有必要成立一个同中央委员会平行的监察委员会,由受党的培养最多、最有经验、最大公无私并最能严格执行党的监督的同志组成。党的代表大会选出的监察委员会应有权接受一切申诉和审理(经与中央委员会协商)一切申诉,必要时可以同中央委员会举行联席会议或把问题提交党代表大会。

列 宁

1920年9月24日

选自《列宁全集》第2版第39卷
第287—288页

青年团的任务

（在俄国共产主义青年团
第三次代表大会上的讲话）¹⁸²

（1920年10月2日）

（大会向列宁热烈欢呼）同志们！今天我想讲的题目是：共产主义青年团的基本任务是什么，以及社会主义共和国内青年组织应当是怎样的组织。

这个问题应当讲一讲，尤其是因为从某种意义上可以说，真正建立共产主义社会的任务正是要由青年来担负。很明显，从资本主义社会培养出来的一代工作者所能完成的任务，至多是消灭建筑在剥削上面的资本主义旧生活方式的基础。他们至多也只能建立这样一种社会制度，这种社会制度帮助无产阶级和劳动阶级保持自己的政权，奠定巩固的基础，至于在这个基础上进行建设，那就只有靠在新

列宁在这篇重要讲话中指出，青年一代担负着建立共产主义社会的任务，他们应当为完成这一崇高使命而认真学习。青年首先要努力学习共产主义理论，但这种学习不能仅凭书本，不能脱离沸腾的实际生活。共产主义是从人类知识的总和中产生的，青年一代只有用人类创造的精神财富丰富自己的头脑，才能成为真正的共产主义者。同时，青年还要刻苦学习现代科学技术和文化知识，掌握建设祖国的本领。列宁在讲话中还强调在青年中弘扬共产主义道德的重要性，要求青年团必须坚持与工农的劳动相结合，通过教育、训练和培养，使现代青年成为具有共产主义道德的一代新人。

条件下,在人与人之间的剥削关系已不存在的情况下参加工作的一代人去担负。

如果根据这一点来看青年的任务,就应当说,全体青年的任务,尤其是共产主义青年团及其他一切组织的任务,可以用一句话来表达:就是要学习。

当然,这仅仅是"一句话",还没有答复主要的和最本质的问题——学习什么和怎样学习。而这里的全部关键就在于:在改造资本主义旧社会的同时,将来要建设共产主义社会的新一代人的训练、培养和教育,就不能再像从前那样了。青年的训练、培养和教育应当以旧社会遗留给我们的材料为出发点。我们只能利用旧社会遗留给我们的全部知识、组织和机关,在旧社会遗留下来的人力和物力的条件下建设共产主义。只有把青年的训练、组织和培养这一事业加以根本改造,我们才能做到:青年一代努力的结果将建立一个与旧社会完全不同的社会,即共产主义社会。因此,我们需要详细论述的问题,就是我们应当教给青年什么;真正想无愧于共产主义青年称号的青年应当怎样学习;以及应当如何培养青年,使他们能够彻底完成我们已经开始的事业。

我应当指出,看来首先的和理所当然的回答是:青年团和所有想走向共产主义的青年都应该学习共产主义。

但是"学习共产主义"这个回答未免太笼统了。为了学会共产主义,我们应该怎样呢?为了学到共产主义知识,我们应该从一般知识的总和中吸取哪些东西呢?这里我们可能遇到许多危险,如果把学习共产主义的任务提得不正确,或者对这一任务理解得太片面,往往就会出现危险。

初看起来,总以为学习共产主义就是领会共产主义教科书、小册子和著作里所讲的一切知识。但是，给学习共产主义下这样的定义，就未免太草率、太不全面了。如果说，学习共产主义只限于领会共产主义著作、书本和小册子里的东西，那我们就很容易造就出一些共产主义的书呆子或吹牛家，而这往往会使我们受到损害，因为这种人虽然把共产主义书本和小册子上的东西读得烂熟，却不善于把所有这些知识融会贯通，也不会按共产主义的真正要求去行动。

资本主义旧社会留给我们的最大祸害之一，就是书本与生活实践完全脱节，因为那些书本把什么都描写得好得了不得，其实大半都是最令人厌恶的谎言，虚伪地向我们描绘了资本主义社会的情景。

因此，单从书本上来领会关于共产主义的论述，是极不正确的。现在我们的讲话和文章，已经不是简单地重复以前对共产主义所作的那些论述，因为我们的讲话和文章都是同日常各方面的工作联系着的。离开工作，离开斗争，那么从共产主义小册子和著作中得来的关于共产主义的书本知识，可以说是一文不值，因为这样的书本知识仍然会保持旧时的理论与实践的脱节，而这正是资产阶级旧社会的一个最令人厌恶的特征。

如果我们只求领会共产主义的口号，那就更危险了。我们若不及时认清这种危险，不用全力来消除这种危险，那么50万至100万男女青年这样学了共产主义之后，将自称为共产主义者，这就只会使共产主义事业遭到莫大的损害。

这样就向我们提出一个问题：为了学习共产主义，我们应该怎样把这一切结合起来？从旧学校和旧的科学中，我们应当吸取一些什么？旧学校总是说，它要造就知识全面的人，它教的是一般科学。我们知道，这完全是撒谎，因为过去整个社会赖以生存和维持的基础，就是把人分成阶级，分成剥削者和被压迫者。自然，贯穿着阶级精神的旧学校,也就只能向资产阶级的子女传授知识。这种学校里的每一句话,都是根据资产阶级的利益捏造出来的。在这样的学校里,与其说是教育工农的年青一代,倒不如说是对他们进行符合资产阶级的利益的训练。教育这些青年的目的,就是训练对资产阶级有用的奴仆,使之既能替资产阶级创造利润,又不会惊扰资产阶级的安宁和悠闲。因此在否定旧学校的时候,我们给自己提出的任务是:从这种学校中只吸取我们实行真正共产主义教育所必需的东西。

这里我要谈谈经常听到的人们对旧学校的斥责与非难,从这些话中,往往会得出完全不正确的结论。有人说,旧学校是死读书的学校,实行强迫纪律的学校,死记硬背的学校。这说得对,但是,要善于把旧学校中的坏东西同对我们有益的东西区别开来,要善于从旧学校中挑选出共产主义所必需的东西。

旧学校是死读书的学校,它迫使人们学一大堆无用的、累赘的、死的知识,这种知识塞满了青年一代的头脑,把他们变成一个模子倒出来的官吏。但是,如果你们试图从这里得出结论说,不掌握人类积累起来的知识就能成为共产主义者,那你们就犯了极大的错误。如果以为不必领会共产主义本身借以产生的全部知识,只要领会共产主义的口号,领会共产主义科学的结论就足够了,那是错误的。共产主义是从人类知识的总和中产生出来的,马克思主义就是这方面的典范。

你们读过和听说过:主要由马克思创立的共产主义理论,共产主义科学,即马克思主义学说,已经不仅仅是19世纪一位社会主义者——虽说是天才的社会主义者——的个人著述,而成为全世界千百万无产者的学说;他们已经运用这个学说在同资本主义作斗争。如果你们要问,为什么马克思的学说能够掌握最革命阶级的千百万人的心灵,那你们只能得到一个回答:这是因为马克思依靠了人类在资本主义制度下所获得的全部知识的坚固基础;马克思研究了人类社会发展的规律,认识到资本主义的发展必然导致共产主义,而主要的是他完全依据对资本主义社会所作的最确切、最缜密和最深刻的研究,借助于充分掌握以往的科学所提供的全部知识而证实了这个结论。凡是人类社会所创造的一切,他都有批判地重新加以探讨,任何一点也没有忽略过去。凡是人类思想所建树的一切,他都放在工人运动中检验过,重新加以探讨,加以批判,从而得出了那些被资产阶级狭隘性所限制或被资产阶级偏见束缚住的人所不能得出的结论。

例如,当我们谈到无产阶级文化的时候,就必须注意这一点。应当明确地认识到,只有确切地了解人类全部发展过程所创造的文化,只有对这种文化加以改造,才能建设无产阶级的文化,没有这样的认识,我们就不能完成这项任务。无产阶级文化并不是从天上掉下来的,也不是那些自命为无产阶级文化专家的人[183]杜撰出来的。如果硬说是这样,那完全是一派胡言。无产阶级文化应当是人类在资本主义社会、地主社会和官僚社会压迫下创造出来的全部知识合乎规律的发展。条条大道小路一向通往,而且还会通往无产阶级文化,正如马克思改造过的政治经济学向我们指明人类社会必然走到哪一步,指明必然过渡到阶级斗争,过渡到开始无产阶级革命。

当我们听到有些青年以及某些维护新教育制度的人常常非难旧学校,说它是死记硬背的学校时,我们就告诉他们,我们应当吸取旧学校中的好东西。我们不应当吸取旧学校的这样一种做法,即用无边无际的、九分无用一分歪曲了的知识来充塞青年的头脑,但是这并不等于说,我们可以只学共产主义的结论,只背共产主义的口号。这样是建立不了共产主义的。只有了解人类创造的一切财富以丰富自己的头脑,才能成为共产主义者。

　　我们不需要死记硬背,但是我们需要用对基本事实的了解来发展和增进每个学习者的思考力,因为不把学到的全部知识融会贯通,共产主义就会变成空中楼阁,就会成为一块空招牌,共产主义者也只会是一些吹牛家。你们不仅应该掌握知识,而且应该用批判的态度来掌握这些知识,不是用一堆无用的垃圾来充塞自己的头脑,而是用对一切事实的了解来丰富自己的头脑,没有这种了解就不可能成为一个现代有学识的人。如果一个共产主义者不下一番极认真、极艰苦而巨大的功夫,不弄清他必须用批判的态度来对待的事实,便想根据自己学到的共产主义的现成结论来炫耀一番,这样的共产主义者是很可悲的。这种不求甚解的态度是极端有害的。要是知道自己懂得太少,那就要设法使自己懂得多一些,但是如果有人说自己是共产主义者,同时又认为自己根本不需要任何扎实的知识,那他就根本不能成为共产主义者。

　　旧学校培养资本家所需要的奴仆,把科学人才训练成迎合资本家口味来写作和说话的人。因此我们必须废除这样的学校。我们应当废除这样的学校,摧毁这样的学校,但这是不是说,我们就不应当从这种学校里吸取人类所积累起来而为人们所必需的一切呢?这是不是说,我们就不应当去区别哪些是资本主义所需要的东西,哪些是共产主义所需要的东西呢?

　　我们废除资产阶级社会内违反大多数人的意志而实行的强迫纪律,代之以工农的自觉纪律,工人和农民不但仇恨旧社会,而且有毅力、有本领、有决心团结和组织力量去进行这一斗争,以便把散居在辽阔国土上的分散而互不联系的千百万人的意志统一为一个意志,因为没有这样的统一意志,我们就必然会遭到失败。没有这样的团结,没有这样的工农的自觉纪律,我们的事业就毫无希望。不具备这些条件,我们就不能战胜全世界的资本家和地主。我们就会连基础也不能巩固,更谈不到在这个基础上建成共产主义新社会了。同样,我们否定旧学校,对旧学校怀着完全正当和必要的仇恨心理,珍视那种要摧毁旧学校的决心,但是我们应当了解,废除以前的死读书、死记硬背和强迫纪律时,必须善于吸取人类的全部知识,并要使你们学到的共产主义不是生吞活剥的东西,而是经过你们深思熟虑的东西,是从现代教育观点上看来必然的结论。

我们在谈论学好共产主义这一任务时就应该这样来提出基本任务。

为了向你们说明这一点,同时也谈谈怎样学习的问题,让我举一个实际例子。你们都知道,紧接着军事任务即保卫共和国的任务之后,我们即将面临经济任务。我们知道,如果不恢复工业和农业(而且必须不按旧方式来恢复),那么共产主义社会是建设不成的。必须在现代最新科学成就的基础上恢复工业和农业。你们知道,这样的基础就是电;只有全国电气化,一切工业和农业部门都电气化的时候,只有当你们真正担负起这个任务的时候,你们才能替自己建成老一代人所不能建成的共产主义社会。你们面临的任务是振兴全国的经济,要在立足于现代科学技术、立足于电力的现代技术基础上使农业和工业都得到改造和恢复。你们完全了解,不识字的人实现不了电气化,而且仅仅识字还不够。只懂得什么是电还不够,还应该懂得怎样在技术上把电应用到工农业上去,应用到工农业的各个部门中去。你们自己必须学会这一点,而且还要教会全体劳动青年。这就是一切有觉悟的共产主义者的任务,也就是每一个认为自己是共产主义者的青年,每一个明确地认识到加入共产主义青年团之后就负起了帮助党建设共产主义、帮助整个青年一代建立共产主义社会的责任的青年的任务。每个青年必须懂得，只有受了现代教育，他才能建立共产主义社会，如果不受这种教育，共产主义仍然不过是一种愿望而已。

老一代人的任务是推翻资产阶级。那时的主要任务是批判资产阶级，激发起群众对资产阶级的仇恨，提高阶级觉悟，提高团结自己力量的本领。新一代人面临的任务就比较复杂了。你们不只是应当团结自己的一切力量来支持工农政权抗击资本家的侵犯。这一点你们应当做到。这一点你们完全了解，每个共产主义者都非常清楚。但是这还不够。你们应当建成共产主义社会。前一半工作在许多方面已经完成了。旧东西应该摧毁，而且已经摧毁了，它应该变成废墟，而且已经变成了废墟。地基已经清理好，年青一代的共产主义者应当在这块地基上建设共产主义社会。你们当前的任务是建设，你们只有掌握了一切现代知识，善于把共产主义由背得烂熟的现成公式、意见、方案、指示和纲领变成能把你们的直接工作统一起来的活生生的东西，把共产主义变成你们实际工作的指针，那时才能完成这个任务。

这就是你们在教育、培养和发动整个青年一代的事业中应当执行的任务。你们应该是千百万共产主义社会建设者的带头人，一切男女青年都应该成为这样的建设者。不吸收全体工农青年参加共产主义建设，你们就不能建成共产主义社会。

这里我自然要讲到这样的问题：我们应当怎样教授共产主义，我们的方法应该有什么特点。

我在这里首先要谈谈共产主义道德问题。

你们应当把自己培养成共产主义者。青年团的任务就是要这样来安排自己的实际活动：使团员青年在学习、组织、团结和斗争的过程中把他们自己和那些以他们为带头人的人都培养成共产主义者。

1933—1949年我国出版的列宁《青年团的任务》的部分中译本

应该使培养、教育和训练现代青年的全部事业,成为培养青年的共产主义道德的事业。

但是,究竟有没有共产主义道德呢?有没有共产主义品德呢?当然是有的。人们往往硬说我们没有自己的道德;资产阶级常常给我们加上一个罪名,说我们共产主义者否定任何道德。这是一种偷换概念、蒙骗工农的手段。

究竟在什么意义上我们否定道德,否定品德呢?

是在资产阶级所宣传的道德的意义上,这种道德是他们从上帝的意旨中引申出来的。关于这一点,我们当然说,我们不信上帝,并且我们十分清楚,僧侣、地主和资产阶级都假借上帝的名义说话,为的是谋求他们这些剥削者自身的利益。或者他们不是从道德的要求,不是从上帝的意旨,而是从往往同上帝意旨很相似的唯心主义或半唯心主义论调中引申出这种道德来的。

我们否定从超人类和超阶级的概念中引出的这一切道德。我们说这是欺骗,这是为了地主和资本家的利益来愚弄工农,禁锢工农的头脑。

我们说,我们的道德完全服从无产阶级阶级斗争的利益。我们的道德是从无产阶级阶级斗争的利益中引申出来的。

旧社会建筑在地主和资本家压迫全体工农的基础上。我们应当摧毁这个社会,应该打倒这些压迫者,为了这个目的就必须团结起来。而上帝是不会创造这种团结的。

只有工厂,只有受过训练的、从过去的沉睡中觉醒过来的无产阶级,才能创造这种团结。只有当这个阶级已经形成的时候,群众运动才开展起来,才造成了现在我们看到的情形,即无产阶级革命在一个极弱的国家中获得了胜利,这个国家三年来抗击了全世界资产阶级对它的进攻。同时我们还看到,无产阶级革命在全世界日益发展。现在我们可以根据实际经验来说,只有无产阶级才能创造一种团结一致的力量,这种力量在引导分散的农民,并且经受住了剥削者的一切进攻。只有这个阶级才能帮助劳动群众联合起来、团结起来,彻底捍卫和巩固共产主义社会,最终建成共产主义社会。

因此,我们说:在我们看来,超人类社会的道德是没有的;那是一种欺骗。在我们看来,道德是服从于无产阶级阶级斗争的利益的。

这种阶级斗争究竟是什么呢?这就是推翻沙皇,打倒资本家,消灭资本家阶级。

阶级究竟是怎么回事呢?这就是允许社会上一部分人占有别人的劳动。如果社会上一部分人占有全部土地,那就有了地主阶级和农民阶级;如果社会上一部分人拥有工厂,拥有股票和资本,而另一部分人却在这些工厂里做工,那就有了资本家阶级和无产者阶级。

赶走沙皇并不困难,这总共用了几天的工夫。赶走地主也不很困难,这在几个月内就做到了;赶走资本家同样也不是很困难的事情。但是,要消灭阶级就无比困难了;工人和农民的区分仍然存在。如果一个农民单独占用一块土地,拥有余粮,即他本人及其家畜都不需要的粮食,而别人却没有粮食吃,那么这个农民也就变成剥削者了。他剩余的粮食愈多,获利就愈大,至于别人,就让他们挨饿去吧,"他们愈饿,我的粮食就卖得愈贵"。应该使所有的人都按照一个共同的计划和共同的规章,在公共的土地上和公共的工厂中工作。这容易做到吗?你们知道,要做到这一点,决不像赶走沙皇、地主和资本家那样容易。这里需要无产阶级去重新教育和改造一部分农民,把劳动农民争取过来,以便消灭那些富裕的和专靠别人贫困来发财致富的农民的反抗。可见,无产阶级斗争的任务,并没有因为推翻了沙皇、赶走了地主和资本家而宣告结束,我们称之为无产阶级专政的制度,正是要来完成这项任务。

阶级斗争还在继续,只是改变了形式。这是无产阶级为了使旧的剥削者不能卷土重来,使分散的愚昧的农民群众联合起来而进行的阶级斗争。阶级斗争在继续,我们的任务就是要使一切利益都服从这个斗争。我们也要使我们的共产主义道德服从这个任务。我们说:道德是为摧毁剥削者的旧社会、把全体劳动者团结到创立共产主义者新社会的无产阶级周围服务的。

共产主义道德是为这个斗争服务的道德,它把劳动者团结起来反对一切剥削,反对一切小私有制,因为小私有制把全社会的劳动所创造的成果交给了个人。而在我国,土地已经是公共财产了。

如果我从这个公共财产中拿一块土地来,种出超过我的需要一倍的粮食,然后用余粮来投机倒把,那又怎样呢?如果我这样盘算:饿肚子的人愈多,我出卖粮食的价钱就愈高,那又怎样呢?难道我这是共产主义者的行为吗?绝对不是,这是剥削者的行为,私有者的行为。应该同这种行为作斗争。如果听之任之,那一切都会开倒车,回复到资本家的政权,资产阶级的政权,就像过去一些革命中常有的情形那样。因此,为了不让资本家和资产阶级的政权恢复,就要禁止投机买卖,就要使某些人不能用损人利己的手段来发财致富,就要使劳动者同无产阶级团结起来建设共产主义社会。这也就是共产主义青年团和共产主义青年组织基本任务的主要特征。

旧社会依据的原则是:不是你掠夺别人,就是别人掠夺你;不是你给别人做工,就是别人给你做工;你不是奴隶主,就是奴隶。可见,凡是在这个社会里教养出来的人,可以说从吃母亲奶的时候起就接受了这种心理、习惯和观点——不是奴隶主,就是奴隶,或者是小私有者、小职员、小官吏、知识分子,总之,是一个只关心自己而不顾别人的人。

　　既然我种我的地,别人的事就与我无关;别人要是挨饿,那更好,我可以抬高价格出卖我的粮食。如果我有了一个医生、工程师、教员或职员的小职位,那么别人的事也与我无关。也许,只要我讨好、巴结有权势的人,就不仅能保住我的小职位,还可以爬到资产者的地位上去。共产主义者就不能有这种心理和情绪。当工人和农民已经证明我们能用本身的力量捍卫自己并且创造新社会的时候,也就开始了新的共产主义的教育,反对剥削者的教育,同无产阶级联合起来反对利己主义者和小私有者,反对"我赚我的钱,其他一切都与我无关"的心理和习惯的教育。

　　这就是对青年一代应该怎样学习共产主义的回答。

　　青年们只有把自己的训练、培养和教育中的每一步骤同无产者和劳动者不断进行的反对剥削者的旧社会的斗争联系起来,才能学习共产主义。当人们向我们讲到道德的时候,我们回答说:在共产主义者看来,全部道德就在于这种团结一致的纪律和反对剥削者的自觉的群众斗争。我们不相信有永恒的道德,并且要揭穿一切关于道德的骗人的鬼话。道德是为人类社会上升到更高的水平,为人类社会摆脱对劳动的剥削服务的。

　　要实现这一点,必须有这样的青年一代,他们在有纪律地同资产阶级作殊死斗争中已开始成为自觉的人。在这个斗争中,他们中间一定会培养出真正的共产主义者,他们应当使自己在训练、教育和培养中的每一步骤都服从这个斗争,都同这个斗争联系起来。培养共产主义青年,决不是向他们灌输关于道德的各种美丽动听的言词和准则。我们要培养的并不是这些。当人们看到他们的父母在地主和资本家的压迫下怎样生活的时候,当他们自己分担那些开始同剥削者作斗争的人们所受的痛苦的时候,当他们看到为了继续这一斗争以保卫已经取得的成果,付出了多大的牺牲,看到地主和资本家是多么疯狂的敌人的时候,他们就在这种环境中培养成为共产主义者。为巩固和完成共产主义事业而斗争,这就是共产主义道德的基础。这也就是共产主义培养、教育和训练的基础。这也就是对应该怎样学习共产主义的回答。

训练、培养和教育要是只限于学校以内,而与沸腾的实际生活脱离,那我们是不会信赖的。只要工农还受地主和资本家的压迫,只要学校还操纵在地主和资本家手里,青年一代就仍然是愚昧无知的。可是我们的学校应当使青年获得基本知识,使他们自己能够培养共产主义的观点,应该把他们培养成有学识的人。我们的学校应当使人们在学习期间就成为铲除剥削者这一斗争的参加者。共产主义青年团只有把自己的训练、培养和教育中的每一步骤同参加全体劳动者反对剥削者的总斗争联系起来,才符合共产主义青年团这一称号。你们很清楚:目前俄国还是唯一的工人共和国,世界其他各地还存在着资产阶级旧制度,我们还比它们弱;我们随时都有遭到新的进攻的危险;只有学会团结一致,我们才能在今后的斗争中获得胜利,而我们得到巩固之后,就会成为真正不可战胜的力量。因此,做一个共产主义者,就要把全体青年都组织和团结起来,要在这个斗争中作出有教养和守纪律的榜样。那时你们才能着手建设并彻底建成共产主义社会的大厦。

为了把这一点说得更清楚,我来给你们举个例子。我们把自己叫做共产主义者。什么是共产主义者呢?共产主义者是个拉丁词,communis一词是"公共"的意思。共产主义社会就意味着土地、工厂都是公共的,实行共同劳动——这就是共产主义。

如果每个人都单独经营一块土地,那劳动能是共同的吗?共同劳动不是一下子就能实行的。这是不可能的事。共同劳动不是从天上掉下来的。它需要经过艰苦努力和创造,要在斗争进程中才能实行。这里不能靠旧的书本,书本是谁也不会相信的。这里要靠自己的生活经验。当高尔察克从西伯利亚,邓尼金从南方进攻时,农民是站在他们那边的。当时农民不欢迎布尔什维主义,因为布尔什维克按固定价格收购粮食。但是农民在西伯利亚和乌克兰尝到了高尔察克和邓尼金的政权的滋味之后,就认清了农民没有别的选择余地:或者投奔资本家,那么资本家就要你去给地主当奴隶;或者跟着工人走,虽然工人没有许愿让你过天堂般的生活,而且还要你在艰苦的斗争中遵守铁的纪律并具有坚强的意志,可是他们却能使你摆脱资本家和地主的奴役。甚至是那些愚昧无知的农民,只要根据亲身的经验懂得和认识了这一点,也就成了自觉的、经过艰苦磨炼的共产主义拥护者。共产主义青年团也应当把这种经验作为自己全部活动的基础。

我已经回答了我们应当学什么,应该从旧学校和旧科学中吸取什么的问题。现在我还想来回答一下应当怎样学习这些东西的问题。我的回答是:只有把学校活动的每一步骤,把培养、教育和训练的每一步骤,同全体劳动者反对剥削者的斗争密切联系起来。

我要从某些青年组织的工作经验中举出几个例子,向你们具体说明应该怎样进行这种共产主义教育。大家都在谈论扫除文盲。你们知道,在一个文盲的国家里是不能建成共产主义社会的。单靠苏维埃政权颁布一道命令,或者靠党提出一定的口号,或者派一部分优秀的工作人员去进行这项工作,那是不够的。还需要青年一代自己把这个工作担负起来。共产主义精神体现在参加青年团的男女青年自己站出来说:这是我们的事情,我们要联合起来到农村去扫除文盲,使我们这代青年中不再有文盲。我们要努力使青年们能主动积极地从事这个工作。你们知道,要把俄国从一个愚昧的文盲国家很快变成人人识字的国家是不可能的;但是,如果青年团能担负起这个工作,如果全体青年都能为大家的利益而工作,那么这个团结着40万青年男女的组织,就有权称为共产主义青年团了。青年团的任务还在于:除了掌握各种知识,还要帮助那些靠自己的力量摆脱不了文盲愚昧状况的青年。做一个青年团员,就要把自己的工作和精力全部贡献给公共事业。这就是共产主义教育。只有在这样的工作中,青年男女才能培养成真正的共产主义者。只有当他们在这种工作中取得实际的成绩时,他们才会成为共产主义者。

就拿城郊菜园工作来作例子吧。难道这不是该做的事吗?这也是共产主义青年团的任务之一。人民在挨饿,工人在挨饿。为了不再挨饿,应该发展菜园,但是耕作还在按旧的方式进行。因此必须让觉悟较高的人来担任这个工作,这样你们就会看到,菜园数目会增加,面积会扩大,效果会更好。共产主义青年团应当积极参加这个工作。每个青年团组织,每个青年团支部,都必须把这件事看成是自己的事情。

共产主义青年团应当是一支能够支援各种工作、处处都表现出主动性和首创精神的突击队。青年团应当成为这样的一个团体,使每个工人都感觉到,这个团体中人们所讲的学说也许是他不了解的,也许是他还不能一下子就相信的,但是从这些人的实际工作和活动可以看出,他们真正是能给他指明正确道路的人。

如果共产主义青年团不能在各方面这样来安排自己的工作,那就说明它走上了资产阶级的老路。我们的教育应当同劳动者反对剥削者的斗争结合起来，以便帮助劳动者完成共产主义学说提出的任务。

青年团员应当利用自己的每一刻空闲时间去改善菜园工作，或在某个工厂里组织青年学习等等。我们要把俄国这个贫穷落后的国家变成一个富裕的国家。因此共产主义青年团必须把自己的教育、训练和培养同工农的劳动结合起来，不要关在自己的学校里，不要只限于阅读共产主义书籍和小册子。只有在与工农的共同劳动中，才能成为真正的共产主义者。必须使大家都看到，入团的青年个个都是有文化的，同时又都善于劳动。当大家看到，我们已经废除了旧学校里的旧的强迫纪律，代之以自觉的纪律，看到每个青年都去参加星期六义务劳动，看到他们利用每个近郊菜园来帮助居民，那时人民就不会用从前的眼光来看待劳动了。

共产主义青年团的任务，是要在农村或自己的街道上帮助做些事情，我举一个小例子，像卫生工作或分配食物的工作。在资本主义旧社会里，这些事情是怎样进行的呢？那时每个人只为自己工作，谁也不注意这里有没有老人或病人；或者全部家务都压在妇女肩上，因而妇女处在受压迫受奴役的地位。谁应当来反对这种现象呢？青年团。青年团应当出来说：我们要改变这种状况，我们组织青年队经常到各家各户去，协助搞卫生工作或分配食物，正确地调配力量，有组织地为全社会的利益工作，让大家看到，劳动应该是有组织的劳动。

现在50岁左右的这一代人，是不能指望看到共产主义社会了，那时候他们都死了。至于现在15岁的这一代人，就能够看到共产主义社会，也要亲手建设这个社会。因而他们就应当知道，他们终身的全部任务就是建设这个社会。在旧社会中，是各家各户单独劳动，除了压迫老百姓的地主和资本家外，谁也没有组织过劳动。任何一种劳动,不管它怎样脏,怎样吃力,我们都应当把它组织起来,使每个工人和农民对自己都有这样的认识:我是自由劳动大军的一分子,不需要地主和资本家,我自己就会建设自己的生活,建立共产主义的秩序。共产主义青年团要使大家从小①就在自觉的有纪律的劳动中受教育。这样我们才有希望完成现在所提出的任务。我们应该估计到,要全国实现电气化,使我国贫瘠化了的土地能采用最新的技术来经营,至少要花10年工夫。因此,现在是15岁、再过10—20年就会生活在共产主义社会里的这一代人,应当这样安排自己的全部学习任务:在每个乡村和城市里,青年每天都能实际完成共同劳动中的某种任务,哪怕是最微小、最平常的任务。能否保证共产主义建设成功,就要看这个工作在每个乡村里进行得怎样,就要看共产主义竞赛开展得怎样,就要看青年组织自己的劳动本领怎样。只有根据共产主义建设的成绩来检查自己的每一步骤,只有经常问问自己:为了成为团结一致的自觉的劳动者,我们是否做到了所要做的一切——只有这样,共产主义青年团才能把自己的50万团员联合成一支劳动大军并且赢得普遍的尊敬。(掌声如雷)

选自《列宁全集》第2版第39卷
第293—312页

---

①1920年10月7日的《真理报》第223号上刊印的不是"从小",而是"从12岁起"。——编者注

俄共(布)第十次代表大会文献¹⁸⁴（节选）

（1921年3月）

8

俄共第十次代表大会
关于党的统一的决议草案初稿

（3月13日或14日）

　　1. 代表大会提请全体党员注意：目前许多情况正在加剧国内小资产阶级居民的动摇，在这个时候特别需要保持党的队伍的统一和团结，保证党员相互之间的完全信任，保证在工作中真正齐心协力，真正体现无产阶级先锋队的意志的统一。

　　2. 但是，还在全党开展关于工会问题的辩论以前，党内就已经显露出派别活动的某些苗头，即产生了几个具有各自的纲领、力求在某种程度上自成一派并规定内部纪律的集团。这种派别活动的苗头已经出现，例如在莫斯科（1920年11月）党代表会议¹⁸⁵和哈尔科夫党

　　列宁在这三篇文献中指出，党在思想上和组织上的统一是巩固无产阶级专政的基本条件。党内决不容许任何派别活动，对于各种错误的主张和破坏党的统一的活动，必须坚决进行斗争，以维护党的坚强团结。同时，列宁也指出，党必须采取一切手段和各种办法来反对官僚主义，扩大民主，发扬自主精神，检举、揭发和驱逐混进党内的不良分子。

代表会议[186]上,在所谓"工人反对派"[187]的活动中,局部地也在所谓"民主集中派"[188]的活动中已经表现出来。

必须使一切觉悟的工人都清楚地认识到,任何派别活动都是有害的,都是不能容许的,因为即令个别集团的代表人物满心想要保持党的统一,派别活动事实上也必然会削弱齐心协力的工作,使混进执政党内来的敌人不断加紧活动来加深党的分裂,并利用这种分裂来达到反革命的目的。

无产阶级的敌人极力利用一切背离共产主义的坚定路线的倾向,这种情形在喀琅施塔得叛乱[189]这一实例上表现得最为明显。当时,世界各国的资产阶级反革命势力和白卫分子都急忙表示,只要能推翻俄国的无产阶级专政,他们甚至情愿接受苏维埃制度的口号;当时,社会革命党人[117]以至一切资产阶级反革命势力在喀琅施塔得事件中都利用了这场似乎是为了维护苏维埃政权才反对俄国苏维埃政府的叛乱所提出的口号。这些事实充分证明,只要能削弱和推翻俄国无产阶级革命的支柱,白卫分子都会竭力装扮而且善于装扮成共产主义者,甚至装扮成最左的共产主义者。喀琅施塔得叛乱前夜在彼得格勒发现的孟什维克传单也同样表明,孟什维克利用俄共内部的意见分歧与某些派别活动的苗头事实上在怂恿和支持喀琅施塔得的叛乱者社会革命党人和白卫分子,口头上却标榜自己反对叛乱,拥护苏维埃政权,只不过要苏维埃政权作一些仿佛不大的修正。

3. 关于这个问题的宣传,一方面应当从保持党的统一和实现无产阶级先锋队的意志的统一是保证无产阶级专政胜利的基本条件这一观点出发,详细说明派别活动的害处和危险性,另一方面应当揭露苏维埃政权的敌人所采用的新的策略手法的特点。这些敌人已经知道公开打着白卫旗帜进行反革命活动是没有指望了,所以现在他们竭力抓住俄共内部的意见分歧，设法使政权转到表面上最像承认苏维埃政权的那些政治派别手中，用这种办法来推进反革命。

在宣传中还应当阐明历次革命的经验，当时反革命势力也总是支持那种既反对极端革命的政党又同这一政党最相似的派别，以求动摇并推翻革命专政，从而为资本家和地主的反革命势力以后取得完全胜利开辟道路。

4. 在同派别活动进行实际斗争中，每一个党组织必须密切注意，决不容许发表任何派别言论。对党的缺点进行绝对必要的批评时，应当使一切实际的建议以尽量明确的形式毫不迟延地立刻提交党的地方和中央领导机关去讨论和决定。此外，每一个提出批评的人，在批评的形式上应当考虑到党处在敌人的包围之中这一情况，而在批评的内容方面则应当通过自己直接参加苏维埃和党的工作，从实践中来检验如何纠正党或个别党员的错误。任何对党的一般路线的分析或对党的实际经验的总结，对党的决定的执行情况的检查，以及关于如何纠正错误的方法的探讨等等，都决不能事先交给按某种"纲领"等等形成的集团去讨论，而只能直接交给全体党员讨论。因此，代表大会决定更经常地出版《争论专页》[181]和专门文集，力求能就问题的实质来进行批评，而决不采取那种有助于无产阶级的阶级敌人的方式。

5. 代表大会根本反对工团主义和无政府主义的倾向（对这种倾向已有专门的决议①加以分析），并责成中央委员会彻底消灭一切派别活动，同时，代表大会声明，在例如所谓的"工人反对派"特别关心的问题，即清除党内的非无产阶级分子和不可靠分子、反对官僚主

---

① 见《苏联共产党代表大会、代表会议和中央全会决议汇编》第2分册人民出版社1964年版第66—69页。——编者注

义、发扬民主和工人的自主精神等等问题上,任何切实的建议,都应当十分认真地加以考虑,并在实际工作中加以检验。全党应当知道,我们由于遇到了种种障碍,在这些问题上并没有能够采取一切必要的措施,应当知道,党在坚决反对不实事求是的和带有派别性的所谓批评的同时,也将继续不断地采取一切手段并试验各种新的办法,来反对官僚主义,扩大民主,发扬自主精神,检举、揭发和驱逐混进党内来的分子,如此等等。

6. 因此,代表大会宣布毫无例外地解散一切按这个或那个纲领组成的派别(如"工人反对派"、"民主集中派"等等),并责令立即执行。凡不执行代表大会这项决定者,应立即无条件地开除出党。

7. 为了在党内和整个苏维埃工作中执行严格的纪律,并取缔一切派别活动以求得最大程度的统一,代表大会授权中央委员会,在遇到违反纪律、恢复或进行派别活动的情况时,可以采取党内一切处分办法,直到开除出党;而对中央委员则可把他降为候补中央委员,甚至采取极端措施,把他开除出党。在对中央委员、候补中央委员和中央监察委员采取这种极端措施时,应当召开中央委员会全体会议,并请全体候补中央委员和全体中央监察委员参加。在这种党的负主要责任的领导者的全体会议上,如果有三分之二票数认为必须把某个中央委员降为候补中央委员或开除出党,那么这项措施就应当立即实行。[190]

选自《列宁全集》第2版第41卷
第78—83页

9

俄共第十次代表大会
关于我们党内的工团主义和
无政府主义倾向的决议草案初稿

（3月13日或14日）

1. 最近几个月来，在党内明显地暴露出一种工团主义和无政府主义的倾向，对这种倾向必须在思想上进行最坚决的斗争，同时还必须清洗和健全党的队伍。

2. 这种倾向的发生，部分是由于以前的孟什维克以及尚未完全树立共产主义世界观的工人和农民加入党的队伍，主要则是由于小资产阶级自发势力对无产阶级和俄共的影响。在我国，尤其是目前，在歉收和战争的严重破坏使群众的生活大为恶化、成百万军队的复员使几十万农民和工人无法立刻找到正常的生活来源的情况下，小资产阶级自发势力就特别猖獗，它不可避免地会产生无政府主义的倾向。

3. 所谓的"工人反对派"的提纲和其他著作，是这种倾向的理论上最完整和形式上最完备的表现（**或者说**：是这种倾向的……最完整……的表现之一）。例如，他们的下述论点就很能说明问题："国民经济的管理应当由联合在各种产业工会中的生产者的全俄代表大会来组织,应当由他们选出中央机关来管理共和国的整个国民经济。"①

这种主张以及许多诸如此类的主张所依据的思想在理论上是根本错误的,是同马克思主义和共产主义背道而驰的,也是同一切半无产阶级革命和目前的无产阶级革命的实际经验的总结背道而驰的。

第一,"生产者"这个概念既包括无产者,也包括半无产者以及小商品生产者,因而完全违背了阶级斗争的基本概念,违背了要明确地划分阶级这个基本要求。

第二,上述论点中所表现出来的指靠非党群众或者说迎合非党群众的思想,也是根本违背马克思主义的。

马克思主义教导说——这一教导不仅已经由整个共产国际[138]在共产国际第二次代表大会(1920年)[177]关于无产阶级政党的作用的决议[191]中正式加以肯定,而且也已经为我国革命的实践所证实——只有工人阶级的政党,即共产党,才能团结、教育和组织无产阶级和全体劳动群众的先锋队,而只有这个先锋队才能抵制这些群众中不可避免的小资产阶级动摇性,抵制无产阶级中不可避免的种种行业狭隘性或行业偏见的传统和恶习的复发,并领导全体无产阶级的一切联合行动,也就是说在政治上领导无产阶级,并且通过无产阶级领导全体劳动群众。不这样,便不能实现无产阶级专政。

不正确地理解共产党对非党无产阶级的作用以及共产党和非党无产阶级对全体劳动群众的作用,就是在理论上根本违背共产主义,就是工团主义和无政府主义的倾向,而这种倾向贯穿在"工人反

---

① 见《工人反对派的提纲。工会的任务》(1921年1月25日《真理报》第15号)和亚·米·柯伦泰的小册子《工人反对派》(仅供俄共第十次代表大会成员参考)(1921年莫斯科俄文版第25页)。——编者注

对派"的全部观点之中。

4. 俄共第十次代表大会认为,上述这个派别以及其他人想援引俄共党纲经济部分有关工会作用的第5条来为他们的错误观点辩解的一切尝试也是根本错误的。这一条说,"工会应当做到把作为统一经济整体的全部国民经济的全部管理切实地集中在自己手中",工会"在用这样的方法保证中央国家管理机关、国民经济和广大劳动群众之间的密切联系的同时","吸引"这些群众"直接参加经济管理"。

俄共党纲的同一条指出,"工会必须逐渐摆脱行会的狭隘性",把大多数劳动者"并且逐渐地把全体"劳动者都包括进来,这个过程是工会做到"应当做到"的这一步的先决条件。

最后,俄共党纲的同一条还着重指出,"根据俄罗斯联邦的法律和已有的实践,工会已经成为一切地方的和中央的工业管理机关的参加者"①。

工团主义者和无政府主义者,不考虑这种参加管理的实际经验,不严格地根据已经取得的成就和已经纠正的错误的教训去进一步发展这一经验,却直接提出由"各级生产者代表大会或全俄生产者代表大会""选举"经济管理机关的口号。这样,党对无产阶级工会以及无产阶级对半小市民以至小资产阶级劳动群众的领导、教育和组织作用,就被撇开了和取消了。因此,这不是继续进行和改进苏维埃政权已经开始的创建新经济形式的实际工作,而是用小资产阶级无政府主义来破坏这一工作,而这样做只能促使资产阶级反革命势力获得胜利。

5. 俄共代表大会认为,上述派别及其他类似的派别和个人的观

---

① 见《列宁全集》第2版第36卷第415页。——编者注

点不仅是理论错误,不仅是对苏维埃政权已经开始的经济建设的实际经验采取根本错误的态度,而且是重大的政治错误,是一种威胁无产阶级专政本身的存在的直接的政治危险。

在俄国这样的国家里,由于小资产阶级自发势力占有巨大优势,由于战祸频仍、经济破坏、疫病流行、连年歉收必然使人民极端贫困痛苦,小资产阶级和半无产阶级群众的情绪就表现出特别严重的动摇。这种动摇表现在时而倾向于巩固同无产阶级的联盟,时而又倾向于资产阶级复辟,而18、19和20世纪的历次革命的全部经验都十分清楚地和令人信服地说明,只要无产阶级的革命先锋队的统一、力量和影响稍微受到削弱,这种动摇的结果就只能是资本家和地主的政权以及私有制的复辟(恢复)。

因此,"工人反对派"以及同他们类似的分子的观点不仅在理论上是错误的,而且在实际上是小资产阶级的和无政府主义的动摇的表现,实际上在削弱共产党的坚定的指导路线,实际上在帮助无产阶级革命的阶级敌人。

6. 根据上述一切,俄共代表大会坚决反对这些反映工团主义和无政府主义倾向的主张,并认为:

第一,必须同这些主张进行坚持不懈的思想斗争;

第二,代表大会认为,宣传这些主张是同俄共党员的身份不相容的。

代表大会责成党中央委员会严格执行大会的这些决定,同时指出,在各种专门的刊物和文集等等上可以而且应当划出一定的篇幅,使党员能就上述的各种问题详细交换意见。

选自《列宁全集》第2版第41卷
第84—87页

10

关于党的统一和
无政府工团主义倾向的报告[192]

（3月16日）

    同志们，我认为这个问题不需要谈很多，因为整个代表大会在讨论各项问题时，就已经涉及了现在应当以党代表大会的名义，也就是以全党的名义正式加以阐明的问题。《关于统一的决议》①，有很大一部分是说明政治形势的。决议已经印发给大家，你们当然都看到了。其中第7条不准备公布，这是一项特殊措施，它规定在中央委员、候补中央委员和中央监察委员的全体会议上，经三分之二的多数的同意，可以把中央委员开除出中央委员会。这项措施在各派代表都发表了意见的非正式会议上，曾一再讨论过。同志们，我们希望不要运用这一条。但是在新的情况下，在我们面临相当急剧的变革，希望彻底消灭各自为政的情况下，这一条是必要的。

    现在我谈一谈关于工团主义和无政府主义倾向的决议。这个问题在大会讨论第四项议题时已经涉及了。整个决议的精神是要确定我们对某些派别或思想倾向的态度。我们说"倾向"，是要强调指出，

---

    ① 见本书第294—297页。——编者注

我们在这方面还没有发现任何已经彻底形成、已经绝对肯定和完全确定的东西,而只是一种政治趋向的开始,党对这种趋向是不能不有所估计的。大概你们都已经看到关于工团主义和无政府主义倾向的决议,在决议的第3条中,有一个地方显然是印错了(从发言中看到,大家已经发现了这个错误)。应当改成这样:"例如,他们的"即"工人反对派"的"下述论点就很能说明问题:'国民经济的管理应当由联合在各种产业工会中的生产者的全俄代表大会来组织,应当由他们选出中央机关来管理共和国的整个国民经济'"①。我们在代表大会上,在大会的非正式的会议和公开的全体会议上已经屡次谈到这个论点。我认为,我们已经说得很清楚,用恩格斯关于生产者的联合的论断来为这个论点辩护,无论如何是不行的,因为很明显,而且把原著切实查对一下也可以肯定,恩格斯讲的是没有阶级的共产主义社会。这对我们大家来说都是毫无疑问的。一个社会已经没有阶级,当然就没有工人和农民,而只有生产者-工作者了。我们从马克思和恩格斯的所有著作中确切地知道,他们是把还有阶级的时期和已经没有阶级的时期非常严格地区别开来的。马克思和恩格斯一向毫不客气地讥笑那些以为在共产主义以前阶级就会消失的思想、言论和假设,并且指出,只有共产主义才是消灭阶级②。

我们现在的情况是,我们最先在实践上提出了这个消灭阶级的问题,而在我们这个农民国家里,目前还存在着两个主要的阶级——工人阶级和农民,此外还存在着许多资本主义的残余。

---

① 见本书第298—299页。——编者注

② 参看《马克思恩格斯全集》第1版第28卷第508—510页,《马克思恩格斯选集》第3卷人民出版社1972年版第18、146—147页,第4卷第170页。——编者注

我们的党纲明确指出,我们正在实行最初的步骤,我们还要经过一系列的过渡阶段。但是我们从我们苏维埃工作的实践和整个革命的历史中始终可以极其清楚地看到,像反对派现在提出的这种理论定义,是多么不正确。我们十分清楚:我国还存在着阶级,并且会存在很久;在一个农民占多数的国家里,阶级必然要存在很久,存在许多年。要组织好大工业,建立起领导农业所需的储备,至少需要十年。这是最短的期限,而且需要具备非常有利的技术条件。而我们知道,我们现在所处的条件是非常不利的。我们已经有了一项把俄国建立在现代大工业基础之上的计划,这就是科学家们所制定的电气化计划[193]。实行这个计划的最短期限需要十年,并且是以比较正常的条件为前提的。但是我们十分清楚,这种条件现在并不存在。也就是说,十年的时间对于我们太短了——这是用不着说的。我们接触到了问题的核心:目前可能的情况是,一些敌视无产阶级的阶级仍然存在,因此,我们目前在实践上还不能实现恩格斯的话。先要有无产阶级专政,没有阶级的社会是以后的事。

马克思和恩格斯曾经同那些忘记了阶级差别而笼统地谈论生产者、人民或劳动者的人作过无情的斗争。凡是多少读过马克思和恩格斯著作的人,都不会忘记,他们在所有的著作中总是嘲笑那些笼统地谈论生产者、人民、劳动者的人。笼统的劳动者或笼统的工作者是不存在的;或者是握有生产资料的小业主,他们的整个心理状态和全部生活习惯都是资本主义的(它们也不可能是别的样子),或者是心理状态完全不同的雇佣工人,即同资本家对抗、对立和斗争的大工业雇佣工人。

我们在谈这个问题以前已经经过了三年的斗争,已经有了运用无产阶级政权的经验,我们已经知道,在各个阶级的相互关系上存在着多么大的困难,而目前阶级还存在,在我们生活的各个角落里和苏维埃机关内部还可以看到资产阶级残余。在这样的情况下,我们这里竟有人提出包含我读过的那几个论点的纲领,这显然是一种工团主义和无政府主义的倾向。这样说并不过分,这样说是经过慎重考虑的。倾向还不是一个定型的流派。倾向是一种可以纠正的东西。一些人已经有些走入歧途或者开始走入歧途,但还是可以纠正的。我认为,俄文"倾向"一词表达的正是这个意思。这里强调的是,它还不是什么完全形成了的东西,事情还不难纠正;这里是希望引起警惕,是想直截了当从原则上提出问题。如果谁能找出一个俄文词可以更确切地表达这个意思,那就请提出来。我希望我们不要在用词上展开争论,而应当分析这个基本论点的实质,不要跟着"工人反对派"的诸如此类的许多主张跑。这可以让我们的著作家以及这一派的领导者去分析。在决议的末尾我们特地指出,在各种专门的刊物和文集上可以而且应当划出一定的篇幅,使党员们能就上述各种问题详细交换意见。我们现在不能对这个问题置之不理。我们是一个在极端困难条件下进行斗争的党。我们必须对自己说,为了保持巩固的统一,对于明显的倾向必须加以谴责。倾向既然已经形成,那就应当加以揭露和讨论。如果需要认真地辩论,我们也欢迎,我们可以找出一些人来详细引证各种文献,如果认为需要并且恰当的话,我们还可以像你们刚听到的共产国际代表的报告中所说的那样,在"国际"这个范围内提出这个问题。你们大家都知道,在国际工人革命运动的队伍中存在着一种"左"的倾向。我们现在所谈的倾向,同德国共产主义工人党[194]的无政府主义倾向是一样的。在上一次共产国际代表大会上可以明显地看出同这个党是有斗争的。当时批评这种倾向的用词,往往比"倾向"这个词还要尖锐。你们知道,这是一个国际性的问题。因此,想用不再辩论、到此为止的办法来了结这个问题,是不正确的。但是,理论上的辩论是一回事,党的政治路线和政治斗争则是另一回事。我们这里不是辩论的俱乐部。当然,我们可以而且将要出版一些文集和专门的刊物,但是我们首先要在最艰苦的条件下进行斗争,因而必须团结一致。在这种情况下,如果用组织"全俄生产者代表大会"之类的建议来干扰政治辩论和政治斗争,那我们就不能同心协力、团结一致地前进;这不是我们在近几年内所要执行的政策。这是破坏党齐心协力的工作的政策,这种政策不仅在理论上是错误的,它的错误还在于对阶级关系作了不正确的判断。阶级关系——这是一种根本的和主要的东西,没有它,也就没有马克思主义,关于这个问题共产国际第二次代表大会也作过决议[195]。目前的情况是,非党的自发势力正在表现出小资产阶级动摇性,这种动摇性在俄国现在的经济状况下是不可避免的。我们必须记住,内部的危险在某种意义上比邓尼金和尤登尼奇的危险还要大,因此我们不仅需要形式上的团结,而且需要非常坚固的团结。为了建立这种团结,我们就非有这样一个决议不可。

其次,我认为这个决议的第4节非常重要,它对我们的党纲作了确切的解释,也就是说,作了出自作者的解释。代表大会是党纲的作者,因此代表大会应当作出解释,以便结束这种动摇现象,结束这种有时甚至是玩弄党纲的现象:有人对党纲中关于工会的部分作了随心所欲的解释。你们都听到了梁赞诺夫同志在这个讲台上对党纲的批评,我们真要谢谢这位批评家的理论探讨!你们都听到了施略普尼柯夫同志提出的批评。对这种批评是不能保持沉默的。我认为,在这里,在这项决议中,我们有了我们当前所需要的东西。党纲是由代表大会批准的,代表大会是党的最高机关,因此,应当以代表大会的名义说:请看我们是怎样理解党纲的。我再说一遍,理论上的争论并不是到此为止。可以对党纲提出修改意见，在这方面不能有任何禁止。我们并不认为我们的党纲已经尽善尽美，无可更改，但是我们现在没有接到正式的提议，我们还没有花时间研究过这个问题。我们如果仔细阅读党纲，就会看到下面的话："工会应当做到……切实地集中等等"，"应当做到……切实地集中"——这句话应当加以强调。而从前面的一行中我们还可以看到："根据法律，工会是一切地方的和中央的生产管理机关的参加者。"我们知道，资本主义的生产是在世界所有先进国家的协助下用几十年的时间建立起来的。而我们处在极端贫困的时期，工人在我国占少数，无产阶级先锋队和农民群众已经疲惫不堪、流血过多。难道我们会幼稚到这种地步，竟认为在我们这样的时期这样的国家里可以迅速地完成这一过程吗?!我们甚至还没有打下基础，我们只是刚开始根据经验计划在工会的参加下管理生产。我们知道，主要的障碍是贫困。说我们没有吸收群众参加工作是不对的；相反，工人群众中任何多少有点才干的人，都得到我们最真诚的支持。现在唯一需要的是形势能够稍微缓和一点。在饥荒之后，我们至少要有一两年的休养生息时间。从历史来看，这是一个极短的期限，但是在我们目前的条件下，这却是一个很长的时期。只要有一两年的休养生息时间，只要有一两年燃料供应正常，保证工厂开工，我们就可以从工人阶级那里得到百倍的支持，而且可以从他们队伍中提拔出比现在多得多的人才。这是任何人都不会而且也不能怀疑的。目前我们没有得到这种支持，这并不是因为我们不想得到支持。为此我们正在做我们所能做到的一切。谁也不能说，政府、工会或党中央委员会在这个问题上放过了任何一次机会。但是我们知道，现在人们困苦到了极点，到处都是饥饿和贫穷，由此往往产生了消极的心理。我们不要怕如实地说出这种不幸和灾祸。正是这些东西妨碍群众进发出热情。我们根据统计材料知道,在管理机关中工人占60%。在这种情况下,企图按照施略普尼柯夫那样来解释党纲说的"工会应当做到……切实地集中"等等,是绝对不行的。

确切地解释党纲,可以使我们把必要的策略上的一致和统一同必要的辩论自由结合起来,这一点在决议的末尾已经着重指出了。决议是怎样说的呢?让我们读一下第6点:

"根据上述一切,俄共代表大会坚决反对这些反映工团主义和无政府主义倾向的主张,并认为:第一,必须同这些主张进行坚持不懈的斗争;第二,代表大会认为,宣传这些主张是同俄共党员的身份不相容的。

代表大会责成党中央委员会严格执行大会的这些决定,同时指出,在各种专门的刊物和文集等等上可以而且应当划出一定的篇幅,使党员能就上述的各种问题详细交换意见。"①

你们都是各方面的鼓动家和宣传家,难道你们不知道在战斗的政党内部进行思想宣传和在专门的刊物、文集上交换意见是有区别的吗?我相信,任何一个愿意深入研究这个决议的人,都会看到这种区别。我们把这一倾向的代表吸收到中央委员会里来,我们希望这些代表在中央委员会里能够像一切有觉悟的、守纪律的党员那样来对待党代表大会的决议;我们希望在他们的帮助下我们将能够在中央委员会里分清这一界限,而不致造成特殊状况;我们会弄清在党内发生的究竟是什么问题,是在战斗的政党内部宣传某种主张,还是在专门的刊物和文集上交换意见。谁有兴趣想仔细研究恩格斯的那些话,那就去研究好了!有些理论家经常向党提出有益的意见。这是很必要

---

① 见本书第301页。——编者注

的。我们将要出版两三大本文集,这是有益的和绝对必要的。但是,难道这跟宣传某种主张,跟各派纲领的斗争相同吗?难道可以把两者混淆起来吗?凡是愿意深入研究我国政治形势的人,是不会把这两者混淆起来的。

不要妨碍我们的政治工作,特别在严重的关头,但是也不要放弃学术探讨。如果施略普尼柯夫同志(举例来说)想在最近几个月内利用空余时间,为不久前出版的、叙述他在不合法状态时期的革命斗争经验的集子[196]编写第2卷来分析"生产者"这一概念,那就请写吧!而目前的这一决议,却应当成为我们的路标。我们开展了最广泛、最自由的辩论。"工人反对派"的纲领曾经登载在发行25万份的党中央机关报[197]上。我们从各方面尽可能地考虑了这个纲领,我们根据这个纲领选举了代表,最后,我们召开了代表大会,而大会对政治辩论作了总结,并且指出:倾向已经很明显,我们不要再捉迷藏了;应当公开指出,倾向就是倾向,必须加以纠正;我们一定会纠正这种倾向,至于辩论,那将是理论上的辩论。

因此,我再次提议通过并且赞成通过这两项决议,巩固党的统一,并且正确规定党的会议应该做些什么,个别愿意帮助党的、从事某些理论问题研究的马克思主义者和共产党员在空余的时间可以自由地做些什么。(鼓掌)

选自《列宁全集》第2版第41卷
第88—95页

关于"出版自由"¹⁹⁸

给Г.米雅斯尼科夫的信

1921年8月5日

米雅斯尼科夫同志：

今天才看完您的**两篇**文章。您在彼尔姆（似乎是彼尔姆？）组织中说了些什么，在哪一点上同它发生冲突，我不知道。关于这一点，我无从谈起。这件事将由组织局来处理，我听说组织局已选出一个专门委员会。

我要做的是另一件事，即把您的信当做资料性和政治性的文献来加以评价。

多么有趣的文献啊！

在我看来，《伤脑筋的问题》一文特别明显地表明了您的主要错误。我认为我有责任来尽力说服您。

您在文章的开头正确地运用了辩证法。是的，不懂得为什么"国内战争"的口号被"国内和平"的口号所代替的人，至少是很可笑的。是的，在这一点上您是对的。

列宁在信中揭露和批判了资产阶级提出的"出版自由"口号的虚伪性，论述了无产阶级政党在出版事业中必须坚持的党性原则。列宁指出，无产阶级执政党不应当也不可能靠倡导资产阶级的"出版自由"来克服自身的弱点、错误、偏差、毛病，而必须依靠工人和农民、依靠广大党外群众来检查和监督党员的工作，从而切实地反对和祛除营私舞弊行为，使苏维埃变得生气勃勃。

但正因为您在这一点上是对的,所以我奇怪您怎么在作结论时竟忘记了您自己正确运用过的辩证法。

"……从君主派到无政府主义者都享有出版自由……" 妙得很!但是,对不起,一切马克思主义者和一切考虑过四年来我国革命的经验的工人都一定会说:我们倒要弄弄清楚是**什么样的**出版自由?是干**什么**用的?是给**哪一个阶级**的?

我们不信奉"绝对的东西"。我们嘲笑"纯粹的民主"。

"出版自由"这个口号从中世纪末直到19世纪成了全世界一个伟大的口号。为什么呢?因为它反映了资产阶级的进步性,即反映了资产阶级反对僧侣、国王、封建主和地主的斗争。

世界上没有一个国家像俄罗斯联邦那样做了和正在做着那么多的工作来使群众摆脱**僧侣**和**地主**的影响。我们是世界上把"出版自由"**这个**任务完成得**最好的**国家。

在全世界,凡是有资本家的地方,所谓出版自由,就是**收买**报纸、**收买**作家的自由,就是**买通**、收买和炮制"**舆论**"**帮助资产阶级**的自由。

这是事实。

任何人任何时候都推翻不了。

而在我国呢?谁能否认资产阶级已被击溃**但还没有被消灭**呢?谁能否认它**已隐藏起来**呢?这是无法否认的。

在受到全世界资产阶级这个敌人包围的俄罗斯联邦提出出版自由,就是让资产阶级及其最忠实的奴仆孟什维克和社会革命党人[117]有建立**政治组织**的自由。

这是千真万确的事实。

资产阶级(在全世界)还比我们强,强很多倍。**再**让它有建立政治组织的自由(＝出版自由,因为报刊①是政治组织的中心和基础)这个武器,那就是为敌人的活动开方便之门,就是帮助阶级敌人。

我们不愿意自杀,因而决不会这样做。

我们清楚地看到一个**事实**:"出版自由"**实际上**就是让国际资产阶级马上来收买成百成千的立宪民主党[39]、社会革命党和孟什维克的作家,组织他们进行反对我们的宣传和斗争。

这是事实。"他们"比我们富有,能收买到比我们现有力量大十倍的"力量"。

不,我们决不会这样做,我们不会去帮助世界资产阶级。

您怎么会从阶级估量出发,即从估量**一切**阶级之间的关系出发,**堕落到**采取温情主义庸人的观点呢?这对我来说是一个谜。

在"国内和平还是国内战争"的问题上,在**我们**过去怎样争取和今后如何**继续**"争取"农民(站到无产阶级这方面来)的问题上,在这两个极其重要的、根本的、世界性的(＝涉及世界政治的**实质**的)问题上(您的**两篇**文章是专门谈这两个问题的),您**能够**采取马克思主义的而不是小市民的、温情主义的观点。您在那两个问题上能够**切实地**、冷静地**估计一切**阶级的相互关系。

但突然间您却滚进了温情主义的深渊:

> "……在我们这里有许多胡作非为和营私舞弊的现象,出版自由可以把它们揭发出来……"

据我对您那两篇文章的分析,您就是在这个问题上误入了迷途。您让一些可悲的、痛心的**事实压垮了**,失去了**冷静**估计力量的

---

①在俄语中,"出版"和"报刊"是同一个词。——编者注

能力。

出版自由会助长世界资产阶级的**力量**。这是事实。"出版自由" **不会**用来**祛除**俄国**共产党**的许多弱点、错误、偏差、毛病（毫无疑问，毛病有的是），因为这是世界资产阶级所**不愿意**的。出版自由会成为**这个世界资产阶级**手中的武器。资产阶级并没有死，它还活着，正在一旁窥伺着我们。它已经**雇用**了米留可夫，而米留可夫又有切尔诺夫和马尔托夫在"忠心耿耿地"为他效劳（部分是由于愚蠢和对我们的宗派仇恨，而主要是由于他们的小资产阶级民主派立场的客观逻辑）。

您"本来要进这间屋子，结果却跑进了那间屋子"[199]。

您本想**医治**共产党，抓的却是一剂致人死命的**药**，——当然，杀人的并不是您，而是世界资产阶级（＋米留可夫＋切尔诺夫＋马尔托夫）。

您忘记了一件小事，一件极小的小事：世界资产阶级和**它的**收买报纸、收买**政治组织中心**的"自由"。

不，我们不会走这条路。**一千个**有觉悟的工人有**九百个**不会走这条路。

我们的毛病多得很。像1920年秋天和冬天在分配燃料和**粮食**方面所犯的（很大的错误！！）这样的错误（我们**共同的**错误，**劳动国防委员会**[200]、**人民委员会**和党中央都犯了错误）大大加重了我们的病情。

贫困和灾难很严重。

1921年的饥荒使这种情况急剧**恶化了**。

摆脱困境要费很大气力，但是我们一定能够摆脱，而且我们已经开始摆脱了。

我们一定能够摆脱，因为我们的政策在根本上是正确的，它估计到了**国际**范围内的**一切**阶级力量。我们一定能够摆脱，因为我们不粉饰太平。我们知道困难重重，我们看到了**一切**毛病。我们并没有慌张，而是在一步一步地、坚持不懈地医治这些毛病。

您已经慌张得不能自已，而且继续往下滑，已经到了似乎您不另组新党就得去自杀的地步。

决不可以慌张。

有没有党支部同党脱节的现象呢？有。有坏事，有祸患，有毛病。

有这些现象。而且毛病很严重。

我们看到了这一点。

但是不应当用"自由"（**给资产阶级的**）来医治，而应当用无产阶级的和党的办法来医治。

您谈到振兴经济，使用"自动犁"和其他机具，争取"影响"农民等等。这些意见包含着**许多**正确的、许多有益的东西。

您为什么不把这些问题**单独提出来谈**呢？我们是能够取得一致并在一个党内同心协力地工作的。这会带来很大好处，**不过不是一下子**带来，要**慢慢**来。

使苏维埃变得生气勃勃，吸收党外群众来参加工作，由**党外群众**来检查党员的工作——这是绝对正确的。这方面有**很多**工作可做，很多很多。

您为什么不在**这方面切实地**加以发挥，在给代表大会写的小册子中加以发挥呢？

为什么不去做这个工作呢？

为什么害怕做**吃力的**工作（通过中央监察委员会[201]、通过党的报刊、通过《真理报》[162]来讨伐营私舞弊行为）呢？有些人对吃力的、艰苦的、见效慢的工作缺乏信心，于是慌张起来，另寻"捷"径：想到了

"出版自由"(**给资产阶级的**)。

您为什么要坚持自己的错误,明显的错误,坚持"出版自由"这个不合乎党性的、**反无产阶级的**口号呢?您为什么不去做不那么"出风头的"(出资产阶级风头的)、吃力的工作,不去切实地反对和祛除营私舞弊行为、切实地**帮助**党外群众呢?

您在什么地方向党中央举出过**某种具体的**营私舞弊行为,某种具体的纠正和根除这种行为的**办法**呢?

没有。

一次也没有。

您看到这许多祸患和毛病,就陷入绝望,投入外人的怀抱,投入资产阶级的怀抱(**给资产阶级"出版自由"**)。而我还是奉劝:不要绝望,不要慌张。

我们以及同情我们的人——工人和农民——有的是力量,有的是充沛的活力。

我们的毛病治得不好。

我们没有很好地贯彻提拔党外群众、让他们来检查党员的工作的口号。

但是在这方面我们能够做得而且一定会做得比现在好一百倍。

我希望您经过冷静思考以后,不会因为爱面子而继续坚持明显的政治错误("出版自由"),而会在定下神来、克服慌张心理之后,去从事切实的工作:帮助建立同党外群众的**联系**,帮助党外群众来**检查**党员的工作。

这方面要做的工作是很多的。通过这些工作,就可以(而且应当)医治毛病,慢慢地然而是真正地**医治**毛病,而不是被"出版自由"这个

"闪烁不定"的鬼火迷惑住。

致共产主义的敬礼!

列　宁

选自《列宁全集》第2版第42卷
第84—90页

俄共(布)中央秘密信件的草稿

(1921年9月9日)

毫无疑问,共产国际[138]向资产阶级国家共产党提供津贴费自然完全是理所当然的、极其必要的,但有时却会因此出现一些胡作非为和极其恶劣的舞弊行为。

俄共中央在同这些舞弊行为进行无情斗争的同时,向所有在国外工作、住在国外或者相当清楚地(通过某种方式)了解这一工作情况的党员发出这封秘密信件。

中央声明,下述行为是极大的犯罪,为此将坚决把有关人员开除出党(此外还要追究其刑事责任和尽可能在报刊上公之于众)

——不仅是任何挥霍从共产国际收到的钱款的行为(用于支持以"左倾"或"革命性"相标榜的派别;用于保障自己或别人具有优于党的工作人员平均水平的生活条件等等);

——还有任何对中央隐瞒有关这些款项支出详细情况的行为,这是指用各种各样的方法,即直接或间接地逃避向中央十分及时地和绝对正确地报告从**共产国际**收到的并在国外花费的每一戈比的情况。

凡犯有这类隐瞒真情的错误的人,不论是蓄意隐瞒还是出于疏

列宁在信中对共产国际向各国共产党提供津贴费用时存在的舞弊现象提出严厉批评。为了防止腐败,列宁提出了一系列措施,要求有关部门报告每一戈比的使用情况。

忽,中央都将把他们视做**窃贼**和**叛徒**,因为在国外乱花钱(更不用说挥霍无度了)所带来的害处要比叛徒和窃贼所造成的危害大得多。

凡向**共产国际**领取款项的人都应知道,他必须绝对准确地执行**共产国际执行委员会**的所有指示,特别是要准确地执行向俄共中央绝对详尽、迅速和正确地报告每一戈比开支情况的一切必要规定和条件。

中央责成在**共产国际执行委员会**中工作的俄共党员①立即起草一份关于从**共产国际执行委员会**领取的款项的开支办法以及这一开支的报告的极为详细的指示。

这个指示的要点应该是:

(1)认为加入**共产国际**的地方共产党②未经中央的批准和同意开支款项的行为是**盗窃行为**;

(2)凡领取款项的人,哪怕只是为了运送,都必须向**共产国际执行委员会**出具收据(或将收据寄来),证明钱已收到并遵守开支规定;

(3)凡收到款项的人,都必须把每一戈比的开支情况告知居住在开支地点的2名以上的同志,其中至少有1人的身份应该是完全公开的,即不参加任何秘密活动;

(4)凡收到钱款的人,都必须至少3个月1次亲自(或者是上面第3条中提到的2名以上同志中的1位)到莫斯科,在莫斯科最详细地用书面形式报告每一戈比的开支情况;

---

①说责成季诺维也夫岂不更好些?更好些!(列宁加的脚注)。——俄文整理者注

②手稿上是党共产,列宁在上面标上1、2的数字,把这两个词的位置颠倒过来。——俄文整理者注

"检查员"应该是：外交
（α）使团成员
（β）病人
（γ）各种各样的人

（5）凡收到款项的人也都随时有责任向由俄共中央发给特别委托书（或拥有**共产国际执行委员会**的委托书）的有权听取报告的人极为详细地报告每一戈比的开支情况；

（6）凡收到款项而未在规定期限之内提交报告的人，要被交付党审判，即使他甚至已被逮捕；而且没有党的判决，不能排除其盗窃的嫌疑；

（7）俄共中央会同（俄共）中央监察委员会[201]任命一个特别委员会来极其严格地监督这些规定的执行情况（例如：索尔茨＋库奇缅科＋克里沃夫）。

选自《列宁全集补遗》第1卷
第557—559页

关 于 清 党

（1921年9月20日）

　　清党[202]显然已经发展成为一项关系重大和极其重要的工作了。

　　有些地方的清党工作主要是依靠非党工人的经验和意见，以他们的意见为线索，尊重非党无产阶级群众代表的意见。这是最可贵、最重要的。如果我们真能**这样**自上而下、"不顾情面地"实行清党，那么革命的成就确实是会很大的。

　　因为现在革命的成就不可能和从前一样了。由于从军事战线转到经济战线，由于改行新经济政策，由于现在的情况要求首先提高劳动生产率和加强劳动纪律，革命的成就也必然改变自己的性质。在这样的时候，革命的主要成就表现为不辉煌、不显眼、不是一眼就能看出的内部改善，即劳动情况、劳动组织和劳动结果的改善；所谓改善，就是要抵制既腐蚀无产阶级又腐蚀党的小资产阶级自发势力和小资产阶级无政府主义自发势力的影响。要达到这样的改善，就必须把脱离群众的分子清除出党（自然，更不用说那些在群众眼中玷污了党的分子了）。当然，不是群众所有的意见我们都得照办，因为群众有时——

　　俄共（布）的清党工作是根据党的第十次代表大会的决议进行的。这是实行新经济政策以后对党进行整顿的一件大事。列宁在本文中指出，清党时应重视非党劳动者的意见，这会使清党工作收到更好的效果；为了使党成为比以前更加坚强的工人阶级先锋队，成为密切联系群众并带领群众走向胜利的先锋队，就必须把脱离群众的分子、欺骗分子、官僚化分子、不忠诚分子，以及不坚定的共产党员和虽然"改头换面"但内心依然故我的孟什维克从党内清除出去。

特别是在过重的负担和难熬的痛苦把人折磨得疲惫不堪的年代——也受到那种一点也不先进的思想的支配。但是在评价人的时候,在揭露"混进党的"、"摆委员架子的"、"官僚化的"人的时候,非党无产阶级群众的意见以及在许多场合下非党农民群众的意见是极其宝贵的。劳动群众非常敏感,很会识别谁是忠诚老实的共产党员,谁是那些靠辛勤劳动过活、没有任何特权、根本不会"讨好领导"的人所厌恶的共产党员。

进行清党时,重视非党劳动者的意见是一件重要的事情。这样能使我们收到很大的效果,能使党成为比以前坚强得多的阶级先锋队,成为同本阶级有更紧密的联系、更能在重重困难和危险中引导本阶级走向胜利的先锋队。

我还要指出,把过去的孟什维克清除出党是清党的一部分任务。我看,1918年初以后入党的孟什维克,应当留在党内的大约不超过百分之一,并且对每个留在党内的都要反复进行审查。为什么呢?因为孟什维克这个派别在1918—1921年期间证明,他们有两个特点:第一,能巧妙地适应环境,"混到"在工人中占统治地位的派别里来;第二,能更巧妙地忠心耿耿为白卫分子效劳,口头上和它决裂,实际上为它效劳。这两个特点都是从孟什维主义的全部历史中产生出来的,只要回顾一下阿克雪里罗得的"工人代表大会"203和孟什维克在口头上和实际上对立宪民主党39(以及对君主制)的态度等等就知道了。孟什维克"混到"俄国共产党里来,不仅仅是甚至主要不是由于他们奉行马基雅弗利主义204(虽然从1903年以来,孟什维克已表明他们是要资产阶级外交手腕的头等能手),而是由于他们要"适应环境"。一切机会主义者都有善于适应环境的特点(但并非任何一种适应环境都是机会主义),而孟什维克这帮机会主义者可以说是"从原则上"来适应在工人中占统治地位的派别的,他们改换保护色,像兔子一到冬天就变成白色一样。应该懂得并估计到孟什维克的这个特点。所谓估计到这个特点,就是说,要把1918年以后即在布尔什维克可望胜利以及后来必胜无疑的时候参加俄国共产党的孟什维克的大约百分之九十九都清除出党。

必须把欺骗分子、官僚化分子、不忠诚分子和不坚定的共产党员以及虽然"改头换面"但内心里依然故我的孟什维克从党内清除出去。

1921年9月20日

选自《列宁全集》第2版第42卷
第145—147页

论苏维埃共和国所处的
国际和国内形势

在全俄五金工人代表大会
共产党党团会议上的讲话[205](节选)

(1922年3月6日)

昨天我偶然在《消息报》[206]上读到马雅可夫斯基的一首政治题材的诗。我不是他的诗才的崇拜者,诚然我完全承认自己在这方面是个外行。但是我很久没有感到这样愉快了,这是从政治和行政的角度来说的。他在这首诗里尖刻地嘲笑了会议,挖苦了那些老是开会和不断开会的共产党员。诗写得怎样,我不知道,然而在政治方面,我敢担保这是完全正确的。我们确实处于大家没完没了地开会、成立委员会、制定计划的状态之中,应当说,这是很愚蠢的。在俄国生活中曾有过这样的典型,这就是奥勃洛摩夫[103]。他总是躺在床上,制定各种计划。从那时起,已经过去很长一段时间了。俄国完成了三次革命,但奥

列宁的这篇讲话分析了苏维埃俄国所面临的国际国内形势,从政治的高度,要求党员充分理解和认识党的政策转变的必要性。在节选的部分,列宁阐述了在俄共(布)和苏维埃机关内部开展反对官僚主义斗争的重要性和紧迫性,尖锐地指出:我们内部最可恶的敌人就是官僚主义者。我们要借助所有觉悟的工人农民来清除这种敌人。所有非党的工农群众都会跟着共产党的先进队伍反对这种敌人。

勃洛摩夫们仍然存在，因为奥勃洛摩夫不仅是地主，而且是农民，不仅是农民，而且是知识分子，不仅是知识分子，而且是工人和共产党员。只要看一下我们如何开会，如何在各个委员会里工作，就可以说**老奥勃洛摩夫仍然存在，对这种人必须长时间搓洗敲打，才会产生一些效果**。在这方面，我们应当正视自己的处境，不要有任何幻想。我们没有像社会革命党人[117]那样模仿那些把"革命"这个词写成大写的人。但我们可以重申马克思的话：在革命时做出的蠢事不会少，有时还会更多[207]。我们必须冷静地大胆地正视这些蠢事，我们革命者必须学会这一点。

在这次革命中，我们做了那么多事情，这是不可剥夺的成就，这些事已经取得了最终胜利，而且全世界都知道，所以我们根本不必惶惑不安或神经过敏。现在的情况是，我们依据已进行的侦察来检验我们所做过的事情，这种检验具有很重大的意义，我们应该通过这种检验继续前进。现在我们要经受一场同资本家的斗争，就必须坚决走我们新的道路。**我们要这样来建立我们的整个组织，做到不让那些没有商业经验的人来领导商业企业**。我们往往派某个共产党员去领导一个机关，他无疑是一个勤勤恳恳的人，在争取共产主义的斗争中受过考验，坐过监牢，但不会做生意，偏偏这样的人被派去领导国营托拉斯。他具备共产党员的一切无可争辩的优点，但商人还是揍了他，并且揍得好，因为这种地方本来是不该派最可敬、最优秀的共产党员去（除去疯子，没有人会怀疑他们的忠诚），而应当派机灵的办事又诚实的店员去，店员能做好自己的工作，比最忠诚的共产党员强得多。我们的奥勃洛摩夫习气也就表现在这里。

我们安排了一批共产党员去从事实际执行工作，他们虽然具有一切优秀品质但完全不适宜做这种工作。我们国家机关中有多少共产党员呢?我们拥有大量的材料,洋洋大观的著作,这会使最严谨的德国学者都喜出望外,我们的公文堆积如山,如果要党史委员会[208]把这一切研究清楚,就得花上50个50年的工夫,而在国营托拉斯里你们却看不到什么实际结果,甚至不知道谁对什么工作负责。我们的法令太多了,而且像马雅可夫斯基所描写的那样,都是匆匆忙忙赶出来的,但对于法令的实际执行情况却没有加以检查。我们共产党负责工作人员的决定是否执行了呢?他们会不会办这件事呢?不,不会,正因为如此,我们国内政策的关键就和以前不同了。我们的会议和委员会是怎么一回事呢?它们往往是一种儿戏。我们开始清党[202]并暗下决心"清除混入党内的自私自利分子和盗贼"以后,我们的情况有了好转。我们大约清除了10万人,这好极了,不过这仅仅是一个开端。在党代表大会上我们要好好讨论这个问题。我想,那些现在只会设立委员会而不进行也不会进行任何实际工作的几万人,到时候也会有同样的命运。我们这样清洗以后,我们的党就会从事实际工作,就会像了解军事工作那样了解这个工作。当然,这不只是几个月的事情,也不是一年的事情。在这个问题上我们必须坚定不移。我们不怕说我们工作的性质改变了。我们内部最可恶的敌人就是官僚主义者,这些人都是身居苏维埃要职(也有担任一般职务的)、由于勤勤恳恳而受到大家尊敬的共产党员。他唱得有点刺耳,好在他滴酒不进。[209]他没有学会同拖拉现象作斗争,他不善于同这种现象作斗争,反而为之掩护。**我们必须清除这种敌人,我们要借助所有觉悟的工人农民收拾这种敌人。所有非党的工农群众都会跟着共产党的先进队伍去反对这种敌人,反对这种紊乱现象和奥勃洛摩夫习气。在这方面不能有任何动摇。**

我的讲话快完了,现在作一个简短总结。热那亚的把戏[210],围绕它的变化多端的把戏，丝毫不能使我们动摇。现在我们不会中圈套了。**我们要到商人那里去做交易，要继续执行让步政策，但是让步的限度已经定了。**我们至今在我们的合同中所给予商人的东西，意味着我们在立法上后退了一步，但我们不再往后退了。

因此，我们在国内政策特别是经济政策方面的主要任务改变了。我们需要的不是新的法令、新的机构和新的斗争方式。**我们需要的是考查用人是否得当，检查实际执行情况。**下次清党就要轮到那些以行政官员**自居**的共产党员了。凡是只知道设立各种委员会，只知道开会、谈话而连简单的事也不做的人，最好都到宣传鼓动部门或其他有益的工作部门去。有人正在编造一些稀奇古怪的东西，他们辩解说，既然是新经济政策，就应该想出一些新花样。而委托给他们的事情却没有做。他们不关心节省他们得到的每一个戈比，更不设法把一个戈比变成两个戈比，而是去制定开支数十亿乃至数万亿苏维埃卢布的计划。对这种坏现象，我们必须进行斗争。**考查人和检查实际执行情况**——现在全部工作、全部政策的关键就在于此，全在于此，仅在于此。这不是几个月的事情，也不是一年的事情，而是好几年的事情。我们必须用党的名义正式指出，现在工作的关键是什么，并相应地改组队伍。那时在这个新的领域中，我们就会成为胜利者，正像受到农民群众拥护的布尔什维克无产阶级政权过去在一切工作领域中都一直是胜利者一样。（鼓掌）

选自《列宁全集》第2版第43卷
第12—15页

关于接收新党员的条件

给维·米·莫洛托夫的三封信[211]

（1922年3月9日、24日和26日）

1

致莫洛托夫同志

我不反对。[212]

由于提到的文件没有引用，许多地方看不清楚。[213]依我看，介绍工人入党的要有三年党龄，介绍农民和红军战士的要有四年，介绍其他人的是五年。

预备期（"入党者"?）的概念要规定得准确一些。

细节委托中央委员会制定。

列　宁

3月9日

选自《列宁全集》第2版第43卷
第16页

列宁在这三封信中针对俄共（布）党员的现状指出，要真正成为无产阶级执政党的党员，就必须接受极其严格的考验，提高政治思想水平。为此，他建议延长新党员的预备期，并拟定具体的考察条例，以保证预备期真正起到作用而不致流于形式，同时，要制定切实可行的办法，使党组织能将那些不符合标准的党员及时清除出去。

2

致莫洛托夫同志

（3月24日）

电话口授

请把我的以下建议提交中央全会：

我认为，延长新党员的预备期是极端重要的。在季诺维也夫的提纲中规定工人入党的预备期为半年，其他人为一年。[214]我建议，只有在大工业企业实际做工不下十年的工人，预备期方得为半年。其他工人规定为一年半，农民和红军士兵规定为两年，其他各种人为三年。特殊的例外，须经中央委员会和中央监察委员会[201]共同批准。

我认为，不改变季诺维也夫所提出的短预备期是极端危险的。毫无疑问，我们常常把丝毫没有受过严格锻炼，即大工业锻炼的人都算做工人。那些由于偶然的机会当了很短一段时间工人的十足的小资产者常常被划入工人之列。一切聪明的白卫分子都十分清楚地看到，我们党的所谓无产阶级性质实际上根本杜绝不了小业主在党内占优势，固然是短期内占优势的可能性。在我们普遍存在工作马虎、杂乱无章的情况下，规定这样短的预备期，事实上就等于对预备党员不作任何认真的考查，无从知道他们是否真是经过一些考验的共产党员。我们党现在有30—40万党员，这个数目已过大，因为所有材料都表明现在的一些党员的修养水平很差。所以我极力主张必须延长预备期，同时责成组织局拟定一些条例并严格执行，这些条例应能真正使预备期成为极其严肃认真的考验，而不致流于形式。

我认为,代表大会应当特别仔细地讨论这一问题。

列　宁

选自《列宁全集》第2版第43卷
第17—18页

3

致莫洛托夫同志

请在代表大会讨论接收新党员的条件问题之前
交全体中央委员一阅。

看了3月25日中央全会关于新党员的预备期问题的决定,我想在代表大会上对这项决定提出异议。[215]但是,我怕不能在代表大会上发言,因此,请看一下我的下列意见。

毫无疑问,目前我党就大多数党员的成分来说是不够无产阶级的。我想,谁也不能对此提出异议,因为只要查一下统计材料就能证实这一情况。自从战争爆发以来,俄国工厂工人属于无产阶级成分的,比从前少多了,因为在战争期间那些想逃避兵役的人进了工厂。这是众所周知的事实。另一方面,同样毫无疑问,我们党要在这样困难的时刻,特别是在占人口大多数的农民迅速觉醒、投入独立的阶级政治的情况下真正实现无产阶级的领导,它目前的政治修养的一般水平和平均水平(拿绝大多数党员的水平来说)是不够的。其次,必须注意到,参加执政党的引诱力在目前是很大的。只要回顾一下路标转换派216的所有著作就会相信,连一点无产阶级气息都没有的人现在都对布尔什维克的政治成就心向神往了。如果热那亚会议210使我们取得新的政治成就,那么小资产阶级分子和十分敌视整个无产阶级的分子涌进党里来的势头就会更猛烈。工人的半年预备期无论如何也阻挡不住这种势头,因为用伪装的办法混过这样短的预备期是再容易不过了,况且在我们这种条件下,很多知识分子和半知识分子加入工人队伍,简直没有任何困难。综上所述,我得出如下结论:我们必须大大延长预备期(白卫分子十分清楚地看到我们党的非无产阶级成分,我觉得这一点更可以证实这个结论),如果工人的预备期仍为半年,那么为了不自欺欺人,绝对必须确定"工人"这个概念,使这个概念只适用于那些确实由于自己的生活状况而必然具有无产阶级心理的人。如果不是在工厂一心一意呆上许多年,就不可能养成这种心理,它是由经济生活和社会生活的一般条件陶冶出来的。

只要不无视现实,那就应当承认,目前党的无产阶级政策不是取决于党员成分,而是取决于堪称党的老近卫军的那一层为数不多的党员所独有的巨大威信。只要这层党员中间发生小小的内部斗争,其威信即使不毁掉,也必定会削弱到不再起决定作用的地步。

因此必须:(1)延长各种预备期;(2)特别详细地规定,应当怎样使预备期真正起到作用,应当有哪些具体的切实的考查条件来保证预备期真正起到作用而不致流于形式;(3)在处理接收新党员问题的机关中必须规定一个法定的多数;(4)接收新党员不仅必须受省委决定的制约,而且必须受监察委员会决定的制约;(5)还应制定一些办法,使党易于除去那些根本够不上十分自觉地贯彻无产阶级政策的共产主义者的党员。我并不是建议再进行一次大清党202,因为我认为这在目前是不切实际的,但必须找出一些在事实上进行清党的办法，即减少党员数量的办法，只要对此动动脑筋，我相信是可以找到一些可行的办法的。

如有可能，请看过这封信的中央委员给我一个答复，即使打电话简略地告诉人民委员会的一位女秘书也好。

列　宁

1922年3月26日

选自《列宁全集》第2版第43卷第18—20页

就惩处犯罪的共产党员问题
给俄共(布)中央政治局的信[217]

(1922年3月18日)

致莫洛托夫同志并转政治局委员

莫斯科委员会(包括捷连斯基同志)事实上**包庇**应该绞死的犯罪的共产党员,已经不是头一回了。

这样做说起来是由于犯了"错误",但这个"错误"的危险性极大。**我建议:**

1. **采纳**季维尔科夫斯基同志的建议。

2. 宣布给**包庇**共产党员(包庇的方式是成立特别委员会)的莫斯科委员会以严重警告处分。

3. 向各省委重申,凡试图对法庭"施加影响"以"减轻"共产党员罪责的人,中央都将把他们**开除出党**。

4. 通告司法人民委员部(抄送各省党委),法庭对共产党员的惩处必须**严于**非党员。

这封信体现了列宁从严治党的观点。他要求法庭对于犯罪的共产党员的惩处必须严于非党员;要求将那些试图对法庭"施加影响"以"减轻"犯罪的共产党员罪责的人一律开除出党;要求对那些对包庇行为负有责任的领导人员进行严肃的批评和处分。

凡不执行此项规定的人民审判员和司法人民委员部部务委员应予**撤销职务**。

5. 委托全俄中央执行委员会主席团在报上对莫斯科苏维埃主席团**狠狠**训斥一下。

列　宁

3月18日

附言：执政党竟庇护"自己的"坏蛋！！真是可耻和荒唐到了极点。

选自《列宁全集》第2版第43卷

第53—54页

就党的第十一次代表大会
政治报告提纲给维·米·莫洛托夫
并转俄共(布)中央全会的信[218]

1922年3月23日

莫洛托夫同志:

请您转告中央全会:

1. 我向全会请病假(我不能出席全会会议,也不能在代表大会上作报告);

2. 如果需要我出席全会说明下列报告提纲,那我一定出席,并在接到通知后两三小时内到会。

3. 我设想的中央在代表大会上的政治报告提纲如下:

基本上重复1922年3月6日在五金工人代表大会[205]上的讲话①内容,有几点要加以发挥。稍微谈谈热那亚[210]。

这封信体现了列宁关于加强和提高党的执政能力的重要思想。他强调指出:新经济政策在经济上和政治上都充分保证我们有可能建立社会主义经济的基础。问题只在于无产阶级及其先锋队缺少文化知识和管理的本领。为此,他号召全党努力提高文化水平,增强管理才干。同时,他要求明确划分党(及其中央)和苏维埃政权的职责,提高苏维埃工作人员和苏维埃机关的责任心和独立负责精神;党的任务是对所有国家机关的工作进行总的领导,而不是进行过分频繁的、琐碎的干预。

---

① 见《列宁全集》第2版第43卷第1—15页。——编者注

较详细地谈谈**新经济政策**和"国家资本主义"这个概念。

暂停退却(经济上的)和重新部署力量的任务。资产阶级对我们的警告,他们通过路标转换派[216]乌斯特里亚洛夫之口说,**新经济政策**不是"策略",而是布尔什维主义的"演变"。[219]

我们所缺少的主要的东西是文化,是管理的本领。举几个小例子来说明这一点。**新经济政策**在经济上和政治上都充分保证我们有可能建立社会主义经济的基础。问题"只"在于无产阶级及其先锋队的文化力量。

谈谈我国革命已经取得的不可剥夺的成就和尚未完成的任务。

武装干涉的可能性。财政危机的危险。利用"喘息时机",把工作重心集中在挑选人才和检查实际执行情况上。

着手执行的任务之巨大同物质、文化之贫乏这两者极不协调。

报告中还要谈到人民委员会和劳动国防委员会[200]两位副主席的作用、1922年1月底以来我同亚·德·瞿鲁巴谈这个问题的通信[220]、我们三人(加上李可夫)现正在拟订的能深入检查执行情况的新的工作安排的条例①。

使人民委员会摆脱琐碎事务;更明确地划分它同劳动国防委员会、小人民委员会[221]的职责。吸收领导同志即人民委员参加人民委员会,而不是仅仅有他们的副手参加,以提高它的威信。

---

① 见《列宁全集》第2版第43卷第147—155页。——编者注

因此并根据加里宁同志的屡次口头声明以及随信附上的叶努基泽同志的书面报告[222]，以中央委员会的名义提请代表大会批准上述提纲，同意召开会期较长的全俄中央执行委员会常会，来研究立法方面的一些基本问题并经常地监督各人民委员部和人民委员会的工作。

最后，必须十分明确地划分党(及其中央)和苏维埃政权的职责；提高苏维埃工作人员和苏维埃机关的责任心和独立负责精神，党的任务则是对所有国家机关的工作进行总的领导，不是像目前那样进行过分频繁的、不正常的、往往是琐碎的干预。

草拟相应的决议案，提交党代表大会批准。[223]

4.请中央全会指定一名中央的补充报告人：因为我的报告太一般，而且我能否作报告，自己还没有绝对的把握，更主要的是我脱离政治局的日常工作已有好几个月了。[224]

致共产主义敬礼！

列　宁

选自《列宁全集》第2版第43卷
第62—64页

重要论述摘编

我们应当记住，革命政党只有**真正**领导革命阶级的运动，才无愧于自己的称号。我们应当记住，任何人民运动都有千变万化的形式，要不断创造新形式，抛弃旧形式，改变形式或者把新旧形式重新配合。我们的责任就是积极地参加制定斗争方法和斗争手段的过程。

《革命冒险主义》(1902年8月1日和9月1日
〔8月14日和9月14日〕)，《列宁全集》第2版
第6卷第373页

党是阶级的先进部队，是阶级的领导者和组织者，是整个运动及其根本和主要目的的代表。这些目的可能被每天的日常工作暂时遮盖起来，但是，任何时候都不应失掉作为斗争着的无产阶级的指路明灯的意义。

《社会民主党和临时革命政府》(1905年3月
23日和30日〔4月5日和12日〕)，《列宁全集》
第2版第10卷第1页

我们走**自己的**路，我们始终是先进阶级的政党，这个阶级决不会向群众提出**任何一个**暧昧不明的口号，它决不会直接或间接地卷入资产阶级的任何一件肮脏勾当，它在任何情况下，不管斗争的结局如何，都能捍卫革命的利益。

《上面的动摇和下面的坚定》(1906年6月8
日〔21日〕)，《列宁全集》第2版第13卷第210页

马克思主义教育工人的党,也就是教育无产阶级的先锋队,使它能够夺取政权并**引导全体人民**走向社会主义,指导并组织新制度,成为所有被剥削劳动者在不要资产阶级并反对资产阶级而建设自己社会生活的事业中的导师、领导者和领袖。

> 《国家与革命》(1917年8—9月),《列宁全集》第2版第31卷第24页

党是阶级的先锋队;它的任务决不是反映群众的一般水平,而是带领群众前进。

> 《全俄农民代表苏维埃非常代表大会文献》(1917年11月中旬),《列宁全集》第2版第33卷第88页

只有革命马克思主义的理论,才能成为工人阶级运动的旗帜,所以俄国社会民主党应该设法继续发展并且实现这个理论,同时要保卫它,使它不致像许多"时髦理论"(俄国革命的社会民主党的成就已经使马克思主义变成了"时髦"理论了)那样常常被曲解和庸俗化。

> 《俄国社会民主党人抗议书》(1899年8月),《列宁全集》第2版第4卷第155页

我们完全以马克思的理论为依据,因为它第一次把社会主义从空想变成科学,给这个科学奠定了巩固的基础,指出了继续发展和详细研究这个科学所应遵循的道路。

> 《我们的纲领》(不早于1899年10月),《列宁全集》第2版第4卷第160页

没有革命理论,就不会有坚强的社会党,因为革命理论能使一切社会党人团结起来,他们从革命理论中能取得一切信念,他们能运用革命理论来确定斗争方法和活动方式;维护这个具有起码理解力的人都认为是正确的理论,反对毫无根据的攻击,反对败坏这个理论的企图,这决不等于敌视**任何**批评。

《我们的纲领》(不早于1899年10月),《列宁全集》第2版第4卷第161页

马克思主义要求把最高纲领和最低纲领清楚地划分开。最高纲领就是对社会实行社会主义改造,这就**不可能**不消灭商品生产。最低纲领就是在商品生产范围内可以实行的改造。把这两种改造混淆起来,必然会对无产阶级的社会主义造成种种小资产阶级的、机会主义的或无政府主义的歪曲,必然会使无产阶级通过夺取政权来实现的社会革命的任务**模糊起来**。

《社会革命党的孟什维克》(1906年9月19日〔10月2日〕),《列宁全集》第2版第13卷第392页

马克思主义政党的纲领应该以绝对确凿的事实为依据。我们纲领的力量就在这里,这个纲领已为革命的种种变故所验证。马克思主义者应该把自己的纲领完全建立在这个基础上。

《俄共(布)第七次(紧急)代表大会文献》(1918年3月),《列宁全集》第2版第34卷第45页

我们必须从大家公认的一条马克思主义原理出发,即纲领必须

建立在科学的基础上。纲领应该向群众说明，共产主义革命是怎样发生的，为什么它是不可避免的，它的意义、实质和力量在哪里，它应当解决什么问题。

《俄共（布）第八次代表大会文献》（1919年3月），《列宁全集》第2版第36卷第162页

  政党内部和政党之间的意见分歧往往不仅靠原则性的论战来解决，而且也会随着政治生活本身的发展得到解决，甚至更正确的说法也许是：与其说是靠前者解决，不如说是靠后者解决。特别是有关党的策略即党的政治行动的意见分歧，结果往往是持错误意见的人在实际生活教训的影响下和在事变进程本身的压力下实际转上了正确的斗争道路，因为事变进程本身常常迫使人们走上正确的道路，并把错误意见完全抛在一旁，使它们失去基础，变成毫无内容、枯燥无味、谁也不感兴趣的东西。当然，这并不是说，策略问题上的原则性的意见分歧不具有重大意义，不需要进行唯一能使党保持高度理论信念的原则性的解释。不是的，这只是说，必须尽可能经常地根据新的政治事变来**检验**以前通过的策略决议。这种检验无论在理论上或实践上都是必要的——从理论上来说，是为了通过事实、通过经验来证实已经通过的决议是否正确和正确的程度如何，决议通过以后发生的政治事变要求我们对决议作哪些修改；从实践上来说，是为了真正学会贯彻这些决议，学会把它们看做应立即直接运用到实际中去的指示。

《革命教导着人们》（1905年7月13日〔26日〕），《列宁全集》第2版第11卷第126页

决议的起草人完全错误地理解了党内的**批评自由**同党的**行动一致**的相互关系。在党纲的**原则**范围内，批评应当是完全自由的（不妨回忆一下普列汉诺夫在俄国社会民主工党第二次代表大会上关于这个问题的发言），不仅在党的会议上，而且在广大群众性的集会上都是如此。禁止这种批评或这种"鼓动"（因为批评和鼓动是分不开的）是不可能的。党的政治行动必须一致。不论在广大群众性的集会上，不论在党的会议上或者在党的报刊上，发出任何破坏已经确定的行动一致的"号召"都是不能容许的。

《批评自由和行动一致》（1906年5月20日〔6月2日〕），《列宁全集》第2版第13卷第129页

我们已经不止一次从原则上明确地谈了我们对工人政党的纪律的意义和纪律的概念的看法。**行动一致，讨论和批评自由**——这就是我们明确的看法。只有这样的纪律才是先进阶级民主主义政党所应有的纪律。工人阶级的力量在于组织。不组织群众，无产阶级就一事无成。组织起来的无产阶级就无所不能。组织性就是行动一致，就是实际活动一致。当然，任何行动和任何活动，只有它们是在前进而不是在后退，是从思想上团结无产阶级，提高无产阶级，而不是降低、腐蚀、削弱无产阶级，它们才是有价值的。没有思想的组织性是毫无意义的，它实际上会把工人变成掌权的资产阶级的可怜仆从。因此，没有讨论和批评的自由，无产阶级就不承认行动的一致。因此，觉悟工人始终不应当忘记，对原则的严重违反必定会使一切组织关系遭到破坏。

《同立宪民主党化的社会民主党人的斗争和党的纪律》（1906年11月23日〔12月6日〕），《列宁全集》第2版第14卷第121—122页

我国革命的教训就是：只有以一定的阶级为依靠的政党才是强有力的，才能在形势发生各种各样的转变的时期安然无恙。公开的政治斗争迫使政党更紧密地联系群众，因为没有这种联系，政党就没有什么用处。

《社会革命党人怎样总结革命，革命又怎样给社会革命党人作了总结》(1909年1月7日〔20日〕)，《列宁全集》第2版第17卷第325页

一个能够通过联系群众而得到巩固以进行坚持不懈的工作的党，一个能够组织本阶级先锋队的先进阶级的党，一个努力以社会民主党的精神去影响无产阶级每一个现实表现的先进阶级的党，是一定会取得胜利的。

《走上大路》(1909年1月28日〔2月10日〕)，《列宁全集》第2版第17卷第339页

为了战胜资本主义，在起领导作用的政党共产党、革命的阶级无产阶级和群众即全体被剥削劳动者之间，必须建立正确的相互关系。只有共产党真正成为革命阶级的先锋队，吸收了这个阶级的一切优秀代表，集中了经过顽强的革命斗争的教育和锻炼的、完全觉悟的和忠诚的共产主义者，把自己跟本阶级的全部生活密切联系起来，再通过本阶级跟全体被剥削群众密切联系起来，取得这个阶级和这些群众的充分信任——只有这样的党才能在反对资本主义一切势力的最无情最坚决的最后斗争中领导无产阶级。

《为共产国际第二次代表大会准备的文件》(1920年6—7月)，《列宁全集》第2版第39卷第182页

我们需要的是新型的党,另一种性质的党。我们需要的是能够经常同群众保持真正的联系的党,善于领导这些群众的党。

《共产国际第二次代表大会文献》(1920年7—8月),《列宁全集》第2版第39卷第225页

对于一个人数不多的共产党来说,对于一个作为工人阶级的先锋队来领导一个大国在暂时没有得到较先进国家的直接援助的情况下向社会主义过渡的共产党来说,最严重最可怕的危险之一,就是脱离群众,就是先锋队往前跑得太远,没有"保持排面整齐",没有同全体劳动大军即同大多数工农群众保持牢固的联系。

《关于工会在新经济政策条件下的作用和任务的提纲草案》(1921年12月30日—1922年1月4日),《列宁全集》第2版第42卷第372页

如果共产党员(以及所有成功地开始了大革命的革命家)以为单靠革命家的手就能完成革命事业,那将是他们最大最危险的错误之一。恰恰相反,要使任何一件重大的革命工作得到成功,就必须懂得,革命家只能起真正富有生命力的先进阶级的先锋队的作用,必须善于实现这一点。先锋队只有当它不脱离自己领导的群众并真正引导全体群众前进时,才能完成其先锋队的任务。在各种活动领域中,不同非共产党员结成联盟,就根本谈不上什么有成效的共产主义建设。

《论战斗唯物主义的意义》(1922年3月12日),《列宁全集》第2版第43卷第23页

在人民群众中,我们毕竟是沧海一粟,只有我们正确地表达人

民的想法，我们才能管理。否则共产党就不能率领无产阶级，而无产阶级就不能率领群众，整个机器就要散架。

《俄共(布)第十一次代表大会文献》(1922
年3—4月)，《列宁全集》第2版第43卷第
109页

在历史上，任何一个阶级，如果不推举出自己的善于组织运动和领导运动的政治领袖和先进代表，就不可能取得统治地位。俄国工人阶级已经表明它能够推举出这样的人物，最近五六年来俄国工人所广泛开展的斗争，表明工人阶级中蕴藏着无穷的革命力量。

《我们运动的迫切任务》(1900年11月初)，
《列宁全集》第2版第4卷第336页

工人领袖不是天使，不是圣人，不是英雄，而是普通的人。他们犯了错误。党就去纠正这些错误。德国工人党甚至纠正过像倍倍尔这样伟大的领袖所犯的机会主义错误。

《意大利社会党人代表大会》(1912年7月15
日〔28日〕)，《列宁全集》第2版第21卷第435页

造就一批有经验、有极高威望的党的领袖是一件长期的艰难的事情。但是做不到这一点，无产阶级专政、无产阶级的"意志统一"就只能是一句空话。

《给德国共产党员的一封信》(1921年8月14
日)，《列宁全集》第2版第42卷第100页

我们要再一次重申我们认为实行合并所必须承认的**基本的组**

织原则:(1)少数服从多数(不要同带引号的少数和多数混淆起来!这里说的是党的一般组织原则,而不是"少数派"和"多数派"的合并,关于这一点下面再谈。抽象地说,可以设想合并将采取"少数派"和"多数派"处于均势的形式,但是如果不承认少数服从多数的**原则和义务**,那么这种合并也**是不可能实现的**)。(2)党的最高机关应当是代表大会,即一切享有全权的组织的代表的会议,这些代表作出的决定应当是最后的决定(这是民主代表制度的原则,它同协商会议的原则和把会议决定交付各组织表决即举行"全民投票"的原则是相反的)。(3)党的中央机关(或党的各个中央机关)的选举必须是直接选举,必须在代表大会上进行。不在代表大会上进行的选举、二级选举等等都是不许可的。(4)党的一切出版物,不论是地方的或中央的,都必须绝对服从党代表大会,绝对服从相应的中央或地方党组织。不同党保持组织关系的党的出版物不得存在。(5)对党员资格的概念必须作出极其明确的规定。(6)对党内任何少数人的权利同样应在党章中作出明确的规定。

我们认为,这就是必须无条件服从的组织原则,不承认这些原则,合并就不可能实现。

《〈工人论党内分裂〉一书序言》(1905年7月),《列宁全集》第2版第11卷第154—155页

工人的社会民主党组织应当是统一的,但是,在这些统一的组织里,应当对党内的问题广泛地展开自由的讨论,对党内生活中各种现象展开自由的、同志式的批评和评论。

《前"布尔什维克"派出席统一代表大会的代表告全党书》(1906年4月25—26日〔5月8—9日〕),《列宁全集》第2版第12卷第362页

现在留下的是一项重大的、严肃的和非常重要的任务：在党组织中真正实现民主集中制的原则，——要进行顽强不懈的努力，使基层组织真正成为而不是在口头上成为党的基本组织细胞，使所有的高级机关都成为真正选举产生的、要汇报工作的、可以撤换的机关。要进行顽强不懈的努力来建立一个包括全体觉悟的工人社会民主党人、独立进行政治活动的组织。

《关于俄国社会民主工党统一代表大会的报告》(1906年5月上半月)，《列宁全集》第2版第13卷第59页

民主集中制和地方机关自治的原则所表明的正是充分的普遍的**批评自由**，只要不因此而破坏**已经确定的行动**的一致，——它也表明不容许有**任何**破坏或者妨害党既定行动的**一致**的批评。

《批评自由和行动一致》(1906年5月20日〔6月2日〕)，《列宁全集》第2版第13卷第129页

现在整个党组织是**按民主原则**建立的。这就是说，**全体**党员选举负责人即委员会的委员等等，**全体**党员讨论和**决定**无产阶级政治运动的问题，**全体**党员**确定**党组织的策略方针。

《让工人来决定》(1906年5月31日〔6月13日〕)，《列宁全集》第2版第13卷第191—192页

俄国社会民主工党是民主地组织起来的。这就是说，党内的一切事务是由全体党员直接或者通过代表，在一律平等和毫无例外的条件下来处理的；并且，党的所有负责人员、所有领导成员、所有机构

都是选举产生的,必须向党员报告工作,并可以撤换。

《社会民主党和杜马选举》(1907年1月13—
14日〔26—27日〕),《列宁全集》第2版第14
卷第249页

为了处理工农国家的事务,必须实行集体管理制。但是任何夸大和歪曲集体管理制因而造成办事拖拉和无人负责的现象,任何把实行集体管理的机关变为清谈馆的现象,都是极大的祸害,应不顾一切尽快根除这一祸害。

实行集体管理,无论在委员会人数方面或处理的工作范围方面,都不应超过绝对必需的最低限度,禁止"长篇大论",要最迅速地交换意见,通过交换意见互通情况并提出切实可行的建议。

只要有一点可能,集体管理就应限于在最小范围的委员会内仅就最重要的问题进行最简短的讨论,至于对机关、企业、工作和任务的**实际安排**,则应委托**一位**以坚决果断、大胆泼辣、善于处理实际问题著称,又深孚众望的**同志**负责。任何时候,在任何情况下,实行集体管理都必须极严格地一并规定**每个人**对**明确**划定的工作所负的个人责任。借口集体管理而无人负责,是最危险的祸害,这种祸害威胁着一切没有很多集体管理工作经验的人,而在军事上往往导致无法避免的灾难、混乱、惊慌失措、权力分散和失败。

《大家都去同邓尼金作斗争!》(1919年7月4
日和7日之间),《列宁全集》第2版第37卷第
41—42页

党本身**必须**对它的负责人员执行党章的情况进行监督,而"监督"也不单单是在口头上加以责备,而是要在行动上加以纠正。谁不

善于要求和**争取**使自己的受托者完成他们对委托人所负的责任，谁就不配享有政治上自由的公民的称号。谁不善于要求和**争取**使自己的受托者完成他们对委托人所负的党的责任，谁就不配享有党员的称号。

> 《无休的托词》(1905年2月24日〔3月9日〕以后)，《列宁全集》第2版第9卷第292页

我们所有经济机构的一切工作中最大的毛病就是官僚主义。共产党员成了官僚主义者。如果说有什么东西会把我们毁掉的话，那就是这个。

> 《致格·雅·索柯里尼柯夫》(1922年2月22日)，《列宁全集》第2版第52卷第300页

泛泛之谈。空话连篇。大家听厌了的愿望。这就是**当今的**"共产党员的官僚主义"。

最好去掉这些东西，拿出**实际**经验的材料，即使是一个县一个乡的也好，不是学院式地、而是**实际地**加以研究，让可爱的共产党员官僚主义者来学习学习，**哪些不应该做**(具体地，有例子，有地名，有确切事实)，**哪些**应该做(也要同样具体)。

> 《就〈俄共目前农村政策的基本原则〉提纲给俄共(布)中央政治局的信》(1922年3月16日)，《列宁全集》第2版第43卷第45页

宁可十个办实事的人不自称为党员(真正办实事的人是不追求头衔的!)，也不让一个说空话的人有权利和机会当党员。这样一条原

则在我看来是毋庸置辩的,它迫使我同马尔托夫作斗争。

《俄国社会民主工党第二次代表大会文献》
(1903年7—8月),《列宁全集》第2版第7卷
第272页

我们的任务是要维护我们党的坚定性、彻底性和纯洁性。我们应当努力把党员的称号和作用提高,提高,再提高——所以我反对马尔托夫的条文。

《俄国社会民主工党第二次代表大会文献》
(1903年7—8月),《列宁全集》第2版第7卷
第272页

在革命后的初期,很多"诚实的"和抱着庸俗心理的人特别胆小畏缩,资产阶级知识分子——自然包括孟什维克和社会革命党人在内——则全体怠工,以此讨好资产阶级,在这种情况下,冒险家和其他危害分子乘机混进执政党里来,这是完全不可避免的。任何革命都有过这种现象,而且不可能没有这种现象。全部问题在于,以健康的强有力的先进阶级作为依靠的执政党,要善于清洗自己的队伍。

在这方面我们早已开始工作。要坚持不懈地继续这一工作。动员共产党员去作战这件事帮助了我们——胆小鬼和坏蛋逃到党外去了。让他们滚开吧!党员数量上的**这种**减少意味着党的力量和作用的**大大增加**。要利用"共产主义星期六义务劳动"这个创举继续清党:非经半年"用革命精神从事工作"的"考验"或"见习期",不得接收入党。1917年10月25日以后入党的**一切**党员,如果没有特殊的劳动或功绩证明自己绝对忠诚可靠,能够做一个共产党人,都需要经过这样的审查。

　　清党工作,同不断**提高党**对真正共产主义工作的**要求**联系起来,将会改善国家政权**机关**,并大大促使农民早日**彻底转到**革命无产阶级方面来。

《伟大的创举》(1919年6月28日),《列宁全集》第2版第37卷第24页

　　全党必须系统地、逐步地和坚定不移地为中央机关**培养**称职的人,对每个准备担任这种高级职位的候选人的**全部活动**了如指掌,甚至了解他们的个人特点,他们的优点和缺点,他们的成功和"失败"。

《给〈火星报〉编辑部的信》(1903年11月25日〔12月8日〕),《列宁全集》第2版第8卷第88页

　　我们知道,应该深入下层,大胆起用新人。他们还没有经过训练,难免会犯错误,但是我们不怕。我们知道,这会给我们造就出年青的工作干部,使我们得到百倍的报偿,使我们得到大批年青的新生力量。我们补充力量没有别的来源。我们只能前进,大胆起用年青工人,把无产阶级的代表人物放到重要岗位上去,而且不断提拔他们。

《在全俄中央执行委员会、莫斯科苏维埃和全俄工会代表大会联席会议上的讲话》(1919年1月17日),《列宁全集》第2版第35卷第417页

　　我们一切领导机关,无论是共产党、苏维埃政权还是工会,如果不能做到像爱护眼珠那样爱护一切勤恳工作、精通和热爱本行业务的专家(尽管他们在思想上同共产主义完全格格不入),那么社会主

义建设事业就不可能取得任何重大的成就。

《关于工会在新经济政策条件下的作用和任
务的提纲草案》(1921年12月30日—1922年
1月4日),《列宁全集》第2版第42卷第374页

自我批评对于任何一个富有活力、朝气蓬勃的政党来说都是绝
对必要的。再庸俗不过的是沾沾自喜的乐观主义。

《谈谈政治同教育的混淆》(1905年6月),
《列宁全集》第2版第10卷第334页

每一个党的工作人员在工作上都有缺点,但是在批评缺点或向
党的各个中央机构分析这些缺点时,应当**慎重**、注意分寸,否则就成
为搬弄是非。

《致潘·尼·勒柏辛斯基》(1905年8月29日),
《列宁全集》第2版第45卷第78页

工人政党应当给全体人民,特别是给全体无产阶级群众树立起
富有思想性的、坚毅的、大胆的批判的范例。

《各资产阶级政党和工人政党是怎样对待杜
马选举的?》(1906年12月31日〔1907年1月
13日〕),《列宁全集》第2版第14卷第231页

犯错误对一个先进阶级的战斗的党并不可怕,可怕的是坚持错
误,虚伪地不好意思承认错误和纠正错误。

《政论家札记》(1917年9月22—24日〔10月
5—7日〕),《列宁全集》第2版第32卷第
257页

我们要从错误中学习。在这方面，正像在所有其他方面一样，我们说我们要通过自我批评来学会办事。

《在全俄肃反委员会工作人员游艺大会上的
讲话》（1918年11月7日），《列宁全集》第2版
第35卷第168页

一个政党对自己的错误所抱的态度，是衡量这个党是否郑重，是否**真正**履行它对本**阶级**和劳动**群众**所负义务的一个最重要最可靠的尺度。公开承认错误，揭露犯错误的原因，分析产生错误的环境，仔细讨论改正错误的方法——这才是一个郑重的党的标志，这才是党履行自己的义务，这才是教育和训练**阶级**，进而又教育和训练**群众**。

《共产主义运动中的"左派"幼稚病》（1920
年4—5月），《列宁全集》第2版第39卷第
37页

无产阶级不怕承认它在革命过程中哪些事情做得非常好，哪些事情没有做好。过去所有灭亡了的革命政党之所以灭亡，就是因为它们骄傲自大，看不到自己力量的所在，也怕说出自己的弱点。而我们是不会灭亡的，因为我们不怕说出自己的弱点，并且能够学会克服弱点。

《俄共（布）第十一次代表大会文献》（1922
年3—4月），《列宁全集》第2版第43卷第
115页

我们应当同过去诀别，着手进行真正的经济建设，改造党的全部工作，使党能够领导苏维埃的经济建设，取得实际的成就，并且多用行动少用言语来进行宣传。要知道，现在用言语既不能说服工人，

也不能说服农民,只有用榜样才能说服他们。

《在俄共(布)莫斯科省代表会议上的讲话》
(1920年11月21日),《列宁全集》第2版第40
卷第37页

我们的共产党员直到现在还不很善于领会自己在管理方面的真正任务:不是要"亲手"包办"一切",这样就会疲于奔命,顾此失彼,一事无成,而是要去检查几十个几百个助手的工作,对他们的工作组织自下而上的检查,即真正群众的检查;要一面**指导**工作,一面向那些有知识的人(专家)和有组织大企业经验的人(资本家)**学习**。

《论粮食税》(1921年4月21日),《列宁全集》
第2版第41卷第230页

在我国,国家政权的一切政治经济工作都由工人阶级觉悟的先锋队共产党领导,工会应当是国家政权最亲密的和不可缺少的合作者。

《关于工会在新经济政策条件下的作用和任
务的提纲草案》(1921年12月30日—1922年
1月4日),《列宁全集》第2版第42卷第370页

注　释

索　引

注　释

1　《社会民主党纲领草案及其说明》是在彼得堡狱中写的,《党纲草案》写于
　　1895年12月9日(21日)以后,《党纲说明》写于1896年6—7月。据娜·康·克
　　鲁普斯卡娅和安·伊·乌里扬诺娃-叶里扎罗娃回忆,原件是用牛奶写在一
　　本书的行间的。现存稿本显然是在原件经过处理显出字迹以后誊抄下来
　　的。苏共中央马克思列宁主义研究院档案馆里现存三个《党纲草案》抄本。
　　第一个来自列宁1900—1904年的私人档案,是由德·伊·乌里扬诺夫和玛·
　　伊·乌里扬诺娃用密写墨水书写在1900年《科学评论》杂志第5期的一篇文
　　章的行间的。这个抄本没有标题,由列宁用铅笔编了页码,在封套上有列
　　宁的手迹:"旧的(1895年)党纲草案"。第二个也发现于同一时期的列宁私
　　人档案,是用打字机打在薄卷烟纸上的,标题是:"旧的(1895年)社会民主
　　党纲领草案"。第三个是在俄国社会民主工党日内瓦档案中找到的,胶印
　　本,共39页,包括《党纲草案》和《党纲说明》,是一篇完整的著作。——1。

2　赎金指俄国1861年改革后农民为赎取份地每年交纳的款项。按照改革的
　　法令,农民的宅地可以随时赎取,而份地则须经地主与农民自愿协议或地
　　主单方面要求始可赎取。份地的赎价是将每年代役租按6%的年利率加以
　　资本化得出的,例如,每年代役租为6卢布,赎价就是100卢布。所以农民所
　　赎取的在名义上是土地,实际上也包括人身自由在内,赎价远远超过了份
　　地的实际价格。在赎取份地时,农民先付赎价的20%—25%(如果地主单
　　方面要求赎地,则农民不付这笔费用),其余75%—80%由政府以债券形
　　式付给地主,然后由农民在49年内加利息分年偿还政府。因此赎金实际上
　　成了前地主农民交纳的一种沉重的直接税。由于农民赎取份地的最后限
　　期为1883年,赎金的交纳要到1932年才最后结束。在1905—1907年俄国第
　　一次革命中,沙皇政府慑于农民运动的威力,从1907年1月起废除了赎
　　金。——4。

3 连环保是每一村社的成员在按时向国家和地主交清捐税和履行义务方面互相负责的制度。这种奴役农民的形式，在俄国废除农奴制后还保存着，直到1906年才最终取消。——4。

4 指俄国财政大臣谢·尤·维特给工厂视察员的通令，它是对1895年夏秋两季罢工的答复。关于这个通令可参看《列宁全集》第2版第2卷《告沙皇政府》一文。——20。

5 代役租是农民向地主交纳的实物或货币，也指沙皇政府向国家农民、皇族农民征收的一种税，这种税起初按人口征收，后来改为按土地和手工业收入征收。在农民改革以后，代役租逐渐为赎金所代替。——24。

6 《俄国社会民主党人的任务》这本小册子是1897年底在西伯利亚流放地写的，1898年由劳动解放社在日内瓦首次出版，曾在俄国先进工人中广泛流传。小册子的手稿未找到，现只保存下来手稿的一个转抄本，抄录人不详。1902年和1905年，小册子在日内瓦先后出了第2版和第3版，列宁为这两版写了序言（见《列宁全集》第2版第6卷第387—392页和第11卷第206—207页）。这本小册子还被编入1907年11月出版的列宁的《十二年来》文集。手稿转抄本和小册子第1版都收了传单《"斗争协会"告彼得堡工人和社会主义者》作为补充，但是1902、1905、1907年的版本没有收这份传单。——25。

7 民权党是俄国民主主义知识分子的秘密团体，1893年夏成立。参加创建的有前民意党人奥·瓦·阿普特克曼、安·伊·波格丹诺维奇、亚·瓦·格杰奥诺夫斯基、马·安·纳坦松、尼·谢·丘特切夫等。民权党的宗旨是联合一切反对沙皇制度的力量为实现政治改革而斗争。1894年春，民权党的组织被沙皇政府破坏。大多数民权党人后来加入了社会革命党。——25。

8 民意党是俄国土地和自由社分裂后产生的革命民粹派组织，于1879年8月建立。主要领导人是安·伊·热里雅鲍夫、亚·德·米哈伊洛夫、米·费·弗罗连柯、尼·亚·莫罗佐夫、维·尼·菲格涅尔、亚·亚·克维亚特科夫斯基、索·李·佩罗夫斯卡娅等。该党主张推翻专制制度，在其纲领中提出了广泛的民主改革的要求，如召开立宪会议，实现普选权，设置常设人民代表机关，实行言论、信仰、出版、集会等自由和广泛的村社自治，给人民以土地，给被压迫民族以自决权，用人民武装代替常备军等。但是民意党人把民主革命的任务和社会主义革命的任务混为一谈,认为在俄国可以超越资本主义,经过农民革命走向社会主义,并且认为俄国主要革命力量不是工人阶级而是农民。民意党人从积极的"英雄"和消极的"群氓"的错误理论出发,采取个人恐怖的活动方式,把暗杀沙皇政府的个别代表人物作为推翻沙皇专制制度的主要手段。他们在1881年3月1日(13日)刺杀了沙皇亚历山大二世。由于理论上、策略上和斗争方法上的错误,在沙皇政府的严重摧残下,民意党在1881年以后就瓦解了。列宁批判了民意党人的乌托邦式的纲领,但十分敬重他们同沙皇制度英勇斗争的精神。——25、53、102。

9　《"民意社"快报》(《Летучий Листок "Группы Народовольцев"》)是俄国革命民粹派组织民意社的刊物,1892—1895年在彼得堡出版,共出了4期。——25。

10　国外俄国社会民主党人联合会是根据劳动解放社的倡议,在全体会员承认劳动解放社纲领的条件下,于1894年在日内瓦成立的。联合会为俄国国内出版书刊,它的出版物全部由劳动解放社负责编辑。1896—1899年联合会出版了不定期刊物《工作者》文集和《〈工作者〉小报》。1898年3月,俄国社会民主工党第一次代表大会承认联合会是党的国外代表机关。1898年底,机会主义分子(经济派)在联合会里占了优势。1898年11月,在苏黎世召开的联合会第一次代表大会上,劳动解放社声明,除《工作者》文集以及列宁的《俄国社会民主党人的任务》和《新工厂法》两个小册子外,拒绝为联合会编辑出版物。联合会从1899年4月起出版《工人事业》杂志,由经济派分子担任编辑。1900年4月,在日内瓦举行的联合会的第二次代表大会上,劳动解放社的成员以及与其观点一致的人正式退出联合会,成立了独立的革命组织"社会民主党人"。此后,联合会和《工人事业》杂志就成了经济主义在俄国社会民主党内的代表。1903年,根据俄国社会民主工党第二次代表大会的决议,联合会宣布解散。——25、56。

11　《工作者》文集(《Работник》)是国外俄国社会民主党人联合会的不定期刊物,由劳动解放社编辑,1896—1899年在日内瓦出版,读者对象为马克思主义工人小组成员。列宁是出版这个文集的发起人。1895年5月,他在瑞士同格·瓦·普列汉诺夫、帕·波·阿克雪里罗得以及劳动解放社的其他成员商谈了出版这个文集的问题。1895年9月回国以后,他又多方设法为这个文集提供物质支援和组织稿件。到1895年12月被捕为止,他除为文集撰写《弗里德里希·恩格斯》一文外,还给文集编辑部寄去了别人写的几篇通讯。这个文集一共出了6期(3册);另外,还出了附刊《〈工作者〉小报》10期。——25。

12　指彼得堡工人阶级解放斗争协会。

彼得堡工人阶级解放斗争协会是列宁于1895年11月创立的,由彼得堡的约20个马克思主义工人小组联合而成,1895年12月定名为"工人阶级解放斗争协会"。协会是俄国无产阶级革命政党的萌芽,实行集中制,有严格的纪律。它的领导机构是中心小组,成员有10多人,其中5人(列宁、格·马·克尔日扎诺夫斯基、瓦·瓦·斯塔尔科夫、阿·亚·瓦涅耶夫和尔·马尔托夫)组成领导核心。协会分设3个区小组。中心小组和区小组通过组织员同70多个工厂保持联系。各工厂有收集情况和传播书刊的组织员,大的工厂则建立工人小组。协会在俄国第一次实现了社会主义和工人运动的结合,完成了从小组内的马克思主义宣传到群众性政治鼓动的转变。协会领导了1895年和1896年彼得堡工人的罢工,印发了供工人阅读的传单和小册子,并曾筹备出版工人政治报纸《工人事业报》。协会对俄国社会民主主义运动的发展产生了巨大影响,有好几个城市的社会民主党组织以它为榜样,把马克思主义小组统一成为全市性的"工人阶级解放斗争协会"。

协会一成立就遭到沙皇政府的迫害。1895年12月8日(20日)夜间,沙皇政府逮捕了包括列宁在内的协会领导人和工作人员共57人。但是,协会并没有因此而停止活动,它组成了新的领导核心(米·亚·西尔文、斯·伊·拉德琴柯、雅·马·科亚霍夫斯基和马尔托夫)。列宁在狱中继续指导协会的工作。1896年1月沙皇政府再次逮捕协会会员后,协会仍领导了1896年5—6月的彼得堡纺织工人大罢工。1896年8月协会会员又有30人被捕。接二连三的打击使协会的领导成分发生了变化。从1898年下半年起,协会为经济派(由原来协会中的"青年派"演变而成)所掌握。协会的一些没有被捕的老会员继承协会的传统,参加了1898年俄国社会民主工党第一次代表大会的筹备工作。——25、77。

13　指1896年5—6月彼得堡纺织工人大罢工。罢工的起因是工厂主拒绝向工人支付尼古拉二世加冕礼那几天假日的全额工资。罢工从俄罗斯纺纱厂(即卡林金工厂)开始,很快就席卷了所有纺织工厂,并波及机器、橡胶、造纸、制糖等工厂,参加者达3万多人。这次罢工是在彼得堡工人阶级解放斗争协会领导下进行的。该会散发了传单和宣言,号召工人起来捍卫自己的权利。罢工的基本要求是:把工作日缩短为10$\frac{1}{2}$小时,提高计件单价,按时发放工资等。列宁称这次罢工为著名的彼得堡工业战争。它第一次推动了彼得堡无产阶级结成广泛阵线向剥削者进行斗争,并促进了全俄工人运动的发展。在这次罢工的压力下,沙皇政府加速了工厂法的修订,于1897年6月2日(14日)颁布了将工业企业和铁路工厂的工作日缩短为11$\frac{1}{2}$小时的法令。——25、75。

14　指1881—1882年内务大臣尼·巴·伊格纳季耶夫执行的政策。伊格纳季耶夫竭力愚弄自由派,用民主的把戏为亚历山大三世政府的倒行逆施打掩护。他曾召集由大臣们所挑选的"有识之士"(贵族代表、地方自治局主席等)讨论关于降低赎金、调整移民和改革地方行政等问题。他还宣称,沙皇政府将召集全国的代表参与立法活动。所有这些骗人的把戏,都随伊格纳季耶夫的辞职而收场(见《列宁全集》第2版第5卷第39—46页)。1882年5月,德·安·托尔斯泰接任内务大臣并兼宪兵司令,俄国从此开始了扼杀一切自由思想的反动时期。——33。

15　*劳动解放社*是俄国第一个马克思主义团体,由格·瓦·普列汉诺夫和维·伊·查苏利奇、帕·波·阿克雪里罗得、列·格·捷依奇、瓦·尼·伊格纳托夫于1883年8月在日内瓦建立。劳动解放社把马克思主义创始人的许多重要著作译成俄文,在国外出版后秘密运到俄国,这对马克思主义在俄国的传播起了巨大的作用。普列汉诺夫当时写的《社会主义与政治斗争》、《我们的意见分歧》、《论一元论历史观之发展》等著作有力地批判了民粹主义,用马克思主义的观点分析了俄国社会的现实和俄国革命的一些基本问题。普列汉诺夫起草的劳动解放社的两个纲领草案——1883年的《社会民主主义的劳动解放社纲领》和1885年的《俄国社会民主党人纲领草案》,对于俄国社会民主党的建立具有重要意义,后一个纲领草案的理论部分包含了马克思主义政党纲领的基本成分。劳动解放社在团结俄国社会民主党的力量方面也做了许多工作。它还积极参加社会民主党人的国际活动,和德、法、英等国的社会民主党都有接触。劳动解放社以普列汉诺夫为代表对伯恩施坦主义进行了积极的斗争,在反对俄国的经济派方面也起了重要作用。恩格斯曾给予劳动解放社的活动以高度评价(参看《马克思恩格斯全集》第1版第36卷第301页)。列宁认为劳动解放社的历史意义在于它从理论上为俄国社会民主党奠定了基础,向着工人运动迈出了第一步;劳动解放社的主要缺点是:它没有和工人运动结合起来,它的成员对俄国资本主义发展的特点缺乏具体分析,对建立不同于第二国际各党的新型政党的特殊任务缺乏认识等。劳动解放社于1903年8月在俄国社会民主工党第二次代表大会上宣布解散。——35、48、77、126。

16 指老民意党人小组(彼·拉·拉甫罗夫、尼·谢·鲁萨诺夫等)于1893—1896年在日内瓦出版的《俄国社会革命运动史资料》。这部文集原拟出17册,实际出了4编5册。——36。

17 **布朗基主义**是19世纪法国工人运动中的革命冒险主义的思潮,以路·奥·布朗基为代表。布朗基主义者不了解无产阶级的历史使命,忽视同群众的联系,主张用密谋手段推翻资产阶级政府,建立革命政权,实行少数人的专政。马克思和列宁高度评价布朗基主义者的革命精神,同时坚决批判他们的密谋策略,指出:布朗基主义企图不通过无产阶级的阶级斗争,而通过少数知识分子的密谋使人类摆脱雇佣奴隶制,是完全错误的。——37、125、172。

18 **学理主义**指盲目地拘守某种学理,崇尚空谈,脱离实际的表现,意思同"教条主义"相近。——38、65、256。

19 **村社**是俄国农民共同使用土地的形式,其特点是在实行强制性的统一轮作的前提下,将耕地分给农户使用,森林、牧场则共同使用,不得分割。村社内实行连环保的制度。村社的土地定期重分,农民无权放弃土地和买卖土地。村社管理机构由选举产生。俄国村社从远古即已存在,在历史发展过程中逐渐成为俄国封建制度的基础。沙皇政府和地主利用村社对农民进行监视和掠夺,向农民榨取赋税,逼迫他们服徭役。

村社问题在俄国曾引起热烈争论,发表了大量有关的经济学文献。民粹派认为村社是俄国向社会主义发展的特殊道路的保证。他们企图证明俄国的村社农民是稳固的,村社能够保护农民,防止资本主义关系侵入他们的生活。早在19世纪80年代,格·瓦·普列汉诺夫就已指出民粹派的村社社会主义的幻想是站不住脚的。到了90年代,列宁粉碎了民粹派的理论,用大量的事实和统计材料说明资本主义关系在俄国农村是怎样发展的,资本是怎样侵入宗法制的村社，把农民分解为富农与贫苦农民两个对抗阶级的。

在1905—1907年革命中，村社曾被农民用做革命斗争的工具。地主和沙皇政府对村社的政策在这时发生了变化。1906年11月9日，沙皇政府大臣会议主席彼·阿·斯托雷平颁布了摧毁村社、培植富农的土地法令，允许农民退出村社和出卖份地。这项法令颁布后的9年中，有200多万农户退出了村社。但是，村社并未被彻底消灭，到1916年底，欧俄仍有三分之二的农户和五分之四的份地在村社里。村社在十月革命以后还存在很久，直到全盘集体化后才最终消失。——39。

20　《火星报》(《Искра》)是第一个全俄马克思主义的秘密报纸，由列宁创办。创刊号于1900年12月在莱比锡出版，以后各号的出版地点是慕尼黑、伦敦(1902年7月起)和日内瓦(1903年春起)。参加《火星报》编辑部的有：列宁、格·瓦·普列汉诺夫、尔·马尔托夫、亚·尼·波特列索夫、帕·波·阿克雪里罗得和维·伊·查苏利奇。编辑部的秘书起初是因·格·斯米多维奇－列曼，1901年4月起由娜·康·克鲁普斯卡娅担任。列宁实际上是《火星报》的主编和领导者。他在《火星报》上发表了许多文章，阐述有关党的建设和俄国无产阶级的阶级斗争的基本问题，并评论国际生活中的重大事件。

《火星报》在国外出版后，秘密运往俄国翻印和传播。《火星报》成了团结党的力量、聚集和培养党的干部的中心。在俄国许多城市成立了俄国社会民主工党列宁火星派的小组和委员会。1902年1月在萨马拉举行了火星派代表大会，建立了《火星报》俄国组织常设局。

《火星报》在建立俄国马克思主义政党方面起了重大的作用。在列宁的倡议和亲自参加下，《火星报》编辑部制定了党纲草案，筹备了俄国社会民主工党第二次代表大会。这次代表大会宣布《火星报》为党的中央机关报。

根据俄国社会民主工党第二次代表大会的决议，《火星报》编辑部改由列宁、普列汉诺夫、马尔托夫三人组成。但是马尔托夫坚持保留原来的六人编辑部，拒绝参加新的编辑部，因此《火星报》第46—51号是由列宁和普列汉诺夫二人编辑的。后来普列汉诺夫转到了孟什维主义的立场上，要求把原来的编辑都吸收进编辑部，列宁不同意这样做，于1903年10月19日(11月1日)退出了编辑部。《火星报》第52号是由普列汉诺夫一人编辑的。

1903年11月13日(26日),普列汉诺夫把原来的编辑全部增补进编辑部以后,《火星报》由普列汉诺夫、马尔托夫、阿克雪里罗得、查苏利奇和波特列索夫编辑。因此,从第52号起,《火星报》变成了孟什维克的机关报。人们将第52号以前的《火星报》称为旧《火星报》,而把孟什维克的《火星报》称为新《火星报》。

1905年5月第100号以后,普列汉诺夫退出了编辑部。《火星报》于1905年10月停刊,最后一号是第112号。——46、56、100、162。

21 伯恩施坦主义是德国社会民主党人爱·伯恩施坦的修正主义思想体系,产生于19世纪末20世纪初。伯恩施坦的《社会主义的前提和社会民主党的任务》(1899年)一书是对伯恩施坦主义的全面阐述。伯恩施坦主义在哲学上否定辩证唯物主义和历史唯物主义,用庸俗进化论和诡辩论代替革命的辩证法;在政治经济学上修改马克思主义的剩余价值学说,竭力掩盖帝国主义的矛盾,否认资本主义制度的经济危机和政治危机;在政治上鼓吹阶级合作和资本主义和平长入社会主义,传播改良主义和机会主义思想,反对马克思主义的阶级斗争学说,特别是无产阶级革命和无产阶级专政的学说。伯恩施坦主义得到了德国社会民主党右翼和第二国际其他一些政党的支持。在俄国,追随伯恩施坦主义的有合法马克思主义者、经济派等。——47、53、126。

22 经济派是19世纪末——20世纪初俄国社会民主党内的机会主义派别,是国际机会主义的俄国变种。经济派的代表人物是康·米·塔赫塔廖夫、谢·尼·普罗柯波维奇、叶·德·库斯柯娃、波·尼·克里切夫斯基、亚·萨·皮凯尔(亚·马尔丁诺夫)、弗·彼·马赫诺韦茨(阿基莫夫)等。经济派的主要报刊是《工人思想报》(1897—1902年)和《工人事业》杂志(1899—1902年)。

经济派主张工人阶级只进行争取提高工资、改善劳动条件等等的经济斗争,认为政治斗争是自由派资产阶级的事情。他们否认工人阶级政党的领导作用,崇拜工人运动的自发性,否认向工人运动灌输社会主义意识的必要性,维护分散的和手工业的小组活动方式,反对建立集中的工人阶级政党。经济主义有诱使工人阶级离开革命道路而沦为资产阶级政治附庸的危险。

列宁对经济派进行了始终不渝的斗争。他在《俄国社会民主党人抗议书》(见《列宁全集》第2版第4卷第144—156页)中尖锐地批判了经济派的纲领。列宁的《火星报》在同经济主义的斗争中发挥了重大作用。列宁的《怎么办?》(见《列宁全集》第2版第6卷第1—183页)一书,从思想上彻底地粉碎了经济主义。——47、64、104、162。

23　《信条》是经济派于1899年写的一个文件。它极其明显地表明了经济派的机会主义观点。《信条》的作者叶·德·库斯柯娃当时是国外俄国社会民主党人联合会成员。

　　　列宁在西伯利亚流放地收到他姐姐安·伊·乌里扬诺娃-叶利扎罗娃从彼得堡寄来的《信条》之后,于1899年8月在米努辛斯克专区叶尔马科夫斯克村召集被流放的马克思主义者开会讨论了经济派的这个文件和他起草的《俄国社会民主党人抗议书》(见《列宁全集》第2版第4卷第144—156页)。与会者17人一致通过并签署了这个《抗议书》,所以也称17人抗议书。《抗议书》引用了《信条》的全文。——47、64。

24　《〈工人思想报〉增刊》是经济派报纸《工人思想报》编辑部于1899年9月出版的一本小册子。这本小册子,特别是其中署名尔·姆·的《我国的实际情况》一文,公开散布机会主义观点。列宁在《俄国社会民主党中的倒退倾向》一文(见《列宁全集》第2版第4卷第209—238页)和《怎么办?》(见《列宁全集》第2版第6卷第1—183页)中对这本小册子进行了批判。——47、68。

25　工人阶级自我解放社是经济派的一个小组织,1898年秋在彼得堡成立,只存在了几个月。说明该社宗旨的宣言所署日期是1899年3月,载于同年7月在伦敦出版的民粹派刊物《前夕》杂志。该社还公布过它的章程,印发过几份给工人的传单。——47、88。

26　《工人思想报》(《Рабочая Мысль》)是俄国经济派的报纸,1897年10月—1902年12月先后在彼得堡、柏林、华沙和日内瓦等地出版,共出了16号。头几号由"独立工人小组"发行,从第5号起成为彼得堡工人阶级解放斗争协会的机关报。参加该报编辑部的有尼·尼·洛霍夫-奥尔欣、康·米·塔赫塔廖夫、弗·巴·伊万申、阿·亚·雅库波娃等人。该报号召工人阶级为争取狭隘经济利益而斗争。它把经济斗争同政治斗争对立起来,认为政治斗争不在无产阶级任务之内,反对建立马克思主义的无产阶级政党,主张成立工联主义的合法组织。列宁在《俄国社会民主党中的倒退倾向》(见《列宁全集》第2版第4卷第209—238页)和《怎么办?》(见《列宁全集》第2版第6卷第

1—183页）等著作中批判了《工人思想报》的观点。——47、65。

27 《工人事业》杂志（《Рабочее Дело》）是国外俄国社会民主党人联合会的
机关刊物，于1899年4月—1902年2月在日内瓦出版，共出了12期（9册）。该
杂志的编辑部设在巴黎，担任编辑的有波·尼·克里切夫斯基、帕·费·捷普
洛夫、弗·巴·伊万申和亚·马尔丁诺夫。该杂志支持所谓"批评自由"这一
伯恩施坦主义口号，在俄国社会民主党的策略和组织问题上持机会主义
的立场。工人事业派宣扬无产阶级政治斗争应服从经济斗争的机会主义
思想，崇拜工人运动的自发性，否认党的领导作用。他们还反对列宁关于
建立严格集中和秘密的组织的思想，维护所谓"广泛民主"的原则。《工人
事业》杂志支持经济派报纸《工人思想报》；该杂志的编辑之一伊万申参加
这个报纸的编辑工作。在俄国社会民主工党第二次代表大会上，工人事业
派是党内机会主义极右派的代表。——47、56、111。

28 合法马克思主义即司徒卢威主义，是19世纪90年代出现在俄国自由派知
识分子中的一种思想政治流派，其主要代表人物是彼·伯·司徒卢威。合法
马克思主义利用马克思经济学说中能为资产阶级所接受的个别论点为俄
国资本主义的发展作论证。在批判小生产的维护者民粹派的同时，司徒卢
威赞美资本主义，号召人们"承认自己的不文明并向资本主义学习"，而抹
杀资本主义的阶级矛盾。列宁敏锐地看出合法马克思主义是国际修正主
义的萌芽，它必然要发展成为资产阶级的民族自由主义。——48、61、124。

29 指俄国社会民主工党第一次代表大会。
　　俄国社会民主工党第一次代表大会于1898年3月1—3日（13—15日）
在明斯克秘密举行。倡议召开这次代表大会的是列宁领导的彼得堡工人
阶级解放斗争协会；早在1895年12月列宁就在狱中草拟了党纲草案，并提
出了召开代表大会的主张。由于彼得堡等地的组织遭到警察破坏，这次代
表大会的筹备工作主要由基辅的社会民主党组织担任。出席代表大会的
有6个组织的9名代表：彼得堡、莫斯科、基辅和叶卡捷琳诺斯拉夫的工人
阶级解放斗争协会的代表各1名，基辅《工人报》小组的代表2名，崩得的代
表3名。大会通过了把各地斗争协会和崩得合并为统一的俄国社会民主工
党的决议。在民族问题上，大会承认每个民族有自决权。大会选出了由彼
得堡工人阶级解放斗争协会代表斯·伊·拉德琴柯、基辅《工人报》代表波·

李·埃杰尔曼和崩得代表亚·约·克列梅尔三人组成的中央委员会。《工人报》被承认为党的正式机关报。国外俄国社会民主党人联合会被宣布为党的国外代表机关。

　　中央委员会在会后以大会名义发表了《俄国社会民主工党宣言》。《宣言》宣布了俄国社会民主工党的成立,把争取政治自由和推翻专制制度作为社会民主工党当前的主要任务,把政治斗争和工人运动的总任务结合了起来。宣言指出:俄国工人阶级应当而且一定能够担负起争取政治自由的事业。这是为了实现无产阶级的伟大使命即建立没有人剥削人的社会制度所必须走的第一步。俄国无产阶级将摆脱专制制度的桎梏,用更大的毅力去继续同资本主义和资产阶级作斗争,一直斗争到社会主义全胜为止(见《苏联共产党代表大会、代表会议和中央全会决议汇编》第1分册人民出版社1964年版第4—6页)。

　　这次大会没有制定出党纲和党章,也没有形成中央的统一领导,而且大会闭幕后不久大多数代表和中央委员遭逮捕,所以统一的党实际上没有建立起来。——48、78。

30　《怎么办?(我们运动中的迫切问题)》一书的写作工作早在1901年春天就开始了,列宁在《从何着手?》一文中曾预告要出这本书。后来由于情况变化,列宁修改了原定计划,直到1901年秋天才正式撰写。1902年1月列宁写完了这本书,2月撰写了序言。3月10日,《火星报》第18号登出了该书在斯图加特出版的消息。

　　1902—1903年,《怎么办?》在俄国各地社会民主党组织中广为传播。不少人受了它的影响而成为《火星报》的拥护者。《怎么办?》一书对于俄国工人阶级的革命马克思主义政党的建立,对于列宁火星派在俄国社会民主工党各委员会和组织中、以及以后在1903年党的第二次代表大会上取得胜利,起了特别重大的作用。

　　《火星报》编辑部的成员对列宁这本书的评价有过分歧,可是这种分歧并没有越出《火星报》编辑部的范围。书中的主要论点,即关于工人运动的自觉因素和自发因素的关系的论点,关于党在无产阶级革命斗争中的领导作用的论点,已写进了俄国社会民主工党纲领草案,而这个纲领草案是由普列汉诺夫起草、经《火星报》编辑部修订并得到全体成员一致同意的。在党的第二次代表大会上,当反火星派(亚·马尔丁诺夫、弗·彼·阿基莫夫)通过批评《怎么办?》来反对《火星报》编辑部所制定的党纲草案时,火星派(包括格·瓦·普列汉诺夫、尔·马尔托夫)都表示赞同列宁的这本书以及它对"自觉因素"即社会民主党在无产阶级革命运动中的作用问题的提法。可是在第二次代表大会以后,当孟什维克开始对旧《火星报》的基本思想进行系统的修正时,普列汉诺夫却承担起"反驳"列宁《怎么办?》一书的观点的任务。1904年,普列汉诺夫在《火星报》上声称他在自发性和自觉性问题上同列宁早就有原则的分歧。1905年3月23日《前进报》第11号发表了瓦·瓦·沃罗夫斯基的文章《蛊惑宣传的产物》,对普列汉诺夫作了答复。这篇文章经列宁校阅、修改和补充过,列宁还给它写了一条很长的脚注(见《列宁全集》第2版第9卷第338页)。

1907年11月,列宁把《怎么办?》收入《十二年来》文集时,删去了第5章第1节《谁因〈从何着手?〉一文而生气了?》,同时增加了5条脚注。他在《〈十二年来〉文集序言》里指出《怎么办?》的写作背景、它的历史作用和意义,并驳斥了孟什维克和资产阶级自由主义阵营中的著作家们对该书的攻击和歪曲(见《列宁全集》第2版第16卷第92—100页)。——52。

31　拉萨尔派和爱森纳赫派是19世纪60年代和70年代初期德国工人运动中的两个派别。

拉萨尔派是全德工人联合会的成员,德国小资产阶级社会主义者斐·拉萨尔的拥护者。全德工人联合会在1863年于莱比锡召开的全德工人代表大会上成立,拉萨尔是它的第一任主席。他为联合会制定了纲领和策略基础,规定争取普选权和建立由国家帮助的工人生产合作社为联合会的政治纲领和经济纲领。在实践活动中,拉萨尔派支持奥·俾斯麦的在普鲁士领导下通过王朝战争自上而下统一德国的政策。马克思和恩格斯曾多次尖锐地批判拉萨尔派的理论、策略和组织原则,指出它是德国工人运动中的机会主义派别。

爱森纳赫派是德国社会民主工党的成员。该党是在奥·倍倍尔和威·李卜克内西领导下,于1869年在爱森纳赫代表大会上成立的,曾参加第一国际。由于经常接受马克思和恩格斯的指导,爱森纳赫派执行了比较彻底的革命政策,尤其是在德国统一的问题上一贯坚持民主的和无产阶级的道路。

拉萨尔派和爱森纳赫派于1875年在哥达代表大会上合并为统一的德

国社会主义工人党。——53。

32　盖得派和可能派是法国社会主义运动中的两个派别。

　　盖得派是19世纪80年代至20世纪初法国社会主义运动中以茹·盖得为首的一个革命的马克思主义派别,基本成员是19世纪70年代末期团结在盖得创办的《平等报》周围的进步青年知识分子和先进工人。该派于1879年组成了法国工人党,1880年在勒阿弗尔代表大会上制订了马克思主义纲领。在米勒兰事件上持反对加入资产阶级内阁的立场。1901年与其他反入阁派一起组成法兰西社会党。盖得派为在法国传播马克思主义作出了重要贡献,但它的一些领导人对马克思主义的认识犯有片面性和教条主义的错误。

　　可能派是19世纪80年代至20世纪初法国社会主义运动中以保·布鲁斯等人为首的机会主义派别。该派起初是法国工人党中改良主义的一翼,1882年法国工人党分裂后称为社会主义革命工人党,1883年改称法国劳动社会联盟。该派否定无产阶级的革命纲领和革命策略,模糊工人运动的社会主义目的,主张把工人阶级的活动限制在资本主义制度下"可能"办到的范围内,因此有"可能派"之称。1902年,可能派同其他一些改良主义派别一起组成了以让·饶勒斯为首的法国社会党。

　　1905年,法兰西社会党和法国社会党合并,统称法国社会党(工人国际法国支部)。——53。

33　费边派是英国改良主义组织费边社的成员。费边社于1884年成立。其成员多为资产阶级知识分子,代表人物有悉·维伯、比·维伯、拉·麦克唐纳、肖伯纳、赫·威尔斯等。费边·马克西姆是古罗马统帅,以在第二次布匿战争(公元前218—前201年)中采取回避决战的缓进待机策略著称。费边社即以此人名字命名。费边派虽然认为社会主义是经济发展的必然结果,但只承认演进的发展道路。他们反对马克思主义的阶级斗争和无产阶级革命学说,鼓吹通过细微的改良来逐渐地改造社会,并宣扬所谓"地方公有社会主义"。1900年费边社加入工党(当时称工人代表委员会),仍保留自己的组织。在工党中,它一直起制定纲领原则和策略原则的思想中心的作用。第一次世界大战期间,费边派采取了社会沙文主义立场。关于费边派,参看列宁《社会民主党在1905—1907年俄国第一次革命中的土地纲领》第四章第 7 节和《英国的和平主义和英国的不爱理论》(见《列宁全集》第2

版第16卷第322—327页和第26卷第278—284页）。

社会民主党人是指英国社会民主联盟的参加者。社会民主联盟是英国的社会主义组织，这一组织是在民主联盟的基础上于1884年8月成立的。参加联盟的除改良主义者（亨·迈·海德门等）和无政府主义者外，还有一批革命的社会民主党人即马克思主义的拥护者（哈·奎尔奇、汤·曼·、爱·艾威林、爱琳娜·马克思等），他们构成了英国社会主义运动的左翼。恩格斯曾尖锐地批评社会民主联盟有教条主义和宗派主义倾向，脱离英国群众性的工人运动并且忽视这一运动的特点。1907年，社会民主联盟改称英国社会民主党。1911年，英国社会民主党与独立工党中的左派一起组成了英国社会党。1920年，社会党的大部分党员参加了创立英国共产党的工作。——53。

34　内阁派，或内阁主义、米勒兰主义是主张社会党人参加资产阶级反动政府的机会主义流派，因法国社会党人亚·艾·米勒兰于1899年参加瓦尔德克-卢梭的资产阶级政府而得名。列宁认为米勒兰主义是一种修正主义和叛卖行为，社会改良主义者参加资产阶级政府必定会充当资本家的傀儡，成为这个政府欺骗群众的工具。——53、123、146。

35　密纳发是罗马神话中的智慧女神，相当于希腊神话中的雅典娜；丘必特是罗马神话中的最高天神，相当于希腊神话中的宙斯。据古罗马神话故事，密纳发从丘必特脑袋里一生下来，就身着盔甲，手执长矛，全副武装。后来，人们常用"像密纳发从丘必特脑袋里钻出来一样"比喻某人或某事从一开始就完美无缺。——54。

36　指俄国作家伊·安·克雷洛夫的寓言《两只桶》。寓言说，有两只桶在路上滚。一只桶里装着酒，稳稳当当地前进。另一只桶是空的，一路上隆隆作响。尽管空桶发出的声音十分响亮，却不像第一只桶那么有分量。——55。

37　《曙光》杂志（《Заря》）是俄国马克思主义的科学政治刊物，由《火星报》编辑部编辑，1901—1902年在斯图加特出版，共出了4期（第2、3期为合刊）。杂志宣传马克思主义，批判民粹主义和合法马克思主义、经济主义、伯恩施坦主义等机会主义错误思潮。杂志刊登了列宁的下列文章：《时评》、《地方自治机关的迫害者和自由主义的汉尼拔》、《土地问题和"马克思的批评家"》前4章、《内政评论》和《俄国社会民主党的土地纲领》。——56。

38　山岳派和吉伦特派是18世纪末法国资产阶级革命时期的两个政治派别。
　　山岳派又称雅各宾派,是法国国民公会中的左翼民主主义集团,以其席位
　　在会场的最高处而得名。该派主张铲除专制制度和封建主义,是当时的革
　　命阶级——资产阶级的最坚决的代表,其领袖是马·罗伯斯比尔、让·保·
　　马拉、若·雅·丹东、路·安·圣茹斯特等。吉伦特派代表共和派工商业资产
　　阶级和农业资产阶级,主要是外省资产阶级的利益。它的许多领导人是立
　　法议会和国民公会中的吉伦特省代表,所以后世历史学家给它起了这个
　　名称。吉伦特派的领袖是雅·皮·布里索、皮·维·韦尼奥、罗兰夫妇、让·安·
　　孔多塞等。吉伦特派主张各省自治,成立联邦,动摇于革命和反革命之间,
　　走同王党勾结的道路,最终变成了反革命力量。列宁称革命的社会民主党
　　人为山岳派,即无产阶级的雅各宾派,而把社会民主党内的机会主义派别
　　称为社会民主党的吉伦特派。在俄国社会民主工党分裂为布尔什维克和
　　孟什维克之后,列宁经常强调指出,孟什维克是工人运动中的吉伦特派。
　　——57、124、125。

39　立宪民主党人是俄国自由主义君主派资产阶级的主要政党立宪民主党的
　　成员。立宪民主党(正式名称为人民自由党)于1905年10月成立。中央委员
　　中多数是资产阶级知识分子、地方自治人士和自由派地主。主要活动家有
　　帕·尼·米留可夫、谢·安·穆罗姆采夫、瓦·阿·马克拉柯夫、安·伊·盛加略
　　夫、彼·伯·司徒卢威、约·弗·盖森等。立宪民主党提出一条与革命道路相
　　对抗的和平的宪政发展道路,主张俄国实行立宪君主制和资产阶级的自
　　由。在土地问题上,它主张将国家、皇室、皇族和寺院的土地分给无地和少
　　地的农民;私有土地部分地转让,并且按"公平"价格给予补偿;解决土地
　　问题的土地委员会由同等数量的地主和农民组成,并由官员充当他们之
　　间的调解人。1906年春,它曾同政府进行参加内阁的秘密谈判,后来在国
　　家杜马中自命为"负责任的反对派"。第一次世界大战期间,它支持沙皇政
　　府的掠夺政策,曾同十月党等反动政党组成"进步同盟",要求成立责任内
　　阁,即为资产阶级和地主所信任的政府,力图阻止革命并把战争进行到最
　　后胜利。二月革命后,立宪民主党在资产阶级临时政府中居于领导地位,
　　竭力阻挠土地问题、民族问题等基本问题的解决,并奉行继续帝国主义战
　　争的政策。七月事变后,它支持科尔尼洛夫叛乱,阴谋建立军事独裁。十月
　　革命胜利后,苏维埃政府于1917年11月28日(12月11日)宣布立宪民主党

为"人民公敌的党"。该党随之转入地下,继续进行反革命活动,并参与白卫将军的武装叛乱。国内战争结束后,该党上层分子大多数逃亡国外。1921年5月,该党在巴黎召开代表大会时分裂,作为统一的党不复存在。——57、179、259、312、321。

40 无题派是指1906年在彼得堡出版的《无题》周刊的组织者和参加者——谢·尼·普罗柯波维奇、叶·德·库斯柯娃、瓦·雅·鲍古查尔斯基、维·韦·波尔土加洛夫、瓦·瓦·希日尼亚科夫等人。无题派是一批原先信奉合法马克思主义和经济主义、后来参加了解放社的俄国资产阶级自由派知识分子,他们公开宣布自己是西欧批判社会主义的拥护者,支持孟什维克和立宪民主党人。列宁称无题派为孟什维克化的立宪民主党人或立宪民主党人化的孟什维克。无题派后来集结在左派立宪民主的《同志报》周围。——57。

41 指像俄国历史学家德·伊·伊洛瓦伊斯基那样研究历史。伊洛瓦伊斯基把历史主要归结为帝王将相的活动,用种种次要的和偶然的事件来解释历史过程。——58。

42 反社会党人非常法即《反对社会民主党企图危害治安的法令》,是德国俾斯麦政府从1878年10月起实行的镇压工人运动的反动法令。这个法令规定取缔德国社会民主党和一切进步工人组织,封闭工人刊物,没收社会主义书报,并可不经法律手续把革命者逮捕和驱逐出境。在反社会党人非常法实施期间,有1 000多种书刊被查禁,300多个工人组织被解散,2 000多人被监禁和驱逐。在工人运动压力下,反社会党人非常法于1890年10月被废除。——58。

43 指1877年5月27—29日在哥达举行的德国社会主义工人党代表大会。

  这年1—5月,恩格斯在该党中央机关报《前进报》上发表了一组批判欧·杜林的文章(《反杜林论》第1编)。这引起了杜林分子的激烈反对。他们在这次代表大会上企图禁止《前进报》继续发表恩格斯的反对杜林的文章。代表大会没有接受他们的意见,但从实际考虑,决定今后不在《前进报》正刊而在其副刊上继续对各种理论问题展开争论。所以,《反杜林论》第2、3编是在《前进报》副刊上发表的。——58。

44 《前进报》(《Vorwärts》)是德国社会民主党的中央机关报（日报）。该报于
    1876年10月在莱比锡创刊，编辑是威·李卜克内西和威·哈森克莱维尔。
    1878年10月反社会党人非常法颁布后被查禁。1890年10月反社会党人非
    常法废除后，德国社会民主党哈雷代表大会决定把1884年在柏林创办的
    《柏林人民报》改名为《前进报》(全称是《前进·柏林人民报》)，从1891年1
    月起作为中央机关报在柏林出版，由威·李卜克内西任主编。恩格斯曾为
    《前进报》撰稿，帮助它同机会主义的各种表现进行斗争。1895年恩格斯逝
    世以后，《前进报》逐渐转入党的右翼手中。它支持过俄国的经济派和孟什
    维克。第一次世界大战期间持社会沙文主义立场。1933年停刊。——58。

45 讲坛社会主义者是指德国政治经济学新历史学派的代表人物阿·瓦格纳、
    古·施穆勒、路·布伦坦诺、威·桑巴特等。19世纪70年代，随着德国资本主
    义的迅速发展，阶级矛盾日益尖锐，新历史学派的教授们开始在大学讲坛
    上打着社会主义的幌子鼓吹资产阶级改良主义，以适应资产阶级阻挠马
    克思主义传播和工人运动发展的需要。他们指责资产阶级自由派忽视劳
    资问题的解决，资产阶级自由派反过来嘲讽他们那一套为讲坛社会主义。
    讲坛社会主义者硬说资产阶级国家是超阶级的组织，能够调和敌对的阶
    级，逐步地实行"社会主义"而不触动资本家的利益。他们把普鲁士政府实
    施的铁路国有化和俾斯麦策划的国家对烟草和烧酒的专卖都叫做"社会
    主义"。他们的纲领局限于组织对工人的疾病和不幸事故的保险以及在工
    厂立法方面采取某些措施，其目的是引诱工人放弃阶级斗争。讲坛社会主
    义是修正主义的思想来源之一。在俄国，合法马克思主义者宣扬讲坛社会
    主义的改良主义思想。——58。

46 此处是借用俄国作家尼·瓦·果戈理的小说《死魂灵》中的话。诺兹德列夫
    是《死魂灵》中的一个惯于信口开河、吹牛撒谎的无赖地主。他到处招摇撞
    骗，惹是生非。果戈理称他为"故事性的"人物，因为他每到一处，都要闹出
    点"故事"来。——59。

47 汉诺威决议是指1899年10月9—14日德国社会民主党在汉诺威举行的代
    表大会就"对党的基本观点和策略的攻击"问题通过的决议。代表大会之
    所以讨论这个问题并通过这项专门的决议，是因为以爱·伯恩施坦为首的
    修正主义者要修改马克思主义理论，并要求重新审查社会民主党的革命

政策和策略。奥·倍倍尔就这个问题作了报告。列宁给予这个报告以高度评价（见《列宁全集》第2版第23卷第382—388页）。代表大会以绝对多数票通过了倍倍尔提出的决议。该决议指出："资产阶级社会的发展至今并未提供任何理由使党放弃或改变自己对它的基本看法。党一如既往立足于阶级斗争，而根据这一点，工人阶级的解放只能是工人阶级本身的事业。因此，党认为工人阶级的历史任务是夺取政权，以便借助于政权，通过生产工具社会化和实行社会主义的生产与交换方式来保障最普遍的幸福生活。"在不拒绝与资产阶级各政党为达到一定的实际目标而进行暂时联合的同时，"党任何时候在自己全部活动中都完全保持独立自主，并把所取得的每一成就只看成是使它接近它的最终目标的一步"。决议最后写道："党没有任何理由要改变自己的主要要求和基本观点，或改变自己的策略和名称…… 党坚决反对模糊或改变党对待现存国家制度、社会制度以及资产阶级政党的态度的一切尝试。"

汉诺威决议虽然否决了修正主义者的要求，但没有对伯恩施坦主义及其代表人物进行有力的批判。这引起了左派社会民主党人（罗·卢森堡等）的不满。伯恩施坦的拥护者也对这个决议投了赞成票。——59。

48 吕贝克决议是指1901年9月22—28日德国社会民主党在吕贝克举行的代表大会通过的决议。这次代表大会最为关注的是同修正主义作斗争的问题。当时修正主义已经最终形成，既有自己的纲领，也有自己的机关刊物（《社会主义月刊》）。修正主义者的首领爱·伯恩施坦在代表大会上发言，要求对马克思主义有"批评自由"。吕贝克代表大会就伯恩施坦问题展开了辩论，并以多数票通过决议，指出："党代表大会无保留地承认自我批评对于我党在思想上的继续发展是必要的。但是，伯恩施坦同志最近一些年来完全片面地从事这种批评，而对资产阶级社会及其代表却不加批评，这种做法使他处于一种暧昧地位并引起党内大部分同志的不满。"尽管在吕贝克决议中对伯恩施坦提出了直接的警告，但由于多数领袖采取调和主义立场，大会没有在原则上提出修正主义者不得留在社会民主党内的问题。——59。

49 指德国社会民主党斯图加特代表大会。

德国社会民主党斯图加特代表大会于1898年10月3—8日举行。这次代表大会第一次讨论了德国社会民主党内的修正主义问题。侨居国外的爱·伯恩施坦给大会寄来的一份专门声明,为他以前在《新时代》杂志上发表的题为《社会主义问题》的一组文章中的机会主义观点辩护。代表大会宣读了他的这份声明。从代表大会的讨论中看到,反对伯恩施坦的人的意见是不一致的。以奥·倍倍尔、卡·考茨基为首的一部分人害怕党的分裂,力主把反对伯恩施坦主义的原则斗争同小心谨慎的党内策略结合起来;以罗·卢森堡、亚·李·帕尔乌斯为首的一部分人持比较坚决的立场,主张开展广泛深入的辩论,不怕分裂,他们在代表大会上处于少数地位。大会没有就此问题作出任何决议。会后,在该党的报刊上展开了辩论。——59。

50 斯塔罗韦尔(亚·尼·波特列索夫)在《发生了什么事情?》一文(载于1901年4月《曙光》杂志第1期)中说:"为什么在我们的土地上,马克思主义中的臭名远扬的'改良派'(指伯恩施坦)的怀疑论比在任何地方获得的成就都大?同时为什么在俄罗斯,这种理论的隐蔽的拥护者这么多,公开的拥护者这么少?伯恩施坦主义就像不可告人的暗疾,得了这种病通常是不好大声坦白承认的。"——60。

51 "自命不凡的作家"是俄国作家阿·马·高尔基的一篇短篇小说的标题。——62。

52 列宁在这里指的是他自己写的《民粹主义的经济内容及其在司徒卢威先生的书中受到的批评(马克思主义在资产阶级著作中的反映)》和《〈十二年来〉文集序言》(见《列宁全集》第2版第1卷第297—465页和《列宁全集》第2版第16卷第86—105页)。1894年秋,列宁在彼得堡革命马克思主义者和合法马克思主义者代表参加的一次讨论上,作了题为《马克思主义在资产阶级著作中的反映》的报告。上述文章就是在这个报告的基础上于1894年底至1895年初写成的。此文最初用克·土林的笔名刊载于1895年4月出版的《说明我国经济发展状况的资料》文集。1907年底,列宁把这篇文章编入了《十二年来》文集。在《〈十二年来〉文集序言》中,列宁说明了这篇文章写作的历史背景和经过。

《说明我国经济发展状况的资料》文集,即下段正文中提到的《俄国经济发展问题的资料》,于1895年4月由公开的印刷所印了2 000册。除列宁的上述文章外,文集还收入了格·瓦·普列汉诺夫的《悲观论是经济现实的反映》、《向我们的论敌进一言(俄国著作界的文明史资料)》,彼·伯·司徒卢威的《致我的批评者》以及其他文章。沙皇政府先是禁止该文集发行，一年后又将其没收焚毁。保存下来的仅有100册，在彼得堡等城市的社会民主党人手中秘密传阅。——62。

53 赫罗斯特拉特是公元前4世纪希腊人。据传说，他为了扬名于世，在公元前356年纵火焚毁了被称为世界七大奇观之一的以弗所城阿尔蒂米斯神殿。后来，赫罗斯特拉特的名字成了不择手段追求名声的人的通称。——64。

54 指爱·伯恩施坦的《社会主义的前提和社会民主党的任务》一书。该书于1901年出了三种俄文译本，书名互不相同：(1)《历史唯物主义》，莉·坎采尔译，圣彼得堡知识出版社出版(这个译本在一年内出了两版)；(2)《社会问题》，彼·谢·科甘译，莫斯科康恰洛夫斯基出版社出版；(3)《社会主义问题和社会民主党的任务》，К.Я.布特科夫斯基译，莫斯科叶菲莫夫出版社出版。——64。

55 谢·瓦·祖巴托夫向工人推荐爱·伯恩施坦和谢·尼·普罗柯波维奇的著作一事，是署名"一位原经济主义者"的读者给《火星报》编辑部的信中揭露的。尔·马尔托夫在《再论当前的政治腐蚀》一文(载于1901年11月《火星报》第10号)中，引用了这封信中的材料。——64。

56 《往事》杂志(《Былое》)是俄国历史刊物，主要研究民粹主义和更早的社会运动(十二月党人、彼得拉舍夫斯基派等)的历史。该杂志由弗·李·布尔采夫创办，1900—1904年在伦敦和巴黎出版了6期。1906—1907年，该杂志在彼得堡出版(月刊)，编辑是瓦·雅·鲍古查尔斯基和帕·叶·晓戈列夫，布尔采夫也参加编辑工作。1907年该杂志被沙皇政府查封后，为代替杂志第11、12期出版了历史文集《我们的国家》。1908年改出《过去的年代》杂志，1909年改为历史文集《过去》。1908年布尔采夫恢复了《往事》杂志的国外版(巴黎)，一直出到1912年。在俄国，《往事》杂志于1917年7月在彼得格勒复刊。十月革命后由晓戈列夫担任编辑继续出版，1926年停刊。——65。

57 指《〈工人事业〉编辑部指南》。这是一本揭露俄国社会民主党人队伍中的机会主义、主要是国外俄国社会民主党人联合会及其机关刊物《工人事业》杂志编辑部的经济主义观点的资料汇编，由格·瓦·普列汉诺夫编辑、写序，劳动解放社于1900年2月在日内瓦出版。——65。

58　《宣言书》是基辅委员会在1899年起草的一份传单。这份传单表明了基辅委员会的机会主义观点，其内容有很多地方和经济派的《信条》相同。列宁在《论〈宣言书〉》一文中对这个文件进行了批判（见《列宁全集》第2版第4卷第272—281页）。列宁原打算在征得基辅委员会的同意后把《宣言书》连同他的《论〈宣言书〉》一起发表，但因基辅委员会不赞成而未果。——65。

59　《关于恢复"劳动解放社"出版物的声明》是劳动解放社在1899年10月下旬收到列宁写的《俄国社会民主党人抗议书》之后，于12月由帕·波·阿克雪里罗得起草、格·瓦·普列汉诺夫定稿的一个文件。在这个声明中，劳动解放社表示完全赞同《抗议书》提出的对俄国和国际社会民主党队伍中的机会主义进行坚决斗争的号召。声明于1900年初印成单页发表，并收入《〈工人事业〉编辑部指南》一书的《附录》。声明所阐述的纲领，直到《火星报》和《曙光》杂志出版才得到实现。
　　　　　　关于劳动解放社，见注15。——69。

60　指国外俄国社会民主党人联合会第三次代表大会。
　　　　　　国外俄国社会民主党人联合会第三次代表大会于1901年9月下半月在苏黎世举行。这次代表大会的决议表明，机会主义在联合会里取得了最终胜利。大会对1901年六月代表会议决议（俄国社会民主工党各国外组织的原则协议）作了带有明显的机会主义性质的修正和补充。这就预先决定了在这次代表大会几天以后举行的俄国社会民主工党国外组织"统一"代表大会的失败。第三次代表大会还批准了《给〈工人事业〉编辑部的指示》，这个指示只字不提国际社会民主运动和俄国社会民主运动中革命倾向和机会主义倾向的斗争，不提批判修正主义和论证马克思主义革命本质的必要性。——69。

61　"但愿你们拉也拉不完！"这句话出自俄罗斯民间故事《十足的傻瓜》。傻瓜伊万努什卡经常说些不合时宜的话，因此而挨揍。一次，他看到农民在脱粒，叫喊道："你们脱三天，只能脱三粒！"为此他挨了一顿打。傻瓜回家向母亲哭诉，母亲告诉他："你应该说，但愿你们打也打不完，运也运不完，拉也拉不完！"第二天，傻瓜看到人家送葬，就叫喊道："但愿你们运也运不完，拉也拉不完！"结果又挨了一顿打。——70、133。

62　哥达纲领即德国社会主义工人党纲领。这个纲领是在德国两个社会党

——爱森纳赫派(1869年成立的社会民主工党)和拉萨尔派(1863年成立的全德工人联合会)——于1875年5月在哥达举行的合并代表大会上通过的。哥达纲领比爱森纳赫派的纲领倒退了一步,它是爱森纳赫派不惜一切代价追求合并、向拉萨尔派作了无原则的妥协和让步的产物。纲领宣布党的目的是解放工人阶级和建立社会主义社会,但是回避了社会主义革命和无产阶级夺取政权的问题,并写进了一系列拉萨尔主义的论点,如所谓"铁的工资规律",所谓对无产阶级说来其他一切阶级都是反动的一帮,工人阶级只有通过普选权和由国家帮助建立生产合作社才能达到自己的目的,应当用一切合法手段建立所谓"自由国家"等。马克思和恩格斯对哥达纲领的草案作了彻底的批判(见《马克思恩格斯选集》第3卷人民出版社1972年版第1—25页),但他们的意见没有被认真考虑。哥达纲领于1891年被爱尔福特纲领代替。——70。

63 指帕·波·阿克雪里罗得1898年写的小册子《论俄国社会民主党人的当前任务和策略问题》。他在这本小册子中说,在社会民主党把注意力仅仅集中到纯经济斗争时,那些无法给自己的政治追求找到出路的无产阶级最革命分子就可能像70年代那样去从事恐怖活动,或者去从事任何一种资产阶级民主革命活动。——70。

64 蒲鲁东主义是以法国无政府主义者皮·约·蒲鲁东为代表的小资产阶级社会主义流派,产生于19世纪40年代。蒲鲁东主义从小资产阶级立场出发批判资本主义所有制,把小商品生产和交换理想化,幻想使小资产阶级私有制永世长存。它主张建立"人民银行"和"交换银行",认为它们能帮助工人购置生产资料,使之成为手工业者,并能保证他们"公平地"销售自己的产品。蒲鲁东主义反对任何国家和政府,否定任何权威和法律,宣扬阶级调和,反对政治斗争和暴力革命。马克思在《哲学的贫困》这部著作中,对蒲鲁东主义作了彻底的批判。列宁称蒲鲁东主义为不能领会工人阶级观点的市侩和庸人的痴想。蒲鲁东主义被资产阶级的理论家们广泛地利用来鼓吹阶级调和。——72。

65 《论鼓动》这本小册子是阿·约·克列梅尔在1894年写的,经尔·马尔托夫审订。该书起初以手抄本和胶印本的形式流传,后于1896年底在日内瓦出版。帕·波·阿克雪里罗得为它写了序言和跋。该书总结了社会民主党人在维尔诺的工作经验,号召放弃闭塞的小组宣传活动,而转向在工人中间进行群众性的鼓动工作,因此对俄国社会民主党人有很大的影响。但它夸大纯经济斗争的作用和意义,含有经济主义的萌芽。格·瓦·普列汉诺夫在《再论社会主义和政治斗争》一文中对它作了批评性的分析。——77。

66　这篇社论标题为《告俄国工人》,系列宁所写,至今没有找到。——77。

67　《俄国旧事》杂志(《Русская Старина》)是俄国历史刊物(月刊),由米·伊·谢美夫斯基创办,1870—1918年在彼得堡出版。该杂志主要登载俄国国务活动家和文化界人士的回忆录、日记、札记、函件等以及各种文献资料。它是俄国第一家长期刊登俄国革命运动史料的杂志。——77。

68　指沙皇政府对雅罗斯拉夫尔纺织厂工人罢工的镇压。这次罢工发生于1895年4—5月。罢工的起因是厂方采用新的计件单价,降低了工人的工资收入。参加罢工的有4 000多工人。罢工遭到特地调来的沙皇军队法纳戈里团的镇压,结果工人死1人,伤14人,11人被交付法庭审判。沙皇尼古拉二世在呈交给他的关于雅罗斯拉夫尔纺织厂事件的报告上批道:"感谢法纳戈里团的好汉们在工厂闹风潮期间采取坚定果敢的行动。"——78。

69　《圣彼得堡工人小报》(《С.-Петербургский Рабочий Листок》)是俄国彼得堡工人阶级解放斗争协会的秘密报纸。共出过两号:第1号于1897年2月(报上印的是1月)在俄国油印出版,共印300—400份;第2号于同年9月在日内瓦铅印出版。该报提出要把工人阶级的经济斗争同广泛的政治要求结合起来,并强调必须建立工人政党。——78。

70　《工人报》(《Рабочая Газета》)是基辅社会民主党人小组的秘密报纸,波·李·埃杰尔曼、巴·卢·图恰普斯基、尼·阿·维格多尔契克等任编辑,在基辅出版。共出过两号:第1号于1897年8月出版;第2号于同年12月出版(报纸上印的日期是11月)。图恰普斯基曾受编辑部委派出国同劳动解放社建立联系,得到了格·瓦·普列汉诺夫等给报纸撰稿的许诺。《工人报》和彼得堡工人阶级解放斗争协会也有联系。《工人报》参与了1898年3月召开的俄国社会民主工党第一次代表大会的筹备工作,并被这次代表大会承认为党的正式机关报。代表大会以后不久,《工人报》的印刷所被警察破获和捣毁,已编好待发排的第3号没能出版。1899年该报试图复刊,没有成功。

——78。

71　非正式会议是指"老年派"即彼得堡工人阶级解放斗争协会的创建人列宁、阿·亚·瓦涅耶夫、格·马·克尔日扎诺夫斯基、尔·马尔托夫等同斗争协会新成员的代表一起于1897年2月26日和3月1日之间在彼得堡斯·伊·拉德琴柯和马尔托夫的住处举行的会议。当时俄国当局允许协会的老成员在赴西伯利亚流放地之前在彼得堡停留三天处理私事,非正式会议就是利用这个时机举行的。会上,"老年派"和"青年派"之间在组织问题和策略问题上发生了严重分歧。但是,曾于1893—1895年参加"老年派"小组的阿·亚·雅库波娃,坚持刚刚产生的经济主义的观点,而"青年派"分子波·伊·哥列夫(戈尔德曼)却支持列宁等"老年派"。列宁后来在康·米·塔赫塔廖夫给《火星报》编辑部的信上加的按语中说:"可见,我的划分的不准确之处就在于,有一个'青年派'分子维护'老年派',有一个'老年派'分子维护'青年派'。"此信和按语载于1903年5月15日《火星报》第40号。——79。

72　《〈工作者〉小报》(《Листок《Работника》》)是国外俄国社会民主党人联合会的不定期刊物《工作者》文集的附刊,1896年至1898年在日内瓦出版。共出了10期。第1—8期由劳动解放社编辑。后因联合会大多数成员转向经济主义,劳动解放社拒绝继续编辑联合会的出版物。《〈工作者〉小报》第9—10期合刊由经济派编辑,于1898年11月出版。——80。

73　指俄国沙皇政府的警察。——81。

74　瓦·沃·是19世纪80—90年代俄国自由主义民粹派思想家瓦·巴·沃龙佐夫的笔名。他为陈腐的民粹派思想辩护,到90年代堕落成为否定群众政治斗争的反动分子。列宁所说的"俄国社会民主党中的瓦·沃·",是指俄国社会民主党中的机会主义思潮的代表——经济派,他们把工人阶级的政治斗争放到次要地位,向工人阶级宣扬原始的狭隘的斗争方法和渺小的斗争目的,因而在工人运动中起反动作用。——82。

75　《新时代》杂志(《Die Neue Zeit》)是德国社会民主党的理论刊物,1883—1923在斯图加特出版。1890年10月前为月刊,后改为周刊。1917年10月以前编辑为卡·考茨基,以后为亨·库诺。1885—1895年间,杂志发表过马克思和恩格斯的一些文章。恩格斯经常关心编辑部的工作,并不时帮助它

纠正背离马克思主义的倾向。为杂志撰过稿的有威·李卜克内西、保·拉法
格、格·瓦·普列汉诺夫、罗·卢森堡、弗·梅林等国际工人运动的活动家。
《新时代》杂志在介绍马克思主义基本理论、宣传俄国1905—1907年革命
等方面做了有益的工作。随着考茨基转到机会主义立场,1910年以后,《新
时代》杂志成了中派分子的刊物。第一次世界大战期间,它持中派立场,实
际上支持社会沙文主义者。——84、143。

76　指1901年11月2—6日举行的奥地利社会民主党维也纳代表大会通过的新
党纲。1899年的布隆代表大会提出了修改1888年的海因菲尔德纲领以适
应已经变化了的奥地利工人阶级的斗争条件的问题。当时成立了一个专
门委员会来起草新党纲,主要起草者是维·阿德勒。党纲草案于1901年8月
公布。党内对它提出了一系列批评性意见,主要是指责它向伯恩施坦主义
让步。卡·考茨基在1901年10月19日《新时代》杂志第3期上发表了列宁在
这里引用的文章:《修改奥地利社会民主党纲领》。考茨基把党纲的新旧条
文加以对照,主张保留海因菲尔德纲领的原则部分,因为它比较充分和正
确地说明了社会民主党对历史发展总过程和工人阶级的任务的看法。阿
德勒不同意考茨基的建议。后来这个党纲草案经过维也纳代表大会纲领
委员会稍加修改后通过。——84。

77　进步党是普鲁士资产阶级的政党,于1861年6月成立,创始人和领袖为鲁·
微耳和、贝·瓦尔德克、赫·舒尔采-德里奇、汉·维·翁鲁等。进步党要求在
普鲁士领导下统一德国、召开全德议会、建立对众议院负责的强有力的自
由派内阁。1866年10月,进步党中的右翼分裂出去组成民族自由党。1884
年,进步党同民族自由党中分裂出来的左翼合并组成德国自由思想党。
1893年,该党又分裂成自由思想同盟和自由思想人民党两派。进步党仇视
社会主义,把德国社会民主党作为它的主要敌人。为了同社会民主党进行
斗争和对工人阶级施加影响,进步党的活动家舒尔采-德里奇、麦·希尔
施、弗·敦克尔等人积极进行了建立工会的活动。——86。

78　指1899年在彼得堡出版的谢·尼·普罗柯波维奇的《西欧工人运动。批判性
研究的尝试。第1卷。德国和比利时》一书和载于1899年《社会立法和统计
学文库》杂志第14卷的彼·伯·司徒卢威的《马克思的社会发展理论》一文
以及他为爱·伯恩施坦的《社会主义的前提和社会民主党的任务》、卡·考

茨基的《伯恩施坦与社会民主党的纲领》两本书写的书评。普罗柯波维奇在书中企图证明德国和比利时的工人运动缺少进行革命斗争和实行社会民主党的革命政策的条件。司徒卢威在文章中企图驳倒马克思主义理论及其哲学前提,证明社会矛盾越来越不尖锐,否认社会革命和无产阶级专政的必要性。——86。

79 希尔施—敦克尔工会是德国改良主义工会组织,1868年由进步党活动家麦·希尔施和弗·敦克尔建立。该工会的组织者们鼓吹劳资利益"和谐"论,认为资本家也可以加入工会,否定罢工斗争的合理性。他们声称:在资本主义社会的范围内,通过国家立法和工会组织的帮助就能使工人摆脱资本的压迫;工会的主要任务是在工人与企业主之间起媒介作用和积累资金。希尔施—敦克尔工会主要从事组织互助储金会和建立文化教育团体的活动。它在德国工人运动中从来不是一支主要力量,直到1897年它的会员不过75 000人,而社会民主党的工会会员已达419 000人。1933年,希尔施—敦克尔工会的机会主义活动家加入了法西斯的"劳动战线"。——87。

80 《前夕》杂志(《Накануне》)是俄国民粹派的刊物,由叶·亚·谢列布里亚科夫主编,1899年1月至1902年2月在伦敦用俄文出版,共出版了37期。该杂志宣传一般民主主义观点,敌视马克思主义,特别敌视俄国革命社会民主党。在它的周围集结了一批各种小资产阶级党派的代表人物。——89。

81 这里说的是劳动解放社和《工人事业》杂志的论战。列宁1897年底在西伯利亚流放地写的《俄国社会民主党人的任务》(见本书第25—45页),于1898年下半年由劳动解放社在日内瓦出版。帕·波·阿克雪里罗得在给这本小册子写的序言中表示赞同列宁的观点,并指出,不久前到国外来的年轻同志同列宁这本小册子的观点相距甚远。阿克雪里罗得提到的"年轻同志",是指当时已转向经济主义并在国外俄国社会民主党人联合会中起领导作用的那一批人(即后来的工人事业派)。1899年4月,《工人事业》杂志第1期刊登了对《俄国社会民主党人的任务》这本小册子的评论。《工人事业》杂志编辑部在评论中掩饰自己的真实倾向,否认国外俄国社会民主党人联合会的机会主义性质,否认经济派在俄国社会民主党组织中的影响有所增强,断言列宁阐述的观点同该编辑部的纲领完全一致,并说编辑部不知道阿克雪里罗得在小册子的序言中所说的究竟是哪些年轻的同志。

1899年8月,阿克雪里罗得在给《工人事业》杂志的信中驳斥了上述论点。他说:《工人事业》杂志试图证明自己同列宁所阐述的观点一致是完全没有根据的,并且指出,在俄国社会民主党内已经出现了一个转向经济主义的派别("青年派"),这个派别力图"人为地使俄国社会民主党停留在原始发展阶段上"。

1899年12月,《工人事业》杂志作为单行本刊印了列宁在1899年夏写的《俄国社会民主党人抗议书》(见《列宁全集》第2版第4卷第144—156页),并加写了编后记。该杂志诡称赞同这一文献,并辩解说《信条》只不过是代表"个别人"的意见,又说担心俄国社会民主党可能向纯粹经济斗争方面发展是没有充分根据的。

1900年2月,劳动解放社出版了格·瓦·普列汉诺夫编的《〈工人事业〉编辑部指南》。书中公布了一系列文件和书信(包括《信条》作者叶·德·库斯柯娃和联合会书记格里申的带有政治性的私人信件),证实在集结于俄国社会民主党人联合会和《工人事业》杂志周围的侨居国外的社会民主党人中间,机会主义分子和经济主义思想实际上占了统治地位。

1900年2—3月,《工人事业》杂志编辑波·尼·克里切夫斯基针对阿克雪里罗得的《信》和普列汉诺夫的《指南》写了编辑部的《回答》,十分明显地暴露了该杂志的机会主义性质。

后来,同《工人事业》杂志的论战转由《火星报》和《曙光》杂志继续进行。——90。

82　指《社会民主党人报》。

《社会民主党人报》(《Der Sozialdemokrat》)是反社会党人法施行期间德国社会民主党的中央机关报(周报)。它的主要领导人是威·李卜克内西。1879年9月—1888年9月在苏黎世出版,1888年10月—1890年9月在伦敦出版。1879年9月—1880年1月格·亨·福尔马尔任编辑,1881—1889年爱·伯恩施坦任编辑。该报虽然在初期存在一些缺点和错误,但在恩格斯持续不断的指导和帮助下,坚持了革命策略,在聚集和组织德国社会民主党的力量方面起了卓越作用。恩格斯曾称赞它是德国党的旗帜。反社会党人法废除后,《社会民主党人报》停刊。——94。

83　纳尔苏修斯·土波雷洛夫是尔·马尔托夫在他的一首题为《现代俄国社会党人之歌》的讽刺诗上所署的戏谑性笔名,意为骄矜的蠢猪。这首诗载于

1901年《曙光》杂志第1期。诗中嘲笑了经济派的观点及其对自发性的盲目崇拜。——96。

84　《进一步，退两步（我们党内的危机）》一书于1904年5月在日内瓦出版。它在马克思主义历史上第一次详尽地批判了组织上的机会主义，制定了马克思主义革命政党的组织原则。为了写这本书，列宁在几个月的时间内详细地研究了1904年1月发表的俄国社会民主工党第二次代表大会会议记录和决议、每个代表的发言、大会上所形成的各政治派别、党中央委员会和总委员会的各种文件。从《〈进一步，退两步〉一书材料》（《列宁全集》第2版第8卷第477—496页）中可以看到，列宁写作此书的准备工作是做得非常细致、扎实的。

　　这本书一出版，就受到孟什维克的恶毒攻击。格·瓦·普列汉诺夫要求中央委员会同列宁的书划清界限。中央委员会里的调和派也曾试图阻止它的印刷和发行。尽管如此，列宁的这部著作仍在俄国先进工人中得到广泛传播。——99。

85　指俄国社会民主工党第二次代表大会。

　　俄国社会民主工党第二次代表大会于1903年7月17日（30日）—8月10日（23日）召开。7月24日（8月6日）前，代表大会在布鲁塞尔开了13次会议。后因比利时警察将一些代表驱逐出境，代表大会移至伦敦继续开了24次会议。

　　代表大会是《火星报》筹备的。列宁为代表大会起草了一系列文件，并详细拟订了代表大会的议程和议事规程。

　　出席代表大会的有43名有表决权的代表，他们代表着26个组织（劳动解放社、《火星报》组织、崩得国外委员会和中央委员会、俄国革命社会民主党人国外同盟、国外俄国社会民主党人联合会以及俄国社会民主党的20个地方委员会和联合会），共有51票（有些代表有两票）。出席代表大会的有发言权的代表共14名。代表大会的成分不一，其中有《火星报》的拥护者，也有《火星报》的反对者以及不坚定的动摇分子。

　　列宁被选入代表大会常务委员会，主持了多次会议，几乎就所有问题发了言。他还是纲领委员会、章程委员会和代表资格审查委员会的委员。

　　代表大会要解决的最重要的问题是批准党纲、党章以及选举党的中央领导机关。列宁及其拥护者在大会上同机会主义分子作了坚决的斗争。

代表大会否决了机会主义分子要按照西欧各国社会民主党的纲领的精神来修改《火星报》编辑部制定的纲领草案的一切企图。大会先逐条讨论和通过党纲草案,然后由全体代表一致通过了整个纲领(有1票弃权)。在讨论党章时,会上就建党的组织原则问题展开了尖锐的斗争。由于得到反火星派和"泥潭派"(中派)的支持,尔·马尔托夫提出的为不坚定分子入党大开方便之门的党章第1条条文,以微弱的多数票为大会所通过。但是代表大会还是基本上批准了列宁制定的党章。

大会票数的划分起初是:火星派33票,"泥潭派"(中派)10票,反火星派8票(3名工人事业派分子和5名崩得分子)。在彻底的火星派(列宁派)和"温和的"火星派(马尔托夫派)之间发生分裂后,彻底的火星派暂时处于少数地位。但是,8月5日(18日)7名反火星派分子(2名工人事业派分子和5名崩得分子)因不同意代表大会的决议而退出了大会。在选举中央机关时,得到反火星派分子和"泥潭派"的支持的马尔托夫派(共7人)成为少数派,共有20票(马尔托夫派9票,"泥潭派"10票,反火星派1票),而团结在列宁周围的20名彻底的火星派分子成为多数派,共有24票。列宁及其拥护者在选举中得到了胜利。代表大会选举列宁、马尔托夫和格·瓦·普列汉诺夫为中央机关报《火星报》编辑部成员,格·马·克尔日扎诺夫斯基、弗·威·林格尼克和弗·亚·诺斯科夫为中央委员会委员,普列汉诺夫为党总委员会委员。从此,列宁及其拥护者被称为布尔什维克(俄语多数派一词的音译),而机会主义分子则被称为孟什维克(俄语少数派一词的音译)。

俄国社会民主工党第二次代表大会具有重大的历史意义。列宁说:"布尔什维主义作为一种政治思潮,作为一个政党而存在,是从1903年开始的。"(见本书第245页)——99。

86　指俄国革命社会民主党人国外同盟。

俄国革命社会民主党人国外同盟是根据列宁的倡议由《火星报》和《曙光》杂志国外组织同"社会民主党人"组织于1901年10月在瑞士合并组成的。根据章程,同盟是《火星报》组织的国外部,其任务是协助《火星报》和《曙光》杂志的出版和传播,在国外宣传革命的社会民主党的思想,帮助俄国各社会民主党组织培养积极的活动家,向政治流亡者介绍俄国革命进程等。在1903年召开的俄国社会民主工党第二次代表大会上,同盟被承认为享有党的地方委员会权利的唯一国外组织。俄国社会民主工党第二次代表大会以后,孟什维克的势力在同盟内增强,他们于1903年10月召开同盟第二次代表大会,反对布尔什维克。列宁及其拥护者曾退出代表大会。孟什维克把持的同盟通过了同俄国社会民主工党章程相抵触的新章程。从此同盟就成为孟什维主义在国外的主要堡垒,直至1905年同盟撤销为止。——100。

87 泥潭派原来是18世纪法国资产阶级革命中人们给国民公会里的中派集团取的绰号,又译沼泽派,也称平原派,因他们的席位处在会场中较低的地方,故有此称。泥潭派在国民公会中占多数,代表中等工商业资产者的利益。他们没有自己的纲领,在各政治派别的斗争中依违于左派和右派之间,而总是站到当时力量较强者的一边。泥潭派一词后来成了那些动摇不定、企图回避斗争的派别的通称。——100。

88 庞巴杜尔出自俄国作家米·叶·萨尔蒂科夫-谢德林的讽刺作品《庞巴杜尔先生们和庞巴杜尔女士们》。作家在这部作品中借用法国国王路易十五的情妇庞巴杜尔这个名字塑造了俄国官僚阶层的群像。"庞巴杜尔"一词后来成了沙皇政府昏庸横暴、刚愎自用的官吏的通称。——101。

89 土地和自由社是俄国民粹派的秘密革命组织,1876年在彼得堡成立,起初称为北方革命民粹主义小组、民粹派协会,1878年底改称土地和自由社(19世纪60年代初出现的一个俄国革命组织也叫土地和自由社)。该社著名活动家有:马·安·和奥·亚·纳坦松夫妇、亚·德·米哈伊洛夫、阿·费·米哈伊洛夫、阿·德·奥博列舍夫、格·瓦·普列汉诺夫、奥·瓦·阿普捷克曼、德·亚·克列缅茨、尼·亚·莫罗佐夫、索·李·佩罗夫斯卡娅等。土地自由派认为俄国可以走非资本主义的特殊发展道路,其基础就是农民村社。他们的纲领提出全部土地归"农村劳动等级"并加以"平均"分配、村社完全自治、"按地方意愿"把帝国分为几个部分等等。土地自由派认为俄国的主要革命力量是农民。他们在坦波夫、沃罗涅日等省进行革命工作,企图发动农民起义来反对沙皇政府。他们还出版和传播革命书刊,参加70年代末彼得堡的一些罢工和游行示威。他们的组织原则是遵守纪律、同志之间互相监督、集中制和保守秘密。由于对农村中革命运动日益感到失望,以及政府迫害的加剧,在土地和自由社内部逐渐形成了主张把恐怖活动作为同沙皇政府进行斗争的主要手段的一派。另一派主张继续采取原来的策略。

1879年8月,土地和自由社最终分裂,前者成立了民意党,后者组织了土地平分社。——102。

90　马尼洛夫精神意为耽于幻想、无所作为。马尼洛夫是俄国作家尼·瓦·果戈理的小说《死魂灵》中的一个地主。他生性怠惰,终日想入非非,崇尚空谈,刻意讲究虚伪客套。——105。

91　这一事件发生在1900年。汉堡的122名泥瓦工组织了"泥瓦工自由工会",在罢工期间违反泥瓦工工会中央联合会的禁令做包工活。泥瓦工工会汉堡分会向当地社会民主党组织提出了"泥瓦工自由工会"中的社会民主党党员的破坏罢工行为的问题。地方党组织把这一问题转交给社会民主党中央委员会处理。中央委员会指定党的仲裁法庭审理此案。仲裁法庭斥责了"泥瓦工自由工会"中的社会民主党党员的行为,但否决了把他们开除出党的建议。——109。

92　科斯季奇(米·索·兹博罗夫斯基)决议案所提出的党章第1条条文是:"凡承认党纲、在物质上帮助党并在党的一个组织领导下经常亲自协助党的人,可以作为该组织的党员。"(见《俄国社会民主工党第二次代表大会》1959年俄文版第281页)——113。

93　即组织委员会。
　　组织委员会是在1902年11月2—3日(15—16日)举行的普斯科夫会议上成立的,负责召集俄国社会民主工党第二次代表大会。1902年3月,经济派和崩得分子发起召开的俄国社会民主工党各委员会和组织的比亚韦斯托克代表会议曾选出由《火星报》的费·伊·唐恩、俄国社会民主工党南方各委员会和组织联合会的奥·阿·叶尔曼斯基、崩得中央委员会的К.Я.波尔特诺伊组成的组织委员会。但是代表会议结束不久,它的两名委员就被捕了,因此这个组织委员会事实上并未着手工作。
　　1902年春天和夏天,列宁在给《火星报》国内组织的成员——彼得堡的伊·伊·拉德琴柯和萨马拉的弗·威·林格尼克的信中,提出了成立新的组织委员会的任务(见《列宁全集》第2版第44卷第220、222、237—240页)。列宁认为,火星派应在组织委员会中起主导作用,同时为保持同比亚韦斯托克代表会议的继承关系,在制止崩得代表企图影响俄国社会民主党事务的条件下,吸收崩得代表加入组织委员会也是必要的。1902年8月2日

（15日），由列宁主持，在伦敦召开了一次火星派会议。参加会议的有弗·潘·克拉斯努哈、彼·阿·克拉西科夫和弗·亚·诺斯科夫。这次会议建立了俄国组织委员会的核心。会议决定邀请崩得和当时向《火星报》靠拢的南方工人社派代表参加组织委员会。同时给了组织委员会以增补新的委员的权利。

11月2—3日（15—16日），在普斯科夫举行了社会民主党各组织的代表会议，成立了由俄国社会民主工党彼得堡委员会的克拉斯努哈、《火星报》国内组织的伊·伊·拉德琴柯和南方工人社的叶·雅·列文组成的组织委员会。组织委员会还增补了《火星报》国内组织的克拉西科夫、弗·威·林格尼克、潘·尼·勒柏辛斯基、格·马·克尔日扎诺夫斯基和俄国社会民主工党北方协会的亚·米·斯托帕尼为委员（拉德琴柯、克拉斯努哈和勒柏辛斯基于会议后次日被捕）。会议还通过了《关于"组织委员会"成立的通告》，该《通告》于1902年12月在俄国印成单页出版。

崩得没有派代表出席这次会议，在《火星报》发表《关于"组织委员会"成立的通告》后不久，崩得在自己的报纸《最新消息》上发表声明攻击组织委员会。列宁在《论崩得的声明》（见《列宁全集》第2版第7卷第80—86页）一文中，尖锐地批判了崩得的立场。

1903年2月初，在奥廖尔举行了组织委员会的第2次会议。会议决定吸收《火星报》国内组织的罗·萨·哈尔贝施塔特和叶·米·亚历山德罗娃、南方工人社代表В.Н.罗扎诺夫、崩得代表波尔特诺伊参加组织委员会，并批准火星派分子波·伊·戈尔德曼、А.П.多利沃-多布罗沃尔斯基、罗·萨·捷姆利亚奇卡和崩得分子伊·李·艾森施塔特为组织委员会候补委员。会议制定并通过了代表大会章程草案和有权参加代表大会的组织的名单。代表大会章程草案分发给各地方委员会进行讨论。结果，在组织委员会列入有权参加代表大会组织名单的16个组织中，表决通过章程草案的全部条文的占三分之二以上；这样，代表大会的章程就得到了各地方组织的通过和批准。组织委员会根据这一章程进一步开展了党的第二次代表大会的筹备工作。

列宁在《进一步，退两步》一书中谈到组织委员会的工作时写道："组委会主要是一个负责召集代表大会的委员会，是一个有意吸收各种色彩的代表（直到崩得为止）组成的委员会；而实际建立党的组织统一工作，则完全由《火星报》组织来担负。"（见《列宁全集》第2版第8卷第274页）。——

115。

94　阿基里斯之踵意为致命弱点，出典于希腊神话。阿基里斯是希腊英雄珀琉
　　斯和海洋女神忒提斯所生的儿子。他的母亲为了使他和神一样永生不死，
　　在他出生后曾捏着他的脚后跟把他放进冥河的圣水里浸过。他的脚后跟
　　因为没有沾上圣水就成了他唯一可能受到伤害的部位。后来阿基里斯果
　　然被暗箭射中脚后跟而死。——116。

95　崩得分子即崩得的成员。崩得是立陶宛、波兰和俄罗斯犹太工人总联盟的
　　简称，1897年9月在维尔诺成立。参加这个组织的主要是俄国西部各省的
　　犹太手工业者。崩得在成立初期曾进行社会主义宣传，后来在争取废除反
　　犹太人特别法律的斗争过程中滑到了民族主义立场上。在1898年俄国社
　　会民主工党第一次代表大会上，崩得作为只在专门涉及犹太无产阶级的
　　问题上独立的“自治组织”加入了俄国社会民主工党。在1903年俄国社会
　　民主工党第二次代表大会上，崩得分子要求承认崩得是犹太无产阶级的
　　唯一代表。在代表大会否决了这个要求之后，崩得退出了党。在1906年俄
　　国社会民主工党第四次（统一）代表大会后，崩得重新加入了党。崩得从
　　1901年起，是俄国工人运动中民族主义和分离主义的代表。它在党内一贯
　　支持机会主义派别（经济派、孟什维克和取消派），反对布尔什维克。第一
　　次世界大战期间，崩得分子采取社会沙文主义立场。1917年二月革命后，
　　崩得支持资产阶级临时政府。1918—1920年外国武装干涉和国内战争时
　　期，崩得的领导人同反革命势力勾结在一起，而一般的崩得分子则开始转
　　变，主张同苏维埃政权合作。1921年3月崩得自行解散，部分成员加入了俄
　　国共产党（布）。——120。

96　帕·波·阿克雪里罗得的这些话出自他的《俄国社会民主党的统一及其任
　　务》一文，其中自由派的文坛领袖是指彼·伯·司徒卢威，资产阶级民主派
　　的领袖是暗指列宁。——124。

97　这里说的是合法马克思主义的主要代表人物彼·伯·司徒卢威。1894年
　　秋，列宁在彼得堡革命马克思主义者和合法马克思主义者代表参加的一
　　次讨论会上，作了题为《马克思主义在资产阶级著作中的反映》的报告，
　　批判了司徒卢威同其他合法马克思主义者的观点。这篇报告后来成为他
　　1894年底至1895年初撰写的《民粹主义的经济内容及其在司徒卢威先生

的书中受到的批评(马克思主义在资产阶级著作中的反映)》一文(见《列宁全集》第2版第1卷第297—465页)的基础。——124。

98 列宁指尔·马尔托夫在《火星报》第62号上发表的《我们能这样去准备吗?》一文。该文与拥护多数派的三个乌拉尔委员会论战,反对它们坚持的必须建立严格保守秘密的组织以准备全俄武装起义的观点,认为这是空想和搞密谋活动,是19世纪40年代和60年代法国革命家的策略。——127。

99 他们在描画什么人的肖像?他们从哪里听过这种对话?出自俄国诗人米·尤·莱蒙托夫的对话体诗《编辑、读者与作家》。诗人通过读者对编辑的批评,表达了对当时一些文学作品的不满。列宁借用这句话来嘲讽新《火星报》。——128。

100 葡萄是酸的!一语出自俄国作家伊·安·克雷洛夫的寓言《狐狸和葡萄》。狐狸想吃葡萄够不着,就宽慰自己说:"这葡萄看上去挺好,其实都没熟,全是酸的!"——129。

101 铁弹是铁弹,炸弹是炸弹出自俄国说书艺人伊·费·哥尔布诺夫讲的故事《在大炮旁》。故事说,两个士兵在大炮旁边议论炮弹。士兵甲认为这门大炮要是装上铁弹就好了,士兵乙却认为要是装上炸弹就更好。两人争论起来,但谁也说不出一个所以然来,其实他们根本不懂得他们谈论的东西。——131。

102 这些话引自尔·马尔托夫的一首讽刺诗《现代俄国社会党人之歌》。另见注83。——134。

103 奥勃洛摩夫是俄国作家伊·亚·冈察洛夫的长篇小说《奥勃洛摩夫》的主人公,他是一个怠惰成性、害怕变动、终日耽于幻想、对生活抱消极态度的地主。——136、167、323。

104 吉伦特主义即自治制。法国资产阶级革命时期的吉伦特派在国家体制问题上主张各省自治,成立联邦。——138。

105 指1904年2月25日《火星报》第60号上刊载的尔·马尔托夫的文章《当务之急》。他在这篇文章中鼓吹党的地方委员会在决定自己的人选的问题上对中央委员会保持"独立性",并且攻击莫斯科委员会在讨论这个问题时通过的决议:该委员会根据党章第9条服从中央委员会一切命令。——139。

106　指德国社会民主党德累斯顿代表大会。

德国社会民主党德累斯顿代表大会于1903年9月13—20日举行。会议的中心议题是党的策略和同修正主义作斗争的问题。大会批评了爱·伯恩施坦、保·格雷、爱·大卫、沃·海涅等人的修正主义观点,并以压倒多数票(288票对11票)通过了谴责修正主义者力图改变党的以阶级斗争为基础的老策略的决议。但是代表大会没有把修正主义分子开除出党,他们在大会后继续宣传自己的机会主义观点。——141。

107　《社会主义月刊》(《Sozialistische Monatshefte》)是德国机会主义者的主要刊物,也是国际修正主义者的刊物之一,1897—1933年在柏林出版。编辑和出版者为右翼社会民主党人约·布洛赫。撰稿人有爱·伯恩施坦、康·施米特、弗·赫茨、爱·大卫、沃·海涅、麦·席佩尔等。第一次世界大战期间,该杂志持社会沙文主义立场。——141。

108　指维·伊·查苏利奇在1903年10月28日同盟代表大会第3次会议上的发言。在谈到党的第二次代表大会选举中央机关报编辑部的问题时,她认为,即使编辑部内部有分歧,由党的代表大会来改变编辑部的组成也是不必要的。——145。

109　解放派是俄国自由派资产阶级反对派,因其主要代表资产阶级知识分子和地方自治自由派人士于1902年6月创办《解放》杂志而得名。解放派以《解放》杂志为基础,于1904年1月在彼得堡成立解放社,领导人是伊·伊·彼特龙凯维奇和尼·费·安年斯基。解放社的纲领包括实行立宪君主制和普选制,保护"劳动群众利益"和承认各民族的自决权。1905年革命开始后,它又要求将一部分土地强制转让并分给少地农民、实行八小时工作制。解放社主张参加布里根杜马选举。1905年10月立宪民主党成立以后,解放社停止活动。解放社的左翼没有加入立宪民主党,另外组成了伯恩施坦主义的无题派。——145。

110　《法兰克福报》(《Frankfurter Zeitung》)是德国交易所经纪人的报纸,1856—1943年在美因河畔法兰克福出版。——146。

111　指尔·马尔托夫攻击多数派的诙谐性文章《俄国社会民主工党简明宪法

（"坚定派"最高章程)》。这个《宪法》作为他的《当务之急》一文的附录发表于1904年1月25日《火星报》第58号。马尔托夫在这个《宪法》中歪曲多数派的组织原则，说什么"党分为驱策者和被驱策者"；"为了利于集中制，驱策者有不同的信任级别，而被驱策者的权利都是平等的"等等。——150。

112 工人事业派是聚集在《工人事业》杂志周围的经济主义的拥护者。
　　　　关于《工人事业》杂志，见注27。——150。

113 沃罗涅日委员会是在以弗·彼·阿基莫夫和莉·彼·马赫诺韦茨为首的经济派影响下的一个俄国社会民主党组织。该委员会对在1902年11月普斯科夫会议上成立的组织委员会持敌对立场，不承认它有召开党的第二次代表大会的权力。该委员会散发诽谤性信件，辱骂组织委员会，并把在建立组织委员会中起了主要作用的《火星报》称为"社会民主党的鹰犬"，指责它实行分裂政策。由于这些原因，组织委员会认为不宜邀请该委员会参加代表大会。第二次代表大会批准了组织委员会的决定，指出："鉴于沃罗涅日委员会不承认组织委员会以及召开代表大会的章程，俄国社会民主工党第二次代表大会认为组织委员会无疑有权不邀请该委员会参加代表大会。"——151。

114 《社会民主党在民主革命中的两种策略》一书是列宁从理论上论证布尔什维克在第一次俄国革命中的战略和策略并批判孟什维克的机会主义策略的重要著作。列宁曾在《〈十二年来〉文集序言》中指出，这部著作系统地叙述了同孟什维克的基本策略分歧（见《列宁全集》第2版第16卷第103—104页）。
　　　　这部著作是在俄国社会民主工党第三次代表大会和与这个代表大会同时召开的孟什维克代表会议结束后不久，于1905年6—7月在日内瓦写的。书中的《补充说明》部分（见《列宁全集》第2版第11卷第98—124页）写于6月21日（7月4日）以后，而《序言》的写作时间则不早于7月13日（26日）。在撰写过程中，列宁曾为它拟过这样的标题：《社会民主党在民主革命中的两种策略（对俄国社会民主工党第三次代表大会的决议和分裂出去的社会民主党人代表会议的决议的看法和评论)》（见《列宁文稿》第12卷第147页）。在刊载于1905年6月20日（7月3日）《无产者报》第6号的《倒退的第三步》一文中，列宁曾预告这本书不久便可与读者见面（见《列宁全集》第

2版第10卷第308页），几个星期以后，7月27日（8月9日）《无产者报》第11号发表了这本书出版的消息。

《社会民主党在民主革命中的两种策略》一书于1905年由俄国社会民主工党中央委员会在日内瓦出版后，当年曾在俄国国内由俄国社会民主工党中央委员会和莫斯科委员会分别翻印。这一著作曾在彼得堡、莫斯科、彼尔姆、喀山、梯弗利斯、巴库等城市秘密流传，许多地下的党小组和工人小组都学习过。1907年2月，沙皇政府的彼得堡出版委员会下令查禁这本书。彼得堡高等法院于同年3月核准了这一禁令，并于12月进一步作出销毁列宁这部著作的决定。

列宁将《社会民主党在民主革命中的两种策略》编入了1907年11月中旬在彼得堡出版的《十二年来》文集，并加了一些新的脚注。《十二年来》文集出版后不久就被沙皇当局没收，但有很大一部分被抢救了出来。

这本书的手稿没有完全保存下来。在《列宁全集》俄文第5版第11卷中，这一著作是按照俄国社会民主工党中央委员会的版本刊印的，并依据保存下来的部分手稿和《十二年来》文集作了核对。——160。

115　黑海舰队"波将金公爵号"装甲舰的起义发生于1905年6—7月间。黑海舰队社会民主党组织中央委员会原准备在1905年秋天发动舰队所有舰只同时起义，但是"波将金号"在单独出航进行射击演习期间于1905年6月14日（27日）过早地自发举行了起义。起义的导火线是该舰指挥官下令将带头拒绝吃用臭肉做的菜汤的水兵枪决。在起义中，水兵们杀死了最可恨的军官，但起义领导人、布尔什维克格·尼·瓦库连丘克在搏斗中牺牲。水兵们选出了以阿·尼·马秋申科为首的军舰委员会。6月14日晚，"波将金号"悬挂红旗驶到正在举行总罢工的敖德萨。但是敖德萨社会民主党组织联络委员会未能说服"波将金号"的船员们登岸来武装工人并与工人共同行动。该舰船员们只在6月15日（28日）向市当局和军队所在地区开了两炮。6月17日（30日），沙皇政府派来两支舰队，企图迫使"波将金号"投降，或将其击沉，但是这些军舰不肯向"波将金号"开火，而且其中的"常胜者乔治号"还转到革命方面来。6月18日（7月1日），"常胜者乔治号"上的一些军士级技术员叛变，将该舰交给了政府当局。当晚，士气沮丧的"波将金号"偕同所属的第267号雷击舰离开敖德萨驶往罗马尼亚的康斯坦察。6月20日（7月3日），"波将金号"军舰委员会在那里发表了《告文明世界书》和《告欧洲各国书》，表明他们反对沙皇制度的决心。6月22日(7月5日)，"波将金号"曾驶到费奥多西亚。由于始终得不到煤和食品的补给，水兵们被迫于6月25日(7月8日)在康斯坦察把军舰交给了罗马尼亚当局。与此同时，"普鲁特号"教练舰于6月19日(7月2日)为支持"波将金号"举行起义，选出了以布尔什维克A.M.彼得罗夫为首的军舰委员会。该舰立即开往敖德萨，但由于"波将金号"已经离开那里而未能与它会合。6月20日(7月3日)，没有武器装备的"普鲁特号"被沙皇政府两艘雷击舰扣押。起义的水兵们遭到了沙皇政府的残酷镇压。

俄国社会民主工党中央委员会非常重视"波将金号"的起义。列宁曾委托米·伊·瓦西里耶夫-尤任前往领导起义，但是他没有及时赶到。——160。

116 《无产者报》(《Пролетарий》)是布尔什维克的秘密报纸，是根据党的第三次代表大会决定创办的俄国社会民主工党中央机关报(周报)。1905年5月14日(27日)—11月12日(25日)在日内瓦出版，共出了26号。根据1905年4月27日(5月10日)党的中央全会的决定，列宁被任命为《无产者报》的责任编辑，编委会的委员有瓦·瓦·沃罗夫斯基、阿·瓦·卢那察尔斯基和米·斯·奥里明斯基。参加编辑工作的有：娜·康·克鲁普斯卡娅、维·米·韦利奇金娜、维·阿·卡尔宾斯基、尼·费·纳西莫维奇、伊·阿·泰奥多罗维奇、莉·亚·福季耶娃等。弗·德·邦契-布鲁耶维奇、谢·伊·古谢夫、安·伊·乌里扬诺娃-叶利扎罗娃负责为编辑部收集地方通讯稿。克鲁普斯卡娅和福季耶娃负责编辑部同地方组织和读者的通信联系。《无产者报》继续执行《火星报》的路线，并保持同《前进报》的继承关系。《无产者报》发表了大约90篇列宁的文章和短评，印发了俄国社会民主工党第三次代表大会的材料。该报的发行量达1万份。1905年11月初列宁回俄国后不久停刊，报纸的最后两号是沃罗夫斯基编辑的。——160、166。

117 社会革命党是俄国最大的小资产阶级政党，于1901年底—1902年初由一些民粹派团体联合而成。社会革命党人否认无产阶级和农民之间的阶级差别，抹杀农民内部的矛盾，否认无产阶级在资产阶级民主革命中的领导作用。在土地问题上，社会革命党人主张消灭土地私有制，按照平均使用原则将土地交村社支配，发展各种合作社。在策略方面，社会革命党人采用了社会民主党人进行群众性鼓动的方法，但主要斗争方法还是搞个人恐怖。在第一次世界大战期间,社会革命党的大多数领导人采取了社会沙文主义的立场。

1917年二月革命后,随着广大的小资产阶级群众参加政治生活,社会革命党的影响和党员人数激增(1917年5月已达50万)。社会革命党人和孟什维克在苏维埃中,在土地委员会中都占多数。社会革命党中央实行妥协主义和阶级调和的政策,积极支持资产阶级临时政府,党的首领亚·费·克伦斯基、尼·德·阿夫克森齐耶夫、维·米·切尔诺夫、谢·列·马斯洛夫参加了临时政府。1917年七月事变时期,社会革命党公开转向资产阶级方面。社会革命党中央的妥协政策造成党的分裂,左翼于1917年12月组成了一个独立政党——左派社会革命党。

1917年十月革命后,社会革命党人(右派和中派)公开进行反苏维埃的活动,建立地下组织,1918年6月被开除出全俄中央执行委员会。1918—1920年国内战争时期,他们进行反对苏维埃政权的武装斗争,对共产党和苏维埃国家的领导人实行个人恐怖。社会革命党人推行所谓"第三种力量"的蛊惑政策,在1918年充当了小资产阶级反革命活动的主要组织者,在各地参与建立反革命"政府",实际上为资产阶级和地主的反革命统治扫清了道路。1919年8月,一部分社会革命党人组成了人民派,同苏维埃政权合作。该党的极右派则同白卫分子结成公开联盟。内战结束后,社会革命党重新成了俄国国内反革命势力的领导。他们提出"没有共产党人参加的苏维埃"的口号,组织了一系列的叛乱。这些叛乱被平定后,1922年社会革命党彻底瓦解。——161、214、222、254、295、311、324。

118　《解放》杂志(《Освобождение》)是俄国自由派资产阶级反对派的机关刊物(双周刊),1902年6月18日(7月1日)—1905年10月5日(18日)先后在斯图加特和巴黎出版,共出了79期。编辑是彼·伯·司徒卢威。该杂志执行反对革命、反对无产阶级的方针,在资产阶级知识分子和地方自治人士中影响很大。1903年到1904年1月,该杂志筹备成立了俄国自由主义君主派的秘密组织解放社。解放派和立宪派地方自治人士一起构成了1905年10月成立的立宪民主党的核心。——162。

119　俄国社会民主工党第三次代表大会于1905年4月12—27日(4月25日—5月10日)在伦敦举行。这次代表大会是布尔什维克筹备的,是在列宁领导下进行的。孟什维克拒绝参加代表大会,而在日内瓦召开了他们的代表会议。

出席代表大会的有38名代表,其中有表决权的代表24名,有发言权的代表14名。出席大会的有表决权的代表分别代表21个俄国社会民主工党的地方委员会、中央委员会和党总委员会(参加党总委员会的中央委员会代表)。列宁作为敖德萨委员会的代表出席代表大会,当选为代表大会主席。

代表大会审议了正在俄国展开的革命的根本问题,确定了无产阶级及其政党的任务。代表大会讨论了下列问题:组织委员会的报告;武装起义;在革命前夕对政府政策的态度;关于临时革命政府;对农民运动的态度;党章;对俄国社会民主工党分裂出去的部分的态度;对各民族社会民主党组织的态度;对自由派的态度;同社会革命党人的实际协议;宣传和鼓动;中央委员会的和各地方委员会代表的工作报告等。列宁就大会讨论的所有主要问题拟了决议草案,在大会上作了关于社会民主党参加临时革命政府的报告和关于支持农民运动的决议的报告,并就武装起义、在革命前夕对政府政策的态度、社会民主党组织内工人和知识分子的关系、党章、关于中央委员会活动的报告等问题作了发言。

代表大会制定了党在资产阶级民主革命中的战略计划,这就是:要孤立资产阶级,使无产阶级同农民结成联盟,成为革命的领袖和领导者,为争取革命胜利——推翻专制制度、建立民主共和国、消灭农奴制的一切残余——而斗争。从这一战略计划出发,代表大会规定了党的策略路线。大会提出组织武装起义作为党的主要的和刻不容缓的任务。大会指出,在人民武装起义取得胜利后,必须建立临时革命政府来镇压反革命分子的反抗,实现俄国社会民主工党的最低纲领,为向社会主义革命过渡准备条件。

代表大会重新审查了党章,通过了列宁提出的关于党员资格的党章第1条条文,取消了党内两个中央机关(中央委员会和中央机关报)的制度,建立了党的统一的领导中心——中央委员会,明确规定了中央委员会的权力和它同地方委员会的关系。

代表大会谴责了孟什维克的行为和他们在组织问题和策略问题上的机会主义。鉴于《火星报》已落入孟什维克之手并执行了机会主义路线,俄国社会民主工党第三次代表大会委托中央委员会创办新的中央机关报——《无产者报》。代表大会选出了以列宁为首的中央委员会,参加中央委员会的还有亚·亚·波格丹诺夫、列·波·克拉辛、德·西·波斯托洛夫斯基和阿·伊·李可夫。——162。

120　指孟什维克日内瓦代表会议。

　　孟什维克日内瓦代表会议与俄国社会民主工党第三次代表大会同时于1905年4月举行。由于参加的人数很少(只有9个委员会的代表出席),孟什维克宣布自己的这次会议为党的工作者代表会议。代表会议就武装起义、农民中的工作、夺取政权和参加临时政府、对其他革命党派和反对派的态度等问题通过了决议。列宁在《倒退的第三步》、《〈工人论党内分裂〉一书序言》(见《列宁全集》第2版第10卷第299—308页和第11卷第151—157页)等著作中揭露了日内瓦代表会议决议的机会主义性质,并对这些决议作了非常有力的批判。——163。

121　指1905年10月发生的全俄政治罢工。十月总罢工是1905—1907年革命的最重要阶段之一。莫斯科九月罢工是十月全俄总罢工的前奏,而铁路员工的罢工在促成全俄总罢工方面则起了重要作用。1905年10月6日(19日),在一些铁路线的布尔什维克组织的代表决定共同举行罢工后,俄国社会民主工党莫斯科委员会号召莫斯科铁路枢纽各线从10月7日(20日)正午起实行总罢工,全俄铁路工会中央常务局支持这一罢工。到10月17日(30日),铁路罢工已发展成为总罢工。10月11日(24日)莫斯科全市进入总罢工,彼得堡及其他工业城市也相继开始总罢工。在全俄总罢工中,参加罢工的人数达200万以上。在各大城市,工厂、交通运输部门、发电厂、邮电系统、机关、商店、学校都停止了工作。十月罢工的口号是:推翻专制制度、积极抵制布里根杜马、召集立宪会议和建立民主共和国。十月罢工扫除了布里根杜马,迫使沙皇于10月17日(30日)颁布了允许给予"公民自由"和召开"立宪"杜马的宣言。罢工显示了无产阶级运动的力量和声势,推动了农村和军队中革命斗争的展开。在十月罢工中,彼得堡及其他一些城市出现了工人代表苏维埃。十月总罢工持续了十多天。莫斯科的罢工于10月22日(11月4日)结束,国内其他大多数地区的罢工和铁路罢工到10月25日(11月7日)停止。十月罢工是十二月武装起义的序幕。关于十月罢工,参看列宁《全俄政治罢工》一文(见《列宁全集》第2版第12卷第1—4页)。——165。

122　《工人代表苏维埃消息报》(《Известия Совета Рабочих Депутатов》)

是彼得堡工人代表苏维埃的正式机关报,1905年10月17日(30日)—12月14日(27日)出版。该报带有提供苏维埃活动消息的公报的性质,没有固定的编辑部,稿件由苏维埃成员编写,自行在合法的印刷所里印刷,印数达40 000份。报纸共出10号,第11号在印刷所被警察查抄,没有散发出去。——165。

123 正教院是俄国管理正教事务的最高国家机关,建立于1721年,当时称圣执政正教院,与参议院的地位相等。正教院管理的事项有:纯粹宗教性质的事务(解释教义、安排宗教仪式和祈祷等),教会行政和经济事项(任免教会负责人员、管理教会财产等),宗教法庭事项(镇压异教徒和分裂派教徒、管理宗教监狱、检查宗教书刊、审理神职人员案件等)。正教院成员由沙皇从高级宗教人士中任命,另外从世俗人士中任命正教院总监对正教院的活动进行监督。十月革命后,苏维埃政权撤销了正教院。正教院后来作为纯教会机构重新建立,是莫斯科和全俄总主教下的咨询机关。——171。

124 指俄国第三届国家杜马代表社会民主党人彼·伊·苏尔科夫在1909年4月14日(27日)的杜马会议上讨论正教院预算案时的发言。1909年5月13日(20日)《无产者报》第42号《党内通讯》栏刊登的《社会民主党杜马党团内就社会民主党对宗教的态度问题的讨论》一文,引用了杜马党团讨论苏尔科夫发言稿的材料。——171。

125 中央党是德国天主教徒的政党,1870—1871年由普鲁士议会和德意志帝国国会里的天主教派党团联合而成,因这两个党团的议员的席位在会议大厅的中央而得名。中央党通常持中间立场。——172。

126 爱尔福特纲领是指1891年10月举行的德国社会民主党爱尔福特代表大会通过的党纲。它取代了1875年的哥达纲领。爱尔福特纲领以马克思主义关于资本主义生产方式必然灭亡和被社会主义生产方式所代替的学说为基础,强调工人阶级必须进行政治斗争,指出了党作为这一斗争的领导者的作用。它是德国社会民主党历史上第一个也是唯一的马克思主义的纲领。它的通过标志着马克思主义对拉萨尔主义等小资产阶级思潮的胜利。但是爱尔福特纲领也有一些重大缺点,主要是避而不谈无产阶级专政的问题。恩格斯对该党执行委员会制定的纲领草案提出了批评意见(见《马克思恩格斯全集》第1版第22卷第263—280页）。代表大会通过的纲领是以《新时代》杂志编辑部的草案为基础的。——173。

127　百科全书派是18世纪法国的一批启蒙思想家，因出版《百科全书》（全称是《百科全书或科学、艺术和工艺详解词典》，共35卷，1751—1780年出版）而得名。德·狄德罗是该派的组织者和领导者，让·勒·达兰贝尔是狄德罗的最亲密的助手。保·昂·迪·霍尔巴赫、克·阿·爱尔维修、伏尔泰等积极参加了《百科全书》的出版工作。让·雅·卢梭参与了头几卷的编纂。《百科全书》的撰稿人包括各个知识领域的专家，其中有博物学家乔·路·勒·布丰和路·让·玛·多邦通，经济学家安·罗·雅·杜尔哥和弗·魁奈，工程师布朗热，医生保·约·巴尔泰斯，林学家勒鲁瓦，诗人和哲学家让·弗·圣朗贝尔等。这些人尽管在学术上和政治上持有不同的观点，但都坚决反对封建主义、教会、经院哲学以及封建等级制度，而积极反对唯心主义哲学的唯物主义者在他们中间起着主导作用。他们是革命资产阶级的思想家，为18世纪末法国资产阶级革命作了思想准备。恩格斯指出："法国的唯物主义者没有把他们的批评局限于宗教信仰问题；他们把批评扩大到他们所遇到的每一个科学传统或政治设施；而为了证明他们的学说可以普遍应用，他们选择了最简便的道路：在他们因以得名的巨著《百科全书》中，他们大胆地把这一学说应用于所有的知识对象。这样，唯物主义就以其两种形式中的这种或那种形式——公开的唯物主义或自然神论，成了法国一切有教养的青年的信条。"（见《马克思恩格斯全集》第1版第22卷第352页）——174。

128　这句话出自古罗马诗人普·帕·斯塔齐乌斯的史诗《忒拜战纪》。——175。

129　造神说是在俄国1905—1907年革命失败后俄国社会民主工党内一部分知识分子中产生的一种宗教哲学思潮。这一思潮的主要代表人物是阿·瓦·卢那察尔斯基、弗·亚·巴扎罗夫等人。造神派主张把马克思主义和宗教调和起来，使科学社会主义带有宗教信仰的性质，鼓吹创立一种"无神的"新宗教，即"劳动宗教"。他们认为马克思主义的整个哲学就是宗教哲学，社会民主运动本身是"新的伟大的宗教力量"，无产者应成为"新宗教的代表"。马·高尔基也曾一度追随造神派。

　　1909年6月召开的《无产者报》扩大编辑部会议谴责了造神说，指出它是一种背离马克思主义原理的思潮，声明布尔什维克派同这种对科学社会主义的歪曲毫无共同之处。列宁在《唯物主义和经验批判主义》一书以及1908年2—4月、1913年11—12月间给高尔基的信（见《列宁全集》第2版第18、45、46卷）中揭露了造神说的反马克思主义本质。——178。

130　《路标》是俄国立宪民主党政论家的文集，1909年在莫斯科出版，收有尼·亚·别尔嘉耶夫、谢·尼·布尔加柯夫、米·奥·格尔申宗、亚·索·伊兹哥耶夫、波·亚·基斯嘉科夫斯基、彼·伯·司徒卢威和谢·路·弗兰克等人的论述俄国知识分子的文章。在这些文章里，路标派妄图诋毁俄国解放运动的革命民主主义传统，贬低维·格·别林斯基、尼·亚·杜勃罗留波夫、尼·加·车尔尼雪夫斯基、德·伊·皮萨列夫等人的观点和活动。他们诬蔑1905年的革命运动，感谢沙皇政府"用自己的刺刀和牢狱"把资产阶级"从人民的狂暴中"拯救了出来。列宁在《论〈路标〉》一文中对立宪民主党黑帮分子的这一文集作了批判分析和政治评价（见《列宁全集》第2版第19卷167—176页）。列宁把《路标》文集的纲领在哲学方面和政论方面同黑帮报纸《莫斯科新闻》的纲领相比拟，称该文集为自由派叛变行为的百科全书，是泼向民主派的一大股反动污水。——179。

131　指法国、西班牙、意大利等西南欧国家。——179、251。

132　《无产者报》（《Пролетарий》）是俄国布尔什维克的秘密报纸，于1906年8月21日（9月3日）—1909年11月28日（12月11日）出版，共出了50号。该报由列宁主编，在不同时期参加编辑部的有亚·亚·波格丹诺夫、约·彼·戈尔登贝格、约·费·杜勃洛文斯基等。《无产者报》的头20号是在维堡排版送纸型到彼得堡印刷的，为保密起见，报上印的是在莫斯科出版。由于秘密报刊出版困难，从第21号起移至国外出版（第21—40号在日内瓦，第41—50号在巴黎出版）。《无产者报》是作为俄国社会民主工党莫斯科委员会和彼得堡委员会的机关报出版的，在头20号中有些号还同时作为莫斯科郊区委员会、彼尔姆委员会、库尔斯克委员会和喀山委员会的机关报出版，但它实际上是布尔什维克的中央机关报。该报共发表了100多篇列宁的文章和短评。《无产者报》第46号附刊上发表了1909年6月在巴黎举行的《无产者报》扩大编辑部会议的文件。在斯托雷平反动时期，《无产者报》在保存和巩固布尔什维克组织方面起了卓越的作用。根据俄国社会民主工党中央委员会1910年一月全体会议的决议，《无产者报》停刊。——181。

133　指捷·奥·别洛乌索夫1908年3月22日(4月4日)在第三届国家杜马讨论正教院预算案时提出的转入下一议程的动议。他在动议中承认宗教是"每个个人的私事"。1908年4月2日(15日)《无产者报》第28号的社论中曾指出别洛乌索夫的措辞是错误的。——181。

134　1918年5月2日,莫斯科革命法庭审理了莫斯科侦查委员会4名工作人员被控受贿和敲诈勒索一案后,轻判了这些人。为此,列宁写了这封信。列宁先把这封信寄给司法人民委员部部务委员尼·瓦·克雷连柯,要他把犯人和法官的名字告诉党中央委员会。收到答复后,列宁把这封信寄给了中央。由于列宁的坚持,全俄中央执行委员会重新审理了这个案件,其中3名被告各被判处10年徒刑。

　　　在把信寄给中央的同时,列宁还给司法人民委员德·伊·库尔斯基写了一个便条,要求他急速提出一项法令草案,规定对贿赂行为起码判处徒刑10年,外加强迫劳动10年。

　　　人民委员会还根据列宁的倡议于1918年5月4日通过了一项决定,责成司法人民委员部制定一个法令草案,对受贿以及与受贿有牵连的行为规定一个比较高的最低惩处标准。司法人民委员部提出的《关于惩办受贿的法令》草案经人民委员会5月8日会议审查批准,列宁对草案作了修改(见《苏维埃政权法令汇编》1959年俄文版第2卷第236—237页和240—242页)。——183。

135　指人民委员会1917年11月18日(12月1日)通过、11月23日(12月6日)发布的《关于人民委员、高级职员和官员的薪金额的决定》。这个决定是列宁起草的(见《列宁全集》第2版第33卷第101页)。根据这一决定,人民委员每月薪金的最高标准为500卢布,另给没有劳动能力的家属每人补贴100卢布。这大体相当于中等工人工资水平。

　　　列宁对人民委员会秘书尼·彼·哥尔布诺夫也给了同样的严重警告处分。——184。

136　这是列宁在主持起草俄共(布)纲领的过程中写下的一些文稿。

　　　1917年二月革命后,列宁就提出了修改党纲的问题。他在3月26日(4月8日)以前写的《第五封〈远方来信〉的要点》中拟订了修改党纲的具体提纲(见《列宁全集》第2版第29卷第56—57页),在《四月提纲》中提出了修改党纲的任务。1917年4月,俄国社会民主工党(布)第七次全国代表会议讨论了修改党纲的问题。列宁为会议起草的《党纲的理论、政治及其他一些部分的修改草案》(同上书,第474—478页)以长条样的形式分发给了与会代表。会议就列宁关于修改党纲问题的报告通过决议,指出了修改党纲的必要性,规定了修改的方针。会议还委托中央为第六次代表大会拟出党纲草案。会后不久,1917年6月,列宁根据中央的建议出版了小册子《修改党纲的材料》(同上书,第472—493页)。差不多与此同时,莫斯科工业区区域局也出版了文集《修改党纲的材料》。1917年7—8月举行的俄国社会民主工党(布)第六次代表大会确认了第七次全国代表会议关于修改党纲的决议,并决定召开专门的代表大会来制定新的党纲。大会还委托中央就修改党纲问题组织尽可能广泛的讨论。1917年夏秋,党内展开了理论争论。同年10月,列宁发表了《论修改党纲》一文,对报刊上的有关文章和莫斯科区域局的文集作了分析和批评。第六次代表大会决定召开的制定党纲的专门代表大会,曾定于10月17日(30日)举行。10月5日(18日),中央委员会会议决定推迟召开大会,并成立了以列宁为首的修改党纲的委员会。由于准备和实行十月武装起义,这个代表大会没有开成。十月革命胜利后,1918年1月24日(2月6日),中央决定委托一个新的委员会在列宁领导下制定新的纲领。列宁写了《党纲草案草稿》(见《列宁全集》第2版第34卷第65—71页),作为讨论材料发给了俄共(布)第七次代表大会的代表。这次代表大会选出了以列宁为首,有斯大林、格·叶·季诺维也夫、格·雅·索柯里尼柯夫、尼·伊·布哈林、列·波·加米涅夫和列·达·托洛茨基参加的七人委员会,并责成它遵照大会通过的决议来制定党纲的最终草案。委员会于1919年2月完成了工作任务。2月25—27日,《真理报》公布了《俄共(布)纲领草案》。——185。

137 指1903年俄国社会民主工党第二次代表大会通过的党纲。这个党纲的草案是《火星报》编辑部于1901年底至1902年上半年制定的。党纲理论部分由格·瓦·普列汉诺夫负责起草。列宁对普列汉诺夫的草案提出了批评,自己另写了一个草案。为了编写出共同的纲领草案,《火星报》编辑部成立了一个协商委员会。委员会以普列汉诺夫草案作为它的草案的基础,同时,在草案中写入了列宁的一些重要论点。党纲实践部分中的土地问题的条文和结束语是列宁写的。1902年4月《火星报》编辑部苏黎世会议批准了全编辑部的党纲草案,包括理论部分和实践部分。《火星报》编辑部的党纲草案在1903年7—8月间举行的俄国社会民主工党第二次代表大会上略加修改后通过。

这个党纲论述资本主义发展的一般规律和趋势的理论部分,根据列宁的建议,写入了俄共(布)第八次代表大会通过的新党纲。——185、204。

138　共产国际(第三国际)是在1919年3月2—6日于莫斯科举行的共产国际第一次代表大会上成立的。参加这次大会的有来自21个国家的35个政党和团体的代表52名。列宁主持了大会。他在3月4日的会议上宣读了关于资产阶级民主和无产阶级专政的提纲,并在自己的报告中论证了提纲的最后两点。代表大会一致赞同列宁的提纲,决定交执行局向世界各国广为传播。代表大会通过了《共产国际的行动纲领》,指出无产阶级的社会主义革命的时代已经开始,无产阶级要团结所有力量同机会主义决裂,为建立无产阶级专政的苏维埃而斗争。代表大会在《关于对各"社会主义"派别和伯尔尼代表会议的态度的决议》中谴责了恢复第二国际的企图。代表大会还通过了题为《告全世界无产者》的宣言,宣称共产国际是《共产党宣言》宣布的事业的继承者和实践者,号召全世界无产者在工人苏维埃的旗帜下、在夺取政权和实行无产阶级专政的革命斗争的旗帜下、在共产国际的旗帜下联合起来。——190、232、251、269、299、317。

139　指提交全俄苏维埃第三次代表大会批准的《土地社会化基本法》。这个法令的草案是农业人民委员部部务委员会拟定的,曾交由列宁参加的代表大会特设的委员会审定。1918年1月18日(31日),代表大会批准了《土地社会化基本法》(第一章《总则》)。法令的进一步详细制定是在土地委员会代表大会代表和苏维埃第三次代表大会农民代表的联席会议上进行的。法令的最后文本于1918年1月27日(2月9日)经全俄中央执行委员会批准,2月6日(19日)在报上公布。

《土地社会化基本法》规定平均分配土地(按劳动土地份额或消费土地份额),这是苏维埃政府为巩固工农联盟而对中农作出的让步。法令还提出了发展农业中的集体经济的任务,规定农业公社、农业劳动组合和农业协作社有使用土地的优先权。——190。

140　贫苦农民委员会(贫委会)是根据全俄中央执行委员会1918年6月11日《关

于组织贫苦农民和对贫苦农民的供应的法令》建立的,由一个乡或村的贫苦农民以及中农选举产生。根据上述法令,贫苦农民委员会的任务是:分配粮食、生活必需品和农具;协助当地粮食机构没收富农的余粮。到1918年11月,在欧俄33省和白俄罗斯,共建立了122 000个贫苦农民委员会。在许多地方,贫苦农民委员会改选了受富农影响的苏维埃,或把权力掌握在自己手里。贫苦农民委员会的活动超出了6月11日法令规定的范围,它们为红军动员和征集志愿兵员,从事文教工作,参加农民土地(包括份地)的分配,夺取富农的超过当地平均份额的土地(从富农8 000万俄亩土地中割去了5 000万俄亩),重新分配地主土地和农具,积极参加组织农村集体经济。贫苦农民委员会实际上是无产阶级专政在农村中的支柱。到1918年底,贫苦农民委员会已完成了自己的任务。根据1918年11月全俄苏维埃第六次(非常)代表大会的决定,由贫苦农民委员会主持改选乡、村苏维埃,改选后贫苦农民委员会停止活动。——200。

141 农业公社是苏俄当时农业生产合作的一种形式,主要在以前地主和寺院的土地上建立。在农业公社里,所有生产资料(包括建筑物、小农具、牲畜等)以及土地使用一概实行公有化。农业公社社员的消费及生活服务也完全建立在公共经济基础上,社员个人没有副业。农业公社内不按劳动而按人口进行分配。——201。

142 共耕社是苏俄当时农业生产合作的形式之一。在共耕社里,集体劳动只限于耕地和播种,其余农活由农民个人分别完成。共耕社社员保有农具和自己那份土地上的产品的私有权。有时小的村社全社改行共同耕地和播种,就成了共耕社。——201。

143 三十年战争指1618—1648年以德意志为主要战场的欧洲国际性战争。这场战争起因于天主教与新教之间的矛盾以及欧洲各国的政治冲突和领土争夺。参加战争的一方是哈布斯堡同盟,包括奥地利和西班牙的哈布斯堡王朝、德意志天主教诸侯,它们得到教皇和波兰的支持。另一方是反哈布斯堡联盟,包括德意志新教诸侯、法国、瑞典、丹麦,它们得到荷兰、英国、俄国的支持。战争从捷克起义反对哈布斯堡王朝的统治开始,几经反复,以哈布斯堡同盟失败告终。根据1648年签订的威斯特伐利亚和约,瑞典、法国等得到了德意志大片土地和巨额赔款。经过这场战争,德意志遭到严重破坏,在政治上更加处于四分五裂的状态。——203。

144　指共产国际第一次代表大会。见注138。——204。

145　斯巴达克派(国际派)是德国左派社会民主党人的革命组织,于第一次世界大战初期形成,创建人和领导人有卡·李卜克内西、罗·卢森堡、弗·梅林、克·蔡特金、尤·马尔赫列夫斯基、莱·约吉希斯(梯什卡)、威·皮克等。1915年4月,卢森堡和梅林创办了《国际》杂志,这个杂志是团结德国左派社会民主党人的主要中心。1916年1月1日,全德左派社会民主党人代表会议在柏林召开,会议决定正式成立组织,取名为国际派。代表会议通过了一个名为《指导原则》的文件,作为该派的纲领,这个文件是在卢森堡主持和李卜克内西、梅林、蔡特金参加下制定的。1916年—1918年10月,该派定期出版秘密刊物《政治书信》,署名斯巴达克,因此该派也被称为斯巴达克派。1917年4月,斯巴达克派加入了德国独立社会民主党,但保持组织上和政治上的独立。斯巴达克派在群众中进行革命宣传,组织反战活动,领导罢工,揭露世界大战的帝国主义性质和社会民主党机会主义领袖的叛卖行为。斯巴达克派在理论和策略问题上也犯过一些错误,列宁曾屡次给予批评和帮助。1918年11月,斯巴达克派改组为斯巴达克联盟,12月14日公布了联盟的纲领。1918年底,联盟退出了独立社会民主党,并在1918年12月30日—1919年1月1日举行的全德斯巴达克派和激进派代表会议上创建了德国共产党。——207。

146　指德国独立社会民主党。

德国独立社会民主党是中派政党,1917年4月在哥达成立。代表人物是卡·考茨基、胡·哈阿兹、鲁·希法亭、格·累德堡等。基本核心是中派组织“工作小组”。该党以中派言词作掩护,宣传同公开的社会沙文主义者“团结”,放弃阶级斗争。1917年4月—1918年底,斯巴达克派曾参加该党,但保持组织上和政治上的独立,继续进行秘密工作,并帮助工人党员摆脱中派领袖的影响。1920年10月,德国独立社会民主党在该党哈雷代表大会上发生了分裂,很大一部分党员于1920年12月同德国共产党合并。右派分子单独成立了一个党,仍称德国独立社会民主党,存在到1922年。——207、248。

147　协约国(三国协约)是1907年最后形成的英、法、俄三国帝国主义联盟。这一联盟同德、奥、意三国同盟相对立,在第一次世界大战期间先后有美、日、意等20多个国家加入。十月革命后,协约国联盟的主要成员——英、法、美、日等国发动和组织了对苏维埃俄国的武装干涉。——208、237。

148　1917年12月6日(19日),芬兰议会通过了宣布芬兰为独立国家的宣言。12月18日(31日),人民委员会通过了芬兰独立的法令。列宁亲自把法令文本交给了芬兰政府代表团团长、芬兰政府首脑佩·埃·斯温胡武德。全俄中央执行委员会在1917年12月22日(1918年1月4日)批准了关于芬兰独立的法令。——208。

149　莫斯卡里是俄国十月革命前乌克兰人、白俄罗斯人和波兰人对俄罗斯人的蔑称。——208。

150　指1919年3月在莫斯科举行的关于成立巴什基尔苏维埃自治共和国的谈判。

　　1918年巴什基尔被捷克斯洛伐克军和白卫军侵占后,资产阶级民族主义的巴什基尔政府曾宣布边疆区自治,并成立军队对红军作战。1919年1月底,在红军胜利推进和亚·瓦·高尔察克取消巴什基尔自治的形势下,巴什基尔政府害怕失去在群众中的影响,乃开始同乌法革命委员会谈判。苏维埃政府当即表示在建立反对高尔察克军队的统一战线条件下,保证巴什基尔民族自由。1919年3月16日,俄共(布)中央讨论了巴什基尔问题,决定由民族事务人民委员部同巴什基尔人进行谈判。3月20日,双方签订了《中央苏维埃政权和巴什基尔政府关于巴什基尔实行苏维埃自治的协议》。协议规定根据苏维埃宪法组织巴什基尔苏维埃自治共和国,并确定了共和国的疆界和行政区划。协议由人民委员会和全俄中央执行委员会批准,公布于1919年3月23日《全俄中央执行委员会消息报》。——208。

151　毛拉是阿拉伯语中"主人"一词的音译,是对伊斯兰教学者的尊称。在俄国,毛拉是指伊斯兰教宗教仪式的主持人。——209。

152　指1917年12月18日(31日)列宁签署的全俄中央执行委员会和人民委员会《关于非宗教婚姻、关于子女和关于建立户籍簿的法令》(见《苏维埃政权法令汇编》1957年俄文版第1卷第247—249页)。——209。

153　立宪会议是俄国的议会式机关。召开立宪会议的要求是十二月党人最早

提出的,以后在反对沙皇专制制度的斗争中得到了广泛的传播。俄国社会
民主工党1903年纲领也列入了这项要求。

1917年二月革命后,一方面,小资产阶级和资产阶级政党用召开立宪
会议的诺言诱使群众放弃革命斗争,断言立宪会议能通过立法方法解决
一切经济和政治问题,而另一方面,资产阶级临时政府害怕比社会革命党
左的农民将在立宪会议中占多数,又阻挠立宪会议的召开。布尔什维克党
在不否定召开立宪会议的主张的同时,号召群众进行革命斗争,指出在资
产阶级民主革命向社会主义革命发展的条件下,现实生活和革命本身将
把立宪会议推到后台。

十月革命后,布尔什维克党采取让小资产阶级群众通过自身经验来
消除资产阶级立宪幻想的方针。1917年10月27日(11月9日),人民委员会
认可了上述立宪会议选举日期。选举于11—12月举行,在某些边远地区于
1918年1月举行。社会革命党在选举中得到了多数席位,但这并不反映当
时真正的政治力量对比。反革命势力提出了“全部政权归立宪会议!”的口
号来反对苏维埃政权。虽然如此,布尔什维克党仍决定召开立宪会议。
1918年1月5日(18日),立宪会议在彼得格勒塔夫利达宫开幕。以维·米·
切尔诺夫为首的社会革命党中派在会上占优势。立宪会议的反革命多数
派拒绝讨论全俄中央执行委员会提出的《被剥削劳动人民权利宣言》,不
承认全俄工兵代表苏维埃第二次代表大会通过的苏维埃政权的法令。布
尔什维克党团当即退出了会议。随后,左派社会革命党人和一部分穆斯林
代表也退出了会议。全俄中央执行委员会于1918年1月6日(19日)通过法
令,解散了立宪会议。——210。

154　华沙工人代表苏维埃于1918年11月11日建立,是波兰成立最早的苏维埃
之一。当时德奥占领军正从波兰撤退。在俄国十月革命影响下,波兰各城
市先后成立了100多个苏维埃,有些地方还成立了农民代表苏维埃。华沙
工人代表苏维埃是由波兰王国和立陶宛社会民主党、波兰社会党—“左
派”(两者后来合并为波兰共产党)和华沙工会理事会发起组织的,成立后
通过了在企业中实行八小时工作制、建立工厂委员会并同企业主的怠工
行为进行斗争等决定。波兰的妥协派政党——波兰社会党、全国工人联合
会和崩得为了对抗革命的苏维埃,也成立了各自的苏维埃。1918年12月进
行了统一的苏维埃的选举,结果妥协派获得多数。在统一的苏维埃内,共

产党人和妥协派展开了激烈的斗争。妥协派企图分裂苏维埃；1919年6月，波兰社会党的代表退出了华沙苏维埃及其他城市的苏维埃。1919年夏天，波兰资产阶级反动派和妥协派政党的首领联合起来摧毁了苏维埃。——211。

155 《俄共(布)第八次代表大会告各级党组织书》于1919年3月19日在代表大会上通过，3月20日在《真理报》发表，全文见《苏联共产党代表大会、代表会议和中央全会决议汇编》第1分册人民出版社1964年版第581—582页。——213。

156 左派社会革命党人是俄国小资产阶级政党社会革命党的左翼，于1917年12月2日(15日)组成了独立的政党，其领袖人物是玛·亚·斯皮里多诺娃、波·达·卡姆柯夫和马·安·纳坦松。

左派社会革命党人这一派别在第一次世界大战中形成，1917年七月事变后迅速发展，在十月革命中加入了军事革命委员会，参加了武装起义。在全俄苏维埃第二次代表大会上，左派社会革命党人在社会革命党党团中是多数派。当右派社会革命党人遵照社会革命党中央的指示退出代表大会时，他们仍然留在代表大会中，并且在议程的最重要的问题上和布尔什维克一起投票。但是在参加政府的问题上，他们拒绝了布尔什维克的建议，而同孟什维克国际主义派一起要求建立有社会革命党、孟什维克和布尔什维克参加的所谓"清一色的社会党人政府"。左派社会革命党人在长期犹豫之后，为了保持他们在农民中的影响，决定参加苏维埃政府。经过布尔什维克和左派社会革命党人的谈判，1917年底有7名左派社会革命党人加入了人民委员会，而左派社会革命党人也保证在自己的活动中实行人民委员会的总政策。

左派社会革命党人虽然走上和布尔什维克合作的道路，但是反对无产阶级专政，在建设社会主义的一些根本问题上同布尔什维克有分歧。1918年初，左派社会革命党人反对签订布列斯特和约，在同年3月苏维埃第四次(非常)代表大会批准布列斯特和约后退出了人民委员会，但仍留在中央执行委员会和其他苏维埃机关中。左派社会革命党人也反对苏维埃政权关于在企业和铁路部门中建立一长制和加强劳动纪律的措施。1918年夏天，随着社会主义革命在农村中的展开和贫苦农民委员会的建立，左派社会革命党人中的反苏维埃情绪开始增长。1918年6月24日，左派社会革命党中央通过决议,提出用一切可行的手段来"纠正苏维埃政策的路线"。接着,左派社会革命党人于1918年7月6日在莫斯科发动了武装叛乱。这次叛乱被粉碎之后,全俄苏维埃第五次代表大会通过决议,把那些赞同其上层领导路线的左派社会革命党人从苏维埃开除出去。1918年9月,一部分采取同布尔什维克合作立场的左派社会革命党人组成了民粹主义共产党和革命共产党。这两个党的大部分党员后来参加了俄共(布)。20年代初,左派社会革命党不复存在。——213。

157　《关于消费公社的法令》是苏俄人民委员会于1919年3月16日通过的,3月20日公布于《全俄中央执行委员会消息报》第60号。列宁直接参加了这个法令的制定。法令规定:城乡一切合作社都必须合并为一个统一的分配机关——消费公社;当地所有居民都加入这个公社;每个公民都必须成为公社的社员并在它的一个分配站注册;各地方消费公社联合为省消费合作总社,各消费合作总社的统一中心是中央消费合作总社。

　　　列宁早在1917年底就起草了《关于消费公社的法令草案》(见《列宁全集》第2版第33卷第212—213页)。——213。

158　新生活派是在《新生活报》周围形成的孟什维克国际主义者集团。

　　　《新生活报》(《Новая Жизнь》)是俄国报纸(日报),由一批孟什维克国际主义者和聚集在《年鉴》杂志周围的作家创办,1917年4月18日(5月1日)起在彼得格勒出版,1918年6月1日起增出莫斯科版。出版人是阿·谢列布罗夫(阿·尼·吉洪诺夫),编辑部成员有马·高尔基、谢列布罗夫、瓦·阿·杰斯尼茨基、尼·苏汉诺夫,撰稿人有弗·亚·巴扎罗夫、波·瓦·阿维洛夫、亚·亚·波格丹诺夫等。在1917年9月2—8日(15—21日)被克伦斯基政府查封期间,曾用《自由生活报》的名称出版。十月革命以前,该报的政治立场是动摇的,时而反对临时政府,时而反对布尔什维克。该报对十月革命和建立苏维埃政权抱敌对态度。1918年7月被查封。——218。

159　指1919年10月8—19日莫斯科市党组织举行的征收党员周。

　　　征收党员周是根据俄共(布)第八次代表大会的决议举行的。在苏维埃共和国处于国内战争和外国武装干涉的极其困难的时刻,俄共(布)彼得格勒党组织于1919年8月10—17日、莫斯科省党组织于同年9月20—28日相继举行了征收党员周。俄共(布)中央全会总结初步经验后,9月26日决定在各城市、农村和军队中举行征收党员周。9月30日,中央在给各级党组织的关于征收党员周的通告信中指出,在各地党组织已经完成党员重新登记的情况下,着手吸收新的党员是适时的。通告信要求在征收党员周期间只吸收工人、红军战士、水兵和农民入党。通过举行征收党员周,仅俄罗斯联邦欧洲部分38个省就有20多万人入党,其中50%以上是工人,在作战部队中被接受入党的约7万人。——222、225、238。

160 俄共(布)根据该党第八次代表大会关于组织问题的决议于1919年5—9月进行了党员重新登记。俄共(布)中央于1919年4月24日在《真理报》上公布了重新登记的实施细则,其中说,全体党员重新登记是对各个党组织的全体人员进行的认真考核,其目的是清除党内的非共产主义分子,主要是那些混入执政党以便利用党员称号谋取私利的人。重新登记时,全体党员必须交回党证,填写履历表,呈交由两名具有半年以上党龄并被党委会认为可靠的共产党员出具的介绍书。在重新登记期间,停止接受新党员。凡是被揭发有不配党员称号的行为者(酗酒、腐化、以权谋私等)、临阵脱逃者、违反党的决议者、无正当理由不参加党的会议者以及不交纳党费者,都应开除出党。重新登记期间,恰逢动员党员入伍,有些人动摇脱党,这大大帮助了各个党组织清除那些不合格分子。据尼·尼·克列斯廷斯基在俄共(布)第九次代表大会上的报告,经过重新登记,党员人数减少了一半。——222。

161 这是列宁在全俄东部各民族共产党组织第二次代表大会上作的关于当时形势的报告。

全俄东部各民族共产党组织第二次代表大会由俄共(布)中央东部各民族共产党组织中央局召开,于1919年11月22日—12月3日在莫斯科举行。出席代表大会的有71名有表决权的代表和11名有发言权的代表。在代表大会开幕的前一天,曾由列宁主持召开了有俄共(布)中央委员和一部分代表参加的预备会议。代表大会听取了东部各民族共产党组织中央局的工作报告,各地的报告,中央穆斯林军事委员会和民族事务人民委员部中央穆斯林委员部的报告,以及关于国家组织问题和党的问题、关于东部妇女工作、青年工作等小组的报告,并讨论了鞑靼—巴什基尔问题。代表大会规定了东部党的工作和苏维埃工作的任务,选出了俄共(布)中央东部各民族共产党组织中央局。——230。

162　《真理报》(《Правда》)是俄国布尔什维克的合法报纸(日报),根据俄国社
会民主工党第六次(布拉格)全国代表会议的决定创办,1912年4月22日(5
月5日)起在彼得堡出版。《真理报》是群众性的工人报纸,拥有大批工人通
讯员和工人作者,靠工人自愿捐款出版,同时也是布尔什维克党的实际上
的机关报。《真理报》编辑部还担负着党的很大一部分组织工作,如约见基
层组织的代表,汇集各工厂党的工作的情况,转发党的指示等。列宁在国
外领导《真理报》,他筹建编辑部,确定办报方针,组织撰稿力量,并经常给
编辑部以工作指示。1912—1914年,《真理报》刊登了300多篇列宁的文章。

　　《真理报》经常受到沙皇政府的迫害。1912—1914年出版的总共645号
报纸中,就有190号受到种种阻挠和压制。报纸被封8次,每次都变换名称
继续出版。1914年7月8日,即在第一次世界大战前夕,沙皇政府下令禁止
《真理报》出版。

　　1917年二月革命后,《真理报》于3月5日(18日)复刊,成为俄国社会民
主工党中央委员会和彼得堡委员会的机关报。列宁于4月3日(16日)回到
俄国,4月5日(18日)就加入了编辑部,直接领导报纸的工作。1917年七月
事变中,《真理报》编辑部于7月5日(18日)被士官生捣毁。7—10月,该报不
断受到资产阶级临时政府的迫害,先后改称《〈真理报〉小报》、《无产者
报》、《工人日报》、《工人之路报》。1917年10月27日(11月9日),《真理报》恢
复原名,继续作为俄国社会民主工党中央委员会的机关报出版。1918年3
月16日起,《真理报》改在莫斯科出版。——236、314。

163　指尼·彼·拉斯托普钦的《非党农民代表会议》一文。该文刊载于1919年11
月20日《真理报》第260号。文章谈到了雅罗斯拉夫尔省召开非党农民代表
会议的经验,认为这种会议是党联系广大劳动群众的一种形式。——236。

164　这是列宁有关俄共(布)第九次代表大会的一件文献。

　　俄共(布)第九次代表大会于1920年3月29日—4月5日在莫斯科举行。
参加代表大会的共有715名代表,其中有表决权的代表553名,有发言权的
代表162名,共代表611 978名党员。这次代表大会是在红军取得了反对外
国武装干涉和国内反革命的决定性胜利、苏维埃俄国获得了暂时的和平
喘息时机的条件下召开的。大会主要议程是:中央委员会的工作报告;经
济建设的当前任务;工会运动;组织问题;共产国际的任务;对合作社的态
度;向民兵制过渡;选举中央委员会。列宁直接领导了代表大会的工作。

　　这次代表大会的中心议题是经济建设问题,即从军事战线的斗争转向劳动战线的斗争、战胜经济破坏、恢复和发展国民经济的问题。列·达·托洛茨基作了关于经济建设的当前任务的报告。大会就这个问题通过的决议指出,苏维埃俄国经济恢复的基本条件是贯彻执行最近一个历史时期的统一的经济计划。决议规定了完成统一计划的各项根本任务的先后顺序:(1)首先是改善运输部门的工作,调运和储备必要的粮食、燃料和原料;(2)发展为运输业和获取燃料、原料、粮食服务的机器制造业;(3)加紧发展为生产日用品服务的机器制造业;(4)加紧生产日用品。实现国家电气化在统一经济计划中居于重要地位;大会通过了关于制定电气化计划的指示。

　　代表大会要求各级党组织执行俄共(布)中央关于给运输部门调配5 000名优秀的经过考验的共产党员的指令,并决定动员这次代表大会的10%的代表投入运输战线。代表大会决定把1920年的"五一"节(适逢星期六)定为全俄星期六义务劳动日。

　　代表大会批准了俄共(布)中央关于动员工业无产阶级、实行劳动义务制、经济军事化以及为经济需要动用军队等问题的提纲,责成党组织帮助工会和劳动部门统计全部熟练工人,以便吸收他们参加生产,同时断然拒绝了托洛茨基关于把成立劳动军作为保证国民经济劳动力的唯一良策和把军事方法搬用于和平经济建设的意见。代表大会十分重视生产管理的组织问题。大会就这个问题通过的决议指出,必须在一长制的基础上建立熟悉业务、坚强得力的领导。以季·弗·萨普龙诺夫等为代表的民主集中派反对在企业中实行一长制和个人负责制,坚持无限制的集体管理制,同时也反对使用旧专家,反对国家的集中管理,他们得到了阿·伊·李可夫、米·巴·托姆斯基、弗·巴·米柳亭、阿·洛莫夫等的支持。大会谴责和拒绝了民主集中派的建议。

　　代表大会在关于工会问题的决议中明确规定了工会的作用、工会同国家和党的相互关系、共产党领导工会的形式和方法以及工会参加经济建设的方式,在关于合作社问题的决议中要求巩固党在合作社组织中的领导地位。

　　代表大会还作出了关于出版《列宁全集》的决定。

　　4月4日,在大会秘密会议上选出了由19名委员和12名候补委员组成的新的中央委员会。——238、253。

165　《共产主义运动中的"左派"幼稚病》一书于共产国际第二次代表大会前夕
写成并出版,分发给了代表大会全体代表.书中的论点和结论是代表大会
决议的基础.

为了能赶在共产国际第二次代表大会开会之前出书,列宁曾亲自过
问该书的排印计划.这本书于1920年4月27日脱稿,5月5日手稿发到国家
出版社彼得格勒分社.5月9日,一校样发回莫斯科.5月23日,列宁将5月12
日写完的该书增补部分连同经他校阅过的校样一起发往彼得格勒.6月12
日该书俄文本出版,接着法文本和英文本也几乎同时于7月在俄国出版.
列宁在5月23日写的一封有关这本书的出版工作的信,载于《列宁全集》第
2版第49卷第380页.

1920年下半年,这本书的德、英、法、意译本分别在柏林、汉堡、伦敦、
纽约、巴黎和米兰出版.

在《共产主义运动中的"左派"幼稚病》一书的手稿上有一个副标题
《(马克思主义战略和策略通俗讲话的尝试)》和一段讽刺性献词:"谨将此
小册子献给最可敬的劳合-乔治先生,以对其1920年3月18日所作的几乎
是马克思主义的、至少是对全世界共产党人和布尔什维克极有教益的演
说表示谢忱."但是,列宁亲自校阅过的该书第1版,以及根据这一版刊印
的其他各种单行本和全集本都删去了这个副标题和献词,只有《列宁全
集》俄文第2、3版刊印过这个副标题和献词.——244。

166　原则上的反对派即德国"左派"共产党人集团.这一集团在1919年10月于
海德堡举行的德国共产党第二次代表大会上被开除出德国共产党,1920
年4月组成了德国共产主义工人党.为了促使德国所有共产主义力量联合
起来,共产国际执行委员会于1920年11月暂时同意德国共产主义工人党
作为同情政党加入共产国际,同时向该党提出同德国统一共产党合并和
支持其一切行动的要求.1921年6—7月举行的共产国际第三次代表大会
作出决议,要该党在一定期限内并入德国统一共产党.由于没有执行共产
国际的这项决议,该党被认为自行退出共产国际.该党后来蜕化成为宗派
小集团.——247。

167　沃拉皮尤克是德国语言学家约·施莱尔于1880年设计出的一种世界语方
案。——249。

168 《共产主义工人报》(《Kommunistische Arbeiterzeitung》)是德国"左派"共产党人无政府工团主义集团的机关报,1919—1927年在汉堡出版。——251。

169 中心小组是列宁在1895年创立的彼得堡工人阶级解放斗争协会的领导机构。参加中心小组的有列宁、阿·亚·瓦涅耶夫、彼·库·扎波罗热茨、格·马·克尔日扎诺夫斯基、娜·康·克鲁普斯卡娅、尔·马尔托夫、米·亚·西尔文、瓦·瓦·斯塔尔科夫等10多人,其中5人(列宁、克尔日扎诺夫斯基、斯塔尔科夫、瓦涅耶夫和马尔托夫)组成领导核心。——253。

170 劳动派(劳动团)是俄国国家杜马中的农民代表和民粹派知识分子代表组成的小资产阶级民主派集团,1906年4月成立。领导人是阿·费·阿拉季因、斯·瓦·阿尼金等。劳动派要求废除一切等级限制和民族限制,实行自治机关的民主化,用普选制选举国家杜马。劳动派的土地纲领要求建立由官地、皇族土地、皇室土地、寺院土地以及超过劳动土地份额的私有土地组成的全民地产,由农民普选产生的地方土地委员会负责进行土地改革,这反映了全体农民的土地要求,但它同时又容许赎买土地,则是符合富裕农民阶层利益的。在国家杜马中,劳动派动摇于立宪民主党和布尔什维克之间。布尔什维克党支持劳动派的符合农民利益的社会经济要求,同时批评它在政治上的不坚定,可是劳动派始终没有成为彻底革命的农民组织。六三政变后,劳动派在地方上停止了活动。第一次世界大战期间,劳动派多数采取了沙文主义立场。二月革命后,它于1917年6月与人民社会党合并为劳动人民社会党。——254。

171 世界产业工人联合会是美国的工会组织,成立于1905年,主要联合各种职业的非熟练工人和低工资工人。美国工人运动的活动家丹·德莱昂、尤·德布兹和威·海伍德积极参加了联合会的创建。在加拿大、澳大利亚、英国、拉丁美洲和南非也曾建立世界产业工人联合会的组织。世界产业工人联合会反对美国劳联领导人和右翼社会党人所执行的阶级合作政策,在美国组织了一系列群众性罢工(共计150多次)。第一次世界大战期间,联合会组织了美国工人阶级的群众性的反战斗争。联合会的某些领导人(海伍德等)欢迎俄国十月社会主义革命,并参加了美国共产党。但是联合会的领导职务从1908年起为无政府工团主义分子所掌握,因而在它的活动中也表现出无政府工团主义的特点,如不赞成无产阶级的政治斗争、否认党的领导作用和无产阶级专政的必要性、拒绝在美国劳联所属的工会会员中进行工作等。1920年,联合会的无政府工团主义领导人曾拒绝共产国际执行委员会向联合会发出的加入共产国际的邀请。在20世纪20年代,联合会逐步退出政治舞台。——255。

172　指科尔尼洛夫叛乱。

　　　科尔尼洛夫叛乱是发生在1917年8月的一次俄国资产阶级和地主的反革命叛乱。叛乱的头子是俄军最高总司令、沙皇将军拉·格·科尔尼洛夫。叛乱的目的是要消灭革命力量,解散苏维埃,在国内建立反动的军事独裁,为恢复君主制作准备。立宪民主党在这一反革命阴谋中起了主要作用。临时政府首脑亚·费·克伦斯基是叛乱的同谋者,但是在叛乱发动后,他既害怕科尔尼洛夫在镇压布尔什维克党的同时也镇压小资产阶级政党,又担心人民群众在扫除科尔尼洛夫的同时也把他扫除掉,因此就同科尔尼洛夫断绝了关系,宣布其为反对临时政府的叛乱分子。

　　　叛乱于8月25日(9月7日)开始。科尔尼洛夫调动第3骑兵军扑向彼得格勒,彼得格勒市内的反革命组织也准备起事。布尔什维克党是反对科尔尼洛夫叛乱斗争的领导者和组织者。按照列宁的要求,布尔什维克党在反对科尔尼洛夫的同时,并不停止对临时政府及其社会革命党、孟什维克仆从的揭露。彼得格勒工人、革命士兵和水兵响应布尔什维克党中央的号召,奋起同叛乱分子斗争,三天内有15 000名工人参加赤卫队。叛军推进处处受阻,内部开始瓦解。8月31日(9月13日),叛乱正式宣告平息。在群众压力下,临时政府被迫下令逮捕科尔尼洛夫及其同伙,交付法庭审判。——257。

173　指卡普叛乱。

　　　卡普叛乱是德国君主派、容克、最反动的银行资本与工业资本集团和军国主义分子发动的反动叛乱,为首的是沃·卡普、埃·鲁登道夫、瓦·吕特维茨等人。叛乱的目的是废除民主共和国和重建君主政体。1920年3月10日,吕特维茨将军向德国社会民主党领导的联合政府提出最后通牒,要求解散国民议会,改选总统。3月13日,受到国防军大多数将领同情的叛乱分子的军队,未经战斗开进了柏林。叛乱分子成立了以卡普为首的政府,宣布全德戒严。叛乱发生后,德国无产阶级立即投入保卫共和国的斗争。3月15日,总罢工席卷全德,参加的工人达1 200万人。工人们武装起来同叛乱军队展开战斗。在德国共产党领导下,鲁尔区还成立了红色鲁尔军。大部分官吏和职员以及大批农业劳动者也参加了反卡普叛乱的斗争。叛乱分子的队伍在许多地方被击败。3月17日,卡普政府垮台,卡普本人逃往瑞典。——257。

174 德雷福斯案件是指1894年法国总参谋部尉级军官犹太人阿·德雷福斯被法国军界反动集团诬控为德国间谍而被军事法庭判处终身服苦役一事。法国反动集团利用这一案件煽动反犹太主义和沙文主义,攻击共和制和民主自由。在事实证明德雷福斯无罪后,当局仍坚决拒绝重审,引起广大群众强烈不满。法国社会党人和资产阶级民主派进步人士(包括埃·左拉、让·饶勒斯、阿·法朗士等)发动了声势浩大的要求重审这一案件的运动。在社会舆论压力下,1899年瓦尔德克-卢梭政府撤销了德雷福斯案件,由共和国总统赦免了德雷福斯。但直到1906年7月,德雷福斯才被上诉法庭确认无罪,恢复了军职。——262。

175 指1917年的七月事变。

俄国资产阶级临时政府所组织的前线进攻以惨败告终,激怒了彼得格勒的工人和陆海军士兵。1917年7月3日(16日),由第一机枪团带头,自发的游行示威从维堡区开始,并有发展成为反对临时政府的武装行动的趋势。鉴于当时俄国革命危机尚未成熟,布尔什维克党不赞成搞武装行动。7月3日(16日)下午4时,党中央决定劝阻群众。但是示威已经开始,制止已不可能。在这种情况下,当天夜晚,布尔什维克党中央又同彼得堡委员会和军事组织一起决定参加游行示威,以便把它引导到和平的有组织的方向上去。7月4日(17日)这天参加游行示威的共50多万人。示威群众派代表要求苏维埃中央执行委员会夺取政权,遭到社会革命党、孟什维克首领的拒绝。军事当局派军队镇压和平的游行示威。示威群众在市内好几个地方同武装的反革命分子发生冲突,死56人,伤650人。临时政府在孟什维克和社会革命党所把持的中央执行委员会积极支持下,随即对革命人民进行镇压。7月5—6日(18—19日),《真理报》编辑部和印刷厂以及布尔什维克党中央办公处所被捣毁。7月6日(19日),临时政府下令逮捕列宁。七月事变后,政权完全转入反革命的临时政府手中,苏维埃成了它的附属品。——265。

176 德国1918年十一月革命胜利后,政权落在右翼社会民主党人领导的临时政府手里。德国资产阶级力图把革命镇压下去。1919年1月初,艾伯特政府把属于左翼独立社会民主党人的柏林警察总监埃·艾希霍恩免职,意在挑动工人举行为时过早的反政府武装起义。1月6日,为回答政府的挑衅,柏林工人举行了总罢工。但是参加领导起义的革命行动委员会的独立社会民主党人采取了叛卖策略,他们与艾伯特政府商谈以"和平方式"解决"冲突",从而使政府赢得了时间。艾伯特政府在作了充分准备之后,于1月8日中断谈判,声称总清算时刻已经到来。陆军部长、右翼社会民主党人古·诺斯克领导的反革命军队随即对柏林革命工人进行残酷镇压。包括卡·李卜克内西和罗·卢森堡在内的大批共产党人惨遭杀害。——265。

177　共产国际第二次代表大会于1920年7月19日—8月7日举行(开幕式于7月19日在彼得格勒举行,以后的会议从7月23日起在莫斯科举行)。出席大会的有来自37个国家的67个组织(其中有27个共产党)的217名代表。法国社会党和德国独立社会民主党派代表列席大会,有发言权。代表大会的全部筹备工作是在列宁的领导下进行的。他在会前写的《共产主义运动中的"左派"幼稚病》一书对规定共产国际的任务和制定共产国际的政治路线起了重要的作用。列宁以俄共(布)代表团成员身份出席大会,被选入了主席团。

　　　代表大会的议程包括:国际形势和共产国际的基本任务;共产党在无产阶级夺取政权以前和以后的作用和结构;工会和工厂委员会;议会斗争问题;民族和殖民地问题;土地问题;对新中派的立场和加入共产国际的条件;共产国际章程;组织问题(合法与不合法组织、妇女组织等等);青年共产主义运动;选举;其他事项。为了预先审议议程上的重大问题,在7月24日举行的大会第三次全体会议上成立了6个委员会:工会运动委员会、议会斗争委员会、土地问题委员会、国际形势和共产国际任务委员会、民族和殖民地问题委员会、制定加入共产国际的条件的委员会。

　　　代表大会将列宁起草的《关于共产国际第二次代表大会的基本任务的提纲》作为大会决议予以批准。在民族和殖民地问题上,代表大会通过了以列宁的初稿为基础的《民族和殖民地问题提纲》和《民族和殖民地问题补充提纲》。在土地问题上,代表大会通过了以列宁提纲为基础的决议。代表大会非常注意共产党争取和领导劳动群众的问题,它谴责了左倾学理主义,通过了《共产党和议会斗争》、《工会运动、工厂委员会和第三国际》等决议。代表大会通过的《共产党在无产阶级革命中的作用》的决议指出：共产党是工人阶级解放的主要的和基本的武器；共产党的作用在工人阶级夺得政权以后不但没有缩小，相反还无比地增大了。代表大会通过的《加入共产国际的条件》这一文件对于在革命纲领基础上巩固共产党和防止机会主义的和中派的政党钻入共产国际具有重大的作用。代表大会还批准了共产国际的章程，通过了《共产国际第二次代表大会宣言》和一系列号召书。

共产国际第二次代表大会奠定了共产国际的纲领的、策略的和组织的基础，对发展国际共产主义运动具有重大意义。——269、299。

178　国际联盟（国际联合会）是根据1919年在巴黎和会上通过的《国际联盟章程》于1920年1月成立的，总部设在日内瓦，先后参加的国家有60多个。美国本是国际联盟的倡议者之一，但因没有批准国际联盟章程，所以不是会员国。国际联盟自成立起就为英、法帝国主义所操纵。它表面上标榜"促进国际合作，维持国际和平与安全"，实际上是帝国主义国家推行侵略政策、重新瓜分殖民地的工具。第二次世界大战爆发后，国际联盟无形中瓦解，1946年4月正式宣告解散。——271。

179　阿姆斯特丹黄色工会"国际"即国际工会联合会，是由一些国家的改良主义工会领导人在1919年7月26日—8月2日于阿姆斯特丹举行的代表会议上建立的。参加联合会的有英、法、德、美等14个国家的工会组织。阿姆斯特丹黄色工会国际主张无产阶级同资产阶级合作，摒弃工人阶级革命的斗争形式。该国际的领导人执行分裂工人运动的政策，拒绝红色工会国际的一切共同行动的建议。第二次世界大战爆发后，该国际停止活动。世界工会联合会成立后，阿姆斯特丹黄色工会国际于1945年12月14日正式宣布解散。——272。

180　红色工会国际联合组织指当时正在筹备而于1921年正式成立的革命工会的国际联合组织——红色工会国际。红色工会国际联合了未参加阿姆斯特丹工会国际的一些全国性工会组织以及改良主义工会组织中的反对派。红色工会国际为在革命斗争基础上建立工会运动的统一而斗争。1937年底，红色工会国际停止活动。——272。

181　《争论专页》（《Дискуссионный Листок》）是俄共（布）中央委员会的不定

期出版物,根据1920年9月举行的俄共(布)第九次全国代表会议的决定创办。最初是文集,从1923年起是俄共(布)中央机关报《真理报》的附刊。一般在党的代表大会召开前出版。刊物的主要任务是开展党内批评,讨论有关党的战略、策略以及经济建设方面的问题。

在俄共(布)第十次代表大会前,《争论专页》出了两期:1921年1月的第1期和1921年2月的第2期。——276、296。

182　列宁在俄国共产主义青年团第三次代表大会上的讲话最初发表于1920年10月5、6、7日《真理报》第221、222、223号,当年用《青年团的任务(在俄国共产主义青年团第三次代表大会上的讲话)》为书名印成小册子出版。讲话的这一最早的单行本经列宁审阅过,是政治教育总委员会丛书第1种。这个版本印了20万册,仍不能满足需求,因而出现了一些打字本和手抄本。此后,各出版社曾用《学什么和怎样学》、《共青团员应当成为什么样的人》、《伊里奇的遗训》、《伊里奇对青年的遗训》、《青年的任务》、《青年怎样学习共产主义》、《论共产主义教育和共产主义道德》等书名多次重印这个讲话。1930年,青年近卫军出版社出了《青年团的任务》出版十周年纪念版,这个版本的注释经娜·康·克鲁普斯卡娅审阅过。在《列宁全集》俄文第5版中,这个讲话是按1920年出版的单行本刊印的,删去了小册子编者所加的小标题。

俄国共产主义青年团第三次代表大会于1920年10月2—10日在莫斯科斯维尔德洛夫共产主义大学举行。出席这次代表大会的约有600名代表。大会议程如下:共和国的军事和经济形势;青年共产国际;俄国共青团中央的工作报告;青年的社会主义教育;民兵和青年体育;团纲;团章;选举俄国共青团中央委员会。列宁于10月2日晚在代表大会第一次会议上发表了讲话,并回答了与会代表提出的许多问题。在回答共青团和俄共(布)之间应该是什么关系这一问题时,列宁指出,共青团如果真正愿意成为共产主义的青年团,就应该在党的领导下工作,遵循党的总的指示。列宁强调共青团的活动应成为正在成长的一代青年的楷模。列宁说,共产主义社会是在反对一切剥削者的斗争中形成的。"这是长期的事业,它要求组织、学习、培养。"

根据列宁的指示,共青团第三次代表大会强调指出:"俄国共产主义青年团的基本任务是对劳动青年进行共产主义教育,在这一教育中要把理论教育与积极参加劳动群众的生活、工作、斗争和建设紧密结合起来。"
——277。

183　指无产阶级文化协会的代表人物。

无产阶级文化协会是苏联早期的群众性文化组织,十月革命前夕在
彼得格勒成立。十月革命后在国内各地成立分会。各地协会最多时达1 381
个,会员40多万。参加协会的有真诚希望帮助苏维埃国家文化建设的青年
工人。但是协会的领导为亚·亚·波格丹诺夫及其拥护者所把持。他们在十
月革命后仍继续坚持协会的"独立性",从而把它置于同共产党和苏维埃
国家相对立的地位。他们否认以往的文化遗产的意义,力图摆脱群众性文
教工作的任务,而企图通过脱离实际生活的"实验室的道路"来创造"纯粹
无产阶级的"文化。波格丹诺夫口头上承认马克思主义,实际上鼓吹马赫
主义这种主观唯心主义的哲学。列宁在《关于无产阶级文化》(见《列宁全
集》第2版第39卷第331—332页)等著作中批判了无产阶级文化派的错误。
无产阶级文化协会于20年代初趋于衰落,1932年停止活动。——281。

184　这里选收了列宁有关俄共(布)第十次代表大会的三件文献。

俄共(布)第十次代表大会于1921年3月8—16日在莫斯科举行。参加
代表大会的有717名有表决权的代表和418名有发言权的代表,共代表
732 521名党员。列入代表大会议程的问题是:中央委员会的政治报告;中
央委员会的组织报告;监察委员会的报告;政治教育总委员会和党的宣传
鼓动工作;党在民族问题方面的当前任务;党的建设;工会及其在国家经
济生活中的作用;关于以实物税代替余粮收集制;社会主义共和国在资本
主义包围中;俄共(布)驻共产国际代表的报告;关于党的统一和无政府工
团主义倾向;选举党的领导机关。此外,代表大会还听取了党史委员会的
报告并在秘密会议上讨论了军事问题。这次代表大会通过了有关国家政
治生活和经济生活的根本性问题的一些决定,规定了俄国从资本主义向
社会主义过渡的具体途径。

列宁领导了代表大会的工作。他就大会议程上的主要问题——关于
俄共(布)中央委员会的政治工作、关于以实物税代替余粮收集制、关于党
的统一和无政府工团主义倾向——作了报告,并起草了大会的最重要的
决议草案。大会根据列宁的报告通过了关于以实物税代替余粮收集制这
一从战时共产主义转向新经济政策的具有历史意义的决议。代表大会特

别重视党的统一问题。大会通过了列宁起草的《关于党的统一的决议》(见本书第294—297页),要求立即解散削弱党、破坏党的统一的一切派别集团,并授权中央委员会对进行派别活动的中央委员采取直到开除出党的极端措施。大会还通过了列宁起草的《关于我们党内的工团主义和无政府主义倾向的决议》(见本书第298—301页),指出工人反对派的观点是小资产阶级无政府主义动摇性的表现。在党的建设方面,代表大会通过了扩大党内民主、改善党员素质的决定,并向中央委员会发出进行清党的指示。代表大会还通过了监察委员会条例,规定设立中央监察委员会和各省监察委员会,这对于巩固党和改善国家机关有重要意义。

代表大会总结了工会问题的争论,以绝大多数票通过了《关于工会的作用和任务的决议》。这个决议重申了工会是共产主义的学校的论点,规定了工会的作用和任务,并提出了扩大工会民主的措施。代表大会还通过了《党在民族问题方面的当前任务的决议》,要求彻底消除从前的被压迫民族的事实上的不平等现象,并谴责了大国沙文主义和地方民族主义这两种在民族问题上的错误倾向。代表大会选出了由25名委员和15名候补委员组成的新的中央委员会。——294。

185　指俄共(布)莫斯科省代表会议。

俄共(布)莫斯科省代表会议于1920年11月20—22日在克里姆林宫举行。出席会议的有289名有表决权的代表和89名有发言权的代表。会议议程是:关于俄共(布)莫斯科委员会的工作报告,关于国内外形势和党的任务的报告,关于国家经济状况的报告,关于生产宣传的报告,选举莫斯科委员会。列宁在代表会议上作了关于国内外形势和党的任务的报告,并就莫斯科委员会的选举问题发了言。代表会议是在工会问题争论已经开始时举行的。出席会议的民主集中派、工人反对派和伊格纳托夫派的代表对党的政策进行了激烈的攻击。他们从会议筹备时起就企图在莫斯科的党组织中取得优势。工人反对派的一些人力图把自己的同伙更多地安插进莫斯科委员会,竟撇开在斯维尔德洛夫大厅开会的其他代表,而在米特罗范大厅另外召开工人代表的会议,从而形成了"两个房间开会"的局面。代表会议在列宁领导下对反对派进行了回击,就莫斯科委员会的工作报告通过了体现党中央观点的决议。代表会议否决了反对派在非正式会议上拟的莫斯科委员会名单,通过了中央政治局提出的名单。——294。

186　指1920年11月在哈尔科夫举行的全乌克兰第五次党代表会议。参加这次
代表会议的316名代表中有23名,即7%,对工人反对派的纲领投了赞成
票。——295。

187　工人反对派是俄共(布)党内的一个无政府工团主义集团,首领是亚·加·
施略普尼柯夫、谢·巴·梅德维捷夫、亚·米·柯伦泰等。工人反对派作为派
别组织是在1920—1921年的工会问题争论中形成的,但是这一名称在
1920年9月俄共(布)第九次全国代表会议上即已出现。工人反对派的纲领
则早在1919年就已开始形成。在1920年3—4月举行的俄共(布)第九次代
表大会上,施略普尼柯夫提出了一个关于俄共(布)、苏维埃和工会之间关
系的提纲,主张由党和苏维埃管政治,工会管经济。在1920年12月30日全
俄苏维埃第八次代表大会俄共(布)党员代表、全俄工会中央理事会党员
委员及莫斯科工会理事会党员委员联席会议上,施略普尼柯夫要求将国
民经济的管理交给工会。将工人反对派的观点表达得最充分的是柯伦泰
在俄共(布)第十次代表大会前出版的小册子《工人反对派》。它要求把整
个国民经济的管理交给加入各产业工会的生产者的代表大会,由他们选
举出中央机关来管理共和国的整个国民经济;各个国民经济管理机关也
分别由相应的工会选举产生,而且党政机关不得否决工会提出的候选人。
工人反对派曾一度得到部分工人的支持。1920年11月,在俄共(布)莫斯科
省代表会议上,它的纲领获得了21%的票数。1921年初,在全俄矿工第二
次代表大会共产党党团会议上则获得30%的票数。由于党进行了解释工
作,工人反对派的人数到俄共(布)第十次代表大会时已大大减少,它的纲
领在这次代表大会上得票不足6%。第十次代表大会批评了工人反对派的
观点,并决定立即解散一切派别组织。但施略普尼柯夫、梅德维捷夫等在
这次代表大会后仍继续保留非法的组织,并且在1922年2月向共产国际执
行委员会送了一份题为《二十二人声明》的文件。1922年俄共(布)第十一
次代表大会从组织上粉碎了工人反对派。——295。

188　民主集中派是俄共(布)党内的一个派别集团,1919年初开始出现,1920年
最终形成,首领是季·弗·萨普龙诺夫、恩·奥新斯基、弗·米·斯米尔诺夫、
弗·尼·马克西莫夫斯基等。民主集中派否认党在苏维埃和工会中的领导
作用,反对在工业中实行一长制和厂长个人负责制,要求在党内有组织派
别和集团的自由。民主集中派的代表主张人民委员会和全俄中央执行委

员会主席团合并，要求取消地方政权机关对中央的从属关系。他们还反对中央政治领导和组织领导的统一，力图把组织局排除于政治领导之外。在1920—1921年的工会问题争论中，民主集中派曾公布该派的纲领。俄共（布）第十次代表大会决定解散一切派别集团后，该派某些成员仍继续进行反对党的总路线的活动。1923年，他们同托洛茨基反对派结成联盟。1926年，他们结成了以萨普龙诺夫和斯米尔诺夫为首的所谓"十五人集团"，参加了托洛茨基—季诺维也夫联盟。1927年12月联共（布）第十五次代表大会把民主集中派分子共23人开除出党。——295。

189　喀琅施塔得叛乱是1921年2—3月间在俄国波罗的海海军要塞喀琅施塔得发生的反革命叛乱。这一叛乱是社会革命党人、孟什维克、无政府主义者和白卫分子在外国帝国主义者支持下策动的。卷入叛乱的约有27 000名水兵和士兵。当时波罗的海舰队中参加过十月革命的水兵大都上了国内战争的前线，新补充的水兵多半来自农民，不少人受到小资产阶级无政府主义的影响。所以这次叛乱反映了农民对战时共产主义政策的不满和他们在政治上的动摇。叛乱分子的首领提出了"没有共产党人参加的苏维埃"的口号，指望由小资产阶级政党掌握政权，这实际上意味着推翻无产阶级专政并为公开的白卫统治和复辟资本主义创造条件。2月28日和3月1日，叛乱分子的首领召开大会，通过决议，要求让所谓"左派社会主义政党"自由活动，取消政治委员，允许自由贸易，改选苏维埃。3月2日，叛乱分子逮捕了舰队指挥人员，占领了喀琅施塔得，给彼得格勒的安全造成了严重威胁。俄共（布）中央和苏维埃政府为平定叛乱采取了紧急措施。3月2日宣布彼得格勒特别戒严。3月5日重组第7集团军，由米·尼·图哈切夫斯基任司令员，负责镇压叛乱。正在开会的俄共（布）第十次代表大会派出克·叶·伏罗希洛夫等约300名有军事经验的代表加强第7集团军。经过激烈的战斗，叛乱于3月18日被彻底粉碎。——295。

190　根据俄共（布）第十次代表大会的决定，《关于党的统一的决议》的第7条当时没有公布。1924年1月17日，在俄共（布）第十三次代表会议上，斯大林在其《关于党的建设的当前任务的报告》中宣读了这一条（见《斯大林全集》第6卷第22页）。代表会议谴责了列·达·托洛茨基和托洛茨基分子的派别活动，在《关于争论总结和党内小资产阶级倾向的决议》中建议中央委员会公布这一条文（见《苏联共产党代表大会、代表会议和中央全会决议汇编》第2分册人民出版社1964年版第371页)。这一决议为俄共(布)第十三次代表大会批准。——297。

191 指1920年7月24日共产国际第二次代表大会通过的《关于共产党在无产阶级革命中的作用的决议》。——299。

192 关于党的统一和无政府工团主义倾向的报告是在俄共(布)第十次代表大会最后一次会议即第十六次会议上作的。大会对列宁的报告进行了详尽的讨论。在讨论中,工人反对派和民主集中派的代表反对列宁提出的《关于党的统一》和《关于党内的工团主义和无政府主义倾向》这两个决议草案。在列宁作了总结发言以后,大会以绝大多数票通过了这两个决议。——302。

193 指俄罗斯电气化计划。该计划是根据列宁提出的任务并在他的指导下由俄罗斯国家电气化委员会制定的,是一部600多页的巨著。计划规定,除恢复和改建现有的电站外,在10—15年内建设30座区域电站,包括20座火电站和10座水电站,总装机容量为175万千瓦;总的年发电量达到88亿度,而1913年俄国的年发电量为19亿度。根据计划,工业品产量将比1913年的产量增加80%—100%,比1920年增加许多倍。——304。

194 德国共产主义工人党是由被德国共产党第二次代表大会(1919年10月)开除出党的无政府主义"左派"分子组成的,1920年4月在柏林成立。该党参加共产国际第二次代表大会的代表是奥·吕勒和奥·梅尔盖斯。他们在代表大会上坚持错误的组织观点和策略观点。由于得不到共产国际的支持,他们退出了代表大会。德国共产主义工人党后来蜕化成为一个宗派小集团,于1927年解散。——305。

195 指1920年8月4日共产国际第二次代表大会通过的《关于土地问题的决议》。——306。

196 指亚·加·施略普尼柯夫《1917年的前夕。有关1914—1917年间工人运动和革命的地下活动的回忆录和文献》一书,1920年莫斯科俄文版,共290页。——309。

197 指《真理报》,见注162。——309。

198　列宁的信是针对Г.И.米雅斯尼科夫给俄共(布)中央委员会的报告书、他的文章《伤脑筋的问题》以及他在彼得格勒和彼尔姆党组织内的多次发言而写的。米雅斯尼科夫在上述材料和讲话中要求恢复企业中的工人代表苏维埃作为带领工人战胜经济破坏的指挥员,组织农民联合会并给予它以工农检查院的权力(如同工会一样),给予从君主派到无政府主义者的一切政治派别以言论和出版自由。他还在彼尔姆省莫托维利哈区组织了一个反党集团来反对党的政策。1921年7月29日,俄共(布)中央组织局召开会议讨论了米雅斯尼科夫的问题,认为他的言行具有反党性质,决定成立一个由尼·伊·布哈林、彼·安·扎卢茨基、亚·亚·索尔茨组成的专门委员会来审查他的活动。8月22日,中央组织局根据委员会的报告,认定米雅斯尼科夫的提纲违背党的利益,责成他不得在党的正式会议上宣读,同时决定把他从彼尔姆调回中央。但是米雅斯尼科夫拒绝服从中央决定,并且变本加厉地继续进行反党活动。1922年2月20日,俄共(布)中央政治局批准了委员会关于将米雅斯尼科夫开除出党的决定。——310。

199　本来要进这间屋子,结果却跑进了那间屋子这句话出自俄国作家亚·谢·格里鲍耶陀夫的喜剧《智慧的痛苦》第1幕第4场,意为主观上要做某一件事,结果却做了另外一件事。——313。

200　劳动国防委员会是苏俄人民委员会的机关,负责指导经济系统各人民委员部和国防主管部门的活动,1920年4月在工农国防委员会的基础上成立。根据全俄苏维埃第八次代表大会通过的条例,劳动国防委员会享有俄罗斯联邦人民委员会直属委员会的权利。它在地方上的机关是各级经济会议。劳动国防委员会的成员包括人民委员会主席(兼劳动国防委员会主席),陆军、交通、农业、粮食、劳动、工农检查等人民委员,最高国民经济委员会主席,全俄工会中央理事会主席和中央统计局局长(有发言权)。列宁是第一任劳动国防委员会主席。劳动国防委员会存在到1937年4月。——313、335。

201　中央监察委员会是俄共(布)的最高监察机关。成立中央监察委员会的决定是1920年9月22—25日召开的俄共(布)第九次全国代表会议通过的。1921年3月8—16日召开的俄共(布)第十次代表大会选出了首届中央监察委员会。——314、319、328。

202　指俄共(布)第一次清党。这次清党是在实行新经济政策后资本主义分子及其在党内的代理人有所活跃的情况下,根据俄共(布)第十次代表大会《关于党的建设的决议》进行的,目的是从党内清除非共产主义分子,纯洁党的队伍。因为是在全党进行,所以也称总清党。清党工作经过长期的和细致认真的准备。1921年6月21日,中央委员会和中央监察委员会通过了《关于党员审查、甄别和清党问题的决议》(载于1921年6月30日《真理报》第146号),把征求党内外劳动群众对被审查党员的意见作为清党的一项必要条件,同时规定了成立地方审查委员会的程序。7月7日,中央政治局批准了中央清党领导机构——中央审查委员会成员名单。7月27日,中央委员会在《真理报》上发表了致各级党组织的信,阐明了清党的任务和方法,提出以下清党方针:对于工人,在呈交证件、鉴定方面应放宽一些;对于农民,应严格区分富农和诚实的劳动农民;对于"摆委员架子的"和担任享有某种特权的职务的人应从严;对于旧官吏、资产阶级知识分子出身的人,应特别注意审查;对原属其他政党尤其是孟什维克和社会革命党人的人,应进行最细致的审查和清洗。这次清党从1921年8月15日开始,到俄共(布)第十一次代表大会(1922年3月)召开前夕结束。清党期间,一般停止接受新党员。俄共(布)第十一次全国代表会议和俄共(布)第十一次代表大会先后对清党工作进行了初步总结和最终总结。清党结果,共有159 355人被除名(占党员总数24.1%,不包括布良斯克、阿斯特拉罕两省和土耳其斯坦的材料)。在开除出党和退党的人中,工人占20.4%,农民占44.8%,职员和自由职业者占23.8%,其他占11%。——320、325、330。

203　召开所谓"工人代表大会"的主张是帕·波·阿克雪里罗得于1905年夏首次提出的,得到了其他孟什维克的支持。这一主张概括起来说就是召开各种工人组织的代表大会,在这个代表大会上建立社会民主党人、社会革命党人和无政府主义者都参加的合法的"广泛工人政党"。这实际上意味着取消俄国社会民主工党而代之以非党的组织。召开"工人代表大会"的主张也得到了社会革命党人、无政府主义者以及立宪民主党人和黑帮工人组织(祖巴托夫分子等)的赞同。1907年俄国社会民主工党第五次代表大会谴责了这种主张(见《苏联共产党代表大会、代表会议和中央全会决议汇编》第1分册人民出版社1964年版第201—202页)。——321。

204　马基雅弗利主义是指一种为达到目的而不择手段、无视一切道德规范的政治主张。尼·马基雅弗利是意大利政治思想家,1498—1512年在佛罗伦萨共和国历任要职。他反对意大利的政治分裂,主张君主专制,认为君主为了达到政治目的可以采取任何手段,包括背信弃义、欺骗、暗杀等。——321。

205　全俄五金工会第五次代表大会开幕前,1922年3月1日,全俄五金工会中央委员会共产党党团常务局同各大区代表团代表一起开会,认为在代表大会上应有一个关于共和国所处的国际和国内形势的报告,并请求列宁代表俄共(布)中央作这一报告。为此,列宁于1922年3月6日上午在代表大会共产党党团会议上发表了这个讲话。

　　全俄五金工会第五次代表大会于1922年3月3—7日在莫斯科举行。出席大会的有318名代表(其中有282名共产党员),代表五金工会的534 626名会员。代表大会的任务首先是按照新经济政策改组五金工会的工作。大会讨论了下列问题:全俄五金工会中央委员会和中央监察委员会的工作报告,各经济机关(金属工业总管理局、军事工业委员会、电机工业总管理局)的工作报告,五金工会在新经济政策条件下的任务,工会的组织建设,关于国际组织宣传委员会的活动,关于全俄五金工会第四次代表大会选出的出席五金工人卢塞恩代表大会的代表团。——323、334。

206　《消息报》(《Известия》)于1917年2月28日(3月13日)在彼得格勒创刊,最初称《彼得格勒工人代表苏维埃消息报》,从3月2日(15日)第3号起成为彼得格勒工兵代表苏维埃的机关报。编辑部成员起初有:波·瓦·阿维洛夫、弗·亚·巴扎罗夫、弗·德·邦契-布鲁耶维奇、约·彼·戈尔登贝格和格·弗·策彼罗维奇。由于编辑部内部意见分歧,阿维洛夫、邦契-布鲁耶维奇和策彼罗维奇于4月12日(25日)退出了编辑部,孟什维克和社会革命党人费·伊·唐恩、弗·萨·沃伊京斯基、A. A. 郭茨、伊·瓦·切尔内绍夫随后进入编辑部。在全俄苏维埃第一次代表大会成立了工兵代表苏维埃中央执行委员会以后,该报成为中央执行委员会的机关报,从1917年8月1日(14日)第132号起,用《中央执行委员会和彼得格勒工兵代表苏维埃消息报》的名称出版。决定该报政治方向的是当时在执行委员会中占多数的社会革命党-孟什维克联盟的代表人物。

　　十月革命后,该报由布尔什维克领导。在全俄苏维埃第二次代表大会以后,即从1917年10月27日(11月9日)起,该报更换了编辑部成员,成为苏维埃政权的正式机关报。1918年3月该报迁至莫斯科出版。从1923年7月14日起,成为苏联中央执行委员会和全俄中央执行委员会的机关报。从1938年1月26日起,改称《苏联劳动人民代表苏维埃消息报》。——323。

207　这是恩格斯在《流亡者文献》一文中说的(见《马克思恩格斯全集》第18卷第586页)。——324。

208　党史委员会是一个收集和研究十月社会主义革命史和俄国共产党历史的委员会,根据1920年9月21日人民委员会的决定而建立,隶属于教育人民委员部。——325。

209　出自伊·安·克雷洛夫的寓言《音乐家们》。寓言说,有一个人请客,邀了一批歌手助兴。这些歌手各唱各的调,叫客人实在受不了。主人却解释说,他们唱得是有些刺耳,可是个个生活严肃,滴酒不进。——325。

210　指热那亚会议。

　　热那亚会议(国际经济和财政会议)是根据协约国最高会议1922年1月6日戛纳会议的决定召开的。会议名义上是为了寻求"中欧和东欧经济复兴"的办法,实质上主要是讨论帝国主义武装干涉失败后苏俄同资本主义世界之间的关系问题。苏俄政府也建议召开讨论欧洲和平与经济合作的国际会议(见《列宁全集》第2版第42卷第211—213页)。它在1月8日接受了参加会议的邀请。

　　1月27日,全俄中央执行委员会非常会议选出了参加热那亚会议的苏俄代表团:列宁为代表团团长,格·瓦·契切林为副团长,代表团成员有列·波·克拉辛、马·马·李维诺夫、纳·纳·纳里曼诺夫、瓦·瓦·沃罗夫斯基、扬·埃·鲁祖塔克、阿·阿·越飞、克·格·拉柯夫斯基、波·古·姆季瓦尼、亚·阿·别克扎江、亚·加·施略普尼柯夫。列宁领导了代表团的全部工作,拟定了党中央给苏俄代表团的指示和其他有关重要文件(见《列宁全集》第2版第42卷第405、409—411、412—413、421—422、436—438、439—440页)。但是由于列宁健康状况不佳和国务繁忙,同时出于安全考虑,根据俄共(布)中央后来作出的专门决定,列宁没有出席会议,而由契切林行使代表团团长的一切职权。

　　热那亚会议于1922年4月10日—5月19日举行。参加会议的有英、法、意、日、比、德、苏俄等29个国家和英国的5个自治领,美国派观察员列席。

会上，资本主义国家的代表企图借助外交压力迫使苏俄承认沙皇政府和临时政府的一切债务，将苏维埃政权收归国有的企业归还外国资本家或给以补偿，取消对外贸易的垄断等等。苏俄代表团拒绝了这些要求，同时提出了帝国主义国家应赔偿由于武装干涉和封锁给苏俄造成的损失的反要求（俄国战前和战时债务为185亿金卢布，外国武装干涉和封锁给俄国造成损失为390亿金卢布）。苏俄代表团还声明，为了达成协议，它准备在承认苏维埃俄国、向它提供财政援助和废除战时债务的条件下，承认战前债务和给予原产权人以租让和租借原属他们的产业的优先权。苏俄代表团还提出了普遍裁军的建议。会议没有解决任何问题，只是决定将部分问题移交海牙会议审议。在热那亚会议期间，苏俄代表团利用德国同各资本主义国家的矛盾，于4月16日与德国缔结了拉帕洛条约，击破了帝国主义的反苏统一战线。——325、330、334。

211　《关于接收新党员的条件》这三封信是在俄共（布）第十一次代表大会筹备期间写的，当时正在拟定关于清党总结和巩固党的问题的提纲，以便提交代表大会讨论。

早在1921年12月，列宁在研究清党的初步总结时，就写信给彼·安·扎卢茨基、亚·亚·索尔茨和俄共（布）中央政治局委员们，建议在即将召开的党的第十一次代表会议的决议中规定更严格的入党条件（见《列宁全集》第2版第42卷第314—315页）。

在《对俄共（布）第十一次代表会议关于清党的决议草案的意见》中，列宁写道："我丝毫不反对让真正的工人能更容易入党，但是，如果不提出非常严格的条件来确定什么人能算是大工业的工人，那么，马上又会有一大批乌七八糟的人来钻这个空子。"（同上书，第316页）

俄共（布）第十一次全国代表会议没有解决修改入党条件的问题。会议表示希望党的第十一次代表大会能修改党章中涉及接收新党员的条件的那一部分。——327。

212　指格·叶·季诺维也夫受俄共（布）中央政治局的委托为俄共（布）第十一次代表大会准备的《关于巩固党》这一提纲的最初草案。根据1922年3月8日政治局的决定，这份草案分发给了政治局委员们。草案规定，接收农民和红军战士入党应由有3年党龄的3名党员负责介绍，接收职员和其他人入党则应由有5年党龄的5名党员负责介绍。

列宁在3月9日的信中不反对把这份提纲草案作为讨论的基础予以通过，并就介绍人党龄问题和草案中未提到的预备期问题提了意见。

3月13日，政治局在列宁没有出席的情况下批准了经补充修正的季诺维也夫提纲。3月17日《真理报》第62号发表了这份提纲。提纲中关于入党条件这一节引起了列宁的强烈反对，他在3月24日的信中发表了自己的看法。——327。

213 指俄共（布）第十一次全国代表会议《关于根据审查党员的经验巩固党的问题的决议》和俄共（布）区域委员会、区域局和省委员会书记会议决议《关于党的建设的组织问题的实际建议（对关于在清党以后巩固党的决议的补充）》（1921年12月）。格·叶·季诺维也夫《关于巩固党》的提纲的最初草案中没有引用这两个决议。——327。

214 指俄共（布）中央政治局批准的格·叶·季诺维也夫起草的提纲《关于巩固党和党的新任务》的第5条，其中写道："第十一次代表大会决定修改党章（第2章第7条）：工人和农民的预备期应不短于6个月，其他人不短于1年。"（见《俄共（布）第十一次代表大会。速记记录》1961年俄文版第684页）——328。

215 1922年3月25日俄共（布）中央全会接受了列宁关于修改季诺维也夫提纲第5条的建议，但是没有考虑列宁的全部意见。关于接收新党员的条件，全会决定向代表大会提出下述条文："决不允许靠剥削他人劳动、投机倒把之类为生的人入党，规定工人的预备期为6个月，红军战士为1年，农民及其他人为1年半，要让入党介绍人承担特别责任。"（见《俄共（布）第十一次代表大会。速记记录》1961年俄文版第737—738页）

俄共（布）第十一次代表大会在《关于巩固党和党的新任务的决议》中规定，在第十二次代表大会之前，修改党章，按新的手续接收党员。接收入党的人分以下三类：1. 工人和工农出身的红军战士；2. 不剥削他人劳动的农民（红军战士除外）和手工业者；3. 其他（职员等等）。第一类人的预备期为6个月，第二类人为1年，第三类人和脱离其他政党的人为2年。接收第一、二类人入党，须由有3年党龄的3名党员介绍，并且第一类人须县委和区委批准，第二类人须省委批准。第三类人以及脱离其他政党的人则须由有5年党龄的5名党员介绍，并必须由省委批准。20岁以下的青年入党须经过俄国共产主义青年团(红军战士除外)。要求入党者的名单应预先公布。

代表大会再次确认介绍人应对被介绍人负有极严格的责任,委托中央委员会制定承担责任的具体形式(见《苏联共产党代表大会、代表会议和中央全会决议汇编》第2分册人民出版社1964年版第177—178页)。——329。

216　路标转换派是1921年在流亡国外的白俄知识分子中间出现的一种社会政治流派。路标转换派还得到一些没有离开苏俄的旧资产阶级知识分子的支持。路标转换派因1921年在布拉格出版的《路标转换》文集而得名,文集的中心思想是:承认反苏维埃武装斗争彻底失败,苏维埃政权是唯一可能的俄罗斯国家政权;认为知识分子应该在对苏维埃政权的态度上转换路标,为复兴俄国工作。路标转换派的主要代表人物是流亡国外的立宪民主党人Ю. B. 克柳奇尼科夫、尼·瓦·乌斯特里亚洛夫、C. C. 卢基亚诺夫、亚·弗·博勃里舍夫–普希金、C. C. 查霍金、尤·尼·波捷欣等人。他们的刊物是《路标转换》杂志,该杂志于1921年10月—1922年3月在巴黎出版。

国内战争的结束和新经济政策的实行,是路标转换派形成的决定性因素。路标转换派的社会基础是资本主义因素由于实行新经济政策而在苏维埃共和国有了某种程度的复活。路标转换派把向新经济政策过渡看做是苏维埃政权向恢复资本主义方向演变,指望苏维埃国家蜕化为资产阶级国家。他们号召资产阶级知识分子同苏维埃政权合作,并曾协助一些资产阶级知识分子代表人物返回祖国。路标转换派中也有不少人愿意真心诚意地和苏维埃政权一起工作,后来成为科学文化界的积极活动家,如历史学家叶·维·塔尔列、作家阿·尼·托尔斯泰等。俄共(布)第十二次全国代表会议(1922年8月4—7日)在《关于反苏维埃的党派的决议》中指出:"所谓路标转换派迄今起了而且还有可能起客观的进步作用。这一派别过去和现在都团结着那些同苏维埃政权'和解'并准备同它一起复兴祖国的侨民和俄国知识分子集团。**就这一点来说**,路标转换派过去和现在都是值得欢迎的。但同时一分钟也不能忘记,在路标转换派中资产阶级复辟的倾向也是很强烈的,路标转换派分子同孟什维克和社会革命党人同样希望在经济上让步之后在政治上也会有向资产阶级民主方面的让步等等。"(见《苏联共产党代表大会、代表会议和中央全会决议汇编》第2分册人民

出版社1964年版第237—238页）

列宁对路标转换派的评价见《列宁全集》第2版第43卷第91—93页。——330、335。

217 这里说的是莫斯科苏维埃中央房产局舞弊一案。对该局舞弊行为的大量申诉中,有些是寄给列宁的,所以人民委员会办公厅(阿·阿·季维尔科夫斯基)直接参加了对该局的检查。检查证实,中央房产局的一些负责人伙同莫斯科公用事业局党员局长索韦特尼科夫徇私舞弊。但是,3月14日俄共(布)莫斯科市常务委员会召开有莫斯科苏维埃主席团参加的会议,却认为检查的结论缺乏根据,并决定将此案移交给新成立的党的特别委员会去重新审查。季维尔科夫斯基在3月15日给尼·彼·哥尔布诺夫并转俄共(布)中央政治局全体委员的信中,把这个决定称做是"以超等的手段葬送整个案件"。他着重指出,这个决定与列宁关于无情追究"官僚主义的匪徒行径,特别是如果干这种事的是混入党内的不良分子"的指示背道而驰。他请求取消这个决定,将罪犯交法庭审判。为此列宁写了这封信。在寄发时,列宁在信上批道:"**瞿鲁巴和李可夫阅后**交哥尔布诺夫**立即**转发"。——332。

218 俄共(布)中央这次全会于1922年3月25日召开。全会的主要议题是为即将召开的党的第十一次代表大会作准备。全会决定:"1. 批准列宁提出的他的代表大会报告提纲。2. 指定加米涅夫同志为中央政治报告的补充报告人。3. 建议列宁同志在其报告中涉及完善劳动国防委员会和涉及它在各地的据点的地方讲一下区域经济会议的巨大作用。"第3条是根据费·埃·捷尔任斯基的提议通过的。

接到全会决定后,列宁在一份全会前起草的政治报告提纲稿上注明:"**注意** 特别提一下**区域经济会议**。"后来他在名为《1922年3月27日讲话提纲》的定稿中加上一条:"**区域经济会议工作**的开展和扩大。"列宁就是按照这份提纲定稿在代表大会上作报告的(见《列宁全集》第2版第43卷第401—405页)。——334。

219 指尼·瓦·乌斯特里亚洛夫的文章《演变和策略》,该文载于1922年1月21日出版的《路标转换》杂志第13期。——335。

220 列宁指的是就改革人民委员会、劳动国防委员会和小人民委员会的工作给亚·德·瞿鲁巴的信(见《列宁全集》第2版第42卷第387—395页)。——

335。

221　小人民委员会是俄罗斯联邦人民委员会所属的一个常设委员会,1917年11月成立。设立小人民委员会是为了减轻人民委员会的负担。小人民委员会预先审议应由人民委员会决定的问题,自身也决定某些财政经济问题。小人民委员会一致作出的决定经人民委员会主席签署,即具有人民委员会决定的效力。如果意见分歧,则把问题提交人民委员会解决。小人民委员会的主席、副主席、成员由人民委员会从人民委员和副人民委员中任命,全俄工会中央理事会的代表也参加小人民委员会。1930年小人民委员会撤销。——335。

222　指全俄中央执行委员会秘书阿·萨·叶努基泽1922年3月21日给列宁的信。他在信中建议,为了改善全俄中央执行委员会主席团对各地执行委员会的工作的领导,为了在中央各人民委员部同各地执行委员会之间解决经济问题时建立正确的相互关系,至少每三个月召开一次全俄中央执行委员会常会,并把会期延长到两个星期。他写道:"由于参加讨论问题的有来自全俄各地的有地方经验的工作人员,全俄中央执行委员会全体会议的决定,将比全俄中央执行委员会主席团作出的决定正确一些,权威一些。会议期间主席团委员们有较长的时间同地方工作人员一道工作,这就使他们能获得关于地方情绪和需求的大量材料和知识,从而大大活跃和加强全俄中央执行委员会主席团本身在两次常会之间的工作。"——336。

223　列宁的建议被写进俄共(布)第十一次代表大会《关于中央委员会的报告的决议》和《关于巩固党和党的新任务的决议》(见《苏联共产党代表大会、代表会议和中央全会决议汇编》第2分册人民出版社1964年版第150—152、172—183页)。——336。

224　俄共(布)中央全会指定的中央委员会政治报告补充报告人列·波·加米涅夫在俄共(布)第十一次代表大会上没有作这一报告。——336。

人 名 索 引

A

阿基莫夫（**马赫诺韦茨**），弗拉基米尔·彼得罗维奇（Акимов（Махновец），Владимир Петрович 1872—1921）——俄国社会民主党人，经济派著名代表人物。19世纪90年代中期加入彼得堡民意社，1897年被捕，1898年流放叶尼塞斯克省，同年9月逃往国外，成为国外俄国社会民主党人联合会的领导人之一；为经济主义思想辩护，反对劳动解放社，后又反对《火星报》。1903年代表联合会出席了俄国社会民主工党第二次代表大会，是反火星派分子，会后成为孟什维克极右翼代表。1905—1907年革命期间支持主张建立"全俄工人阶级组织"（社会民主党在该组织中只是一种思想派别）的取消主义思想。作为有发言权的代表参加了俄国社会民主工党第四次（统一）代表大会的工作，维护孟什维克的机会主义策略，呼吁同立宪民主党人联合。斯托雷平反动时期脱党。——106、107、111、112、113、117、120、121、122、125、128、129、139、147、151、157。

阿克雪里罗得，帕维尔·波里索维奇（Аксельрод，Павел Борисович 1850—1928）——俄国孟什维克领袖之一。19世纪70年代是民粹派分子。1883年参与创建劳动解放社。1900年起是《火星报》和《曙光》杂志编辑部成员。俄国社会民主工党第二次代表大会后是孟什维主义的思想家。1905年提出召开广泛的工人代表大会的反马克思主义主张。斯托雷平反动时期和新的革命高涨年代是取消派的思想领袖，参加孟什维克取消派的《社会民主党人呼声报》编辑部；1912年加入"八月联盟"。第一次世界大战期间表面上是中派，实际持社会沙文主义立场，曾参加齐美尔瓦尔德代表会议和昆塔尔代表会议，属于右翼。1917年二月革命后任彼得格勒苏维埃执行委员会委员，支持资产阶级临时政府。十月革命后侨居国外，敌视苏维埃政权，鼓吹武装干涉苏维埃俄国。——50、51、70、89、90、100、101—102、103、104、105、107、109、112、113、114、116、117、122、123、124、125—126、127、129、134、135、138、139、141、142、145、

146、147、148、149、150、154、321。

阿列克谢耶夫,彼得·阿列克谢耶维奇(Алексеев, Петр Алексеевич 1849—1891)——俄国早期工人革命家,织工。19世纪70年代初接近革命民粹派,1873年加入彼得堡涅瓦关卡外的革命工人小组,1874年11月起在莫斯科工人中进行革命宣传,是全俄社会革命组织的积极成员。1875年4月被捕,1877年和该组织其他成员一起被提交法庭审讯("五十人案")。在法庭上拒绝律师辩护,于3月9日(21日)发表了预言沙皇专制制度必然覆灭的著名演说。1877年3月被判处十年苦役,1884年起在雅库特州一个偏僻的乡服苦役,1891年8月在该地被盗匪杀害。——107。

埃尔姆,阿道夫(Elm, Adolf 1857—1916)——德国社会民主党人,合作社活动家和工会活动家,改良主义者,全德社会民主主义工会联合会(通称德国自由工会)的领袖之一;职业是烟草工人。1894—1906年为帝国国会议员。曾为德国机会主义者杂志《社会主义月刊》撰稿,攻击社会民主党的革命纲领和策略。1910年出席国际社会党哥本哈根代表大会,是代表大会的合作社委员会委员及其小组委员会委员。他在代表大会上就工人合作社问题的发言,受到列宁的批判。——147。

埃勒,卡尔——见劳芬贝格,亨·。

B

巴甫洛维奇——见克拉西科夫,彼·阿·。

巴枯宁,米哈伊尔·亚历山德罗维奇(Бакунин, Михаил Александрович 1814—1876)——俄国无政府主义和民粹主义创始人和理论家之一。1840年起侨居国外,曾参加德国1848—1849年革命。1849年因参与领导德累斯顿起义被判死刑,后改为终身监禁。1851年被引渡给沙皇政府,囚禁期间向沙皇写了《忏悔书》。1861年从西伯利亚流放地逃往伦敦。1868年参加第一国际活动后,在国际内部组织秘密团体——社会主义民主同盟,妄图夺取总委员会的领导权。鼓吹无政府主义,宣称个人"绝对自由"是整个人类发展的最高目的,国家是产生一切不平等的根源;否定包括无产阶级专政在内的一切国家;不理解无产阶级的历史作用,公开反对建立工人阶级的独立政党,主张工人放弃政治斗争。由于进行分裂国际的阴谋活动,1872年在海牙代表大会上被开除出第一国际。——72。

邦契-布鲁耶维奇,弗拉基米尔·德米特里耶维奇(Бонч-Бруевич, Владимир

Дмитриевич 1873—1955）——19世纪80年代末参加俄国革命运动，1895年加入俄国社会民主工党，1896年侨居瑞士。在国外参加劳动解放社的活动，为《火星报》撰稿。俄国社会民主工党第二次代表大会后是布尔什维克。1903—1905年在日内瓦领导俄国社会民主工党中央委员会发行部，组织出版布尔什维克的书刊（邦契-布鲁耶维奇和列宁出版社）。以后几年积极参加布尔什维克报刊和党的出版社的组织工作，屡遭沙皇政府迫害。1917年二月革命后任彼得格勒苏维埃执行委员会委员、《彼得格勒苏维埃消息报》编委（至1917年5月）、布尔什维克的《工人和士兵报》编辑。积极参加了彼得格勒十月武装起义。十月革命后任人民委员会办公厅主任（至1920年10月）、生活和知识出版社总编辑。1921年起从事科学研究和著述活动。1933年起任国家文学博物馆馆长。1945—1955年任苏联科学院宗教和无神论历史博物馆馆长。写有回忆列宁的文章。——184。

鲍威尔，奥托（Bauer, Otto 1882—1938）——奥地利社会民主党和第二国际领袖之一，"奥地利马克思主义"理论家。同卡·伦纳一起提出资产阶级民族主义的民族文化自治论。1907年起任社会民主党议会党团秘书，同年参与创办党的理论刊物《斗争》杂志。1912年起任党中央机关报《工人报》编辑。第一次世界大战期间应征入伍，在俄国前线被俘。1917年二月革命后在彼得格勒，同年9月回国。敌视俄国十月革命。1918年11月—1919年7月任奥地利共和国外交部长，赞成德奥合并。1920年起为国民议会议员。第二半国际和社会主义工人国际的组织者和领袖之一。曾参与制定和推行奥地利社会民主党的机会主义路线，使奥地利工人阶级的革命斗争遭受严重损失。晚年修正了自己的某些改良主义观点。——266。

倍倍尔，奥古斯特（Bebel, August 1840—1913）——德国工人运动和国际工人运动活动家，德国社会民主党和第二国际的创建人和领袖之一，马克思和恩格斯的朋友和战友；旋工出身。19世纪60年代前半期开始参加政治活动，1867年当选为德国工人协会联合会主席，1868年该联合会加入第一国际。1869年与威·李卜克内西共同创建了德国社会民主工党（即爱森纳赫派），该党于1875年与拉萨尔派合并为德国社会主义工人党，后又改名为社会民主党。多次当选国会议员，利用国会讲坛揭露帝国政府反动的内外政策。1870—1871年普法战争期间持国际主义立场，在国会中投票反对军事拨款，支持巴黎公社，为此曾被捕和被控叛国，断断续续在狱中度过将近六年时间。在反社会党人非常法施行时期，有成效地领导了党的地下活动和议会活动。19世纪90年代和20世纪初同党内的改良主义和修正主义进行斗争,反对伯恩施坦及其拥护者对马克思主义理论的歪曲和庸俗化。倍倍尔是出色的政论家和演说家,对德国和欧洲工人运动的发展有很大影响。马克思和恩格斯高度评价他的活动,同时也批评了他的一些错误。——59、60。

俾斯麦,奥托·爱德华·莱奥波德(Bismarck, Otto Eduard Leopold 1815—1898)——德国国务活动家。1862年起任普鲁士首相兼外交大臣,推行铁血政策,建立起以普鲁士为霸主的统一的德意志帝国。1871年1月出任德意志帝国首任首相,维护地主和大资产阶级的利益,曾积极援助法国反革命资产阶级镇压巴黎公社。1878年颁布反社会党人非常法,镇压国内工人运动。从1881年开始又颁布一系列所谓"社会立法",实行疾病、意外灾难、残废和老年保险,企图用小恩小惠拉拢工人。由于内外政策遭受挫折,于1890年3月去职。——172、173。

别尔托夫,恩·——见普列汉诺夫,格·瓦·。

别林斯基,维萨里昂·格里戈里耶维奇(Белинский, Виссарион Григорьевич 1811—1848)——俄国革命民主主义者,文学批评家和政论家,唯物主义哲学家。1833—1836年为《望远镜》杂志撰稿,1838—1839年编辑《莫斯科观察家》杂志,1839—1846年主持《祖国纪事》杂志文学批评栏。1847年起领导《同时代人》杂志的批评栏,团结文学界进步力量,使这家杂志成为当时俄国最先进的思想阵地。别林斯基是奋起同农奴制作斗争的农民群众的思想家,在思想上经历了由唯心主义到唯物主义、由启蒙主义到革命民主主义的复杂而矛盾的发展过程。他是俄国现实主义美学和文学批评的奠基人。在评论普希金、莱蒙托夫、果戈理的文章中,以及在1840—1847年历年发表的对俄国文学的评论中,揭示了俄国文学的现实主义和人民性,肯定了所谓"自然派"的原则,同反动文学和"纯艺术"派进行了斗争。1847年赴国外治病,于7月3日写了著名的《给果戈理的一封信》,提出了俄国革命民主派的战斗纲领,是他一生革命文学活动的总结。别林斯基的活动对俄国社会思想的进一步发展和解放运动产生了巨大影响。——71。

别洛乌索夫,捷连季·奥西波维奇(Белоусов, Терентий Осипович 生于1875年)——俄国孟什维克取消派分子,第三届国家杜马伊尔库茨克省代表,在杜马中被选入预算和土地委员会。1912年2月退出社会民主党杜马党团,但未辞去代表职务。后脱离政治活动,在莫斯科合作社组织中工作。——181。

波波夫——见罗扎诺夫,B.H.。

波萨多夫斯基——见曼德尔贝格,维·叶·。

波特列索夫,亚历山大·尼古拉耶维奇(斯塔罗韦尔)(Потресов,Александр Николаевич(Старовер)1869—1934)——俄国孟什维克领袖之一。19世纪90年代初参加马克思主义小组。1896年加入彼得堡工人阶级解放斗争协会,后被捕,1898年流放维亚特卡省。1900年出国,参与创办《火星报》和《曙光》杂志。俄国社会民主工党第二次代表大会后是孟什维克刊物的主要撰稿人和领导人。斯托雷平反动时期和新的革命高涨年代是取消派思想家。第一次世界大战期间是社会沙文主义者。1917年在反布尔什维克的资产阶级《日报》中起领导作用。十月革命后侨居国外,为克伦斯基的《白日》周刊撰稿,攻击苏维埃政权。——60。

伯恩施坦,爱德华(Bernstein,Eduard 1850—1932)——德国社会民主党和第二国际右翼领袖之一,修正主义的鼻祖。1872年加入社会民主党,曾是欧·杜林的信徒。1879年和卡·赫希柏格、卡·施拉姆在苏黎世发表《德国社会主义运动的回顾》一文,主张放弃革命斗争,适应俾斯麦制度,受到马克思、恩格斯的严厉批评。1881—1890年任党的中央机关报《社会民主党人报》编辑。从90年代中期起同马克思主义彻底决裂。1896—1898年以《社会主义问题》为题在《新时代》杂志上发表一组文章,1899年发表了《社会主义的前提和社会民主党的任务》一书,从经济、政治和哲学方面对马克思主义的理论和策略作了全面的修正。1902年起为国会议员。第一次世界大战期间持中派立场。1917年参加德国独立社会民主党,1919年公开转到右派方面。1918年十一月革命失败后出任艾伯特—谢德曼政府的财政部长助理。——48、49、53、54、59、64、66、67、94、127、148。

布尔加柯夫,谢尔盖·尼古拉耶维奇(Булгаков,Сергей Николаевич 1871—1944)——俄国经济学家、哲学家和神学家。19世纪90年代是合法马克思主义者,后来成了"马克思的批评家"。他修正马克思关于土地问题的学说,企图证明小农经济稳固并优于资本主义大经济,用土地肥力递减规律来解释人民群众的贫困化。还试图把马克思主义同康德的批判认识论结合起来。后来转向宗教哲学和基督教。1901—1906年和1906—1918年先后在基辅大学和莫斯科大学任政治经济学教授。1905—1907年革命失败后追随立宪民主党,为《路标》文集撰稿。1918年起是正教司祭。1923年侨居国外。1925年起在巴黎的俄国神学院任教授。主要著作有《论资本主义生产条件下的市场》(1897)、《资本主义和农业》(1900)、《经济哲学》(1912)等。——67。

布哈林,尼古拉·伊万诺维奇（Бухарин, Николай Иванович 1888—1938）——
1906年加入俄国社会民主工党。1907年入莫斯科大学法律系经济学专业学
习。1908年起任党的莫斯科委员会委员。1909—1910年几度被捕,1911年从流
放地逃往欧洲。在国外开始著述活动,参加欧洲工人运动。1917年二月革命后
回国,当选为莫斯科苏维埃执行委员会委员、党的莫斯科委员会委员,任《社
会民主党人报》和《斯巴达克》杂志编辑。在党的第六次代表大会（1917）至第
十六次代表大会（1930）上当选为中央委员。1917年10月起任莫斯科军事革命
委员会委员,参与领导莫斯科的武装起义。同年12月起任《真理报》主编。1918
年初反对签订布列斯特和约,是"左派共产主义者"集团的领袖。1919年3月当
选为党中央政治局候补委员。1919年共产国际成立后任共产国际执行委员会
委员和主席团委员。1920—1921年工会问题争论期间领导"缓冲"派。1924年
6月当选为中央政治局委员。1926—1929年主持共产国际的工作。1929年被作
为"右倾派别集团"的领袖受到批判,同年被撤销《真理报》主编、中央政治局
委员、共产国际执行委员会委员和主席团委员职务。1931年起任苏联最高国
民经济委员会主席团委员。1934—1937年任《消息报》主编。1934年当选为中
央候补委员。1937年3月被开除出党。——202、203、204、205、207、208、209。

布鲁凯尔——见马赫诺韦茨,莉·彼·。

C

查苏利奇,维拉·伊万诺夫娜（Засулич, Вера Ивановна 1849—1919）——俄国
民粹主义运动和社会民主主义运动活动家。1868年在彼得堡参加革命小组。
1879年加入土地平分社。1880年侨居国外,逐步同民粹主义决裂,转到马克思
主义立场上。1883年参与创建劳动解放社。80—90年代翻译了马克思的《哲学
的贫困》和恩格斯的《社会主义从空想到科学的发展》,写了《国际工人协会史
纲要》等著作;为劳动解放社的出版物以及《新言论》和《科学评论》杂志撰稿,
发表过一系列文艺批评文章。1900年起是《火星报》和《曙光》杂志编辑部成
员。俄国社会民主工党第二次代表大会后成为孟什维克领袖之一,参加孟什
维克的《火星报》编辑部。1905年回国。斯托雷平反动时期和新的革命高涨年
代是取消派分子。第一次世界大战期间是社会沙文主义者。1917年是孟什维
克统一派分子。对十月革命持否定态度。——51、145。

察廖夫——见洛克尔曼,亚·萨·。

车尔尼雪夫斯基,尼古拉·加甫里洛维奇（Чернышевский, Николай Гаври-

改革家"自居,反对马克思主义,妄图创立新的理论体系。在哲学上把唯心主义、庸俗唯物主义和实证论混合在一起;在政治经济学方面反对马克思的劳动价值学说和剩余价值学说;在社会主义理论方面以资产阶级改良主义精神阐述自己的社会主义体系,反对科学社会主义。恩格斯在《反杜林论》一书中系统地批判了他的观点。主要著作有《国民经济学和社会主义批判史》(1871)、《国民经济学和社会经济学教程》(1873)、《哲学教程》(1875)等。——58、171、172、173、179——180。

E

尔·姆·(P. M.)——《我国的实际情况》一文的作者。该文毫不掩饰地宣扬经济派的机会主义观点。——93。

F

费尔巴哈,路德维希·安德列亚斯(Feuerbach, Ludwig Andreas 1804—1872)
——德国唯物主义哲学家和无神论者,德国古典哲学代表人物之一,德国资产阶级最激进的民主主义阶层的思想家。1828年起在埃朗根大学任教。他在自己的第一部著作《关于死和不死的思想》(1830)中反对基督教关于灵魂不死的教义;该书被没收,本人遭迫害,并被学校解聘。1836年移居布鲁克贝格村(图林根),在农村生活了近二十五年。在从事哲学活动的初期是唯心主义者,属于青年黑格尔派。到30年代末摆脱了唯心主义;在《黑格尔哲学批判》(1839)和《基督教的本质》(1841)这两部著作中,割断了与黑格尔主义的联系,转向唯物主义立场。费尔巴哈的主要功绩是在唯心主义长期统治德国哲学之后,恢复了唯物主义的权威。他肯定自然界是客观存在的,它不以人的意识为转移;人是自然的产物,人能认识物质世界和客观规律。费尔巴哈的唯物主义是马克思主义哲学的理论来源之一。但他的唯物主义是形而上学的和直观的,是以人本主义的形式出现的,他的历史观仍然是唯心主义的;他把人仅仅看做是一种脱离历史和社会关系而存在的生物,不了解实践在认识和社会发展过程中的作用。晚年关心社会主义文献,读过马克思的《资本论》,并于1870年加入德国社会民主党。在马克思《关于费尔巴哈的提纲》和恩格斯《路德维希·费尔巴哈和德国古典哲学的终结》中对费尔巴哈的哲学作了全面的分析。——171、174、179。
佛敏——见克罗赫马尔,维·尼·。

弗·伊— ——见伊万申,弗·巴·。

弗·伊—申——见伊万申,弗·巴·。

福尔马尔,格奥尔格·亨利希(Vollmar, Georg Heinrich 1850—1922)——德国社会民主党机会主义派领袖之一,新闻工作者。早年是激进的民主主义者。1876年加入社会民主党,1879—1880年任党的中央机关报《社会民主党人报》编辑。1881年起多次当选帝国国会议员和巴伐利亚邦议会议员。反社会党人非常法废除后,很快转为右倾,提出一系列改良主义主张,建议把党的活动限制在争取改良的斗争上,号召同资产阶级合作,同政府妥协,反对阶级斗争尖锐化,鼓吹“国家社会主义”的优越性,号召社会民主党同自由派联合;在制定党的土地纲领时,维护小土地占有者的利益。第一次世界大战期间是社会沙文主义者。晚年不再积极从事政治活动。——54、147、148。

傅立叶,沙尔(Fourier, Charles 1772—1837)——法国空想社会主义者。长期在商店、银行中任记账员、推销员、经纪人等,观察和研究了资本主义制度的矛盾和罪恶,形成了空想社会主义的思想体系。试图根据经济发展划分社会历史阶段,并认为每个历史发展阶段有上升时期和下降时期。深刻地批判了资本主义制度,设想了未来“和谐的”人类社会,其基层组织是叫做“法朗吉”的生产消费协作社,其中的每个人都将自愿地愉快地劳动。他已有了消灭脑力劳动和体力劳动的对立以及城市和乡村的对立的思想萌芽,并首次提出妇女解放的程度是衡量普遍解放的天然尺度。但认为在未来社会中还保存私有制,还有富人和穷人、资本家和工人,并且不了解无产阶级的历史作用,幻想通过宣传和教育来实现社会主义。主要著作有《关于四种运动和普遍命运的理论》(1808)、《新的工业世界和协作的世界》(1829)等。——72。

G

盖得,茹尔(巴季尔,马蒂约)(Guesde, Jules(Basile, Mathieu)1845—1922)——法国工人运动和国际工人运动活动家,法国工人党创建人之一,第二国际的组织者和领袖之一。19世纪60年代是资产阶级共和主义者。拥护1871年的巴黎公社,公社失败后流亡瑞士和意大利,一度追随无政府主义者。1876年回国。在马克思、恩格斯影响下逐步转向马克思主义。1877年11月创办《平等报》,宣传社会主义思想,为1879年工人党的建立作了思想准备。1880年和拉法格一起在马克思和恩格斯指导下起草了法国工人党纲领。1880—1901年领导工人党,同无政府主义者和可能派进行了坚决的斗争。1889年积极参加创建第二国际的活动。1893年当选为众议员。1901年盖得及其拥护者建立法兰西社会党,该党于1905年同改良主义的法国社会党合并,盖得为统一的法国社会党的领袖之一。20世纪初逐渐转向中派立场。第一次世界大战一开始即采取社会沙文主义立场,参加了法国资产阶级政府。1920年法国社会党分裂后,支持少数派立场,反对加入共产国际。——266。

高尔察克,亚历山大·瓦西里耶维奇(Колчак, Александр Васильевич 1873—1920)——俄国反革命首领之一,国内战争时期协约国在俄国的傀儡,海军上将(1916)。第一次世界大战期间曾任波罗的海舰队作战部部长、水雷总队长,1916—1917年任黑海舰队司令。1918年10月抵鄂木斯克,11月起任白卫军"西伯利亚政府"陆海军部长。11月18日在外国武装干涉者支持下发动政变,在西伯利亚、乌拉尔和远东建立军事专政,自封为"俄国最高执政"和陆海军最高统帅。叛乱被平定后,1919年11月率残部逃往伊尔库茨克,后被俘。1920年2月7日根据伊尔库茨克军事革命委员会的决定被枪决。——237、290。

戈尔德布拉特——见麦迭姆,弗·达·。

哥尔布诺夫,尼古拉·彼得罗维奇(Горбунов, Николай Петрович 1892—1937)——1917年加入俄国社会民主工党(布)。十月革命后任人民委员会秘书和列宁的秘书。1918年8月起任最高国民经济委员会科学技术局局长。1919—1920年在红军中做政治工作,任第十三和第十四集团军革命军事委员会委员。——184。

格雷,保尔(Göhre, Paul 1864—1928)——德国政治活动家和政论家。1888—1890年任《基督教世界》副编辑。为了了解工人的贫困状况,在开姆尼茨一家工厂劳动了三个月,根据亲身的体验撰写了《三个月的工人生活》一书(1891)。1891—1894年任福音社会大会总书记,1894—1897年当牧师。1897年同弗·瑙曼一起创建民族社会联盟,1899年退出联盟。1901年参加社会民主党,追随党内修正主义右翼。1903—1918年为国会议员(中有间断)。第一次世界大战期间是沙文主义者。1918年11月任普鲁士陆军部副部长,1919—1923年任普鲁士政府国务部长,兼管宗教事务。——141。

古契柯夫,亚历山大·伊万诺维奇(Гучков, Александр Иванович 1862—1936)——俄国大资本家,十月党的组织者和领袖。1905—1907年革命期间支持政府残酷镇压工农。1907年5月作为工商界代表被选入国务会议,同年11月被选入第三届国家杜马;1910年3月—1911年3月任杜马主席。第一次世界大战期间是中央军事工业委员会主席和国防特别会议成员。1917年3—5月任临时政府陆海军部长。1917年8月参与策划科尔尼洛夫叛乱。十月革命后反对苏维埃政权,1918年起为白俄流亡分子。——166。

H

哈尔图林,斯捷潘·尼古拉耶维奇(Халтурин,Степан Николаевич 1857—1882)——俄国最早的工人革命家之一,细木工。19世纪70年代中期参加工人运动,加入民粹派的友人协会,但与民粹派不同,认为政治斗争是革命运动的主要任务,并且把新兴的无产阶级视为革命运动的决定性力量。1878年组织俄国北方工人协会,并筹备出版独立的工人报纸。1879年秋加入民意党。1880年2月谋刺沙皇未成。不顾警方追捕,在俄国南方继续坚持革命工作。1881年起为民意党执行委员会委员。1882年3月因参与刺杀敖德萨军事检察官当场被捕,被战地法庭判处死刑。——107。

哈赛尔曼,威廉(Hasselmann,Wilhelm 生于1844年)——德国社会民主党人,后为无政府主义者。拉萨尔派全德工人联合会领导人和联合会机关报《新社会民主党人报》编辑(1871—1875),反对马克思、恩格斯。1875年是拉萨尔派和爱森纳赫派实行联合的倡议者之一。1878年反社会党人非常法颁布后是无政府主义集团领导人之一。1880年同莫斯特一起被开除出社会民主党,此后移居美国,脱离工人运动。——94。

海德门,亨利·迈尔斯(Hyndman,Henry Mayers 1842—1921)——英国社会党人。1881年创建民主联盟(1884年改组为社会民主联盟),担任领导职务,直至1892年。1900—1910年是社会党国际局成员。1911年参与创建英国社会党,领导该党机会主义派。第一次世界大战期间是社会沙文主义者。1916年英国社会党代表大会谴责他的社会沙文主义立场后,退出社会党,组建了沙文主义的民族社会党(1918年改名为社会民主联盟)。敌视俄国十月革命,赞成武装干涉苏维埃俄国。——266。

海涅,沃尔弗冈(Heine,Wolfgang 1861—1944)——德国政治活动家,右派社会民主党人;职业是律师。1898年被选入帝国国会,但不久因拒绝参加社会民主党人组织的政治游行而被撤销当选证书。曾为《社会主义月刊》杂志撰稿。他的修正主义观点经常受到倍倍尔、梅林等人的严厉批判。第一次世界大战期间是社会沙文主义者。德国1918年十一月革命后任普鲁士政府司法部长,1919—1920年任内政部长。1920年起脱离政治活动,从事律师工作。——141、142、143、147。

韩德逊,阿瑟(Henderson, Arthur 1863—1935)——英国工党和工会运动领袖之一。1903年起为议员,1908—1910年和1914—1917年任工党议会党团主席,1911—1934年任工党书记。第一次世界大战期间是社会沙文主义者。1915—1917年先后参加阿斯奎斯政府和劳合-乔治政府,任教育大臣、邮政大臣和不管大臣等职。1917年二月革命后到俄国鼓吹继续进行战争。1919年参与组织伯尔尼国际,1923年起任社会主义工人国际执行委员会主席。1924年和1929—1931年两次参加麦克唐纳政府,先后任内政大臣和外交大臣。——259。

赫茨,弗里德里希·奥托(Hertz, Friedrich Otto 生于1878年)——奥地利经济学家,社会民主党人。他在《土地问题及其同社会主义的关系。附爱德华·伯恩施坦的序言》(1899)一书中修正马克思主义关于土地问题的学说,企图证明小农经济稳固并具有对抗大经济竞争的能力。此书的俄译本被资产阶级辩护士谢·尼·布尔加柯夫、维·米·切尔诺夫等人广泛利用来反对马克思主义。——67。

赫尔岑,亚历山大·伊万诺维奇(Герцен, Александр Иванович 1812—1870)——俄国革命民主主义者,作家和哲学家。在十二月党人的影响下走上革命道路。1829—1833年在莫斯科大学求学期间领导革命小组。1834年被捕,度过六年流放生活。1842年起是莫斯科西欧主义者左翼的领袖,写了《科学中华而不实的作风》(1842—1843)、《自然研究通信》(1844—1845)等哲学著作和一些抨击农奴制度的小说。1847年流亡国外。在欧洲1848年革命失败以后,对欧洲革命失望,创立"俄国社会主义"理论,成为民粹主义创始人之一。1853年在伦敦建立自由俄国印刷所,印发革命传单和小册子,1855年开始出版《北极星》文集,1857—1867年与尼·普·奥格辽夫出版《钟声》,揭露沙皇专制制度,进行革命宣传。在1861年农民改革的准备阶段曾有一度摇摆。1861年起坚定地站到革命民主主义方面,协助建立土地和自由社。晚年关注第一国际的活动。——71。

赫希柏格,卡尔(Höchberg, Karl 1853—1885)——德国著作家,社会改良主义者。1876年加入社会民主党,曾出版《未来》杂志(1877—1878)、《社会科学和社会政治年鉴》(1879—1881)和《政治经济研究》(1879—1882)。反社会党人非常法通过后在他创办的《社会科学和社会政治年鉴》上发表了他同施拉姆和伯恩施坦合写的《德国社会主义运动的回顾》一文,指责党的革命策略,号召工人阶级同资产阶级结盟并依附于资产阶级,认为"工人阶级没有能力依靠自己的双手获得解放"。这些机会主义观点受到马克思、恩格斯的严厉批评。——94。

黑格尔,乔治·威廉·弗里德里希(Hegel, Georg Wilhelm Friedrich 1770—1831)——德国哲学家,客观唯心主义者,德国古典哲学的主要代表。1801—1807年任耶拿大学哲学讲师和教授。1808—1816年任纽伦堡中学校长。1816—1817年任海德堡大学哲学教授。1818年起任柏林大学哲学教授。黑格尔的哲学是18世纪末至19世纪初德国唯心主义哲学的最高发展。他根据唯心主义的思维与存在同一的基本原则,建立了客观唯心主义的哲学体系,并创立了唯心主义辩证法的理论。认为在自然界和人类出现以前存在着绝对精神,客观世界是绝对精神、绝对观念的产物;绝对精神在其发展中经历了逻辑阶段、自然阶段和精神阶段,最终回复到了它自身;整个自然的、历史的和精神的世界都处于不断的运动、变化和发展中,矛盾是运动、变化的核心。黑格尔哲学的特点是辩证方法同形而上学体系之间的深刻矛盾。黑格尔的唯心主义辩证法是马克思主义哲学的理论来源之一。黑格尔的社会政治观点是保守的,他是立宪君主制的维护者。主要著作有《精神现象学》(1807)、《逻辑学》(1812—1816)、《哲学全书》(1817)、《法哲学》(1821)、《哲学史讲演录》(1833—1836)、《历史哲学讲演录》(1837)、《美学讲演录》(1836—1838)等。——72、155。

霍纳,克·——见潘涅库克,安·。

J

季诺维也夫(拉多梅斯尔斯基),格里戈里·叶夫谢耶维奇(Зиновьев(Радо-мысльский),Григорий Евсеевич 1883—1936)——1901年加入俄国社会民主工党,党的第二次代表大会后是布尔什维克。在党的第五次代表大会(1907)至第十四次代表大会(1925)上当选为中央委员。1908—1917年侨居国外,参加布尔什维克《无产者报》编辑部和党的中央机关报《社会民主党人报》编辑部。1912年后同列宁一起领导中央委员会俄国局。第一次世界大战期间持国际主义立场。1917年4月回国,进入《真理报》编辑部。1917年10月10日被选入中央政治局。十月革命前夕反对举行武装起义。1917年11月主张成立有孟什维克和社会革命党人参加的联合政府,遭到否决后声明退出党中央。1917年12月起任彼得格勒苏维埃主席。1919年共产国际成立后任共产国际执行委员会主席。1919年当选为党中央政治局候补委员,1921年当选为中央政治局委员。1925年组织"新反对派",1926年与托洛茨基结成"托季联盟"。1926

年被撤销中央政治局委员和共产国际的领导职务。1927年11月被开除出党，后来两次恢复党籍，两次被开除出党。——318、328。

季维尔科夫斯基，阿纳托利·阿夫杰耶维奇（Дивильковский，Анатолий Авдеевич 1873—1932）——1898年加入俄国社会民主工党。1906年侨居瑞士；曾追随孟什维克普列汉诺夫派。第一次世界大战爆发后是国际主义者。1918年加入布尔什维克日内瓦小组。1918年11月回国，在莫斯科做宣传鼓动工作，任人民委员会办公厅主任助理。后从事写作。——332。

加里宁，米哈伊尔·伊万诺维奇（Калинин，Михаил Иванович 1875—1946）——1898年加入俄国社会民主工党。曾在第一批秘密的马克思主义工人小组和彼得堡工人阶级解放斗争协会中工作，是《火星报》代办员和1905—1907年革命的积极参加者。屡遭沙皇政府迫害。1912年在党的第六次（布拉格）代表会议上当选为中央候补委员，后进入中央委员会俄国局。《真理报》的组织者之一。1917年二月革命期间是彼得格勒工人和士兵武装发动的领导人之一，党的彼得堡委员会执行委员会委员。在彼得格勒积极参加十月武装起义。十月革命后任彼得格勒市长，1918年任市政委员。1919年雅·米·斯维尔德洛夫逝世后，任全俄中央执行委员会主席，1922年起任苏联中央执行委员会主席，1938年起任苏联最高苏维埃主席团主席。在党的第八次代表大会（1919）至第十八次代表大会（1939）上当选为中央委员。1919年起为中央政治局候补委员，1926年起为中央政治局委员。写有许多关于社会主义建设和共产主义教育问题的著作。——336。

捷连斯基，伊萨克·阿布拉莫维奇（Зеленский，Исаак Абрамович 1890—1938）——1906年起加入俄国社会民主工党。曾在阿斯特拉罕、奔萨、奥伦堡、萨拉托夫和萨马拉做党的工作，屡遭沙皇政府迫害。1917年二月革命后是莫斯科巴斯曼区党的组织员和莫斯科苏维埃主席团委员。1917年十月革命的参加者。1918—1920年任莫斯科粮食局局长、粮食人民委员部部务委员。1920—1924年任莫斯科苏维埃副主席和党的莫斯科委员会书记。1924年起任俄共（布）中央中亚局书记。1931年起任中央消费合作总社主席。在党的第十次代表大会上当选为中央候补委员，从第十一次代表大会起是中央委员。——332。

K

卡尔斯基——见托普里泽，季·亚·。

卡拉法季, 德米特里·巴甫洛维奇(马霍夫)(Калафати, Дмитрий Павлович (Махов)1871—1940)——俄国社会民主党人。1891年起先后在莫斯科和尼古拉耶夫参加社会民主主义小组的工作。1897年参加南俄工人协会的活动,1901年进入俄国社会民主工党尼古拉耶夫委员会。1902年被捕,后流放沃洛格达省,不久逃往国外。在俄国社会民主工党第二次代表大会上是尼古拉耶夫委员会的代表,持中派立场,会后成为孟什维克。1905年负责孟什维克《火星报》出版社的技术财务工作。1906年回国,主持社会民主党的新世界出版社的工作。1913年起脱离政治活动。十月革命后做会计和经济工作。——150、156。

卡列耶夫, 尼古拉·伊万诺维奇(Кареев, Николай Иванович 1850—1931)——俄国历史学家。1879年起先后任华沙大学和彼得堡大学教授。在方法论上是典型的唯心主义折中主义者,在政治上属于改革后一代的自由派,主张立宪,拥护社会改革。70年代写的《18世纪最后25年法国农民和农民问题》(1879)得到马克思的好评。90年代起反对马克思主义,把它等同于"经济唯物主义"。1905年加入立宪民主党,当选为第一届国家杜马代表。其他主要著作有《法国农民史纲要》(1881)、《历史哲学基本问题》(三卷本,1883—1890)、《西欧近代史》(七卷本,1892—1917)、《法国革命史学家》(三卷本,1924—1925)。1910年当选为彼得堡科学院通讯院士,1929年起为苏联科学院名誉院士。——96。

卡普, 沃尔弗冈(Kapp, Wolfgang 1858—1922)——德国容克和帝国主义军阀的代表人物。1917年参与创建反动的祖国党。1920年3月领导反革命君主派发动军事政变,企图推翻共和国政府,恢复君主制度。暴动分子一度占领柏林,成立了以卡普为首的政府。政变失败后逃往瑞典。1922年回国。——257。

考茨基, 卡尔(Kautsky, Karl 1854—1938)——德国社会民主党和第二国际的领袖和主要理论家之一。1875年加入奥地利社会民主党,1877年加入德国社会民主党。1881年与马克思和恩格斯相识,在他们的影响下转向马克思主义。从19世纪80年代到20世纪初写过一些宣传和解释马克思主义的著作:《卡尔·马克思的经济学说》(1887)、《土地问题》(1899)等。1883—1917年任德国社会民主党理论刊物《新时代》杂志主编。曾参与起草1891年德国社会民主党纲领(爱尔福特纲领)。1910年以后逐渐转到机会主义立场,成为中派领袖。第一次世界大战前夕提出超帝国主义论,大战期间打着中派旗号支持帝国主义战争。1917年参与建立德国独立社会民主党,1922年拥护该党右翼与德国社会

列汉诺夫一起进入大会常务委员会。会后积极参加同孟什维克的斗争。1904
年8月参加了在日内瓦举行的22个布尔什维克的会议；是布尔什维克出席第
二国际阿姆斯特丹代表大会的代表。1905—1907年革命期间任彼得堡工人代
表苏维埃执行委员会委员。屡遭沙皇政府迫害。1917年二月革命后任彼得格
勒工兵代表苏维埃执行委员会委员。十月革命后任彼得格勒军事革命委员会
所属肃反侦查委员会主席、司法人民委员部部务委员。1921年起任小人民委
员会委员、副司法人民委员。1924年起任苏联最高法院检察长。1933—1938年
任苏联最高法院副院长。多次当选全俄中央执行委员会和苏联中央执行委员
会委员。——119、120。

克里切夫斯基，波里斯·尼古拉耶维奇（Кричевский，Борис Николаевич 1866—
1919）——俄国社会民主党人，政论家，经济派领袖之一。19世纪80年代末参
加社会民主主义小组的工作。90年代初侨居国外，加入劳动解放社，参加该社
的出版工作。90年代末是国外俄国社会民主党人联合会的领导人之一，1899
年任该会机关刊物《工人事业》杂志的编辑，在杂志上宣扬伯恩施坦主义观
点。1903年俄国社会民主工党第二次代表大会后不久脱离政治活动。——57、
58、59、91、92、95—96、130、132、147。

克里沃夫，Т. С.（Кривов，Т. С. 1886—1966）——1905年加入俄国社会民主工
党。1921年起任中央监察委员会委员，1922年任党中央委员会督导员。——
319。

克伦斯基，亚历山大·费多罗维奇（Керенский，Александр Федорович
1881—1970）——俄国政治活动家，资产阶级临时政府首脑。1917年3月起为
社会革命党人。第四届国家杜马代表，劳动派党团领袖。第一次世界大战期间
是护国派分子。1917年二月革命后任彼得格勒工兵代表苏维埃副主席、国家
杜马临时委员会委员。在临时政府中任司法部长（3—5月）、陆海军部长（5—
9月）、总理（7月21日起）兼最高总司令（9月12日起）。执政期间继续进行帝国
主义战争，七三事变时镇压工人和士兵，迫害布尔什维克。1917年11月7日彼
得格勒爆发武装起义时，从首都逃往前线，纠集部队向彼得格勒进犯，失败后
逃亡巴黎。在国外参加白俄流亡分子的反革命活动，1922—1932年编辑《白
日》周刊。1940年移居美国。——183、254、264。

克罗赫马尔，维克多·尼古拉耶维奇（佛敏）（Крохмаль，Виктор Николаевич
（Фомин）1873—1933）——俄国社会民主党人，孟什维克。19世纪90年代中
期参加基辅社会民主主义小组，1898年被逐往乌法，在当地社会民主主义小

组中起了积极作用。1901年起是《火星报》代办员，在基辅工作。1902年被捕，同年8月与其他一些火星派分子一起越狱逃往国外，加入俄国革命社会民主党人国外同盟。在俄国社会民主工党第二次代表大会上是乌法委员会的代表，属火星派少数派。1904年底代表孟什维克被增补进党中央委员会，在党的第四次（统一）代表大会上代表孟什维克被选入中央委员会。1917年二月革命后编辑孟什维克的《工人报》。十月革命后在列宁格勒一些机关中工作。——154。

克努尼扬茨，波格丹·米尔扎江诺维奇（鲁索夫）（Кнунянц, Богдан Мирзаджа-нович (Русов) 1878—1911）——俄国社会民主党人，布尔什维克。1897年参加彼得堡工人阶级解放斗争协会。1901年被逐往巴库，不久成为俄国社会民主工党巴库委员会和高加索联合会委员会委员。1902年参与创建亚美尼亚社会民主党人联合会。在俄国社会民主工党第二次代表大会上是巴库委员会的代表，属火星派多数派，会后作为中央代办员在高加索和莫斯科工作。在彼得堡参加1905—1907年革命。1905年9月被增补进党的彼得堡委员会并代表布尔什维克参加彼得堡第一届工人代表苏维埃执行委员会。1905年12月被捕，被判处终身流放西伯利亚。1907年从流放地逃往国外，参加了第二国际斯图加特代表大会和在赫尔辛福斯举行的俄国社会民主工党第四次代表会议（第三次全俄代表会议）的工作。1907年底起在巴库工作。1910年9月被捕，死于巴库监狱。——121。

库奇缅科，H. O.（Кучменко, H. O. 1878—1956）——1898年加入俄国社会民主工党。1920年9月起任中央监察委员会委员。1921—1923年任驻奥斯陆（挪威）领事馆主任。——319。

库斯柯娃，叶卡捷琳娜·德米特里耶夫娜（Кускова, Екатерина Дмитриевна 1869—1958）——俄国社会活动家和政论家，经济派代表人物。19世纪90年代中期在国外接触马克思主义，与劳动解放社关系密切，但在伯恩施坦主义影响下，很快走上修正马克思主义的道路。1899年所写的经济派的纲领性文件——《信条》，受到以列宁为首的一批俄国马克思主义者的严厉批判。1905—1907年革命前夕加入自由派的解放社。1906年和谢·尼·普罗柯波维奇一起出版半立宪民主党、半孟什维克的《无题》周刊，为左派立宪民主党人的《同志报》积极撰稿。呼吁工人放弃革命斗争，力图使工人运动服从自由派资产阶级的政治领导。十月革命后反对苏维埃政权。1921年加入全俄赈济饥民委员会，伙同委员会中其他反苏维埃成员，利用该组织进行反革命活动。1922年被驱逐出境。——64—65。

L

拉甫罗夫，彼得·拉甫罗维奇（Лавров，Петр Лаврович 1823—1900）——俄国革命民粹主义理论家，哲学家，政论家，社会学家。1862年加入秘密革命团体——第一个土地和自由社。1866年被捕，次年被流放到沃洛格达省，在那里写了《历史信札》（1868—1869）。1870年从流放地逃到巴黎，加入第一国际，参加了巴黎公社。1871年5月受公社的委托去伦敦，在那里与马克思和恩格斯相识。1873—1876年编辑《前进》杂志，1883—1886年编辑《民意导报》，后参加编辑民意社文集《俄国社会革命运动史资料》（1893—1896）。是社会学主观学派的代表，被认为是民粹主义"英雄"和"群氓"理论的精神始祖。还著有《国际史论丛》、《1873—1878年的民粹派宣传家》等社会思想史、革命运动史和文化史方面的著作。——36、37、39、40、41。

拉萨尔，斐迪南（Lassalle，Ferdinand 1825—1864）——德国工人运动活动家，小资产阶级社会主义者，德国工人运动中的一个机会主义变种——拉萨尔主义的鼻祖。积极参加了德国1848年革命。欧洲反动年代曾和马克思、恩格斯通信。19世纪60年代初曾帮助德国工人摆脱资产阶级影响，参与创建全德工人联合会，当选为联合会主席（1863）。联合会的建立对德国工人运动具有积极意义，但是，拉萨尔把它引上了机会主义道路。拉萨尔主张通过争取普选权和建立由国家资助的工人生产合作社来解放工人。曾同俾斯麦勾结并支持他在普鲁士霸权下自上统一德国的政策。马克思、恩格斯、列宁深刻地批判了拉萨尔主义。——58、86。

拉斯托普钦，尼古拉·彼得罗维奇（Растопчин，Николай Петрович 1884—1969）——1903年加入俄国社会民主工党。曾在下诺夫哥罗德、莫斯科、彼得堡、萨拉托夫做党的工作，屡遭沙皇政府迫害。1917—1918年任科斯特罗马省工人代表苏维埃主席、党的市委员会主席、省委机关报《北方工人报》编辑。1919—1920年任党的雅罗斯拉夫尔省委员会主席。后来在党和苏维埃机关以及军事部门担任领导工作。1924—1934年是党中央监察委员。——236。

劳芬贝格，亨利希（埃勒，卡尔）（Laufenberg，Heinrich（Erler，Karl）1872—1932）——德国左派社会民主党人，政论家。曾任社会民主党《杜塞尔多夫人民报》（1904—1907）编辑。第一次世界大战期间持国际主义立场。1918年十一月革命后加入德国共产党，不久领导党内"左派"反对派，宣扬无政府工团主义观点和所谓"民族布尔什维主义"的小资产阶级民族主义纲领。1919年10月"左派"反对派被开除出共产党后,参与组织德国共产主义工人党,1920年底被该党开除。后脱离工人运动,为一些无政府主义刊物撰稿,写过有关文化问题的文章。——251。

劳合-乔治,戴维(Lloyd George, David 1863—1945)——英国国务活动家和外交家,自由党领袖。1890年起为议员。1905—1908年任贸易大臣,1908—1915年任财政大臣。1916—1922年任首相,残酷镇压殖民地和附属国的民族解放运动;是武装干涉和封锁苏维埃俄国的鼓吹者和策划者之一。曾参加1919年巴黎和会,是凡尔赛和约的炮制者之一。——259。

李伯尔(**戈尔德曼**),米哈伊尔·伊萨科维奇(Либер(Гольдман), Михаил Исаакович 1880—1937)——崩得和孟什维克领袖之一。1898年起为社会民主党人,1902年起为崩得中央委员。1903年率领崩得代表团出席俄国社会民主工党第二次代表大会,在会上采取极右的反火星派立场,会后成为孟什维克。1907年在党的第五次代表大会上代表崩得被选入中央委员会,是崩得驻中央委员会国外局的代表。斯托雷平反动时期是取消派分子,1912年是"八月联盟"的骨干分子,第一次世界大战期间是社会沙文主义者。1917年二月革命后任彼得格勒工兵代表苏维埃执行委员会委员和第一届中央执行委员会主席团委员,采取孟什维克立场,支持资产阶级联合临时政府,敌视十月革命。后脱离政治活动,从事经济工作。——113、115、118、119、120、126。

李卜克内西,威廉(Liebknecht, Wilhelm 1826—1900)——德国工人运动和国际工人运动活动家,德国社会民主党的创建人和领袖之一,马克思和恩格斯的朋友和战友。积极参加德国1848年革命,革命失败后流亡国外,在国外结识马克思和恩格斯,接受了科学共产主义思想。1850年加入共产主义者同盟。1862年回国。第一国际成立后,成为国际的革命思想的热心宣传者和国际的德国支部的组织者之一。1868年起任《民主周报》编辑。1869年与奥·倍倍尔共同创建了德国社会民主工党(即爱森纳赫派),任党的中央机关报《人民国家报》编辑。1875年积极促成爱森纳赫派和拉萨尔派的合并。在反社会党人非常法施行期间是地下党领导人之一。1890年起任党的中央机关报《前进报》的主编,直至逝世。1867—1870年为北德意志联邦国会议员,1874年起多次被选为德意志帝国国会议员,善于利用议会讲坛揭露普鲁士容克反动的内外政策。因革命活动屡遭监禁。他是第二国际的组织者之一。马克思和恩格斯高度评价他的活动,同时批评了他的某些调和主义性质的错误。——94。

李可夫,阿列克谢·伊万诺维奇(Рыков, Алексей Иванович 1881—1938)——
1899年加入俄国社会民主工党。曾在萨拉托夫、莫斯科、彼得堡等地做党的工作。1905年党的第三次代表大会起多次当选为中央委员。曾多次被捕流放并逃亡国外。1917年二月革命后被选进莫斯科苏维埃主席团,同年10月在彼得格勒参与领导武装起义。十月革命后参加第一届人民委员会,任内务人民委员。1917年11月主张成立有孟什维克和社会革命党人参加的联合政府,遭到否决后声明退出党中央和人民委员会。1918年2月起任最高国民经济委员会主席,1921年夏起任人民委员会和劳动国防委员会副主席。1923年当选为党中央政治局委员。1924—1930年任苏联人民委员会主席。1929年被作为"右倾派别集团"领袖之一受到批判。1930年12月被撤销政治局委员职务。1931—1936年任苏联交通人民委员。1934年当选为党中央候补委员。1937年被开除出党。——335。

连斯基——见维连斯基,列·谢·。

梁赞诺夫(戈尔登达赫),达维德·波里索维奇(Рязанов(Гольдендах), Давид Борисович 1870—1938)——1889年参加俄国革命运动,在敖德萨和基什尼奥夫开展工作。1900年出国,是著作家团体——斗争社的组织者之一;该社反对《火星报》制定的党纲和列宁的建党组织原则。俄国社会民主工党第二次代表大会反对斗争社参加大会的工作,并否决了邀请梁赞诺夫作为该社代表出席大会的建议。第二次代表大会后是孟什维克。1905—1907年在国家杜马社会民主党党团和工会工作。后再次出国,为《新时代》杂志撰稿。1909年在前进集团的卡普里党校担任讲师,1911年在隆瑞莫党校讲授工会运动课。曾受德国社会民主党委托从事出版《马克思恩格斯全集》和第一国际史的工作。第一次世界大战期间是中派分子,为孟什维克的《呼声报》和《我们的言论报》撰稿。1917年二月革命后参加区联派,在俄国社会民主工党(布)第六次代表大会上随区联派集体加入布尔什维克党。十月革命后从事工会工作。1920—1921年工会问题争论期间持错误立场,被解除工会职务。1921年参与创建马克思恩格斯研究院,担任院长直到1931年。1931年2月因同孟什维克国外总部有联系被开除出党。——306。

列文,叶弗列姆·雅柯夫列维奇(叶戈罗夫)(Левин, Ефрем Яковлевич(Егоров)生于1873年)——俄国社会民主党人,南方工人社领导人之一。19世纪90年代参加哈尔科夫社会民主主义小组,1900年10月因俄国社会民主工党哈尔科夫委员会案件被捕,次年被逐往波尔塔瓦。曾参加《南方工人报》编辑部,是筹备召开俄国社会民主工党第二次代表大会的组织委员会委员。在代表大会上是南方工人社的代表,持中派立场,会后成为孟什维克。1903年9月再次被捕,后脱离政治活动。——101、121、125。

林格尼克,弗里德里希·威廉莫维奇(瓦西里耶夫)(Ленгник, Фридрих Вильгельмович(Васильев)1873—1936)——1893年参加俄国社会民主主义运动,1896年因彼得堡工人阶级解放斗争协会案件被捕,1898年流放东西伯利亚,为期三年。流放归来后加入《火星报》组织,是筹备召开俄国社会民主工党第二次代表大会的组织委员会委员,在代表大会上被缺席选入党中央委员会和党总委员会。1903—1904年在国外积极参加反对孟什维克的斗争。1903年10月出席俄国革命社会民主党人国外同盟第二次代表大会,当孟什维克拒绝通过党中央提出的同盟章程时,他代表中央委员会宣布,此后的会议都是非法的,并同其他布尔什维克一起退出会场。1904年2月回国,是党中央委员会北方局成员,不久因北方局案件被捕。1905—1907年革命后在俄国南方、莫斯科和彼得堡做党的工作。在彼得格勒参加十月革命。十月革命后在教育人民委员部、最高国民经济委员会、对外贸易人民委员部、工农检查人民委员部工作。1926—1930年为党中央监察委员会主席团委员。晚年从事科研和教学工作。全苏老布尔什维克协会副主席。——154。

卢那察尔斯基,阿纳托利·瓦西里耶维奇(Луначарский, Анатолий Васильевич 1875—1933)——19世纪90年代初参加俄国革命运动,1895年加入俄国社会民主工党,党的第二次代表大会后是布尔什维克。曾先后参加布尔什维克的《前进报》、《无产者报》和《新生活报》编辑部。斯托雷平反动时期脱离布尔什维克,参加前进集团;在哲学上宣扬造神说和马赫主义。第一次世界大战期间持国际主义立场。1917年二月革命后参加区联派,在俄国社会民主工党(布)第六次代表大会上随区联派集体加入布尔什维克党。十月革命后到1929年任教育人民委员,以后任苏联中央执行委员会学术委员会主席。1930年起为苏联科学院院士。在艺术和文学方面著述很多。——178。

鲁索夫——见克努尼扬茨,波·米·。

罗将柯,米哈伊尔·弗拉基米罗维奇(Родзянко, Михаил Владимирович 1859—1924)——俄国大地主,十月党领袖之一,君主派分子。20世纪初曾任叶卡捷琳诺斯拉夫省地方自治局主席。1911—1917年先后任第三届和第四届国家杜马主席,支持沙皇政府的反动政策。1917年二月革命期间力图保持君主制度,组织并领导了反革命中心——国家杜马临时委员会;后参与策划科尔尼洛夫叛乱。十月革命后投靠科尔尼洛夫和邓尼金,妄图联合一切反革命势力颠覆苏维埃政权。1920年起为白俄流亡分子。——254。

罗森诺,埃米尔(Rosenow,Emil 1871—1904)——德国社会民主党人,新闻工作者。曾为社会民主党的许多报纸撰稿,任《开姆尼茨观察家报》和《莱茵—威斯特伐利亚工人报》编辑。1898—1903年为帝国国会议员。——141。

罗扎诺夫,B. H.(波波夫)(Розанов, B. H.(Попов)1876—1939)——俄国社会民主党人,孟什维克。19世纪90年代中期在莫斯科参加社会民主主义运动,1899年被逐往斯摩棱斯克。1900年加入南方工人社。1901—1903年在南方工作;是筹备召开俄国社会民主工党第二次代表大会的组织委员会委员,并代表南方工人社出席了代表大会。在会上持中派立场,会后成为孟什维克骨干分子。1904年底被增补进调和主义的党中央委员会,1905年2月被捕。1905年5月在孟什维克代表会议上被选入孟什维克领导中心——组织委员会,在党的第四次(统一)代表大会上代表孟什维克被选入中央委员会。1908年侨居国外。第一次世界大战期间持国际主义立场。1917年二月革命后是彼得格勒工兵代表苏维埃孟什维克党团成员,护国派分子。敌视十月革命,积极参加反革命组织的活动,因"战术中心"案被判刑。大赦后脱离政治活动,在卫生部门工作。——107、113、114、151、154。

洛克尔曼,亚历山大·萨莫伊洛维奇(察廖夫)(Локерман, Александр Самойлович (Царев)1880—1937)——俄国社会民主党人,孟什维克。1898年参加社会民主主义运动,在顿河畔罗斯托夫工作,曾参加俄国社会民主工党顿河区委员会。在党的第二次代表大会上是顿河区委员会的代表,持中派立场,会后成为孟什维克。1917年二月革命后代表孟什维克参加中央执行委员会。十月革命后极力反对苏维埃政权。1917—1920年为孟什维克顿河区委员会委员。因进行反革命活动被判刑。——121。

M

马尔丁诺夫,亚历山大(皮凯尔,亚历山大·萨莫伊洛维奇)(Мартынов, Александр (Пиккер, Александр Самойлович)1865—1935)——俄国经济派领袖之一,孟什维克著名活动家,后为共产党员。19世纪80年代初参加民意党人小组,1886年被捕,流放东西伯利亚十年;流放期间成为社会民主党人。1900年侨居国外,参加经济派的《工人事业》杂志编辑部,反对列宁的《火星报》。在俄国社会民主工党第二次代表大会上是国外俄国社会民主党人联合会的代表,反火星派分子；会后成为孟什维克。1907年在党的第五次（伦敦）代表大会上当选为中央委员。斯托雷平反动时期和新的革命高涨年代是取消派分子。第一次世界大战期间持中派立场。1917年二月革命后为孟什维克国际主义者。十月革命后脱离孟什维克。1918—1922年在乌克兰当教员。1923年在俄共（布）第十二次代表大会上被吸收入党，在马克思恩格斯研究院工作。1924年起任《共产国际》杂志编委。——92、107、112、113、114、125、129、147。

马尔托夫，尔·（**策杰尔包姆，尤利·奥西波维奇**；纳尔苏修斯·土波雷洛夫）（Мартов, Л. (Цедербаум, Юлий Осипович, Нарцис Тупорылов) 1873—1923）——俄国孟什维克领袖之一。19世纪90年代初参加社会民主主义运动。1895年参与组织彼得堡工人阶级解放斗争协会。1896年被捕并流放图鲁汉斯克三年。1900年参与创办《火星报》，为该报编委。在俄国社会民主工党第二次代表大会上，领导机会主义少数派，反对列宁的建党原则；从那时起成为孟什维克中央机关的领导成员和孟什维克报刊的编辑。斯托雷平反动时期和新的革命高涨年代是取消派分子，编辑《社会民主党人呼声报》，参与组织"八月联盟"。第一次世界大战期间是中派分子，曾参加齐美尔瓦尔德代表会议和昆塔尔代表会议。1917年二月革命后领导孟什维克国际主义派。十月革命后反对镇压反革命和解散立宪会议。1919年当选为全俄中央执行委员会委员，1919—1920年为莫斯科苏维埃代表。1920年9月侨居德国。曾参与组织第二半国际，在柏林创办和编辑孟什维克杂志《社会主义通报》。——96、100、101、103、105、106、107、108、109、110、111、112、113、114、115、116、117、118、119、120、121、122、127、129、135、139、142、147、148、149、150、154、156、157、183、313。

马赫诺韦茨，莉迪娅·彼得罗夫娜（布鲁凯尔）（Махновец, Лидия Петровна (Брукэр) 1876—1965）——19世纪90年代末参加俄国社会民主主义运动，经济派代表人物。曾在俄国社会民主工党沃罗涅日委员会里起领导作用，该委员会在俄国社会民主工党第二次代表大会筹备期间反对《火星报》的立场。在代表大会上是彼得堡工人组织的代表，反火星派分子。1905年在沃罗涅日社会民主党组织中工作，后脱离政治活动。——111、120、121、151。

马霍夫——见卡拉法季，德·巴·。

马卡久布，马尔克·绍洛维奇（实际工作者）（Макадзюб, Марк Саулович (Практик) 生于1876年）——俄国社会民主党人，孟什维克。1901—1903年在俄国南部社会民主党组织中工作。在俄国社会民主工党第二次代表大会上是克里木联合会的代表，属火星派少数派。1905年5月参加了在日内瓦召开的孟什维克代表会议,被选入孟什维克领导中心——组织委员会。支持阿克雪里罗得关于召开广泛的工人代表大会的取消主义观点。斯托雷平反动时期和新的革命高涨年代是取消派分子,为孟什维克取消派的《我们的曙光》杂志撰稿。1917年二月革命后任彼得格勒工兵代表苏维埃执行委员会委员。十月革命后脱离政治活动。1921年起在苏联驻国外的木材出口机关工作。1931年起侨居国外。——133、134。

马林诺夫斯基,罗曼·瓦茨拉沃维奇(Малиновский, Роман Вацлавович 1876—1918)——俄国社会民主主义运动中的奸细,莫斯科保安处密探;职业是五金工人。1906年出于个人动机参加工人运动,后来混入俄国社会民主工党;曾任工人委员会委员和五金工会理事会书记。1907年起主动向警察局提供情报,1910年被录用为沙皇保安机关密探。在党内曾担任多种重要职务,1912年在党的第六次(布拉格)代表会议上当选为中央委员。在保安机关暗中支持下,当选为第四届国家杜马莫斯科省工人选民团的代表,1913年当上了布尔什维克杜马党团主席。1914年辞去杜马职务,到了国外。1917年6月他同保安机关的关系被揭穿。1918年回国,被捕后由全俄中央执行委员会最高法庭判处枪决。——253、254。

马雅可夫斯基,弗拉基米尔·弗拉基米罗维奇(Маяковский, Владимир Владимирович 1893—1930)——苏联诗人。1908—1909年参加莫斯科布尔什维克地下组织的工作。三次被捕。在早期诗作中就表现出对资本主义现实的强烈不满,但带有未来主义的影响。十月革命后创作进入新阶段。他以诗歌、剧本、绘画等多种形式歌颂十月革命的胜利,歌颂革命领袖和社会主义祖国,抨击官僚主义,号召人民同社会主义内外敌人进行斗争。马雅可夫斯基的创作经历了一条不断探索、不断发展的道路,他是诗歌的革新者,对革命诗歌的发展有很大贡献。——323、325。

麦迭姆(格林贝格),弗拉基米尔·达维多维奇(戈尔德布拉特)(Медем (Гринберг), Владимир Давидович(Гольдблат)1879—1923)——崩得领袖之一。1899年参加俄国社会民主主义运动,1900年加入明斯克崩得组织。曾流放西伯利亚,1901年从流放地逃往国外。1903年起为崩得国外委员会委员,代表该委员会出席了俄国社会民主工党第二次代表大会,在会上是反火星派分子。1906年当选为崩得中央委员。曾参加俄国社会民主工党第五次(伦敦)代表大会的工作,支持孟什维克。十月革命后领导在波兰的崩得组织。1921年到美国,在犹太右翼社会党人的《前进报》上撰文诽谤苏维埃俄国。——125、

126。

曼德尔贝格,维克多·叶夫谢耶维奇(波萨多夫斯基)(Мандельберг, Виктор
Евсеевич(Посадовский)生于1870年)——俄国社会民主党人。1894—1896
年在彼得堡当医生,因在工人中进行社会民主主义宣传而被捕,监禁三年后
又流放东西伯利亚四年。在俄国社会民主工党第二次代表大会上是西伯利亚
联合会的代表,属火星派少数派,会后成为孟什维克。第二届国家杜马代表,
因社会民主党党团案件被起诉,后流亡国外。——107、125。

梅德维捷夫——见尼古拉耶夫,列·弗·。

梅林,弗兰茨(Mehring, Franz 1846—1919)——德国工人运动活动家,德国社
会民主党左翼领袖和理论家之一,历史学家、政论家和文艺学家,德国共产
党创建人之一。19世纪60年代末起是资产阶级民主主义政论家。1891年加入
德国社会民主党,担任党的理论刊物《新时代》杂志的固定撰稿人和编辑,
1902—1907年任《莱比锡人民报》主编,积极反对第二国际的机会主义和修正
主义,批判考茨基主义。第一次世界大战爆发后坚决谴责帝国主义侵略战争
和社会沙文主义者的背叛政策;是国际派(后改称斯巴达克派和斯巴达克联
盟)的组织者和领导人之一。1918年参加了建立德国共产党的准备工作。欢迎
俄国十月革命,曾撰文驳斥对十月革命的恶毒攻击,维护苏维埃政权。在研究
德国中世纪史、德国社会民主党史和马克思主义史方面作出了重大贡献,在
整理出版马克思、恩格斯和拉萨尔的遗著方面也做了大量工作,但在其著作
中有不少缺点和错误。主要著作有《莱辛传奇》(1893)、《德国社会民主党史》
(1897—1898)、《马克思传》(1918)等。——94。

梅什金,伊波利特·尼基季奇(Мышкин, Ипполит Никитич 1848—1885)——
俄国民粹派革命家,职业是地形测绘员。1873年在莫斯科开办一家印刷所,秘
密刊印禁书。1875年春到西伯利亚,试图把车尔尼雪夫斯基从流放地营救出
来,未遂;同年7月在维柳伊斯克被捕,关进彼得保罗要塞。他是"一百九十三
人案件"的主要被告之一,1877年11月15日在法庭上发表了热情洋溢的演说。
1878年被判处十年苦役。1885年因反抗监狱制度被枪决。——107。

米尔柏格,阿尔图尔(Mülberger, Arthur 1847—1907)——德国小资产阶级政论
家,蒲鲁东主义者;职业是医生。1872年在德国社会民主工党中央机关报《人
民国家报》上发表了几篇论述住宅问题的文章,受到恩格斯的严厉批评。曾为
赫希柏格出版的机会主义的《未来》杂志撰稿;写过一些关于法国和德国社会
思想史方面的著作,攻击马克思主义。——58。

米哈伊洛夫，Н. Н.（Михайлов, Н. Н. 1870—1905）——俄国牙科医生，奸细。由于他的告密，1895年12月列宁和彼得堡工人阶级解放斗争协会其他老年派会员被捕。1902年起为警察司官员，1905年在克里木被社会革命党人杀死。——81。

米海洛夫斯基，尼古拉·康斯坦丁诺维奇（Михайловский, Николай Констан-тинович 1842—1904）——俄国自由主义民粹派理论家，政论家，文艺批评家，实证论哲学家，社会学主观学派代表人物。1860年开始写作活动。1868年起为《祖国纪事》杂志撰稿，后任编辑。1879年与民意党接近。1882年以后写了一系列谈“英雄”与“群氓”问题的文章，建立了完整的“英雄”与“群氓”的理论体系。1884年《祖国纪事》杂志被封闭后，给《北方通报》、《俄国思想》、《俄罗斯新闻》等报刊撰稿。1892年起任《俄国财富》杂志编辑，在该杂志上与俄国马克思主义者进行激烈的论战。——96。

米勒兰，亚历山大·艾蒂安（Millerand, Alexandre Étienne 1859—1943）——法国政治活动家，法国社会党和第二国际的机会主义代表人物。1885年起多次当选议员。原属资产阶级激进派，90年代初参加法国社会主义运动，领导运动中的机会主义派。1898年同让·饶勒斯、泽·卡梅利纳等人组成法国独立社会党人联盟。1899年参加瓦尔德克-卢梭内阁，任工商业部长，同镇压巴黎公社的刽子手加利费合作；这是有史以来社会党人第一次参加资产阶级政府，列宁把这个行动斥之为“实践的伯恩施坦主义”。1904年被开除出法国社会党，此后同阿·白里安、勒·维维安尼等前社会党人一起组织独立社会党人集团。1909—1915年先后任公共工程部长和陆军部长，竭力主张把帝国主义战争进行到底。俄国十月革命后是武装干涉苏维埃俄国的策划者之一。1920年1—9月任总理兼外交部长，1920年9月—1924年6月任法兰西共和国总统。资产阶级左翼政党在大选中获胜后，被迫辞职。1925年和1927年当选为参议员。——53、54、55、147。

米留可夫，帕维尔·尼古拉耶维奇（Милюков, Павел Николаевич 1859—1943）——俄国立宪民主党领袖，俄国帝国主义资产阶级思想家，历史学家和政论家。1905年10月参与创建立宪民主党，后任该党中央委员会主席和中央机关报《言语报》编辑。第三届和第四届国家杜马代表。第一次世界大战期间为沙皇政府的掠夺政策辩护。1917年二月革命后任第一届临时政府外交部长，推行把战争进行到“最后胜利”的帝国主义政策；同年8月积极参与策划科尔尼洛夫叛乱。十月革命后同白卫分子和武装干涉者合作。1920年起为白俄流亡分子,在巴黎出版《最新消息报》。——313。

米雅斯尼科夫,Г. И. (Мясников, Г. И. 1889—1946)——1906年加入俄国社
会民主工党。1921年先后在彼尔姆省和彼得格勒做党的工作;是工人反对派
的骨干分子。1922年因从事反党活动和屡犯党纪被开除出党。后来是反革命
的所谓"工人团"的组织者,移居国外。——310—316。

莫迪利扬尼,维多利奥·埃曼努埃勒(Modigliani, Vittorio Emanuele 1872—
1947)——意大利社会党最早的党员之一,改良主义者;职业是律师。1913—
1926年为众议员。第一次世界大战期间是中派分子。曾参加齐美尔瓦尔德和
昆塔尔代表会议,反对齐美尔瓦尔德左派。1922年是改良主义的统一社会党
的创建人之一。1926年流亡法国,编辑意大利改良派侨民机关报《新生的社会
党人》。意大利从德国法西斯占领下解放后,1944年回国。——272。

莫洛托夫(**斯克里亚宾**),维亚切斯拉夫·米哈伊洛维奇(Молотов(Скрябин),
Вячеслав Михайлович 1890—1986)——1906年加入俄国社会民主工党,
布尔什维克。曾在喀山、沃洛格达、彼得堡做党的工作,屡遭沙皇政府迫害。
1912年在布尔什维克合法报纸《明星报》工作,后任《真理报》编辑部成员兼编
辑部秘书。1917年二月革命期间是党中央委员会俄国局成员,十月革命期间
是彼得格勒军事革命委员会委员。1918—1921年历任北部地区国民经济委员
会主席、下诺夫哥罗德省执行委员会主席、俄共(布)顿涅茨克省委书记、乌克
兰共产党(布)中央委员会书记。在俄共(布)第九次代表大会(1920)上当选为
中央候补委员,第十次代表大会(1921)上当选为中央委员。党的十大后任中
央委员会书记和政治局候补委员,1926年起为政治局委员,1952年起为苏共
中央主席团委员。1930—1941年任苏联人民委员会主席,1941—1957年任苏
联人民委员会(后为部长会议)第一副主席,1939年起兼任苏联外交人民委员
(后为外交部长)。1941—1945年卫国战争时期兼任国防委员会副主席,参加
了德黑兰(1943)、雅尔塔(1945)和波茨坦(1945)会议。1957年6月根据苏共中
央全会决议,被开除出苏共中央主席团和中央委员会。1957年出任苏联驻蒙古
人民共和国大使,1960—1962年任苏联驻维也纳国际原子能机构代表。苏共第
二十二次代表大会后被开除出党,1984年恢复党籍。——327—331、332—
333、334—336。

莫斯特,约翰·约瑟夫(Most, Johann Joseph 1846—1906)——德国社会民主党
人,后为无政府主义者;职业是装订工人。19世纪60年代参加工人运动,接近
社会民主党,成为新闻工作者。1874—1878年为帝国国会议员。在理论上拥护

杜林,在政治上信奉"用行动做宣传"的无政府主义思想,认为可以立刻进行无产阶级革命。1878年反社会党人非常法颁布后流亡伦敦,1879年出版无政府主义的《自由》周报,号召工人进行个人恐怖活动,认为这是最有效的革命斗争手段。1880年被开除出社会民主党,1882年起侨居美国,继续出版《自由》周报和进行无政府主义的宣传。晚年脱离工人运动。——58、94、179。

N

纳尔苏修斯·土波雷洛夫——见马尔托夫,尔·。

纳杰日丁,尔·(**捷连斯基,叶甫盖尼·奥西波维奇**)(Надеждин, Л. (Зеленский, Евгений Осипович)1877—1905)——早年是俄国民粹派分子,1898年加入萨拉托夫社会民主主义组织。1899年被捕并被逐往沃洛格达省,1900年流亡瑞士,在日内瓦组织了"革命社会主义的"自由社(1901—1903)。在《自由》杂志上以及在他写的《革命前夜》(1901)、《俄国革命主义的复活》(1901)等小册子中,支持经济派,同时宣扬恐怖活动是"唤起群众"的有效手段;反对列宁的《火星报》。俄国社会民主工党第二次代表大会后为孟什维克报刊撰稿。——105。

尼古拉耶夫,列昂尼德·弗拉基米罗维奇(梅德维捷夫)(Николаев, Леонид Владимирович(Медведев)生于1866年)——俄国社会民主党人。19世纪90年代中期加入哈尔科夫社会民主主义小组,1898年因在哈尔科夫印刷工人中进行宣传案被捕,流放维亚特卡省三年。流放期满后在哈尔科夫工作。1902年12月同《火星报》编辑部取得联系。在俄国社会民主工党第二次代表大会上是哈尔科夫委员会的代表,持中派立场,会后成为孟什维克。——121。

诺斯克,古斯塔夫(Noske, Gustav 1868—1946)——德国社会民主党右翼领袖之一。第一次世界大战爆发前就维护军国主义,大战期间是社会沙文主义者。1918年11月被派往基尔,妄图扼杀基尔水兵的革命运动。同年12月参加所谓的人民代表委员会,自愿充当"嗜血狗"的角色,率领反动军队,血腥镇压了1919年柏林、不来梅及其他城市的工人斗争。1919年2月—1920年3月任国防部长,卡普叛乱平息后被迫辞职。1920—1933年任普鲁士汉诺威省省长。法西斯专政时期从希特勒政府领取国家养老金。——265。

O

欧文,罗伯特(Owen, Robert 1771—1858)——英国空想社会主义者。当过学徒和店员。1800—1829年在苏格兰新拉纳克管理一所大纺织厂,关心工人的工作和福利条件,使工厂变成模范新村。1820年在所著《关于减轻社会疾苦的计划致拉纳克郡的报告》中,论述了他的空想社会主义思想体系,提出组织劳动公社的计划。1824年到美国创办"新和谐村",结果失败。1829年回国后,在工人中组织生产合作社和工会。1832年试办"全国劳动产品公平交换市场",又告失败。1834年任全国总工会联合会主席。他尖锐地抨击资本主义私有制,首先提出工人有权享有自己的全部劳动产品,但认为社会不平等的主要原因在于教育不够普及,以为通过普及知识就能消除社会矛盾。同情无产阶级,但不主张工人进行政治斗争。主要著作还有《试论性格的形成》(1813)、《新道德世界书》(1836—1844)等。——72。

P

潘涅库克,安东尼(霍纳,克·)(Pannekoek, Antoinie(Хорнер, К.)1873—1960)——荷兰工人运动活动家,天文学家。1907年是荷兰社会民主工党左翼刊物《论坛报》的创办人之一,1909年参与创建荷兰社会民主党。1910年起与德国左派社会民主党人关系密切,积极为他们的报刊撰稿。第一次世界大战期间是国际主义者,曾参加齐美尔瓦尔德左派理论刊物《先驱》杂志的出版工作。1918—1921年是荷兰共产党党员,参加共产国际的工作。曾采取极左的宗派主义立场,20年代初是极左的德国共产主义工人党领袖之一。1921年退出共产党,不久脱离政治活动。——251。

蒲鲁东,皮埃尔·约瑟夫(Proudhon, Pierre-Joseph 1809—1865)——法国政论家,经济学家,社会学家,小资产阶级思想家,无政府主义创始人之一。1840年出版《什么是财产?》一书,从小资产阶级立场出发批判大资本主义所有制,幻想使小私有制永世长存。主张由专门的人民银行发放无息贷款,帮助工人购置生产资料,使他们成为手工业者,再由专门的交换银行保证劳动者"公平地"销售自己的劳动产品,而同时又不触动生产工具和生产资料的资本主义所有制。认为国家是阶级矛盾的主要根源,提出和平"消灭国家"的空想主义方案,对政治斗争持否定态度。1846年出版《经济矛盾的体系,或贫困的哲学》,阐述他的小资产阶级的哲学和经济学观点。马克思在《哲学的贫困》一书中对该书作了彻底的批判。在1848年革命时期被选入制宪议会后,攻击工人阶级的革命发动,赞成1851年12月2日的波拿巴政变。——85。

普列汉诺夫,格奥尔吉·瓦连廷诺维奇(别尔托夫,恩·)(Плеханов, Георгий Валентинович(Бельтов, Н.)1856—1918)——俄国早期的马克思主义理论家,后来成为孟什维克和第二国际机会主义领袖之一。19世纪70年代参加民粹主义运动,是土地和自由社成员及土地平分社领导人之一。1880年侨居瑞士,逐步同民粹主义决裂。1883年创建俄国第一个马克思主义团体——劳动解放社。翻译和介绍了马克思和恩格斯的许多著作,对马克思主义在俄国的传播起了重要作用;写过不少优秀的马克思主义著作,批判民粹主义、合法马克思主义、经济主义、伯恩施坦主义、马赫主义。20世纪初是《火星报》和《曙光》杂志编辑部成员。俄国社会民主工党第二次代表大会后逐渐转向孟什维克。1905—1907年革命时期反对列宁的民主革命的策略,后来在孟什维克和布尔什维克之间摇摆。斯托雷平反动时期和新的革命高涨年代反对取消主义,领导了孟什维克护党派。第一次世界大战期间持社会沙文主义立场。1917年二月革命后返回俄国,支持资产阶级临时政府。对十月革命持否定态度,但拒绝支持反革命。——36、51、57、90、96、101、103、112、121、125、128、149、151、154、185、261、266。

普罗柯波维奇,谢尔盖·尼古拉耶维奇(Прокопович, Сергей Николаевич 1871—1955)——俄国经济学家和政论家。曾参加国外俄国社会民主党人联合会,是经济派的著名代表人物,伯恩施坦主义在俄国最早的传播者之一。1904年加入资产阶级自由派的解放社,为该社骨干分子。1905年为立宪民主党中央委员。1906年和叶·德·库斯柯娃一起出版半立宪民主党、半孟什维克的《无题》周刊,为左派立宪民主党人的《同志报》积极撰稿。从伯恩施坦主义-自由主义立场出发写过一些有关工人问题的著述。1917年二月革命后任临时政府工商业部长(8月)和粮食部长(9—10月)。十月革命后,1921年在全俄赈济饥民委员会工作,同反革命地下活动有联系。1922年被驱逐出境。——64、65、86。

Q

切尔诺夫,维克多·米哈伊洛维奇(Чернов, Виктор Михайлович 1873—1952)——俄国社会革命党领袖和理论家之一。1902—1905年任社会革命党中央机关报《革命俄国报》编辑。曾撰文反对马克思主义,企图证明马克思的理论不适用于农业。第一次世界大战期间以左的词句掩盖其社会沙文主义立场,曾参加齐美尔瓦尔德代表会议和昆塔尔代表会议。1917年5—8月任临时政府农业部长,对夺取地主土地的农民实行残酷镇压。敌视十月革命。1918年1月任立宪会议主席;曾领导反革命政府——立宪会议委员会,参与策划反苏维埃

R

热里雅鲍夫，安德列·伊万诺维奇（Желябов，Андрей Иванович 1851—1881）
——俄国革命家，民意党的组织者和领袖。在民粹派中他最早认识到必须同
沙皇专制制度进行政治斗争，认为只有建立革命者的专门组织才能顺利地进
行这场政治斗争。他是个天才的组织家，曾力图把一切不满沙皇政府的人联
合在民意党周围，在大学生、陆海军中建立秘密小组，重视在城市工人中进行
革命工作。在他的倡议下，俄国创办了第一家工人报纸《工人报》。但是他不理
解工人阶级的历史作用，完全不懂得科学社会主义，而把个人恐怖手段看做
是推翻沙皇专制制度的主要手段，多次组织谋刺亚历山大二世的活动。1881
年3月1日亚历山大二世遇刺前两天被捕，当他的同志们被捕后，他宣布自己
参加了组织谋刺沙皇的活动。在法庭上拒绝辩护，并发表演说进行革命鼓动。
同年4月3日（15日）在彼得堡被处以绞刑。——107。

S

圣西门，昂利·克洛德（Saint-Simon，Henri Claude 1760—1825）——法国空想
社会主义者。贵族出身。参加过美国独立战争，同情法国大革命。长期考察革
命后的社会矛盾，于19世纪初逐渐形成空想社会主义思想。把社会发展看做
人类理性的发展，但有时也认为社会发展是经济发展引起的。抨击资本主义
制度，认为竞争和无政府状态是一切灾难中最严重的灾难。他所设想的理想
制度是由"实业家"和学者掌握各方面权力、一切人都要劳动、按"才能"分配
的"实业制度"。由于历史的局限，把资本家和无产阶级合称"实业家阶级"，并
主张在未来社会中保留私有制。提出关于未来社会必须有计划地组织生产和
生活、发挥银行调节流通和生产的作用、国家将从对人的政治统治变为对物
的管理和对生产的指导等一系列有重大意义的思想。晚年宣告他的最终目的
是工人阶级的解放，但不理解工人阶级的历史使命，而寄希望于统治阶级的
理性和善心。主要著作有《一个日内瓦居民给当代人的信》（1802）、《人类科学
概论》（1813）、《论实业制度》（1821）、《实业家问答》（1823—1824）、《新基督
教》（1825）等。——72。

施拉姆，卡尔·奥古斯特（Schramm，Karl August）——德国经济学家，社会改良
主义者。开始政治活动时是自由派分子，19世纪70年代初加入德国社会民主
党。1879年在《社会科学和社会政治年鉴》上发表了同赫希柏格和伯恩施坦合
写的《德国社会主义运动的回顾》一文，指责党的革命策略，鼓吹露骨的机会
主义和投降主义观点，呼吁同资产阶级结盟，要求使无产阶级的利益服从于

资产阶级。他的观点受到马克思和恩格斯的严厉批评。1884—1886年不断攻击马克思主义。后来脱党。——94。

施勒德尔，卡尔（Schröder, Karl 1884—1950）——德国左派社会民主党人，作家和政论家。德国1918年十一月革命后加入德国共产党，参加党内的劳芬贝格—沃尔弗海姆"左派"反对派，宣扬无政府工团主义观点。1919年10月"左派"反对派被开除出党后，参与组织所谓的德国共产主义工人党。不久退出该党，回到德国社会民主党。1924—1933年任社会民主党一些报纸的编辑。法西斯上台后参加党的地下工作。1936年被捕，在法西斯监狱和集中营囚禁四年。——251。

施略普尼柯夫，亚历山大·加甫里洛维奇（Шляпников, Александр Гаврилович 1885—1937）——1901年加入俄国社会民主工党。曾在索尔莫沃、穆罗姆、彼得堡和莫斯科做党的工作。1905—1906年两度被捕，1908年移居国外。第一次世界大战期间在彼得堡和国外做党的工作，负责在党中央国外局同俄国国内局和彼得堡委员会之间建立联系。1917年二月革命后任党的彼得堡委员会委员、彼得格勒工兵代表苏维埃执行委员会委员和彼得格勒五金工会主席。十月革命后参加第一届人民委员会，任劳动人民委员。1918年参加国内战争，先后任南方面军革命军事委员会委员和里海—高加索方面军革命军事委员会主席。1919—1922年任全俄五金工会中央委员会主席，1921年5月起任最高国民经济委员会主席团委员。1920—1922年是工人反对派的组织者和领袖。1921年在党的第十次代表大会上当选为中央委员。后来在经济部门担任负责职务。1933年清党时被开除出党。——306、308、309。

施米特，瓦西里·弗拉基米罗维奇（Шмидт, Василий Владимирович 1886—1940）——1905年加入俄国社会民主工党。曾在彼得堡和叶卡捷琳诺斯拉夫做党的工作。1915—1917年是党的彼得堡委员会书记、彼得格勒五金工会领导人，1917年二月革命后兼任彼得格勒工会中央理事会书记。1918—1928年先后任全俄工会中央理事会书记和劳动人民委员，1928—1930年任苏联人民委员会和劳动国防委员会副主席。一度参加党内"右倾派别集团"。在党的第七次、第十四次和第十五次代表大会上当选为中央委员。——186、217。

施韦泽，约翰·巴蒂斯特（Schweitzer, Johann Baptist 1834—1875）——德国工人运动活动家，拉萨尔派代表人物之一；职业是律师。政治活动初期是自由主义者，在拉萨尔的影响下参加工人运动。1864—1867年任全德工人联合会机关报《社会民主党人报》编辑，1867年起任联合会主席。执行与普鲁士政府妥协的拉萨尔主义的机会主义路线，支持俾斯麦的在普鲁士霸权下"自上"统一德国的政策。在联合会内实行个人独裁，引起会员不满，1871年被迫辞去主席职务。1872年他同普鲁士当局的勾结被揭露，被开除出联合会。——94。

实际工作者——见马卡久布，马·绍·。

舒尔采-德里奇，赫尔曼（Schulze-Delitzsch，Hermann 1808—1883）——德国庸俗经济学家和政治活动家。1848年是普鲁士国民议会议员，60年代是进步党领袖之一，1867—1883年为国会议员。宣扬资本家和工人的阶级利益协调一致。1849年起在德国工人和手工业者中间开展成立合作社和信贷所的活动，认为这是摆脱贫困的唯一道路。——86。

司徒卢威，彼得·伯恩哈多维奇（Струве，Петр Бернгардович 1870—1944）——俄国经济学家，哲学家，政论家，合法马克思主义主要代表人物。19世纪90年代编辑合法马克思主义者的杂志《新言论》和《开端》。在1894年发表的第一部著作《俄国经济发展问题的评述》中，就在批判民粹主义的同时，对马克思的经济学说和哲学学说提出"补充"和"批评"。20世纪初同马克思主义和社会民主主义彻底决裂，转到自由派营垒。1902年起编辑自由派资产阶级刊物《解放》杂志，1903年起是解放社的领袖之一。1905年起是立宪民主党中央委员，领导该党右翼。1907年当选为第二届国家杜马代表。第一次世界大战爆发后是俄国帝国主义思想家。十月革命后敌视苏维埃政权，是邓尼金和弗兰格尔反革命政府的成员，后逃往国外。——49、62、86、162。

斯塔罗韦尔——见波特列索夫，亚·尼·。

斯特拉霍夫——见塔赫塔廖夫，康·米·。

斯温胡武德，佩尔·埃温德（Svinhufvud，Pehr Eyvind 1861—1944）——芬兰政治活动家和国务活动家。1917—1918年是芬兰资产阶级政府首脑，实行白色恐怖，残酷镇压芬兰的工人革命。1931—1937年任芬兰共和国总统。在下一届总统竞选中失败后退出政界。——208。

苏尔科夫，彼得·伊里奇（Сурков，Петр Ильич 1876—1946）——俄国社会民主党人，布尔什维克；职业是织布工人。第三届国家杜马科斯特罗马省工人代表，第一届和第二届国家杜马复选代表。曾为在彼得堡出版的布尔什维克合法报纸《明星报》撰稿。十月革命后是无党派人士，在苏维埃机关工作。——171、181。

索尔茨，亚伦·亚历山德罗维奇（Сольц，Арон Александрович 1872—1945）——1898年加入俄国社会民主工党，布尔什维克。1920年起为党中央监察委员会委员,1921年起为中央监察委员会主席团委员。1921年起为俄罗斯联邦最高法院成员。——319。

塔赫塔廖夫,康斯坦丁·米哈伊洛维奇(斯特拉霍夫)(Тахтарев, Константин Михайлович(Страхов)1871—1925)——1893年参加俄国社会民主主义运动,曾加入彼得堡工人阶级解放斗争协会。1896年被捕,后流亡国外。1900年编辑经济派的《工人思想报》,是彼得堡工人组织出席第二国际巴黎代表大会(1900)的代表。曾协助筹备俄国社会民主工党第二次代表大会,在会上是有发言权的代表,会后同情孟什维克,不久脱党。后来从事科研和教学活动,写有一些社会学和俄国革命运动史方面的著作。1924年起在马克思恩格斯研究院工作。——117。

特拉温斯基——见克尔日扎诺夫斯基,格·马·。

屠拉梯,菲力浦(Turati, Filippo 1857—1932)——意大利工人运动活动家,意大利社会党创建人之一,该党右翼改良派领袖。1896—1926年为议员,领导意大利社会党议会党团。推行无产阶级同资产阶级合作的政策。第一次世界大战期间持中派立场。敌视俄国十月革命。1922年意大利社会党分裂后,参与组织并领导改良主义的统一社会党。法西斯分子上台后,于1926年流亡法国,进行反法西斯的活动。——272。

托洛茨基(**勃朗施坦**),列夫·达维多维奇(Троцкий(Бронштейн), Лев Да-видович 1879—1940)——1897年加入俄国社会民主工党。1905年同亚·帕尔乌斯一起提出和鼓吹反马克思主义的"不断革命论"。斯托雷平反动时期和新的革命高涨年代,打着"非派别性"的幌子,实际上采取消派立场。1912年组织"八月联盟"。第一次世界大战期间持中派立场。1917年二月革命后参加区联派,在党的第六次代表大会上随区联派集体加入布尔什维克党,当选为中央委员。1917年10月10日被选入中央政治局。十月革命后任外交人民委员,1918年初反对签订布列斯特和约,同年3月改任共和国革命军事委员会主席、陆海军人民委员等职。1919—1926年为党中央政治局委员。1920—1921年挑起关于工会问题的争论。1923年起进行反党派别活动。1925年初被解除革命军事委员会主席和陆海军人民委员职务。1926年与季诺维也夫结成"托季联盟"。1927年被开除出党,1929年被驱逐出境,1932年被取消苏联国籍。在国外组织第四国际,继续进行反对苏联党和国家、破坏国际共产主义运动的活动。

死于墨西哥。——118、119、154、163、240。

托普里泽,季奥米德·亚历山德罗维奇(卡尔斯基)(Топуридзе,Диомид Александрович(Карский)1871—1942)——俄国社会民主党人,孟什维克。曾参加格鲁吉亚第一个社会民主主义团体——麦撒墨达西社。在俄国社会民主工党第二次代表大会上是梯弗利斯委员会的代表,属火星派多数派,但表现动摇,大会结束时又赞同火星派少数派。会后成为孟什维克,反对代表大会选出的党的中央机关,因此于1903年10月初被党的高加索联合会委员会解除党内职务。1918—1921年孟什维克在格鲁吉亚统治时期任立宪会议财政预算委员会主席、库塔伊西市市长。格鲁吉亚建立苏维埃政权后,在财政委员部工作,从事学术评论活动。——121。

W

瓦·沃·——见沃龙佐夫,瓦·巴·。

瓦尔泰希,卡尔·尤利乌斯(Vahlteich,Karl Julius 1839—1915)——德国右派社会民主党人,职业是鞋匠。全德工人联合会的创建人之一和第一任书记。他反对拉萨尔向普鲁士反动派献媚,并反对拉萨尔在联合会内实行独裁的企图,1864年2月与拉萨尔决裂,后参加爱森纳赫派,在开姆尼茨市开展社会主义宣传活动,并在《开姆尼茨自由报》编辑部工作。1874—1878年为帝国国会议员。反社会党人非常法颁布后流亡美国,参加美国工人运动。——58。

瓦涅耶夫,阿纳托利·亚历山德罗维奇(Ванеев,Анатолий Александрович 1872—1899)——俄国社会民主党人。1892年在下诺夫哥罗德加入马克思主义小组。1895年参与组织和领导彼得堡工人阶级解放斗争协会,在工人社会民主主义小组中担任宣传员,曾主持《工人事业报》出版的技术准备工作。因斗争协会案件与列宁等人同时被捕,1897年流放东西伯利亚。1899年因患肺结核死于流放地。——77、79。

瓦西里耶夫——见林格尼克,弗·威·。

威尔逊,伍德罗(Wilson,Woodrow 1856—1924)——美国国务活动家。1910—1912年任新泽西州州长。1913年代表民主党当选为美国总统,任期至1921年。任内镇压工人运动,推行扩张政策,对拉丁美洲各国进行武装干涉,并促使美国站在协约国一方参加第一次世界大战。十月革命后是武装干涉苏维埃俄国的策划者之一。1918年提出帝国主义的和平纲领"十四点",妄图争夺世界霸权。曾率领美国代表团出席巴黎和会(1919—1920)。1920年总统竞选中失败,后退出政界。——210。

维连斯基,列昂尼德·谢苗诺维奇(连斯基)(Виленский, Леонид Семенович (Ленский)1880—1950)——1899年加入俄国社会民主工党基辅委员会宣传员小组。1902年起在叶卡捷琳诺斯拉夫从事筹办秘密印刷所和散发社会民主党书刊的工作。在俄国社会民主工党第二次代表大会上是叶卡捷琳诺斯拉夫委员会的代表,属火星派多数派,会后成为布尔什维克。1905年退出社会民主工党,加入无政府共产主义者组织,是无政府主义的《反抗者》杂志的编辑。1907年被捕并流放图鲁汉斯克边疆区,为期四年,流放归来后脱离政治活动。十月革命后参与建立敖德萨的苏维埃政权,在工农检查院机关工作,后来在莫斯科工商银行和国家计划委员会工作。——121。

维特,谢尔盖·尤利耶维奇(Витте, Сергей Юльевич 1849—1915)——俄国国务活动家。1892年2—8月任交通大臣,1892—1903年任财政大臣,1903年8月起任大臣委员会主席,1905年10月—1906年4月任大臣会议主席。在财政、关税政策、铁路建设、工厂立法和鼓励外国投资等方面采取了一系列措施,促进了俄国资本主义的发展,使俄国更加依赖帝国主义列强。代表俄国军事封建帝国主义的利益,忠实维护专制制度,力图通过对自由派资产阶级稍作让步和对人民群众进行镇压的手段来保持君主制度。1905—1907年革命期间派军队对西伯利亚、波罗的海沿岸地区、波兰以及莫斯科的武装起义进行了血腥镇压。——19、21。

魏特林,威廉(Weitling, Wilhelm 1808—1871)——德国工人运动早期活动家,空想平均共产主义理论家;职业是裁缝。1836年在巴黎加入正义者同盟,1838年为同盟写了纲领性著作《人类,它是什么样子和应当成为什么样子》。1841—1843年在瑞士手工业者联合会里宣传平均共产主义思想。1842年出版主要著作《和谐与自由的保证》。1846年加入布鲁塞尔共产主义通讯委员会,但很快就暴露出同马克思、恩格斯在观点上的尖锐分歧。1846年流亡美国,在纽约德国侨民中进行宣传活动。德国1848—1849年革命中曾一度回国。1850—1855年在美国出版《工人共和国》杂志。后来脱离工人运动。马克思和恩格斯曾高度评价魏特林的著述和宣传活动,认为它是德国无产阶级第一次独立的理论运动,但在魏特林主义成了发展工人运动的障碍时,也给了它严厉的批评。——85。

文德尔·弗里德里希(Wendel, Friedrich 1886—1960)——德国左派社会民主党人,讽刺政论家。德国1918年十一月革命后加入德国共产党,参加党内的劳芬贝格—沃尔弗海姆"左派"反对派,宣扬无政府工团主义观点。1919年10月"左派"反对派被开除出党后,参与组织所谓的德国共产主义工人党。1920年底又被该党开除,不久回到德国社会民主党。1924—1932年任社会民主党的讽刺刊物《实话》杂志编辑。法西斯上台后脱离政治活动。——251。

沃尔弗海姆,弗里茨(Wolffheim,Fritz 1888—1942)——德国左派社会民主党人,政论家。第一次世界大战期间持国际主义立场,反对社会民主党右翼领袖的社会沙文主义和中派—和平主义政策。1918年十一月革命后加入德国共产党,在党内与亨·劳芬贝格一起领导"左派"反对派,宣扬无政府工团主义观点和所谓"民族布尔什维主义"的小资产阶级民族主义纲领。1919年10月"左派"反对派被开除出共产党后,参与组织德国共产主义工人党;1920年底被该党开除。后脱离工人运动。——251。

沃尔特曼,路德维希(Woltmann,Ludwig 1871—1907)——德国社会学家和人类学家。他企图证明马克思主义哲学和康德主义是相同的;认为工人运动的主要任务是进行经济斗争。他把达尔文学说套用于社会的发展,断言社会的阶级结构不仅取决于历史原因,而且取决于人与人之间天然的不平等。他维护种族主义理论,认为种族特征是政治和经济发展的最重要的因素;贩卖日耳曼民族优越的思想。他的观点成为德国法西斯主义思想体系的一个组成部分。——92。

沃龙佐夫,瓦西里·巴甫洛维奇(瓦·沃·)(Воронцов,Василий Павлович(В.В.)1847—1918)——俄国经济学家,社会学家,政论家,自由主义民粹派思想家。曾为《俄国财富》、《欧洲通报》等杂志撰稿。认为俄国没有发展资本主义的条件,把农民村社理想化。19世纪90年代发表文章反对俄国马克思主义者,鼓吹同沙皇政府和解。主要著作有《俄国资本主义的命运》(1882)、《俄国手工工业概述》(1886)、《农民经济中的进步潮流》(1892)、《我们的方针》(1893)、《理论经济学概论》(1895)。——82、83、89、92、95。

乌斯特里亚洛夫,尼古拉·瓦西里耶维奇(Устрялов,Николай Васильевич 1890—1938)——俄国法学家,政论家,立宪民主党的著名活动家。毕业于莫斯科大学法律系。1916—1918年任莫斯科大学和彼尔姆大学讲师,为《俄国晨报》等报刊撰稿。1918—1920年在西伯利亚任立宪民主党中央委员会东方部主任,曾领导高尔察克政府的出版局。高尔察克匪帮被粉碎后流亡哈尔滨。1921—1922年为在布拉格和巴黎出版的《路标转换》文集和杂志撰稿,是路标转换派的思想家之一。1920—1934年任哈尔滨大学教授。1935年回到苏联后从事教学工作。——335。

X

希尔施，麦克斯(Hirsch，Max 1832—1905)——德国经济学家和政论家，资产阶级进步党活动家。1859年开办了一家出版社。1868年访问英国后，同弗·敦克尔一起创建了几个改良主义的工会(所谓希尔施—敦克尔工会)。1869—1893年为国会议员。在他的著作中宣扬劳资"和谐"思想，反对无产阶级的革命策略，维护改良主义。——82。

谢德曼，菲力浦(Scheidemann，Philipp 1865—1939)——德国社会民主党右翼领袖之一。1903年起参加社会民主党国会党团。1911年当选为德国社会民主党执行委员会委员，1917—1918年是执行委员会主席之一。第一次世界大战期间是社会沙文主义者。1918年10月参加巴登亲王马克斯的君主制政府，任国务大臣。1918年十一月革命期间参加所谓的人民代表委员会，借助旧军队镇压革命。1919年2—6月任魏玛共和国联合政府总理。1933年德国建立法西斯专政后流亡国外。——259、265。

Y

亚历山大三世(**罗曼诺夫**)(Александр III(Романов)1845—1894)——俄国皇帝(1881—1894)。——33。

亚历山德罗夫(Александров)——《组织问题(给编辑部的信)》一文(载于1904年1月1日《火星报》第56号附刊)的作者。——130、131、136。

叶戈罗夫——见列文，叶·雅·。

叶努基泽，阿韦尔·萨夫罗诺维奇(Енукидзе，Авель Сафронович 1877—1937)——1898年加入俄国社会民主工党，布尔什维克。曾在梯弗利斯、巴库、顿河畔罗斯托夫、彼得堡和其他城市做党的工作，屡遭沙皇政府迫害。十月革命期间任彼得格勒军事革命委员会委员。十月革命后在全俄中央执行委员会军事部工作，1918—1922年任全俄中央执行委员会主席团委员和秘书，1923—1935年任苏联中央执行委员会主席团委员和秘书。在党的第十三次代表大会(1924)至第十六次代表大会(1930)上当选为中央监察委员，在第十七次代表大会(1934)上当选为中央委员。——336。

伊洛瓦伊斯基，德米特里·伊万诺维奇(Иловайский，Дмитрий Иванович 1832—1920)——俄国历史学家和政论家。1854年毕业于莫斯科大学，一度在该校任教，后从事写作和政论活动。编写过许多革命前俄国中小学普遍采用的官定历史教科书，把历史主要归结为帝王将相的活动，用种种次要的和偶然的情况来解释历史过程。——58。

伊万申，弗拉基米尔·巴甫洛维奇（弗·伊—；弗·伊—申）（Иваншин, Владимир Павлович（В. И—ь, В. И—н）1869—1904）——俄国社会民主党人，经济派领袖之一，统计学家。1896年在彼得堡工人阶级解放斗争协会工作，曾被捕，1898年流亡国外。他是国外俄国社会民主党人联合会机关刊物《工人事业》杂志的编辑，同时又与彼得堡经济派的《工人思想报》保持密切联系。他在自己的文章中把工人的直接经济利益同社会民主党的政治任务对立起来。1901年10月作为俄国社会民主党人联合会的代表出席了国外社会民主党人组织"统一"代表大会。1903年初同工人事业派决裂，加入俄国革命社会民主党人国外同盟。俄国社会民主工党第二次代表大会后成为孟什维克。——80、81、89、90、91。

尤登尼奇，尼古拉·尼古拉耶维奇（Юденич, Николай Николаевич 1862—1933）——俄国西北部反革命首领之一，步兵上将（1915）。1905—1906年曾在亚美尼亚指挥讨伐队。第一次世界大战初期任高加索集团军参谋长，1915年1月起任高加索集团军司令。1917年3—4月任高加索方面军总司令。1918年秋侨居芬兰，后移居爱沙尼亚。1919年任俄国西北地区白卫军总司令，是反革命的"西北政府"成员。1919年两次进犯彼得格勒，失败后率残部退到爱沙尼亚。1920年起为白俄流亡分子。——226、236、238、306。

Z

兹博罗夫斯基，米哈伊尔·索洛蒙诺维奇（科斯季奇）（Зборовский, Михаил Соломонович（Костич）1879—1935）——俄国社会民主党人，孟什维克。1898年在敖德萨开始政治活动。在俄国社会民主工党第二次代表大会上是敖德萨委员会的代表，属火星派少数派。俄国第一次革命期间支持召开广泛的工人代表大会的取消主义思想。1905年是彼得堡工人代表苏维埃执行委员会委员，与苏维埃其他领导人一起被捕和流放，1906年从流放地逃往瑞士。斯托雷平反动时期是取消派分子，1908年参与创办孟什维克取消派的国外机关报《社会民主党人呼声报》。1917年二月革命后回国，在敖德萨工作。敌视十月革命。1919年底侨居国外，继续在孟什维克组织中活动。——113。

祖巴托夫，谢尔盖·瓦西里耶维奇（Зубатов, Сергей Васильевич 1864—1917）

——沙俄宪兵上校,"警察社会主义"(祖巴托夫主义)的炮制者和鼓吹者。1896—1902年任莫斯科保安处处长,组织政治侦察网,建立密探别动队,破坏革命组织。1902年10月到彼得堡就任警察司特别局局长。1901—1903年组织警方办的工会——莫斯科机械工人互助协会和圣彼得堡俄国工厂工人大会等,诱使工人脱离革命斗争。由于他的离间政策的破产和反内务大臣的内讧,于1903年被解职和流放,后脱离政治活动。1917年二月革命初期畏罪自杀。——64、86。

《列宁专题文集》编审委员会

《论无产阶级政党》编审人员

文献选编　　刘彦章　　翟民刚　　丁世俊　　王丽华
　　　　　　　　韩　英

题注编写　　韦建桦　　顾锦屏　　张海滨　　刘彦章
　　　　　　　　翟民刚

资料工作　　韩　英　　翟民刚

全书审定　　韦建桦　　顾锦屏　　张海滨

责任编辑：郇中建
装帧统筹：曹　春
编辑助理：崔继新
技术设计：程凤琴
责任校对：吴海平　赵立新　徐林香　张　彦

图书在版编目（CIP）数据

列宁专题文集.论无产阶级政党／中共中央马克思恩格斯列宁斯大林著作编译局编.
—北京：人民出版社，2009.12（2020.11重印）
ISBN 978-7-01-007889-2

Ⅰ.列…　Ⅱ.中…　Ⅲ.列宁著作-无产阶级政党　Ⅳ.A26

中国版本图书馆 CIP 数据核字（2009）第 060692 号

书　　名	列宁专题文集
	论无产阶级政党
	LIENING ZHUANTI WENJI
	LUN WUCHANJIEJI ZHENGDANG
编　　者	中共中央马克思恩格斯列宁斯大林著作编译局
出版发行	人民出版社
	（北京朝阳门内大街 166 号　邮编 100706）
邮购地址	100706 北京朝阳门内大街 166 号
邮购电话	(010)65250042　65289539
经　　销	新华书店
印　　刷	北京新华印刷有限公司
版　　次	2009 年 12 月第 1 版　2020 年 11 月第 2 次印刷
开　　本	700 毫米×1000 毫米 1/16
印　　张	30.5
字　　数	352 千字
书　　号	ISBN 978-7-01-007889-2
定　　价	67.00 元

ISBN 978-7-01-007889-2

9 787010 078892 >